上海档案史料研究

上海市档案馆 编

第 十 辑

Shanghai Archives &
Records Studies

上海三联书店

《上海档案史料研究》编辑委员会

目　录

档案架

学术动态

Contents

Archival Jotting

Guide to Archival Materials

Archive Library

Academic Activity

专题研究

甲午战后列强对中国矿权的攫夺
与清政府的经济地理认识

朱荫贵

甲午战前,列强各国一直觊觎中国矿权,但大规模攫取,却是从甲午战后开始。甲午战后,中国矿务和铁路成为列强在华攫取利权、划分势力范围的核心内容。在矿务领域,各国以不平等条约为依据,以优势经济力量,加上强力政治和军事实力支持,采用多种手段,渗入中国矿业领域,肆意攫夺。列强之间亦充满竞争,并以成立各类外资矿业公司等方式,对中国矿业资源进行划分和割据,由此酿成诸多中外交涉和争端。在此过程中,除了列强的野心和贪婪外,笔者还发现一个值得注意的现象,就是清政府除了在应对列强的攫取和掠夺方面昏聩软弱,其在经济地理方面的昏聩无知,也达到了令人吃惊的地步。

这里从以下两方面,即清政府与列强签订的矿务条约内容和列强矿务公司在中国开矿时清政府的应对方面,对清政府在经济地理方面的昏聩无知状况,进行一些具体的分析和探讨。

一、从不平等条约看列强对中国矿权的掠夺

光绪二十一年(1895年)中日战争中国战败后,以丧权辱国的《马关条约》签订为契机,帝国主义列强在华掀起了掠取利权、划分势力范围的狂潮,矿权因与列强在华掠取利权、争夺势力范围有直接的关系,遂成为争夺的焦点之一。

1895—1911 年列强掠夺中国矿权矿区的条约、章程、协定、合同简表

条约、章程、协定、合同	签订年月		国别	矿种	矿区	年限
	年	月				
中法商务专条附章	1895	5	法	各种矿	云南、广西、广东	
东省铁路公司章程	1896	12	俄	各种矿	中东铁路沿线	
胶澳租界条约	1898	4	德	煤	胶、淄、博山、济南及胶、沂、莱芜、济南二路沿线三十里	
山西采矿条约	1898	5	英	煤、铁、石油	山西平定、孟县、潞安、泽州、平阳	60
北京牛庄铁路借款协定	1898	6	英	煤、铁	北京—牛庄铁路沿线	
中东铁路支线协定	1898	7	俄	煤	中东支线沿线	
南票煤矿协定	1898	10	英	煤	热河南票煤矿	
河南开矿制铁章程	1898	12	英	煤及各种矿	怀庆左右、黄河以北	60
正定太原铁路借款草约	1898		俄、法	煤、铁	正太铁路沿线，不超过四五个矿区	
四川采矿条约	1899	1	英	煤、铁、石油等	四川全省	50
保富福安公司合同	1899		法	煤、铁	四川灌县、犍为、威远、綦江、合川、重庆	
塔城金矿合同	1899		俄	金	新疆塔城	25
京汉铁路借款合同附件	1900		法、比	各种矿	京汉铁路沿线	
开平煤矿条约	1900		英	煤	开平煤矿	
吉林煤矿条约	1901		俄	煤	吉林境内中东路沿线三十里	
宣城煤矿合同	1901		日	煤	安徽宣城	
黑龙江省煤矿条约	1902	1	俄	煤	黑龙江境内中东路沿线三十里	

条约、章程、 协定、合同	签订年月		国别	矿种	矿区	年限
	年	月				
云南采矿协定	1902		英、法	各种矿	云南七府	60
华裕大东公司合同	1902		法	金	福建建宁、汀州、邵武	50
天盛元亨公司合同	1902		法	铅	广西上思	30
普安来福公司合同	1902		法	铅	贵州龙王洞	20
宝兴亨利公司合同	1902		法	银、锑	贵州思南、印江	40
保富和成公司合同	1902		法	石油	四川巴县、万县、富顺三县	50
铜官山开矿合同	1902		英	煤、铁	安徽铜陵等六处	60
保富普济公司合同	1902		英	煤、铁、石油	四川乐山等八州县	50
平远金矿公司合同	1902		英	金	热河霍家地等六处	
天宝山银矿草约	1902		美	银	吉林天宝山	
西藏矿山条约	1903		俄	金、银、铜、铁、煤等	西藏	
中意煤矿试采合同	1903		意	煤	安徽凤阳	
全利公司合同	1903		英	各种矿	奉天通化—怀仁	
中美续议通商行船条约	1904	1	美	各种矿	全国各地	
宝昌惠工公司合同	1904		英	煤、铁	浙江衢、严、温、处四府	
中葡通商条约	1904	11	葡	各种矿	全国各地	
临城煤矿合同	1905	3	比	煤	直隶临城煤矿	15
日俄合约	1905	9	日	煤	中东路沿线	
满洲协定秘密附件	1905	12	日	各种矿	奉天	
英藏条约	1906	2	英	各种矿	西藏	
天益大罗公司合同	1906		法	云母	贵州平远	30

续　表

条约、章程、协定、合同	签订年月		国别	矿种	矿区	年限
	年	月				
黑龙江省采煤协定	1907	8	俄	煤	黑龙江境内中东路沿线三十里	
华德山东采矿公司合同	1907		德	各种矿	山东沂水、诸城、潍县、烟台	
井陉煤矿协定	1908	4	德	煤	直隶井陉煤矿	30
东三省交涉五案条款	1909	9	日	煤	抚顺、烟台及安奉、南满沿线	60
本溪湖煤铁公司合同	1910	5	日	煤	奉天本溪湖煤矿	30
协定抚顺烟台煤矿细则	1911	5	日	煤	抚顺、烟台	60

　　资料来源：据汪敬虞编《中国近代工业史资料》第二辑（上）（科学出版社 1957 年版）第 34—35 页表格，并根据黄月波、于能模、鲍厘人编《中外条约汇编》（商务印书馆 1935 年版）修订补充。

　　列强在华争夺的目标，是获取利权和占有势力范围。争夺矿权，是达此目标的重要手段。因为矿业并非单纯的经济事业，办矿需占有矿地，且矿地面积不会太小。办矿需用矿工，一处形成规模的矿厂，矿工职员数量不会太少。另外，机器采矿必须依赖近代化的机器和生产技术，必须输入近代的生产方式和观念。一处具有规模的矿区，必然能够形成相对独立的社区，甚至发展成为城镇。控制这样的社区，加上修筑运矿的铁路及其他线路，再加上在华享有的政治经济特权，其意义对列强而言，自是不言而喻。这些矿区加上运矿的铁路或其他线路，可经该地区往外向多个方向扩展，配合该国的在华政策，即可对中国的一部分地区或对一定区域进行控制，形成该国的势力范围。因此，列强攫取在华矿权，除获取经济收益外，还能够起到在中国内地奠定势力基础和划分势力范围的作用。也因此，外资几乎没有单纯从经济意义出发的办矿，往往是政治考虑远超矿业投资所获的实际经济意义，也因此，利用各种手段攫取和割据矿业资源，必然成为列强在华争夺权益的重要一环。上述表格中列强强迫清政府签订的各项条约，即为明证。

　　列强从帝国主义的立场出发，以"弱肉强食"的自然法则对待清政府,从其本性出发,并非完全不能理解。问题在于,清政府给予列强办矿条件之优越,往往出人意外,联系晚清整个时代来看,与清政府实力弱小、无法与列强平等交往有关,但缺乏国际交往准则和知识,特别是缺乏经济地理知识,也是一个重要的原因,也因此,给列强攫夺中国矿权留出了可乘之机。

由此,此期列强掠取中国矿权,便具有以下特点:

第一,范围大、时间长、边界模糊。从范围看,小者包括几个县或地区,大者为一个省或横跨数个省。1904 年签订的《中美续议通商行船条约》和《中葡通商条约》中,给予对方的勘矿开矿范围甚至不加指定,只是笼统地定为"全国各地"。对于矿种亦无任何限制,只是笼统地定为"各种矿"。从时间上看,所给的开矿时间大多为 20 年以上者,长达60 年者亦不少见(参见上表)。边界模糊者如"正太铁路沿线不超过四五个矿区"、"中东路沿线三十里"、"专办怀庆左右、黄河以北诸山各矿",这些对矿区边缘界定的模糊规定,显然给外国公司留下了极大的操作和发挥空间,带来很大后患。①

第二,列强在华获得了比中国人更有利的优先开矿权。如光绪二十八年(1902 年),黑龙江将军萨保将自由开采煤矿的权利,让给俄国东清铁路公司,允许该公司自行选择开采煤矿的地段及方法。在采掘煤矿之时还有如下三条规定:(一)铁路两旁 30 华里以内之地,该公司有采掘煤矿之权。(二)若有外国人,或其他公司,或华洋合办之人,欲在铁路两旁 30 华里以外采掘煤矿,则须于黑龙江将军未经许可之前,先与东清铁路公司商议。(三)若东清铁路公司欲在铁路两旁 30 华里以外采掘煤矿,则其优先权之区别,须照中国通行之采掘煤矿章程办理。②

① 《时报》1907 年 3 月 10 日发表"留东河南同乡会"印发的《警告河南同胞速办矿务书》,其中对此的解释,第一条就有:"'福公司专办大河以北怀庆左右诸山各矿'。叫福公司他自己说起来,说专办就是只准福公司开采;福公司以外,民间也不准开采了。说大河以北,就是河北三府到山西,都在其内了。说怀庆左右就是西至陕西,东至直隶,都准他随便开采,没有限制了。说诸山就是西至壬屋[王屋],东至巨鹿,凡有山的地方,都包括无遗。说各矿,这金、银、铜、铁、石炭、煤油,凡有矿的地方,都一网打尽了。说六十年归还中国,那就是永远为业了。"转引自汪敬虞编:《中国近代工业史资料》,科学出版社 1957 年版,下册,第 747 页。

② 《东方杂志》第三年第八期,1906 年 9 月出版,实业,第 165—166 页。

第三，在缴纳矿税等方面，索取各种优惠权，按对己最有利的方式进行设计，并在索取到各种优惠权后，又将各种优惠权通过条约固定下来。如宣统三年（1911年）《中日协定抚顺烟台煤矿细则》规定：南满洲铁道株式会社（以下简称会社）对于抚顺烟台所出之煤，出口税以出井原价百分之五计算，但每日出煤未满三千吨（英吨）时，每吨定为库平银一两，每日出煤过三千吨时，每吨定为日本金币一元，"以此计算税额"。对于由海口运出两煤矿之煤，出口税每吨以海关银十分之一两即银一钱计算。此两项规定"适用于在北京所订满洲案件协约成立日即宣统元年七月二十日以后之煤"。会社"对于同日以后采煤之出井税缴纳清国政府，又会社在同日以后向清国海关多纳每吨二钱之出口税，由清国政府交还会社"，将来需交之出井税"会社允每年分四次于日历一月、四月、七月、十月将前三月份之税额交予清国"。"至出口税，每月一次将前一月之税从速交予所在地之清国海关"。会社所用之煤免纳出井税，"其数量每日定为七百吨"。此外，"所有内地税赋钞课厘金杂派一概豁免"。①

二、从福公司案例看清政府对列强开矿的应对

从条约获取权利是第一步，从条约签订到具体实施，对于列强来说是更为重要的一步。但是，对于列强的侵逼和勒索，清政府又是如何应对呢？这里，笔者以晚清时期英商福公司②在河南开矿的案例为分析对象，观察清政府在此问题上的关注焦点和应对办法。

光绪二十二年（1896年），曾任职意国驻华使馆的意人罗莎第（Commandatore Angelo Luzatti）以调查中日战后情形来华，寓北京意使馆，返欧后，在伦敦组织福公司，资本二万镑，旋即挟资重抵北京。光

---

① 黄月波、于能模、鲍厘人编：《中外条约汇编》，商务印书馆1935年版，第184—185页。
② 福公司（Peking Syndicate Ltd.），又译北京银公司，成立于1897年（光绪二十三年），名义上由英国和意大利等国的资本家共同组织，由意人曾任职意国驻华使馆的罗莎第发起组织，但在英国伦敦注册，并推举维多利亚女王之孙女婿翁侯爵出任总董，实际是一家英籍的企业公司。参见李恩涵：《晚清的收回矿权运动》，台湾"中央研究院"近代史研究所1978年版，第202页。

绪二十四年(1898年),福公司以款借予山西商务局,订山西全省煤铁开采合同。继又推展矿区,以达河南省河北道全境。① 后因山西商民各阶层激烈抵制,以巨款赎回福公司在山西矿产开采权,福公司遂转而全力经营河南。

光绪二十四年,河南巡抚刘树棠奏称,翰林院检讨吴式钊与皖人分省补用道程恩培,呈请与意商罗莎第立定合同,借款一千万两,设立公司,专办怀庆左右、黄河以南西南诸山各矿,名为豫丰公司。声明所借之款,商借商还,如有亏折,归该公司自理。所得矿利,以百分之三十五报效朝廷。开办六十年以后,所置办产业,全数报效。并有豫丰公司呈请开采之矿,得转请英商福公司承办等内容。② 河南巡抚刘树棠认为,"华商资本难集,成效茫然,必须借资外人"。总理衙门认为刘树棠所说"不为无见",山西矿务既经总理衙门将章程逐加添改,奏准开办,"豫省事同一律,意英驻京使臣日来催询,自应照案办理"。因此,总理衙门除认为刘树棠所拟合同第一款"准该公司承办怀庆左右、黄河以南西南诸山各矿"一句所指"地段过广",应改为"怀庆左右、黄河以北"以示限制外,③并督饬罗莎第另拟《豫丰公司与福公司议定河南开矿制铁以及转运各色矿产章程》二十条,给予批准。该章程主要内容为:④

> 豫丰公司禀奉河南巡抚批准,专办怀庆左右、黄河以北诸山各矿,今将批准各事,转请福公司办理,限六十年为期。应先由矿师勘定何山何乡、何种矿产,绘图贴说,禀请河南巡抚查明,果于地方情形无碍,一面咨明总理衙门备案,一面发给凭单,准其开采矿地,勿稍耽延。如系民产,向业主议明,或租或买,公平给价。如系官产,应照该处田则,加倍纳赋。(第一条)
>
> 豫丰公司禀奉河南巡抚批准,自借洋债,不得过一千万两之数。所派勘矿师以此数不敷于用,豫丰公司仍专向福公司续借。

① 胡荣铨:《中国煤矿》,商务印书馆1935年版,第330页。
② 台湾"中央研究院"近代史研究所编印:《矿务档》,1960年版,第三册,第1629—1630页(以下简称《矿务档》)。
③ 《矿务档》第三册,第1629—1630页。
④ 章程全文见《矿务档》第三册,第1630—1634页。

（第二条）

凡调度矿务与开采工程、用人理财各事，由福公司总董经理、豫丰公司总办会同办理。其出入数簿，由河南巡抚随时派员稽查。（第三条）

各处矿厂应用华洋董事各一人，洋董理工程，华董理交涉。一切账目，皆用洋式，银钱出入，洋董经理，华董稽核。各矿厂总以多用华人，所有薪水，由福公司发给。（第四条）

所办矿务，每年所有矿产，按照出井之价，值百抽五，作为落地税，报效中国国家。每年结账盈余，先按用本付官利六厘，再提公积一分，逐年还本，仍随本减息。俟用本还清，公债即行停止。此外所余净利，提二十五分归中国国家，余归福公司自行分给。以后中国他处，有用洋款开采煤铁矿者，应请一概仿照此章，将所有矿产值百抽五纳税，以归划一。再，此系商人筹借开办矿务，如有亏折与中国毫不干涉。（第六条）

福公司所开之矿，以六十年为限。一经限满，福公司所办各矿，无论新旧，不问盈亏如何，即以全矿机器及该矿所有料件，并房产、基地、河桥、铁路，凡系在该矿成本项下置办之业，全行报效中国国家，不求给价。届时由豫丰公司禀请河南巡抚派员验收。（第九条）

但就是这样一个矿界毫无确定、矿类并未指明、华董毫无实权、合办毫无实际的章程，竟被清廷于光绪二十四年五月初二日（1898 年 6 月 20 日）批准，并给以后留下诸多后患和交涉。

首先为越界勘矿。光绪二十五年（1899 年）春，即有洋矿师十余人到怀庆府，他们"自汉口襄阳而来，分带通事委员，各由怀郡至孟县南渡黄河，以后有自孟津沿河西行者，有遵大道自洛阳西去直抵潼关六七百里者，并有由洛阳、汝州等处勘至襄阳者"，且这些洋矿师"或称查勘矿苗，或云测量铁路，词多闪烁"。①

其次为妄图垄断河南省黄河以北的土地矿山。光绪二十八年（1902 年）四月，福公司总工程师利德一面在修武县属老牛河南下白作

① 《矿务档》第三册，第 1642 页。

村建立"泽盛煤厂",一面声称"河北三府应归该公司专办,别人不得擅行开采",并于二十九年(1903年)七月绘具自该厂起面积约二百方里的"红线矿界图说",呈请发给凭单。这里的"河北三府"乃指怀庆、卫辉、彰德三府所属而言。也即是说,福公司要把河南省黄河以北的土地都囊括于它的矿界中。而其根据,即为章程上"怀庆左右黄河以北"这几个字。后经总办矿务局道员韩紫石与之反复辩驳,以"专办"二字,就华文讲解,系专指开矿一事而言,所以划清他项商务,不得牵混在内之意,并非河北矿事该公司皆有主权。又指合同所云怀庆左右、黄河以北,系指黄河于怀庆之北,是指怀庆境内之黄河而言,不得谓黄河以北即为三府之据。[①] 并在利德的"红线矿界图说"二百方里之内,另划黄界六十方里,为现在开采地,以红界为准,许将来续请地。而所谓"续请",则需禀候官厅查明与地方情形无碍,始得准许开采。又对利德专办三府矿产的要求,以"本土之人,办本土之矿,各有权限,公司不得干预"[②]为辞,力与辩驳。几经往复,最终没有退让。

三、列强攫取中国矿权的几种主要手法

列强渗入中国矿业领域的方式多种多样,大体划分,以利用不平等条约强夺,引诱利用华商向外资借贷进而渗入,以及采用"合办"、"合股"等方式进入为主。对于某一列强而言,则会根据时段和条件,综合采用以上各种方式。

1. 据条约强夺

利用与清廷签订之条约,以强权方式,直接攫取中国矿产矿权,可称为据条约强夺。德国以山东教案为名出兵胁迫,于光绪二十四年二月十四日(1898年3月6日)强迫清廷签订的《中德租借胶澳条约》,即为最典型之例。据此条约,德国获得建造济南府至山东南界铁路:一由胶澳经过潍县、青州、博山、淄川、邹平等处,往济南及山东界;二由胶澳往沂州经过莱芜县至济南府铁路。条约同时规定:铁路"附近相距三十

---

① 《矿务档》第三册,第1682页。
② 徐梗生:《中外合办煤铁矿业史话》,商务印书馆1936年版,第83页。

里内，允德商开挖煤斥"；"山东省内，如有开办各项事务，先问德商愿否承办工程，售卖料物"。① 次年二月，又由德商瑞记洋行（Arnhold, Karberg and Co.）出面，禀呈矿路总局请办山东五处矿务。该五处矿区面积包括：（1）沂水东北至海，南西至江苏界；（2）沂水城外一百二十里界内；（3）诸城；（4）潍县西南潍河北塔地方；（6）烟台周围二百五十里界内。实际将中国山东南部东部矿储最富有地区囊括一空。德使克林德（von Kettler）且一再催迫中国，施以外交压力，总理衙门只得应允德商逐处勘矿，并允续议详细办矿章程。②

俄国在满蒙和新疆地区的活动，同样以铁路矿务为中心，同样利用条约直接攫取中国矿权。光绪二十二年四月二十二日（1896 年 6 月 3 日），中俄签订同盟密约，中国允准俄国借地建筑东省铁路。同年七月二十五日（1896 年 9 月 2 日），驻俄大使许景澄与华俄道胜银行总办罗启泰签订《合办东省铁路公司合同章程》，其中第六款规定，在筑路地段内如发现"矿苗"，中俄应"另议办法"。③ 次年，东省铁路公司复得清廷允准，开采沿路木植和煤矿，并在光绪二十四年五月十八日（1898 年 7 月 6 日）签订中俄《东省铁路公司续订合同》七款，其中第四款内，准许俄人在将筑的南达辽东半岛之大连湾及旅顺口的支路沿线，"开采建造经理铁路需用之煤矿，计勩纳价"。④

此后在日俄战争中，日胜俄败，日本接收俄国在华的权益并有所扩大。宣统元年七月二十日（1909 年 9 月 4 日），清廷外务部尚书梁敦彦与日本公使伊集院彦吉签订《东三省交涉五案条款》，其第四款规定："安奉铁路沿线及南满洲铁路干线沿线矿务，除抚顺、烟台外，即应按照光绪三十三年即明治四十年东省督抚与日本国总领事议定大纲，由中日两国人合办。所有细则，届时仍由督抚与日本国总领事商定。"⑤依此条约，日本获得了开采安奉铁路和南满铁路沿线矿产的矿权。此条款中"除抚顺、烟台外"的规定，则是因在同条约第三款中，已单独列

---

① 转引自《矿务档》第二册，第 924 页。
② 《矿务档》第一册，第 924—934 页。
③ 《中外条约汇编》，第 352 页。
④ 《中外条约汇编》，第 353 页。
⑤ 《矿务档》第六册，第 3732 页。

出归日本独占开采了。

2. 以贷款的名义渗入

以贷款名义渗入中国矿业攫取矿权又可分两大类型:一是中国本国已经兴办的企业,在经营过程中遭遇资金困难,求借外资,外资遂渗入并逐渐控制中国企业。这种类型最著名之例,莫如汉冶萍煤铁厂矿公司被日资贷款渗入控制。第二种类型,是甲午战后一段时期内,诸多外资矿业,通过给华商贷款方式,攫取矿权。这方面最典型之例,莫如英商福公司在山西和河南的所作所为。

英商福公司在山西办矿,系由华商晋丰公司出面,向福公司举借洋款不逾一千万两,购办开矿应需的机器,福公司因而获得"会办各矿"的权利,但晋丰公司自身并无资本。此后晋丰公司奉旨撤销,改由山西商务局与福公司签订正式办矿章程,由山西商务局出面借款一千万两,但该局本身亦无实在的资本。福公司却因承借巨款,获得"专办孟县、平定州、潞安泽州两府属与平阳府以西煤铁以及他处煤油各矿",再加"调度矿务与开采工程,用人理财"等项广泛的权利。[①] 福公司在河南采取的手法完全一样。如上所述,福公司先诱使华商成立一空壳的"豫丰公司",再以豫丰公司名义向福公司借债一千万两,请办怀庆左右、黄河以南西南诸山各矿。豫丰公司再将获得的开采矿权,转请英商福公司办理。而总理衙门在将"怀庆左右、黄河以南西南诸山各矿"改为"怀庆左右、黄河以北"以示限制后给予批准。此后不久,豫丰公司总办因案革职,豫丰公司亦因"名实不符",被豫抚锡良改组为"河北矿务局"。[②] 豫丰公司不存在,福公司也未借款给豫丰公司,可福公司却因此攫取到广泛的矿权,实际成为直接投资开办中国矿业的外资企业。

3. 以"合办"、"合股"的名义渗入

外资以"合办"、"合股"的名义渗入中国矿业攫取矿权更为普遍,类型也最多。光绪二十八年(1902年),法国通过法商大东公司与华商华裕公司签订合办章程,将福建建宁、邵武和汀州三府矿权攫取到手,即为代表性一例。其签订的合办章程要点如下:采矿区域:福建省内建

---

① 《矿务档》第三册,第1404页。
② 参见《中外合办煤铁矿业史话》,第81页。

宁、汀州、邵武三府。采矿期限:五十年,期满后一切矿山财产无代价交还给福建矿务官政局。两公司权限:华裕公司专司购买矿地,大东公司专司矿产开采,章程订立后有效期三年,在此期限满后仍未进行开采,得准许其他公司开采。资本:华裕公司出购地资本八万元,大东公司出开采资本七百四十万元。收益分配法:大东公司每出股票百张,需付给华裕公司二张半,矿务官政局二张半,无需给值,纯益百分之八归官政局,百分之二十五付给国家作为报效,其余再作分配。采矿种类:大东公司前期三年指定的矿产。其他权限:得以修筑铁路和到达最近水口的铁路支路。①

由此章程观之,华商华裕公司无非是福建矿务官政局虚拟设立的空壳公司,所出"购地资本八万元",无非是福建矿务官政局以三府矿地贱价折合而成。华裕公司和福建矿务官政局的权利是坐收百分之五的股权,获取百分之八的"纯益",但在福建三府矿山开采和管理权限方面,章程却没有一点规定。也就是说,福建三府的矿山开采权以及此后的铁路修筑权等权利完全落入法国人掌控之中。因此,就连对此事进行调查的日本人也认为,"福建矿务官政局实际是为大东公司设立的傀儡而已"。②

在此前后,以同样的手法,法国还以法商元享公司的名义于光绪二十八年十月与广西天盛公司签订合办合同,开采广西南宁西南上思厅马尾岭附近十五里内铅矿,同时获得在西江流域铺设运矿铁路和开采上思厅以外五金矿产的权利。开采时间三十年,出资方式为天盛公司以矿区作为资本,法商元享公司出资二百万元作为购置机器及开采费用,如"二百万元不足,再由该公司出资二百万元"。③ 以几乎一样的条件,法商来福公司于光绪二十八年九月与贵州华商普安公司签订开采遵义附近正安府龙女洞铅矿合同,法商大罗公司与贵州天益公司签订合作开采平原县云母矿合同,法商亨利公司与贵州宝兴公司签订合作开采思南府银矿和锑矿合同,英法联合隆兴公司与云南公司签订开采

---

① 上海东亚同文书院编:《支那经济全书》第十辑,东亚同文会明治四十一年(1908年)发行,第859—860页。

② 《支那经济全书》第十辑,第863页。

③ 《支那经济全书》第十辑,第896—897页。

云南七府各种矿产的合同等。①

这种类型的合办,中方或少量出资,或以土地折资,此后除了从公司所谓"纯益"中分润很少的部分外,公司的勘矿、开办和经营管理等各方面状况,都无权过问。整个矿权和与之相连的铁路修筑权及连带利益等,完全落入外商之手。这种类型的"中外合办"矿务,实系愚弄清廷及各省督抚的一种手段,是名实不符的骗局。

另一种中外合办类型,在资本、管理人员等方面表面上双方平等,中外方都有总办,甚或设有中方"督办",但究其实际,仍然是大权操诸外方,矿权落入他人之手。这种类型,仅举本溪湖煤矿为例。

宣统二年四月十四日(1910年5月22日),奉天交涉司韩国钧与日领事小池张造及日商大仓喜八郎签订中日合办本溪湖商办煤矿有限公司合同。② 从合同条款上看,中日双方地位平等,资本二百万元中日各出一百万元;公司总办中日各一,总办之上还有东三省总督委派的督办。但究其实际,公司的大权仍完全掌握在日方手中。日人对公司的把持,是法外的把持,中国虽占着"法"的平等地位,日本却有"人"的优势地位。例如:

根据合同,"公司总办中日各任一员,其他各员由两总办协商,务期平均委派",事实上则日员多华员二倍。此其一。

根据合同,"该矿各项新旧工程以及支付款项,须由两总办商妥签字后方可举行,并须随时报告督办",事实上则均由日总办独断,仅于付款时通知华总办,对督办亦仅年报一次。此其二。

根据合同,公司文账须用中日两文缮写,"俾两总办易于核阅",而事实上则以日文为主,且多不送华总办核阅。此其三。

以上三点,日人把持,已可想见,然而还不止于此。华方总办经常更换,日方则始终保持稳定。华总办成为"五日京兆尹"。加之这些总办人选,多乏矿业知识,又喜援用私人,并且专喜把私人放在营业部门,而矿业部的重要职员则悉以委之日人,重大工程也归日人包办;聘请技师采购机器,统由日方总办主持;日方有企业经验,有日本豪商巨贾声

---

① 《支那经济全书》第十辑,第898—903页。
② 合同全文参见《矿务档》第六册,第3912—3917页。

气相通,即使弊窦百出,亦莫可穷究。反观华总办,或翰林进士,或系内阁中书,总是官场中人,既不懂洋文,也不真懂洋务,对于日人鬼蜮伎俩,亦只能望洋兴叹。①

四、列强在华所获矿权的特点及
清政府软弱昏聩的原因分析

晚清时期列强在华所获各矿矿权,还具有以下特点:

第一,外资各矿根据原定办矿合同,一般具有相当完整的管理矿务的权力,包括开办工程权、矿厂行政权及矿厂财务权等。此三项权力握于外商之手,再加"治外法权"保护,即可形成各省内地无数个"独立王国",不受中国政府和国内政局影响。福公司签订的山西办矿章程第三条规定:"凡调度矿务与开采工程、用人理财各事,由福公司总董总理,山西商务局会同办理";第四条规定:"各处矿厂应用华洋董事各一人,洋董管工程,华董管交涉,一切账目皆用洋式银钱出入,洋董经理,华董稽核"。② 由此,福公司即具有完整管理各矿的权力。该公司签订的河南办矿章程,内容也几乎完全相同。其余中外合办合股的公司章程,实质内容均大同小异。

此为商务性质较浓厚的外资矿权,其他如德商山东矿务公司之于山东沿路矿权,俄商之于吉、黑、奉三省沿路矿权,对于各矿管理权的问题,更无只字提及,亦即中国政府对于此等合资矿厂的行政管理事务,更无权力可言。

第二,外资各矿根据其签订的办矿章程,所获办矿期限甚长,矿区面积甚广,而且在办矿品类方面,常无确切限制。以办矿期限而言,福公司的山西、河南矿权,英法隆兴公司的云南矿权,均达六十年;英法各商所获的四川矿权和法商大东公司的福建矿权,则均以五十年为限。其最可使人惊异的是,光绪二十八年四月初四日(1902 年 5 月 11 日),

---

① 徐梗生:《本溪湖之煤铁》,《新经济半月刊》第七卷第一期,1942 年 4 月出版。转引自陈真等编:《中国近代工业史资料》第二辑,三联书店 1958 年版,第 664—665 页。
② 《矿务档》第三册,第 1404 页。

安徽布政使汤寿铭与英商凯约翰所订《开办歙县、铜陵等六州县矿务草合同》，竟然允准英商开办各矿达一百年之久，后经外务部驳斥，才改以六十年为期。至于德商在山东沿路矿权和所谓山东"五矿"矿权，在先后所签订的开矿章程中，则并无期限的规定。俄国在东北三省所获沿路矿权，情形亦同。

外资矿权所包括的矿区，面积广大，远超实际办矿的需要。如福公司山西矿区，面积有二万一千多方里；英法隆兴公司只以云南七府属的矿区计算，即广达四万余方里；德商山东矿务贸易公司的"五矿"矿区，合计有十二万方里，均足惊人。法商福安公司的四川矿区，包括灌县、犍为、威远、綦江、合川、重庆等六州县；福成公司包括天全、懋功二州县；大东公司的福建矿权，则包括建宁、邵武、汀州三府属的广大区域，并均获准在一定期间内，垄断境内办矿的利权，不准他商勘办。甚至会同公司勘办四川各矿，在其原订的章程中，并无勘矿范围的限制，而系包括四川全省。外务部正式奏准的隆兴公司办矿章程内，虽曾经列明昆明府、澄江府等七属"矿产"字样，但其实该章程第一款内，既列举该公司可以开办"公家现在荒芜之铜矿并公司寻出之铜矿"，"曾经开采现在荒芜之金、银、煤、铁等矿"和"公司寻出之金、银、煤、铁、白金、白铜、锡及火油、宝石、朱砂"，而下文内又声明："设或以上所列各府、州、县境内无矿可办，则应由中国国家以隆兴公司另指他州县，相为互抵"。① 因此，隆兴公司矿权的范围，实可更为推广，隐然以云南全省的广大地区为限。至于吉林将军长顺与俄员刘巴签订的《吉林矿务章程》、署黑龙江将军萨保与俄外部官科洛特科福签订的《采办金铁煤各新矿苗草约》，以及盛京将军增祺与俄国东省铁路代办达聂尔签订的开采煤矿合同，均以各该省的全境为勘办矿务的范围，面积之大，实属骇人听闻。

还有，外商所获矿权，一般不局限于开办某种矿产。如会同公司《议开四川矿务华洋合办合同》中，并无该公司勘办何矿的明文，但在该合同第五条、第六条所定纳税比率中，却载明煤、铁、煤油及金矿、金砂等字样。所以，会同公司除可以开采上述各矿外，亦可承办他矿。英法隆兴

---

① 《矿务档》第六册，第3246页。

公司原订办矿章程中,列举铜、金、银、煤、铁、白金、白铜、锡、火油、宝石、朱砂各矿,皆可开办。① 法商大东公司合办福建"建宁、邵武、汀州三府地方矿产",同样无办理何矿的限制。德商山东矿务贸易公司《勘办山东五处矿务合同》内,亦只载明"于两年探矿期限内,准该公司于原指探矿地段,共择定开矿地亩七块",②同样未指明所办何矿。至于《中俄合办吉林、黑龙江矿务合同》中,或混称"金银各矿",或开列"金、银、煤各新矿苗",含义广泛,实际已将两省境内开办各矿之权,一网打尽。

第三,在纳税方面,外资矿业企业同样获得特殊的权益。依据前述《矿路总局矿务铁路公共章程》规定,各矿应征收的税项,计有出井税与出口税两种,并征"盈余归公之款"十成之二五。光绪三十年(1904年)二月,商部奏定矿章三十八条,其中第三十四条规定,煤、铁、锑砂、白矾、硼砂等矿出井税,值百抽五;煤油、铜、铅、锡、朱砂、硫磺等矿,值百抽七五;金、银、白铅、水银等矿,值百抽十;钻石、水晶、各种宝石,值百抽二十。并规定出口关税应"仍照税关章程征收,纳此税后,内地厘卡,概不重征"。③ 但外资各矿,并不遵照清廷矿章所订的税率缴纳,一般只按值百抽五纳税。德商山东矿务公司在山东沿路各矿,依照它与袁世凯所签订的办矿章程,可以不必缴纳出井税。

此外,外资各矿常附带获得浚河、筑河、修筑转运矿产铁路支路等权利,其对晚清中国的影响十分深远广大。④

分析清政府之所以对列强攫取中国矿权如此软弱昏聩的原因,除政治、外交等原因外,在经济方面,以下几点因素很有关系:

首先是清政府统治阶层中很多人不认为矿权重要,仅从中国官商隔阂、缺乏专业人才、办矿难获成功出发,故而认为矿务不如由洋商来承办。光绪二十八年闽浙总督许应骙请准华洋合办邵武、建宁、汀州三府矿务的奏折中所言就很有代表性。他称,矿务办法大约有三:曰官办,曰商办,曰官督商办。但官办则公款难筹,商办则私财不给,官督商办则商恐受制于官,亦不能见信于人。"瞻顾徘徊,事机坐失。""光绪二

---

① 《矿务档》第六册,第3246页。
② 《东方杂志》第四年第十二期,1908年1月出版,实业,第191—196页。
③ 《矿务档》第一册,第108—109页。
④ 以上参见《晚清的收回矿权运动》第一章。

十四年,京城矿务铁路总局奏定章程,通行各省,于兴利防弊之法,极为周备。惟集款以多得华股,并需已集华股十分之三,方准召集洋股,自系为独操利权起见。无如中国富商于开矿之事,素未讲求,断不肯以巨资轻于一掷。欲纠集公司,则办理毫无把握,大都疑沮观望。即使准招洋股,而洋人以承办此者系属华商,更不肯轻附股份。若必照此办法,是中国永无开矿之日。"他进而称,"近年山西、河南、四川等省开矿章程,名为华洋合股,实则仍系洋商承办。洋人开矿,向有专门之学,其勘矿最精,其集资最厚,其办事最信。此处不成,另开他处,心志坚寒,必求选获佳矿而后已"。因此他总结说:"臣愚以为与其归华商承办,召集洋股而洋人决不愿附,不如由洋商承办,而华股转可多招。"①对兴办矿务持如此看法,可见在这些官员的头脑中,矿权主权等观念十分模糊。

其次,清政府认为,以华洋商人合办的方式开矿,对己有利。总理衙门在审核福公司办矿一事时,就重点指出河南巡抚刘树棠原奏豫丰公司与福公司合作开办河南矿务中,有"声明所借之款,商借商还,如有亏折,归该公司自理,所得矿利,以百分之三十五分报效朝廷,开办六十年以后,所置办矿产业,全数报效"②这样的内容。确实,这段话很有代表性,也很能打动清政府。因为盈则坐收报效,亏则了无关系,无论盈亏,矿产出井,例需纳税,而年限届满,该矿产业更可无偿悉归政府。

第三,清政府认为,既然不能不引进外资,就不得不给予列强利益。光绪二十四年五月初二日(1898 年 6 月 20 日)总理衙门在奏片中称:"各省矿务,果能自集华股,自行开采,原无需招致洋商,致增轇轕。无如股本既难猝招,矿务又未便停办,不得已而借资异地,势不能不予以利益,以观厥成。"③

因清政府有这样的认识,在办理矿务时,大量优惠和利益被列强攫取,出现前述的各种现象和问题,就是不难理解和很自然的事情了。

〔作者系复旦大学历史系教授〕

① 《矿务档》第五册,第 2979 页。
② 《矿务档》第三册,第 1629 页。
③ 《矿务档》第三册,第 1635 页。

近代中国的沪港华资联号企业述论

张晓辉

在中外经济史上,企业家进行联号经营是一个普遍的现象,而在近代中国资本主义发展过程中,曾产生了别具一格的企业形式——上海与香港华资联号企业,这是跨不同性质区域的企业横向联合体,其发展反映了沪港及海内外华人资本血脉与共、休戚相关的紧密联系,是近代中国民族资本的一种特殊形态,也是中国近代企业史不可或缺的重要组成部分。

一、沪港联号企业创立的动因

上海和香港都是五口通商后崛起的城市,各扼长江口和珠江口,成为中西交汇、华洋杂处之地。经过数十年的发展,一个成为近代中国最大的工商业中心,一个成为华南金融贸易枢纽、联系海外华侨与祖国大陆的桥梁。这两个城市的华商很早即发生了密切的经济联系,由于相互沟通发展的需要,产生了一批颇有影响的联号企业。

成立联号企业的动因可谓很多,近代以上海为重心的中外经济交往的增长和香港作为东方最大的转口贸易港而发挥作用,是促使联号大量产生及发展的主因。沪地企业历次迁港潮,则起了巨大的推动作用。历史上南洋、华南与华北、华东的贸易货物经香港而转运者,占香港商务之大部分,故华资联号企业设立甚多。

由于外贸的关系,上海与香港的华商很早就建立了商业联号。如中国近代对外贸易,基本上都被外商洋行所把持垄断,但中药材的出口却不同于其他出口商品,绝大部分均由华人商行经营,外商洋行素难插手。上海是对外贸易中心,各地经营药材的各帮同业,先后到上海设庄,根据经营者的原籍地域,分为广东帮、福建帮、汕头帮和厦门帮。上海帮经营中药材的外销业务稍晚,从抗日战争开始才有乾泰、森大、怡成、胡启记等药材行,不过他们锐意经营,外销业务一直稳定发展,在同业中很快便处于领先地位。起初,上海帮外销药材都是先运往香港,委托代客买卖行——"九八行"(多由广东商人开设)转销。为了改变这种被动局面,上海帮遂派人去香港独立设庄,在行业内称之为"联号"。驻港人员及时通报香港市场行情,研究客户需要量和花色品种、包装样式等,以供上海本行参考改进。上海本行则经常把产地生产情况和经营意见,随时通知驻港人员,彼此互相配合,以取得购销主动权。主要负责人也常选择适当时机,亲自去香港考察访问,联络感情。为了搜集市场动态,上海帮同行与驻港的"联号"信电往来十分频繁,有时甚至一日数次,即便节日例假也不曾间断,以便消息灵通,做活生意。①

五口通商后,香港在英国的殖民统治下,作为自由港成为近代中国对外贸易的一个重要港口和转运枢纽,不少内地企业为谋进一步的发展,纷纷赴港设立联号,利用香港发达的商贸条件,作为开拓国际市场的一个重要基点。如上海新亚药厂香港公司创于1930年,作为向南洋发展之跳板。② 1930年代初,国华银行的营业方针是:"国内汇兑业务应努力发展,华南各埠须由粤行设法多做。要注意招揽工作,总行及各分行处应通力合作,注意进行。总行主管汇兑人员应时时注意香港、厦门、汕头等埠行市。本行现在所有分支行处不为多,但在目前形势下,以愈少愈妙,对长江流域绝不添设,至香港则因国外汇兑关系及谋对南洋发展计,应添设分行,俟港行成立即应改小范围隶属港行管辖,厦处因与香港及南洋均有汇兑关系,宜注意计划改组为分行。"③民国前期,在民族保险业的发展和中外保险公司剧烈竞争的形势下,一些规模比较大的民族保险公司为了发展业务,开始向海外开拓保险市场。上海

---

① 傅尚文主编:《中国近代经营大观》,河北教育出版社1991年版,第103—105页。

② 上海医药公司等编:《上海近代西药行业史》,上海社会科学院出版社1988年版,第280页。

③ 国华银行:《本行二十二年度营业方针》,上海市档案馆藏档,档号Q278-1-423。

中国保险公司和太平保险公司鉴于香港和东南亚各地均有众多华人在经营工商业，有很大的势力和财力，而华人在当地设立的机构不多，实有开拓的必要，为此于 1937 年前后陆续在香港及南洋各埠设立分支机构。①

近代以来，各通商口岸之间的商贸联系愈加紧密，形成一个个大小不一的贸易网络，与之相适应的联号经营现象也愈显突出。联号经营的情况比较复杂，有由同一人、一伙人或一个店号在不同城市经营多种生意的，也有同一字号店铺分设于不同城市，或虽是同一联号，而异地总分行号并不同名的情况。如上海瑞生和茶腿号办有火腿厂，分设于浙江金华、义乌和江苏如皋、泰兴等处，并发行龙井、茉莉、普洱、乌龙、云雾、毛尖等名茶及金华、宣威等名火腿，曾由农商部国货展览会颁给特等奖励。该号总号在上海，下有香港和汉口分号，香港分号名称为茂记茶腿庄，而汉口分号名称为瑞生和腿号。②

随着华资企业在国内外的广泛发展，不少经济学家和企业家越来越意识到通过联合而达到规模经营的重要性。民国初年就有不少金融学者发表文章，主张国内银行实行合并和联合，以增强实力。如 1919 年上海《银行周报》第 3 卷第 46 号所载于树德的《银行之合并与联合》一文，认为"国家兴盛，系于金融；欲救贫弱，则以改良金融机关之组织为急务"，建议将数个乃至数十个小银行合并为一个大银行，形成总分行的关系，联合起来共同行动。该刊第 5 卷第 45 号（1921 年 11 月 22 日）所载郑维均的《论小银行联合组织之必要》也发表了类似的观点，指出众小银行组织联合起来后，可以厚积力量，在业务上总分结合，互相援助，相得益彰。1922 年 7 月 11 日，盐业、金城、中南、大陆等四家银行率先实现了联营。华资主要的金融机构特别是银行多数都成为沪港联行，并在民族资本经济中发挥着核心作用。

清末民国时期，因内地政局不稳，军阀混战，也使得部分企业家

---

① 中国保险学会编：《中国保险史》，中国金融出版社 1998 年版，第 80—81 页。
② 上海瑞生和茶腿总号广告，许晚成编：《南洋行名录》，上海龙文书店 1943 年版，插页广告。

为避战祸而迁港发展。如抗战前期，大批内地企业为躲避战祸而掀起迁港潮，著名的化学企业家吴蕴初于 1937 年冬赴港筹设香港天厨味精厂；[①]"火柴大王"刘鸿生也于抗战爆发后从上海来到香港，创办了大中国火柴公司。[②] 1940 年代后期，由于国内爆发全面内战，又有相当一批企业避迁香港，使内地与香港的华资联号企业数量迅速增多。

二、沪港联号企业的发展历程

沪港联号企业的创建贯穿整个近代中国民族资本发展的历程，主要可以分为四个阶段。

1. 清末——联号企业的缘起和初创阶段

我国近代商品流通渠道的运动，大致来说，是以外商势力集中的香港和上海为中心进行的。19 世纪中叶以后，随着外国资本势力向北扩张和上海经济地位的迅速上升，原在粤、港地区活动的大批买办和华商亦赴沪发展，使港、沪两地的社会经济联系日益紧密。至清末，香港已成为远东地区新兴的商业中心之一和中国对外贸易的主要转运站。因此，国内许多企业赴港设立分支机构，推广业务，海外及香港华商也需要继续加强与内地市场的联络。这些便是在中国近代占有特殊地位的沪港华资联号企业出现的主要背景。

港沪航线开辟于鸦片战争后不久，吐纳北方货客。上海华资涉足香港主要始于洋务运动和新政时期，起初限于航运、金融、医药等业，除了轮船招商局、中国通商银行香港分行等外，上海永年人寿保险公司、中法药房、五洲大药房等驻港经理处，也在 20 世纪初建立起来。[③]

---

① 吴志超：《吴蕴初及其化工事业》，上海市政协文史资料工作委员会编：《文史资料选辑》（1978 年）第 2 辑，上海人民出版社 1979 年版，第 104—108 页。

② 上海社会科学院经济研究所编：《刘鸿生企业史料》，上海人民出版社 1981 年版，下册，第 141 页。

③ 该三公司广告分别见《香港华字日报》1905 年 8 月 29 日、1907 年 12 月 25 日、1909 年 4 月 7 日。

与此同时，香港的买办和商人亦向上海新兴产业投资，所建联号以南洋兄弟烟草公司、广生行化妆品公司、华商、安泰、源安、源盛保险公司等为著。

2. 民国成立至抗日战争爆发前——联号企业全面兴盛阶段

沪港双向推进，企业数量多，行业全，覆盖地域更为扩大，这主要得益于民族资本的较大发展。第一次世界大战及其后的一段时期，内地和香港的华商资本持续扩充，特别是在不断高涨的国货运动中，国内外华资企业之联系愈加紧密。如 1921 年 11 月上海总商会商品陈列所开幕，在其第一次商品展览会上，就有内地 17 个省市及香港、新加坡在内的 870 家民族资本厂商参加了商品陈列，展出品种达 3 万多件。[①] 与当时的粤港联号相比而言，沪港联号的特点是大型企业所占的比例较大，许多重要的联号即始创于此时。如商务印书馆、中华书局、良友图书印刷公司、中国银行、交通银行、上海商业储蓄银行、中南银行、金城银行、盐业银行、华安合群保寿公司、金星水火保险公司、太平保险公司、中国保险公司、中国精益眼镜公司、信谊制药厂、佛慈大药厂、中国雷电大药厂、兴华制面公司、香亚化妆品厂、康元印刷制罐厂、大丰工业原料公司、华业烟公司、三民烟草公司、中国铜铁工厂、中国旅行社等大型企业，都在香港建立了分支机构。

此时期香港华商资本亦获相当的发展，由于本埠空间毕竟有限，具备一定实力的港商纷纷北上开拓市场，在上海进行广泛的投资。较突出者为银行、保险、百货、食品、航运等业，以国民商业储蓄银行、广东银行、东亚银行、嘉华储蓄银行、永安银行、香港汕头商业银行、福安保寿公司、康年人寿保险公司、康年水火保险公司、均安水火保险公司、永安水火保险公司、永安人寿保险公司、先施保险置业公司、先施人寿保险公司、香安保险公司、联安保险公司、陆海通人寿保险公司、福华银业兼保险公司、先施百货公司、永安百货公司、大新百货公司、马玉山糖果饼干公司、冠益食品公司、中澳轮船公司等为著。

---

① 潘君祥主编：《近代中国国货运动研究》，上海社会科学院出版社 1998 年版，第331 页。

3. 抗战时期——联号企业盛衰骤变阶段

1937 年抗战爆发后,北方沿海地区次第沦陷,在民族资本的大迁徙中,沪地又有不少企业迁往香港或创建联号,战时联号企业新建的特点是单向性(基本上都是上海企业南下香港创办联号)、高水平(规模大、档次高、影响空前)、不稳定(发展起伏大,创建主要集中于太平洋战争爆发前,香港沦陷时期基本上停滞,已建立的联号损失惨重)。其中佼佼者有新亚制药厂、同仁制药厂、施德之制药厂、必灵制药厂、五洲大药房、中国植物油料厂、中国化学工业社、大中工业社、美亚织绸公司、天厨味精厂、天宝味粉厂、南洋企业公司、中国国货联营公司、世界书局、大业印刷公司、粤昌照相咭纸公司、粤兴照相咭纸公司、老介福绸缎庄、国华银行、中国国货银行等,达到沪港联号发展史上的一个高潮。①

4. 战后初期——联号企业的暂兴和基本终结阶段

光复不久,沪港联系恢复正常,往昔不少联号得以重建,但随即爆发全面内战,国民党政权的统治趋于崩溃,上海资本家唯恐避之不及,港商亦视往内发展为畏途。不过,仍有部分商家为摆脱危机而投资于香港,从 1947 年起,上海、江浙一带的商帮、金融巨子、大厂商已有南移迹象。他们带着称雄于国内的资财,举家迁港,展拓新的地盘。② 如广大华行是上海一家大型的进出口企业,战后在香港等埠增设分行,将业务重心移至香港。③ 还有不少上海纺织企业抽调人力、物力及财力到香港开展联号经营。④ 1950 年代初,沪港联号企业大部分或结束或中断联系,从总体上逐渐走向终结。

三、沪港联号企业的若干特点

具有近百年历史的沪港联号企业在其发展过程中,形成了自身非

---

① 张晓辉:《抗战初期迁港的上海工商企业》,《档案与史学》1995 年第 4 期。
② 郑大明:《香港工商业的演变》,《香港商业年鉴》,香港新闻社 1949 年版。
③ 《广大华行有关股东名额及股额等件》,上海市档案馆藏档,档号 Q77-1-43。
④ 赵云声主编:《中国大资本家传》,时代文艺出版社 1994 年版,第 143—144、469 页。

常鲜明的特点。

1. 联号企业的经营活动呈双向互动关系，联系面极其广泛

联号发展初期，以华南尤其是广东的企业为多，形成粤港联号（经常伴有华侨资本在内）后，再向华东及内地伸展。进入民国后，上海企业往香港发展的也逐渐增多。联号企业涉及的地区非常广泛，实际上诸如粤港或沪港联号大多数并不限于两地，而是在不断的拓展过程中，成为覆盖国内广大地区甚至海外的多边联号。

联号企业之间或总分行之间相互依托。鉴于香港和内地在市场、关税及政府政策等方面有很大的差异，故在经营上有明确的对内地及对海外分工合作，一般讲上海联号主要负责内地市场的产销，香港联号则分担联系海外的业务。如先施、永安、大新等百货公司联号内资金流动系统一安排调度，甚至不需办理任何手续。沪港联号企业既具有一般联号（如内地的华资联号企业、外国资本在华企业的分支联号）经营的性质，但同时又有自身的特色。它是海内外华资交融的高级形式，也是一种高层次的分工合作，不仅能扩大经营规模，提高经济效益，增强应付竞争和风险的能力，还使各企业间加强内部的有机联系，故一般都具有相当的稳固性。

2. 联号企业具有多种类型

沪港联号企业数量众多，涉及面相当宽，几乎囊括了民族资本的所有行业，涉及工商百货、对外贸易、交通运输、金融保险、出版印刷、医药、餐旅服务业等各个方面。如20世纪初，华侨从国外集资到香港创办大型百货公司，中国历史最悠久、资本最雄厚、规模最宏大的先施、永安、大新等公司，都是首创于香港，然后在广东、上海分设联号，再将分支机构遍布于国内各商埠，经营规模不断扩展，终于成为近代华人所经营的一种商贸大企业。在1930年代的国货运动高潮中，沪港华商亦曾创办香港中国国货公司。[①]

香港华资银行崛起于民初，主要有总行设于当地的广东、东亚、国民商业储蓄、永安商业储蓄等银行，以及内地的中国、交通、上海商

---

① 《中华百货公司广告》，《香港工商日报》1934年8月15日；《几家百货公司史略》，陈大同、陈文元编：《百年商业》，香港光明文化事业公司1941年版，原书无页码。

业储蓄等银行在香港的联行,最盛时有 20 余家(包括非香港注册者),组织了香港华人银行公会,凡在港各华资银行皆为会员,以中国银行港行居于首席,并在香港汇兑银行公会(由中外银行合组)占有半数席位。①

我国近代保险业主要集中于上海、香港及广州三地,因保险业所需资金庞大,经营区域范围宽广,与各种行业都发生联系,因此保险公司一般都采用联号形式来组织。19 世纪末 20 世纪初,华商已在港、沪等城市创办了一批水火保险及人寿保险企业。为维护同行利益和加强联系,1903 年香港华商保险公会成立,同业参加的有普安、万安、同安、全安、仁安、协安、德安、恒安、福安、宜安、同益及源安等 12 家。1906 年后,香港的华商保险公司在上海设立的分公司已有同益、源安、宜安、协安、合众、福安、源盛、恒安等 8 家。为加强同业团结,与洋商保险公司竞争业务,争夺市场,1907 年上海首个华商保险同业公会——华商火险公会成立,参加的会员公司有华兴、华安、华通、华成经保、源安、源盛、华侨合众、万丰、福安等 9 家,这其中显然有数家为港沪联号企业。由于华商火险公会的成立,香港等地的华商保险公司相继在上海设立分公司,并参加公会,使其成员迅增,到 1911 年时已达 29 家。② 抗战前后,民族保险业有进一步发展,但凡总公司设在香港和广州者,大都在上海设有分公司。

香港是近代东方最大的转口港,故贸易在沪港经济关系中占有特殊的地位。上海南洋办庄主要经办土特产品出口,有广、闽、潮帮及本帮,其中尤以广帮办庄为多,大致有香港粤籍商号在沪分号、广州总号在沪设的分号、上海粤商开设的沪—港—南洋间贸易商号等三种性质。这类广帮办庄也兼营进口业务,如南洋海味、胡椒、白藤、拷皮等,大都经由香港进口。中国棉纱、棉布的出口始于 20 世纪初,1920 年代上海南洋庄出口纱、布以广帮为主,销往地区首推香港。③

---

① 参见姚启勋:《香港金融》,香港泰晤士书屋 1940 年版,第 37—42 页;《香港金融》,《百年商业》,原书无页码。

② 中国保险学会编:《中国保险史》,中国金融出版社 1998 年版,第 55—56 页。

③ 上海社会科学院经济研究所等编著:《上海对外贸易(1840—1949)》,上海社会科学院出版社 1989 年版,下册,第 447、479 页。

沪、港、穗等地外贸企业数量很多，因为经营业务的关系，其中不少都结为联号。如抗战末期，伪上海特别市华南进出口贸易同业公会会员多达 469 家，[1]这其中不乏沪、港、粤联号。至 1946 年统计，香港进出口业商行共有 700 余家。[2] 上海市商会编印的《上海进出口贸易商行名录(1938—1948)》一书，可谓登录极为详备，分类亦细，其中有沪港联号性质的企业多为进出口行号。

20 世纪初，由于抵制美货和收回利权运动的推动，香港出现了一批较具实力的企业，如广生行化妆品公司、广东南洋兄弟烟草公司、马玉山糖果饼干公司等，后均到沪创办联号。民国前期，已有不少上海工厂赴港创办分支企业，向外拓展。抗战初期，随着内地企业纷纷南迁，香港华资工厂迅速增多，总数突破千家，创空前之纪录。[3] 1940 年代末，由于时局的影响，包括上海在内的大批内地企业南迁，对香港实业发展起了巨大的推进作用。1949 年 9 月，全港已注册工厂达 1309 家。[4]

在旧广告中常见的餐饮业联号有港沪穗大东酒店、港穗沪新亚大酒店、港穗京大同酒家、穗港澳沪东亚大酒店等。

跨行业的联号一般为大型集团性企业，如永安资本集团乃一典型。该集团的层级结构包括同业联号（如香港、上海、悉尼等地百货公司）、异业联号（如永安百货公司、永安纺织印染公司、永安商业储蓄银行、永安水火保险公司、永安人寿保险公司、永安金山庄、上海大东酒店、香港维新织造厂及香港永安货仓）、分支联号（如永安纺织印染公司及其在各地所设立的分庄、永安保险公司及其在各地所设立的分公司）等。金城银行除了在香港等地广建分行外，其联号太平保险公司亦在香港等地设立了分公司。与之相类似联号的还有诸如南洋企业公司等。

其他如粤港沪中华国民烟草公司、港粤沪华美电器行、港沪粤大华铅笔厂、省港沪黄干南药局、粤沪港陈李济药行、省港澳（门）沪仁和堂、港粤沪天相堂、新（加坡）港穗沪汕永安堂、港沪粤茂华大药厂、穗港沪

① 同书编辑室编：《上海工商名录(1945 年)》，申报社 1945 年编，第 1110—1118 页。
② 香港经济资料社：《香港工商手册》，香港大千印刷出版社 1946 年版，第 34—51 页。
③ 《香港商业录》，第 3 页，《香港商业年鉴》，香港新闻社 1949 年版。
④ 香港《华商报》1949 年 10 月 8 日，第 3 页。

新(加坡)永泰正十字油公司、港穗沪亚洲石印局、穗港沪九同章绸缎庄、港穗沪华商银行、港穗沪工商银行、港穗沪澳(门)东亚酒店、港沪汕穗林源丰钟表行、港沪穗澳(门)福安鞋厂等等,不胜枚举。

按企业的地域路向区分,有香港至上海联号、上海至香港联号、国外华侨经香港至上海联号。从企业的统属范围看,有双边和多边联号。沪港双边联号的数量仅次于粤港双边联号。由于沪港间的企业一般都与粤商挂钩,故沪港联号大都涉及三边以上。在漫长的发展过程中,有相当多企业成长为横跨海内外的多边联号,如香港广东银行为港沪穗汉暹纽(约)三(藩市)联号金融机构,黄祥华药号成为省港沪叻庇(能)联号等。

3. 联号企业资本具有浓厚的地缘性

沪港联号业资本家多居经济较为发达、联系密切的穗(粤)、沪(包括江浙)、港等地,尤以粤籍人士为核心。穗港形同一体,自不待言。由于上海开埠以后内外商业的发展,已较稳定地形成了一支从事各地埠际贸易的商人队伍,特别是各地商帮大量集中于沪,使上海进一步加强了与各地的联络。广东帮在上海是仅次于宁波帮的大商帮,其在上海经营的多为洋杂货铺,办理外国货物及南方货物的输入,据称在"内地无论何处,凡需要外国商品者,几无不见广东商人",上海成为他们从事这种埠际贩运的中转地。① 值得注意的是,沪港联号企业的主事者也有不少是粤港籍人士,如上海联保水火险公司总司理李煜堂、上海金星水火保险公司创办人唐绍仪、上海唐拾义父子药厂主人、上海宏兴药行创办人张思云和张汉焯兄弟等,都属粤籍或粤籍港商。

4. 联号中工业企业数量远远少于商业及金融企业

联号工业大都属于轻纺、化妆品、食品、卷烟、制药、印制、小五金等门类,真正从事机器制造的并不是很多。与此相对比,金融保险、百货公司、航运、旅业酒店、商铺行店等不仅企业数量多,而且资金及经营规模也比较宏大。特别是中国银行、交通银行、上海商业储蓄银行、中国通商银行、中南银行、金城银行、盐业银行、广东银行、东亚银行、国

---

① 丁日初主编:《上海近代经济史》第2卷(1895—1927),上海人民出版社1997年版,第217页。

民商业储蓄银行、中国福安保险公司、上海联保水火险公司、香港源安保险公司、香港源盛保险公司、上海金星水火保险公司、永安公司、先施公司、大新公司、大东酒店、新亚酒店、轮船招商局、中华书局、商务印书馆、南洋企业公司等，实力非常雄厚，在国内外都产生过相当影响。

四、沪港联号企业的历史地位

1. 连接香港与内地民族资本的纽带

近代以上海为中心的"江浙财团"构成了民族资本最强大的阵容，以港粤为中心的"华南财团"外向型发展则是非常突出的，而沪港华资联号企业实际上把地处江浙、华南以及延伸至世界各地的（华侨）民族资本紧密地结合了起来。

近代香港及华侨中的企业投资者对上海市场特别看好，是因为沿海地区首先形成了一个相对广阔的工业品消费市场，而上海又以独特的经济环境和优良的地理位置成为投资者瞩目的焦点。正如南洋兄弟烟草公司创办人简照南所说："上海一埠，于全国商务为总汇，以货物流行为先驱。凡一新出口，勿论外货或国货，未有沪市不销而能通销于各地者。"[①]又如香港嘉华储蓄银行以"上海为远东最大之商埠，地方广阔，工业众多，商旅群集，欲使本行业务发展及资金之流通，实有开设该地方分行之必要，同人等因议决开办上海分行"。[②] 故沪港联号的新设大为增加。

2. 推动中国社会经济的近代化

早期民族资本利用香港这块中西合璧之地，在诸多行业领域都开了风气之先。如国人仿西法用机器制造卷烟、化妆品、胶鞋、西式饼点、铅笔、电筒电池等，并采用百货公司方式经营商品，都是起源于香港后，

---

① 上海社会科学院经济研究所编：《南洋兄弟烟草公司史料》，上海人民出版社 1958 年版，第 126 页。

② 《香港嘉华储蓄银行第十届董事会报告书（1932 年）》，中国第二历史档案馆藏档，档号 403—1020。

再通过联号发展影响到上海及内地。尽管我国近代民族工业落后,但联号企业仍较多地引进并使用了机器生产,提升了产品的数量和质量,在国内外树立了很高的声誉,赢得了广阔的市场。

在华资联号企业中,以中小型企业占多数,但因联号企业在不同性质的区域铺设联号机构,强调香港、内地及海外联号组织的分工负责、业务合作,特别是一些联号企业通过横向扩展业务,实行跨行业的多角经营、相互支持,或者实行产、供、销一体化的垂直联合,将原来市场中的交易关系,变为集团内部的协作关系,降低产品成本,提高企业效益,使企业向大型化发展,并成为行业的领先者。如南洋兄弟烟草公司成为近代中国最大的一家民族烟草公司;先施、永安、大新、新新四大百货公司成为中国最早出现、规模最大的几家新型百货公司;上海永安纺织印染公司作为我国唯一一家华侨资本创立的近代棉纺织企业,其规模之大,仅次于申新系统。据郭棣活回忆道:"永安纺织公司在国内和国外建立了许多分公司或分庄,在国内有天津、济南、青岛、西安、灵宝、郑州、烟台、洛阳、重庆、宜昌、昆明、武汉、南通、长沙、南昌、梧州、汕头、广州等城市,在国外有泰国的曼谷、越南的海防和新加坡、香港等地区。"[1]

通过联号经营而提高效率、扩大规模,最终走向集团化,是近代企业成功发展的模式,永安资本集团便是一个典型。永安公司首创于香港,然后在广州、上海分设联号,再将分支机构遍布于国内各商埠,经营规模不断扩展,终于成为近代华人所经营的一种商贸大企业。

沪港华资联号企业是随着近代社会经济的发展,海内外华人资本家需要相互加强横向联系与合作,寻求更大发展的必然产物,经实践证明,这确为适应社会化大生产的最佳模式。

3. 金融联号发挥内引外联的特殊作用

近代我国民族资本在海内外设有不少联号企业,需要华资银行提供金融服务,华资银行在国内外各埠广设分行,至于其代理处更是遍及

---

[1] 沈祖炜主编:《近代中国企业:制度和发展》,上海社会科学院出版社1999年版,第13—14页。

欧美、澳洲及南洋各地,由此编织起辐射海内外的经贸网络,扩大了华资财团在海内外的影响,亦加强了与中国内地的经济联系。

沪港金融联号积极辅助实业,调剂金融。联号各银行同近代华商四大百货公司关系密切,如香港国民商业储蓄银行"为我国海内外绅商暨先施永安各大公司同人所合组",在港、沪、汉购置地产,建筑行址,发行钞票,准备十足,市面乐用。其"营业稳健,手续敏捷,利息公允,汇水低廉,处处以便利顾客为前提,尤为社会所赞许,业务因是而日盛",信用和办事效率在各华资银行中,"亦可首屈一指"。① 广东银行大股东和董事长李煜堂为新新百货公司的大股东和监督,其穗、沪分行经营非常活跃。银行联号还联系着一部分由归侨所主办的近代工业,如东亚银行和广东银行与南洋兄弟烟草公司有密切的合作关系。东亚银行董事长周寿臣和总司理简东浦均为该公司董事,周氏还曾一度担任过公司董事长,广东银行董事长兼监察人李煜堂亦参加公司的董事会议。②

香港与上海两地的华资银行联行经常相互提携,即使是经营重心在外的联号,也与内地同行保持着密切的联系和配合。如上海银行公会乃中国民族金融资本最重要的组织,广东银行是其最早的成员之一,参加了1918年7月8日的第一届董事成立会。东亚银行于1920年9月加入,香港工商银行于1924年9月加入,和丰银行于1927年12月加入,香港国民商业储蓄银行于1932年6月加入。至此,华侨银行在该会共29家银行中即占了5席。③

4. 沟通海外侨胞与祖国经济交往的桥梁

从历史和现实的角度来看,上海和香港都是近代中国对外的重要门户。在广泛联络祖国与海外侨胞方面,联号企业扮演了极为重要的角色。联号企业家们的孜孜努力,促进了近代国内外华人经济的交流及华人经济圈的形成。也正因为仰靠祖国大陆为依托,集纳海内外华

---

① 《本埠增刊》,《申报》1926年10月10日,第1页。

② 《南洋兄弟烟草公司史料》,第471、753页。

③ 徐寄庼编:《最近上海金融史》,上海华丰印刷铸字所1932年增改第3版,下册,第112—114页。

人圈的经济力量,发挥内引外联的特殊功能,沪港华资联号企业才得以迅速地崛起。

内地企业要走向世界,特别是要开辟海外广阔的华侨华人市场,首先会寻求在香港这个远东新兴的国际贸易枢纽建立立足点,以此为依托跨向海外。如抗战时期是上海新亚药厂发展的全盛阶段,其主要创办人许冠群于 1937 年底亲赴香港,设新亚华南贸易总处,翌年 10 月总处撤销,另又集资 10 万港元成立香港新亚化学制药股份有限公司,起着联结上海"孤岛"与大后方的纽带作用,并可向国外订购药械,成为新亚企业进入南洋争夺市场的跳板。由于新亚在国内同行中较早涉足南洋群岛,又有香港联号的便利(后者亦就地取材,生产"木瓜精"等药品,闻名于南洋各地),因此取得了很大的成功。① 南洋企业公司 1940 年 5 月创立于上海,主要由金城银行和新加坡华侨银行合作投资创办,是一家集工业和贸易机构为一体的跨行业、跨地区甚至跨国界的多角化经营实体。其创办动机就是考虑到"南洋侨胞对祖国工商企业之爱护与热望迄甚浓厚",对国内各种轻工业产品需求殷切,因此该公司以华侨集聚的南洋地区为主要销场,使国货产品在海外市场上占有一席之地。②

侨商为了实现实业救国的夙愿和在祖国发达的抱负,一般也是先到与其素有地利、人和优势的香港落脚,奠定基础,然后北上。如南洋烟草公司,先施、永安、大新等百货公司在香港发轫创办后,锐意进取,立足于全国经济中心上海,取得了巨大的成功。

沪港联号企业充分利用内外市场的各种要素,取长补短,建立起非常广泛、密集的营销网络。如永安纺织印染公司为了解决纱厂原料的来源,保证棉花的供应,同时也为了推销纱厂的纱、布等产品,使公司在产、供、销方面联成一个完整的系统,于是在内地、香港及国外广建分公司和分庄,形成了一个自成系统的收购棉花和销售产品网点。有些联号还远赴国外重要销售区域直接设厂生产,如 1929 年时,因荷属东印

① 《上海近代西药行业史》,第 280 页。
② 张仲礼主编:《城市进步、企业发展和中国现代化(1840—1949)》,上海社会科学院出版社 1994 年版,第 195 页。

度(今印尼)政府提高纸烟入口税,南洋兄弟烟草公司决定就地设分厂,以图开拓。① 这样,既避免了高额关税,降低了经营成本,又在海外增多了一个经济关系网。

总之,沪港联号企业既沟通了国内与海外的华人市场,又融合了海内外华资的力量,在近代民族经济史上占有独特的地位。

〔作者系暨南大学历史系教授〕

① 《南洋兄弟烟草公司史料》,第185页。

明治时代上海日本居留民
的文明觉醒运动

陈祖恩

  日本居留民是伴随明治维新(1868年,明治元年)的发端和《中日修好条规》(1871年,明治4年)的签订而逐渐来到上海的。当时上海租界已逐步发展成近代城市化的示范区,西洋文明造就的都市繁华,令刚进入上海的日本居留民赞叹不已,他们将上海称作为亚洲的"欧罗巴",希望能在离日本最近的地方学习西洋文明,同时取得上海租界生活的居留资格。

  西洋文明与城市生活紧密相联,文明素质主要表现在人们在城市中遵守的行为规范和准则。但是,由于初期来上海的日本居留民,很多是"内地食诘的贱民",①经济能力薄弱,人文素质不高,在异国与外国人共同相处的过程中,衣着粗糙,举止"野蛮",大部分女性不是充当卖淫妇,就是成为中国人或西洋人的小妾。日本居留民的形象不仅令受过西风熏陶的日本人汗颜,也玷污了正在举国开展文明开化运动的日本国的脸面。为此,在上海日本领事馆的领导下,日本居留民开展了以"抵制放纵懒惰、厚颜无耻的行为"为主题的文明觉醒运动,逐步提高了自身的文明素质,为在上海建立强势的日本居留民社会奠定了基础。

一、寄生租界的弱势移民

  1870年(明治3年),7名在沪的日本人被上海公共租界工部局作

---

① [日]上海居留民团编印:《上海居留民团35周年纪念志》,昭和17年(1942年)版,第57页。

为居留人口正式登记,他们都是男性,其中有 4 名居住在原英租界区域,3 名居住在原虹口美租界内。此外,还有日本船员 22 人。[①] 但是,按照有关居留民的定义,即在上海有一定职业并已申报的日本人才有资格成为居留民,上述日本人中只有 7 人才是最早被认可的日本居留民。

当日本居留民在 1870 年正式进入上海时,租界早已成为英、美、法等西方列强的天下。1843 年 11 月 17 日,上海在西方列强的军事打击下被迫开埠。当时,在英国领事馆登记的英商及传教士仅 25 人。但在此后的 20 多年中,英租界、法租界、美租界先后设立,英美租界又于1863 年宣布合并成立公共租界,在那里形成以英国人为主体的具有法律、裁判、警察、军事等机能的全权统治的政治体系。与此相比,开国不久的日本及其上海移民,在上海租界的弱势地位显而易见。何况在1870 年,公共租界的外国人有 1666 人,日本居留民仅区区 7 人,少到简直可以被忽略不计的程度。即使在以后的几十年中,日本居留民人数的增长速度也十分缓慢。最初 10 年间,每年以五六人的速度递升,其中男性占三分之一,女性占三分之二。到 1890 年(明治 23 年),上海外国人有 4200 人,而日本居留民也只有 644 人(男 339 人,女305 人)。[②]

早期上海的日本居留民大多来自日本农村,是处于日本社会最底层的贫苦者,也有一些是失意的武士。在经过漫长的锁国时代后,明治政府允许日本人到海外活动,因此,从国内到海外去发展事业,成为许多日本贫民特别是农村贫民的人生新目标,上海也成为日本人开拓海外事业的一个重要舞台。

与上海的西洋人相比,初来上海的日本居留民经济拮据,生活水平很低。以明治初期的上海物价为例:上海的房租费每月分 4 元、6元、10 元等多种,最好的是 15 元。大米每百斤 1 元,鸡蛋一个 3 文,公园桥的过桥费每人 3 文。[③] 虽然当时物价比较便宜,但是对于小本

---

① 〔日〕米泽秀夫:《上海史话》,东京畝傍书房昭和 17 年(1942 年)版,第 93 页。

② 《上海居留地》,《上海新报》第 1 号,明治 23 年(1890 年)6 月 5 日出版。

③ 〔日〕池田信雄:《上海百话》,(上海)日本堂大正 12 年(1923 年)版,第 4—5 页。

经营的日本居留民来说,仍然是一笔不小的开支。日本居留民如给外国人打工,收入更低。1876 年(明治 9 年),品川总领事在给日本外务大辅鲛岛尚信的信中写道,那些日本居留民"一个月仅有三四元的工钱"。① 做墓地清洁工兼守墓人的日本人工资也只有 7 元,而且还是日本总领事和日本商人义捐的。而日本居留民到西洋医师那里看病,一次的诊疗费为洋银 5 两,约等于当时日本货币 7 元。② 因此,日本居留民患病后往往无钱治疗,他们与同城西洋人的贫富差距由此可得到证明。

初来上海的日本居留民不仅生活贫苦,其生活方式与租界的西方城市文明氛围相比,给人的印象也是衣着粗糙、行为奇异。一些人穿着浴衣,光脚穿木屐在都市街头散漫地行走,引起上海市民的好奇;有的日本妇女在码头下船时,衣裙经常被大风吹起,白腿尽露,引起西洋人对日本服饰不文明的非议。③ 此外,他们将墓地祭奠的乡土风俗尽情地移植到上海,"在墓地前吊起灯笼,铺上毛巾,运来酒肴,还弹起三味琴,影响他人"。④ 这些生活方式和风俗习惯,在日本或许是无可非议的,但在租界上海,却受到西洋人的排斥,被视为"野蛮人"的行为。

一些受过西方文明教育的日本居留民为此不安。参与创办日本最早的报纸《海外新闻》(1880 年,明治 13 年)并在上海开设乐善堂书药铺的文化商人岸田吟香,对那些穿着和服在租界闲逛的同胞非常反感,认为他们虽然从亚洲的日本来到西洋的上海,但并没有真正做到"脱亚入欧"。他在给日本《朝野新闻》的通信中写道:"在上海,日本人有一种奇风异俗,经常被中西各国人士嘲笑。这并非没有道理。除领事馆的官员和一两个公司职员之外,大家都不穿西装,而是穿着棉帛的短单衣,系上一根三尺长的腰带,或者是光头戴上大森出产的麦秆草帽,光脚穿上木屐,嘎吱嘎吱地在虹口一带满大街地溜达着。即使在正统的

---

① 《上海居留民团 35 周年纪念志》,第 44 页。

② 〔日〕坂田敏雄:《上海邦人医界明治年史》,上海历史地理研究会刊行:《上海研究》第一辑,昭和 17 年(1942 年)版,第 73 页。

③ 《上海邦人医界明治年史》,第 72 页。

④ 〔日〕冲田一:《沪上史谈——上海に関する史的随笔》,大陆新报社 1942 年版,第 77 页。

日本人眼里，这些同胞的穿着打扮也是极为令人羞耻的。而葡萄牙人、印度人穿的要比日本人更为得体。"①

1890年（明治23年），鉴于一些日本人还是穿着传统的"奇装异服"到外滩公园游玩，影响了该公园关于游客必须衣着整洁的规则，工部局总董专门派员通知日本领事："除非他的国民衣着正派，否则将不允许他们进入外滩公园。"②在新开辟的虹口公园，工部局也在门前挂上用日语写的告示牌"进入公园者必须穿西装或和服礼装"。③ 这块日语告示牌，对日本居留民明显地带有歧视的意味。

明治初期来上海的日本女性中，被称为"先遣娘子军"的"唐行妇"占了一大半。"唐行妇"是指到中国及东南亚做外国人小妾的日本女性及以外国人为服务对象的日本妓女。"唐行妇"在上海的活动被日本历史学家称为"海外我姐妹的丑辱史"、"日本女性哀史"中的一段重要史实。从1880年代初期起，日本妓女在四马路（今福州路）、西华德路（今长治路）等地的"东洋茶楼"里进行色情活动。1882年，长崎赌徒青木权次郎召来数十名日本妓女在西华德路借"日本女郎屋"之名大规模地组织卖淫，使东洋茶楼在上海花柳界声名大振。据统计，当时上海共有"东洋茶楼"16家，其中14家为日本居留民经营。日本居留民经营的店里置有七八名妓女，店主每月可从一名妓女身上获取二三十日元的利益。④ 日本作家金一勉在《日本女性哀史》中写道：1882—1883年是"东洋茶馆"作为色情场所的全盛时期，几乎都是说长崎方言的日本妓女，在上海花柳界吸引了约七八百名嫖客。⑤

1884年（明治17年）5月创刊的《点石斋画报》以图文并茂的形式，对"东洋茶楼"进行有力的讽刺和抨击。在《以身报国》的图画中，编者尖锐地讽刺日本妓女的"卖身报国"："倭人妇女本无廉耻，男女同浴而

① 刘建辉：《魔都上海——日本知识人的"近代"体验》，上海古籍出版社2003年版，第83页。

② 工部局董事会记录（1890年5月20日），上海市档案馆编：《工部局董事会会议录》，第10册，上海古籍出版社2001年版，第672页。

③ ［日］沪上槎客序文、江南健儿共著：《新上海》，（上海）日本堂大正12年（1923年）发行，第122页。

④ ［日］宫冈谦二：《娼妇海外流浪记》，三一书房昭和43年（1968年）版，第108页。

⑤ ［日］金一勉：《日本女性哀史》，德间书店昭和55年（1980年）版，第187页。

不避客。馆中当值者多以妇人充之佣之,若使婢暧之为客妻,皆无不可。前些曾结队来中国,在沪地开东洋堂子,以及设茶馆为女堂倌者几于遍处,皆是尽人调戏,全不知羞耻,后经倭国领事馆驱逐回国。故东洋妓女最多亦最贱。近以倭国屡败,国库已空,乃创设恤兵部,令民间献纳,金银不足,则捐及娼家夜度之资,或2元,或1元,即使终年问鼎无人,须以50钱献之,以充兵饷。嘻!小妮子捐躯报国,将来必与戮力疆场者同膺懋赏也。"①《申报》也指出:"沪上之有东洋茶馆,阳开啜茗之场,阴凿迷香之洞,不特风俗之害,抑亦日本之羞也。"②

同年,日本记者尾崎行雄考察上海四马路后,愤然指出:"四马路是酒色的街,两边的房屋非酒楼妓馆莫属,将本邦的臭名远扬到海外的如东洋茶楼,亦大多开设于此街。酒楼乎?妓馆也!"③

东洋茶馆在上海的繁昌,无论在上海,还是在日本国内,均令日本政府大失面子。1884年(明治17年),日本政府应上海日本领事馆的请求,派出4名巡查来上海,协助领事馆取缔东洋茶楼。在日本领事馆的严厉打击下,不少东洋茶楼被迫关闭,部分日本妓女被遣送回国,另一部分被迫向南洋转移。

还有一些品行不良的日本居留民把上海当成他们胡作非为的乐土,使日本人形象更受损害。当时《申报》经常有《日人滋事》、《日人宜办》、《日人无理》、《重惩日犯》等新闻记事。1883年(明治16年)7月14日傍晚,两名日本人雇人力车到虹口,"因与车夫争论车钱,日本人即将东洋车夫乱殴,巡街捕见之喝阻,日本人即取豆腐店内菜刀欲砍,众人不服,力夺其刀。日本人又持木棍欲击巡捕,经旁人帮同获住,一并解入捕房。"④1884年(明治17年)10月25日下午,两名日本人在虹口"调戏某粤妇,粤妇拒之,日人即掣刀刺伤该妇人额角,当即鸣捕拘入捕房。"⑤1891年,沈开福被杀事件更是惊动上海的大案。7月3日晚

---

① 《点石斋画报》,射二,第14页。
② 《查禁茶娼》,《申报》1886年4月6日。
③ [日]尾崎行雄:《游清记》,小岛晋治监修:《幕末明治中国见闻录集成》,第3卷,ゆまに书房平成9年(1997年)版,第53页。
④ 《日人滋事》,《申报》1883年7月16日。
⑤ 《日人宜办》,《申报》1884年10月27日。

9时，几名日本人行经沈家时，因被沈家小狗惊吓，迁怒于沈开福，竟将其殴打致死。经验尸，"头上有刀伤 8 处，惟头顶太阳两穴系致命，背上亦有刀伤一处，肩臂胸前等处，均受木器伤，不计其数。"①虽然上述肇事者都受到日本领事馆的处罚，但是"东洋人打人啰"的坏名声也随之在上海街头巷尾流传。

海外居留民与其祖国的整体形象相联，海外居留民在当地的形象不好，必然影响其祖国的声誉，甚至有损国际形象。就上海日本居留民的形象问题，他们中的有识之士已经认识到："虽然居留民常常以'不能辱没国家的体面'为自勉，并且深深地感受到国家和国力对于海外居留民的强烈支持力，但是由于在当时上海所受到的来自于社会的监督不像日本国内，大多要靠人们的自觉，在此状况下，无知之徒便会丧失自我控制，任着性子放纵懒惰，厚颜无耻。"②1890 年（明治 23 年）10月，署名"孤愤子"的日本居留民撰文指出："在当地的日本人不顾体面，难怪要受到外国人的轻视。外国人轻视日本的理由有许多，但是日本人自己嘲笑日本人是其中最被人看不起的。在当地的日本人中男女大概共有六七百名（除研究所学生外），其中女性几乎占到二分之一。除了极个别以外，大多数是做西洋人或中国人的小妾。做卖淫行当的人没有教养，不知其羞耻之所在，反而沾沾自喜甚至以此为荣。男性遇到她们时也持以同等的态度，有的还自甘堕落和她们一同设席饮酒。"③鉴于上述认识，他们不得不接受下列事实。即来上海的日本居留民虽然不断增加，但其中大多是在日本国内无法生存下去的"贱民"。如果对其放任自流的话，最终将影响到日本民族和日本国家的整体形象。

二、代表国家的领事馆监管作用

虽然明治时代的上海日本居留民为谋生经历了种种耻辱和磨难，他们固有的生活习俗也在与西洋文明的碰撞中显得有点奇异，但是日

---

① 《会验尸身》，《申报》1891 年 7 月 5 日。
② 《上海居留民团 35 周年纪念志》，第 57 页。
③ ［日］孤愤子：《明确地位》，《上海新报》第 21 号，明治 23 年（1890 年）10 月 25 日出版。

本居留民在上海的日常行为与日本的国家形象相关,作为日本居留民社会的最高领导机构,日本领事馆在保护居留民的同时,也承担日本政府监督、管理居留民的重任。

1870 年(明治 3 年)7 月,当日本政府准备与中国进行有关缔结《中日修好条约》谈判的时候,日本民部省经外务省许可就开始实施日本居留民进入上海的准备工作。他们设立名为"开店社"的驻沪机构,日本通商大佑品川忠道、斋藤丽正,文书权少佑神代延长等三人被委以代表,负有"管理上海日本居留民和对外交涉的重任"。① "开店社"既是日本居留民来上海进行商务贸易和考察活动的介绍所,也是他们在沪的联络机构和临时住宿地,其制订的规则,也是日本政府对日本居留民的管理法则。开店社设立不久,日本外务省又在开店社内另设"外务省上海出张所",这是上海日本领事馆的前身。1872 年(明治 5 年),根据《中日修好条约》的规定,日本首先在上海、香港、福州设立领事馆。同年 4 月,外务省上海出张所改称日本公馆。1873 年(明治 6 年)6 月,日本公馆正式易名上海日本领事馆。

上海日本领事馆建立后,对日本居留民进行文明教育和管理,曾多次颁布相关管理章程等各种规则。他们认为,国民素质是衡量一个国家文明强盛的标志,对国民的素质教育是比科学技术更为重要的因素,如果没有强盛的国力作支持,国民进出海外是很困难的,而强盛的国力是靠国民努力来实现的。

在日本居留民进入上海的同时,明治政府提出文明开化、富国强兵、殖产兴业的口号。文明开化是指向西方文明学习,从广义上说,是从思想上和精神上向西方学习;从狭义上说,是从外形上即衣、食、住和习俗上向西方学习。1871 年 8 月 9 日,日本政府发布《散发脱刀令》,剪武士的发髻,改为剪发,解除武士作为荣誉标志的佩刀。其次是废止幕府时代的旧式礼服(狩衣、直垂袴),定西式礼服为官员礼服。一时间,散发成为文明开化的象征,日本人的衣着打扮发生了很大变化。1873 年(明治 6 年)6 月 14 日,上海日本领事馆刚刚挂牌,就颁布《居留民心得临时规则》,主要内容涉及风俗习惯。领事馆要求日本居留民在

---

① 《上海居留民团 35 周年纪念志》,第 40 页。

与外国人一起生活的时候,注意他邦的礼仪和文明开化地域民众的生活习俗,不要做有损日本国民体面的事,如有违上海租界规定和文明准则,日本居留民必须改正,否则将受到处罚。规则中明确下列行为被禁止:非士官者携带武器或伤人刀具或枪支者;骑马或乘马车暴走(违规疾行)者;行走时扬起灰尘妨碍公共卫生者;在路边随地大小便者;折取花园或路旁的草木者;不论男女,露臂露腿等不检点者;和女子卖淫有关者,等等。① 同年10月29日,日本外务省颁布《清国在留日本人心得规则》,其内容与上海日本领事馆颁布的规则基本一致。

1883年(明治16年)9月24日,鉴于"东洋茶楼"事件造成的恶劣影响,日本领事馆正式颁布《清国上海居留民取缔规则》,进一步对上海日本居留民的日常行为准则作出严格的规定,如:在上海从事饮食、旅馆业者必须遵守领事馆的规定并获批准;衣冠不整者不准外出;妇人不准断发或男扮;无论男女,外出时必须穿符合身份的衣服;即使在室内,在往来能让人看到的地方,不能脱衣露体或露出大腿等。若违反上述规定,将予以拘留1—10天或处以日币5钱—1元95钱的罚款。② 一般居留民都知道,上述规定,主要是针对"东洋茶楼"事件而制定的。③

1905年(明治38年)日俄战争后,作为战胜国的日本国际地位有所上升,虹口地区的日本居留民社会也基本形成。此时,上海日本领事馆更注重日本居留民在上海街头的公众形象问题,要求他们做文明国民的规定也更为详尽、严厉。1906年(明治39年)5月26日,总领事永泷久吉颁布第3号令,"为近来邦人生活放纵粗暴,有损国威,适用警察犯处罚令",全文21条,如果有违反下述规定者,处以10日以下拘留,日币10元以下罚款,或处以1元95钱以下的赔偿。④

　　1. 无证经营或未经许可擅自经营者;

　　2. 无正当理由不听从领事馆召唤者;

　　3. 醉酒滋事或醉卧大街者;

　　4. 借酒滋事或戏耍打闹妨碍周围往来者;

---

① ［日］冲田一:《日本と上海》,大陆新报社昭和18年(1943年)发行,第296—297页。

② 《日本と上海》,第297—298页。

③ 《上海史话》,第97页。

④ 《上海居留民团35周年纪念志》,第136页。

5. 殴打他人致伤致残者；

6. 在大街上大声吟诗或高声唱歌者；

7. 夜间大声播放歌舞音曲或大声喧哗而影响他人者；

8. 无固定居住场所，无正当职业，到处流浪者；

9. 强行索要援助或强行索买物品，或以其他方式妨碍他人者；

10. 秘密卖淫或介绍卖淫者；

11. 男扮女装或女扮男装徘徊于大街者；

12. 裸体或袒胸露腿，或其他不文明穿着，在道路及公园内行走者；

13. 未经许可在露天摆设酒宴播放歌舞音曲者；

14. 在道路上非厕所范围内随地大小便者，或让小孩随地大小便者；

15. 在公园或马路两旁折取草木者；

16. 在规定场所及时间以外丢弃垃圾或其他污秽物者；

17. 随意开快车或飞快驾驭马车妨碍其他行人者；

18. 在室外不给自己的宠物狗加套嘴巴套者；

19. 使用有狂躁病或其他疾病或外伤的牛马者；

20. 除业务所需以外携带枪支、刀剑，或装有上述武器的拐杖，或其他武器在大街行走者，但猎枪不在此限制内；

21. 除以上规定外，触犯上海居留地规则中所规定事项者。

上述规定涉及都市居民的文明素质和民族形象问题，与上海租界当局的有关规定相吻合，有些方面甚至更严厉。当时，一些人在公共花园的椅子上睡觉、在花圃里乱折花卉、到处随意大小便等不文明行为引起工部局的关注，从而加强了对公共场所的文明管理。后来，有人把它看成是民族歧视，甚至引发了一场民族主义的斗争。但是，日本居留民从中吸取教训，用提高文明素质的方法不自取其辱。

此外，为了维护日本居留民在上海的形象，当日本船舶刚刚进入上海港的时候，日本领事馆就提醒那些进入上海的日本人必须注意衣着形象：进入上海后，男子"衣服必须穿洋装。忘记和服的宽松，忘记坐在榻榻米上的习惯。冬装三件一套15元就能买到的话，应该备一套。当地的绅士有时也是如此。夏装为上下两件套，2至4元"。女子也应尽量穿着洋服，"所谓洋服，可能会使人联想到穿斗篷，戴带花的西洋帽子,手拿象牙把手的扇子,令人觉得繁琐,但是可以借鉴俄罗斯女人的打扮,只是她们那种婆娑如天草女郎般的装束应该回避,尽可能要打扮得体。关于此事,二十几年后的今天还是未能改善风尚,还是没能引起新到上海者的注意,甚是遗憾。为今后更要不遗余力改正弊端,再次强调上海总领事馆的通告"。"为避免在当地各国居留地公园(公共花园)或各国人往来的场所内遭到公众的白眼,男女都要穿着十分清洁的衣服。近来,男子穿日式便装进入公园,或是穿着不整洁的女子在马路上徘徊,非常不体面。今后,出入公园的男子必须穿着西服,或穿和服正装。女子必须穿十分整洁的服装。在马路上或其他公共场所内必须充分注意形象。如有违反,将受到重罚。"①

在日本领事馆的监督、指导下,日本居留民开始学会穿西装和礼服进入工部局公园。同时,在居留民社会内部,进一步开展生活欧化运动,新潮淑女、绅士装束形象悄然出现,甚至有男士头系铃风帽,手持金刚手杖;有小姐将乌云一般的黑发染成赭褐色,烫成曲卷。

三、提升文明素质的民间力量

上海日本领事馆代表国家制订的各项管理规则,对日本居留民的日常行为有一定的约束力。但是,仅仅有规定和处罚是不够的,还必须在生活、精神等方面予以关心和引导。《上海新报》第 2 号刊登《寄望居住在上海的日本商人》的文章,指出:"在领事馆和富豪的帮助下,协力一致,日本人是一定会发展的。"②日本领事馆依靠日本宗教团体和以大公司为核心的各种民间团体,注重发展教育、卫生、文化生活等事业,不断提升居留民的生活水平与文明素质。

1876 年(明治 9 年)8 月 12 日,东本愿寺在上海设立别院,这是最早进入上海的日本宗教团体。当时,日本居留民仅有百余人,但大多数都参加了该院的供养会入佛式,表明宗教团体在海外的特殊凝结力。

---

① 　[日]远山景直:《上海》,国文社明治 40 年(1907 年)版,第 172 页。

② 　[日]沪上浮蓬升:《寄望居住在上海的日本商人》,《上海新报》第 2 号,明治 23 年(1890 年)6 月 13 日出版。

东本愿寺上海别院以"和颜悦色,互为亲爱,深信佛愿,虚心念佛"为本宗。院内规则体现了文明做人的基本素质,如"不准吃鸦片烟,禁赤身裸体,禁随路撒尿,禁吐痰擤鼻涕地下,不准坐东移西,不准伸头探脑,不准擅动什物,男西女东不准混坐,不准多言多语,须要端庄静听,不准站立喧哗"。①

东本愿寺上海别院发挥宗教"精神安息"的机能,除布教、施善外,积极实施各种文化教育事业,为居留民创造良好的生活环境。日本居留民初来上海时,由于没有日本学校,很多子弟到了学龄期就不得不回国内学习。而在日本国内,明治政府已于1872年(明治5年)发布旨在建立近代教育体制的《学制》,明令:"自今之后,众庶人民无论华士族与农工商,至其妇女子,比期邑无不学之户,家无不学之人。""惟高尚之学各任其人之材,至幼稚孩童则不别男女,必当从事于小学,其不然者失在父兄。"②有识之士认为,日本人子弟在所谓"亚洲第一贸易大港"的上海如果未能接受现代教育,将令日本蒙羞。③ 为此,东本愿寺上海别院主动承担日本居留民子弟的教育责任。开院后不到半年,即12月4日,东本愿寺上海别院就设立了女学校。1877年(明治10年)又设立"本愿寺育婴堂",对儿童进行习字、算术等最基本的教育。这是日本开国后,在海外居留民中最早进行的教育活动。1883年(明治16年),开办"亲爱舍",对儿童举行一个月几次的具有慈善性质的文化教育讲习。1885年(明治18年),将"亲爱舍"改为日本传统的"寺子屋"学堂,教授阅读、算盘等日常必须的学科。1888年(明治21年)1月,为与日本国内教育水平同步,东本愿寺上海别院将"亲爱舍"改制为开导学校,最初学生仅10人,这是上海最早的日本小学。考虑到居留民生活水平低,学生入学的"月谢费",每人仅20钱。但是即便如此,10名学生中也只有1人每月交费,其他人都未付。④ 上海日本居留民的生活艰难,亦可见一斑。

1876年(明治9年)11月10日,为了帮助居留民解决医疗的实际

---

① [日]高西贤正:《东本愿寺上海开教60年史》,东本愿寺上海别院昭和12年(1937年)发行,第248—249页。

② [日]大隈重信编:《日本开国50年史》,上海社会科学院出版社2007年版,第512页。

③ 《东本愿寺上海开教60年史》,第286页。

④ 《上海居留民团35周年纪念志》,第62页。

困难,品川忠道总领事召集居留民代表,商议向外务省申请派遣医师来沪的事宜。第二天,由东本愿寺上海别院轮番河琦显成就、广业洋行上海支店长松尾已代治、三菱会社上海支店长内田耕作等6名代表出面,向日本政府提出《邦人医师渡航请愿书》,请求派一名日本医生来上海为居留民医疗。1877年(明治10年)7月上旬,作为上海最早的日本医生,早川纯瑕受日本政府委派,在东本愿寺上海别院开设诊疗所,对居留民免医疗费,仅收取部分药费,贫困者经领事馆证明后可全部免费。7月27日,诊疗所正式开张。8月2日,东本愿寺上海别院发出《日本本愿寺施医》的公告:"寒燠不时、劳役过度最易致病,在有力者固医药易措,而至哭病贫病交煎,本寺以济世利生为事,为此敦请我国高明医师来申在院施诊给药。"[1]诊疗所开设的第一个月,就为57名居留民(男46名,女11名)、24名中国人看病。当时上海正流行瘟疫,东本愿寺诊疗所的设立,让日本居留民"有天旱遇慈雨的喜悦和幸福感"。[2]此后,日本医师纷纷来上海开设诊所和医院,他们都具有专门学历和医师资格,有的甚至是日本近代医学的开创者。日本医师在上海纷纷开业,改善了日本居留民的医疗条件,大大提高了他们的健康状况。

1885年(明治18年)11月25日至28日,鉴于"东洋茶楼"事件对日本的负面影响,在居留民中进行反省活动,东本愿寺上海别院组织举行"报恩讲",从领事馆官员、三井洋行等大商社职员到一般居留民,很多人参加。参加"报恩讲"的日本居留民捐赠油、蜡烛、糕点及供斋用的器皿金钱等,一些信徒还就有关如何自责的话题进行彻夜谈心。[3]第二年10月,东本愿寺上海别院举行第二次"报恩讲",参加者达到200余名。

东本愿寺上海别院还大力开展各种慈善活动。1888年(明治21年)7月,该院创设日本人慈善协会。该会的主要工作是职业介绍、人事商谈、保护疾病者的手续、教诲事业以及其他慈善事业。会员分三类:特别赞助员,捐款50元以上或相当于同价值的物品;甲种赞助员,

---

① 《东本愿寺上海开教60年史》,第272页。
② 《上海邦人医界明治年史》,第78页。
③ 《东本愿寺上海开教60年史》,第279页。

每月捐洋银 1 元以上或同等价值的物品;乙类赞助员,每月捐款金 0.5 元以上或同等价值的物品。① 1910 年(明治 43 年),东本愿寺上海别院将原佛教青年会改为佛陀会,专门为贫困的日本居留民提供免费住宿、免费医疗、免费介绍工作等活动。

在东本愿寺上海别院的带动下,日本居留民同胞相怜的博爱精神进一步发扬,他们不仅帮助上海的同胞渡过难关,还把温暖送回祖国。1890 年(明治 23 年)6 月,长崎发生霍乱,并向全日本蔓延,当年,霍乱患者 46019 人,死亡人数高达 35227 人。7 月 25 日,居留民将在上海募得的第一批捐款日元 41 元 80 钱邮送给长崎知事中野健明。② 1909 年(明治 42 年)7 月 31 日,大阪市北区发生大火灾,14000 户房屋被烧,在沪居留民举行义捐募金活动,至 9 月 23 日,送金 4122 日元。日本居留民不仅帮助国内的灾民,对中国各地发生的灾情也给予人道主义的关注和救助。早在 1877 年(明治 10 年)山东发生饥荒后,上海日本居留民就"捐银七百两汇送山东赈饥"。③

1877 年(明治 10 年),日本最大的财阀商社三井物产株式会社(又称三井洋行)进入上海,在广东路 6 号设立支店,这是三井洋行在海外开设的第一家支店。此后,日本邮船会社(1885 年,明治 18 年)、吉田号(1887 年,明治 20 年)、横滨正金银行(1893 年,明治 26 年)等日本大公司、大银行先后进入上海。他们在从事经济活动的同时,积极进行各种文化教育活动,大大丰富了居留民的精神生活。1882 年(明治 15 年)7 月,三井洋行上海支店创办《上海商业杂报》,该刊主要向日本提供有关中国各地的商业、物产情况,也刊登有关中国的政治、文学、风俗等记事,这是上海最早的日文期刊杂志。1890 年(明治 23 年)6 月 5 日,上海最早的日文报纸《上海新报》(周刊)创办,其虽然是以修文馆名义经营的,但后援单位是三井洋行,因而该报的宗旨是"以新闻发行来尽发展日中贸易的梦想"。《上海新报》大量刊登有关居留民在上海发展经济、文化事业的信息,还开辟有关中国情况和商情的专栏,如中国

---

① 《东本愿寺上海开教 60 年史》,第 363 页。
② 《长崎港恶疫防压费义捐金募集广告》,《上海新报》第 8 号,明治 23 年(1890 年)7 月 26 日出版。
③ 《申报》1877 年 3 月 26 日。

物产的名称及日本语的译名、中国习俗、中日英三国会话对照、中日英三国货币尺度量衡比较表、上海物价、中国各港口输入品原价及税银比较表、上海商况、气象情况、船期信息、上海案内等。此外，《上海新报》还发表小说，配有插图，设立题为《文苑》的文艺专栏，发表中日文人的诗词。《上海新报》的创刊，给日本居留民提供了大量的上海风俗、社会信息、商贸情报，使他们增广见闻、增加了解、增进感情、增强互信，起到了社会调节的和谐机能。署名"流外逸士"的日本居留民读了《上海新报》后，欣喜地写道："坛坫操持冠近今，高才一辈振儒林。尽多文字风流慕，大有春秋笔削心。邦俗记来补博览，商情阅去宛亲临。秘余术艺周行示，展读原堪扩素襟。"①

以三井洋行为代表的日本大公司进入上海后，日本居留民的整体经济力量有所加强，但是面对日本居留民在租界的弱势地位，作为代表国家经济力量的日本大公司更有"团结一致，维持体面"的社会责任和神圣使命感，他们认为，作为居留民中的"富豪"，在海外承担这样的责任是理所当然的。当时，以英国为首的西方列强为适应自己的生活方式，在上海组建了各种西方人俱乐部，不仅向本国居留民提供多功能的娱乐场所，也为他们提供集会议事的便利。早期的西方俱乐部有英国的"上海俱乐部"、"德国俱乐部"和"税关俱乐部"等。这些俱乐部都拒绝当时处于亚洲弱国地位的中国人和日本人参加。而在日本国内，1883 年（明治 16 年）11 月，日本上层人士的社交场所鹿鸣馆在东京日比谷建成，正式开启了日本的欧化生活时代。同年 2 月 5 日，当国内鹿鸣馆还在建设中时，日本总领事也在上海组织以社交为中心的日本人俱乐部活动，有 30 多人参加。俱乐部采取会员制，会员交纳会费。② 1891 年（明治 24 年）1 月 2 日，《上海新报》在新年致词中明确指出，随着日本居留民的不断增多，要一扫积年的旧弊，不能成为乌合之众，要"团结一致，维持体面"。③ 1891 年（明治 34 年）初，日本领事馆召集会议，明确日本人俱乐部是日本居留民中的绅士团体。第二次俱乐部活

---

① 《文苑》，《上海新报》第 8 号，明治 23 年（1890 年）7 月 26 日出版。
② 《东本愿寺上海开教 60 年史》，第 282 页。
③ 《新年致词》，《上海新报》第 31 号，明治 24 年（1891 年）1 月 2 日出版。

动在三井洋行召开。1908 年(明治 41 年)4 月 1 日,日本人俱乐部正式成立,会员数增加到 240 名。1912 年(明治 45 年)1 月 26 日,经日本外务大臣许可,上海日本人俱乐部成为财团法人。

三井洋行等日本大公司不仅为居留民的文化教育事业提供大量的资金,组织各项活动,对本公司职员的言行举止等有关文明素质的问题也极为关注。三井洋行首任上海支店长上田安三郎曾在美国留学,有对华贸易"先觉者"之称,他不仅严格要求职员学习外国的商业法则和商业道德,而且十分注重他们的日常礼仪和穿着打扮,每周一次和职员一起进餐,让他们学习西洋就餐的礼仪。新职员刚刚进入上海时,"有些人穿着便装、和服直接坐在地毯上,在支店长的脚边卑微地行礼,或是将肉食放在刀面上直接送入口中"。上田安三郎看到这些人就餐时的模样非常窘迫,戏称为"船夫的吃法"。经过上田的传教,三井洋行上海支店职员无论在服饰礼仪和社交风度上,都展现了日本大公司职员的形象魅力。1883 年(明治 16 年)来上海就职的福井菊三郎后来回忆说:"以前在上海,日本人的地位非常低,总是不被外国人放在眼里,但是上海支店长上田的美国式社交法使外国人不敢再小看日本人。"①

以日本大公司代表为主体的上海日本人协会于 1905 年(明治 38 年)12 月 17 日成立,成为上海日本居留民团结协调、增进福利的公共团体,同时负责经营学校及日本义勇队、其他慈善救济事业。日本邮船会社上海支店长伊东米治郎任会长。1906 年(明治 39 年)3 月,日本人协会接管开导学校后,为提高办学质量,通过日本领事馆,向日本文部省要求派遣教师,并大幅度增加经费,核定经费为年额 3921 元,学校收入(授业费)1265 元,不足部分由日本人协会负担,每年 2656 元。此外,临时费用预算 1327.6 元,共计 3983.6 元。②

1907 年(明治 40 年)9 月 1 日,上海居留民团成立,其不同于日本国内的市、町、村制度,没有固定的行政权,而是在外务省机构代表上海总领事监督下的"自治团体"。居留民团成立后,日本人协会宣布解散,

---

① 〔日〕上田寿四郎:《上田安三郎年谱》,三井文库编印:《三井文库论丛》,第 7 号,昭和 48 年(1973 年)版,第 311 页。

② 《上海居留民团 35 周年志》,第 132 页。

其经营的事业全部移交给居留民团。初期的上海居留民团由作为决议机关的居留民会和作为理事机关的行政委员会两部分组成。行政委员会主要由日本大公司、大银行的上海支店长等人组成。居留民团的成立是上海日本居留民社会形成的标志，此后日本居留民社会在上海的强势日益展现。

作为民间力量的一般商人，在开拓事业的同时，也为营造具有民族特色的居留民文化氛围贡献了力量。长崎商人白石六三郎于1890年（明治23年）来上海，在经营高级日本料亭"六三亭"成功后，积累了一笔财富，"为深陷困境的人深表同情，将居留民同胞的信任和期望担在肩上"[①]。为了让同胞在上海有一个日本式的游乐、休闲和集会的地方，他于1908年（明治41年）建造日本式庭园"六三花园"。该园建成后，向日本居留民免费开放，成为最令他们思乡的地方。此外，白石六三郎又请来长崎市镇座国币中社诹访神社祭神，并在六三花园内建立社殿，祭祀与长崎风俗一样。1912年（明治45年）4月14日，"六三花园"举行诹访神社落成式典，这是上海最早的日本神社。

到了明治时代末期，日本居留民在日本领事馆的领导下，依靠民间团体的力量，在行政管理、学校教育、宗教信仰、生活保障、娱乐休闲、文化传播等方面，已经初步建立了一个具有独特民族氛围、在精神和物质生活上相当独立的"日本人街"。日本居留民不仅融入近代上海的都市文化环境，也在上海形成一个具有鲜明东瀛文化风采的居留民社区。

四、结　语

明治初期，日本居留民寄生在欧美列强统治下的上海租界，甲午战争后获得治外法权，成为租界的参与者，开始在上海建立安定的生活。第一次世界大战是日本居留民社会飞跃发展的契机，1915年日本人达到11457人，首次超过英国人，列于上海外国居留民人数的首位。随着日本居留民社会的迅速发展，其人文素质也发生很大变化。以女性为例，卖淫妇的数量大量减少，一些日本女性作为上海早期的职业女性开

---

① ［日］吉村信太郎编印：《在住上海长崎县人名士录》，昭和6年（1931年）版，第47页。

始亮相,她们活跃在各种职场的身影,是留在上海都市化进程中多元文化的见证。无疑,明治时代的文明觉醒运动为日本居留民社会在上海的强势发展奠定了一定的精神文化基础。

日本明治维新的成果让海外居留民同享,上海日本领事馆切实有效的监督和管理手段,扫除了海外居留民远离祖国的悲情色彩,日本居留民的文明觉醒运动也为国家争得体面。但是,日本对华扩张政策和侵略战争,最终将日本居留民在上海苦心营造的形象损坏到极点。日本对上海发动的战争,都是以保护"居留民"为借口,而日本居留民在战争时高扬的"帝国臣民"情绪和成为日本侵略军帮凶的事实,也是上海民众永远不会忘却的。

〔作者系东华大学人文学院教授〕

清末的东文教学与亚洲观念

——王国维、樊炳清与上海东文学社及其刊刻的《东洋史要》

邹振环

　　王国维和樊炳清都是近代中国著名的学者,他们在给中国学界介绍西方哲学和日本东洋学方面,有过重要的贡献。两位之所以能做出划时代意义的学术贡献,自然缘于他们的天才,但也离不开其所处的社会环境和青年时代的学校教育。在王国维和樊炳清一生所经历的学校教育中,上海东文学社是重要的一环,陈鸿祥曾指出王国维"一生学业,实亦发端于入学社攻读英日文,沟通近代东西方学术"。[1] 樊炳清的生平经历还存在着许多的盲点。关于他们早年就读的上海东文学社的比较全面和深入的研究,至今也尚付阙如。[2] 但王国维和樊炳清都是该学堂培养出来的最有成绩的学生,这一点似无疑问。他们一生的学术都与在该学堂所受的教育有着千丝万缕的关联。最有意思的是,东文学社刊行的桑原骘藏《东洋史要》一书,是由樊炳清翻译、王国维作序的,该书对近代中国学界产生过很深的学术影响。本文在笔者以往研究的基础上着重讨论以下三个互相关联的问题:一是讨论上海东文学社的创办及该学堂的师资和生源,以及该学堂在近代日语教学上的地位;二是讨论东文学社的学生王国维、樊炳清与罗振玉、藤田丰八、田冈岭云等之间的关

---

　　① 陈鸿祥编:《王国维年谱》,齐鲁书社1991年版,第29页。

　　② 关于上海东文学社的初步讨论,可参考钱鸥:《罗振玉・王国维と明治日本学界との出会い一〈农学报〉・东文学社时代をめぐって》,京都大学中国文学会编印:《中国文学报》第55册,1997年版;邹振环:《上海东文学社与南洋公学的东文学堂》,日本关西大学编印:《或问》,2005年5月第八期,又载耿升等编:《多元视野中的中外关系史研究》,延边大学出版社2007年版。

系;三是研究东文学社译刊的《东洋史要》在中国的传播与影响。

一、上海东文学社的创办

甲午战后亡国危机日益严重,举国上下都开始将目光转向了"蕞尔小国"日本。通过日本这一管道汲取西学新知识,渐成学界的共识。1896 年罗振玉等人集会研究农学,为推广农业科学实验,于当年 11 月在上海创设农学会,该会一项主要工作就是"译书印报"。"书"指 1897 年开始陆续出版的"农学丛书","报"指同年在上海创办的《农学报》。农学会引进西方农学主要是通过翻译日本和西方的农学著述,于是培养翻译人才的计划就被提上了议事日程。

上海东文学社就是农学会出资兴办的近代中国第一所有相当影响的日语专门学堂,①1898 年农历正月由吴县蒋黻(伯斧)、溧阳狄葆贤、钱塘汪康年、山阳邱宪、上虞罗振玉同创。② 早在 1898 年 1 月,东文学社就在《申报》上发表"告白",称:"本社因中国通东文者太少,而将来交涉日繁,语言不通,种种不便,故纠合同志集赀创办,先招学生四十人,延聘日本学士为之教习,专课东文……如有年在三十以内十五以外,中文已经精通之人,愿习东文者,望于正月望前至农会报馆报告,以便定期考取。入社每人每年修金洋二十元,愿住社贴膳者每月加膳金洋四元。"③社址初在爱文义路白克路梅福里(今黄河路凤阳路口)农学报馆对门萃报馆内。1898 年 3 月 7 日(夏历二月十五日)正式开学。④ 创设

---

① 陈鸿祥:《王国维传》,人民出版社 2004 年版,第 47 页。当时以"东文学社"为名的重要日文学堂有上海、北京两家,极易引起混淆,罗志田主编的《20 世纪的中国:学术与社会·史学卷》(山东人民出版社 2001 年版)下册第六编的"学术编年"(第 714 页)中,将京沪两地东文学社混为一谈。

② 《东文学社社章》,《农学丛书》第一集第二册,上海农学会印。李恩民将上海东文学社误为 1896 年汪康年创办和 1898 年罗振玉创办两家,并将藤田剑峰与藤田丰八误作二人,参见《中国历史大辞典·清史下》,上海辞书出版社 1992 年版,第 176 页。

③ 《申报》1898 年 1 月 11 日。

④ 《东文学社考学告白》,《申报》1898 年 3 月 7 日;1898 年 3 月 1 日王国维致许同蔺函,刘寅生、袁英光编:《王国维全集·书信》,中华书局 1984 年版,第 3 页;1898 年 3 月 10 日"社中开学宴客",郑孝胥"缴帖而去",劳祖德整理:《郑孝胥日记》第二册,中华书局 1993 年版,第 646 页。

宗旨："日本同处一洲，而研习其语言文字者，顾寥寥焉。彼都认识茌止中国，中国士夫往往不能与通姓字，彼国书籍流传中国，中国士夫往往不能通数行，不便孰甚。蒙等不揣固陋，创立学社，以为之倡，但见闻浅陋，资力未充，尚冀同仁襄成此举。"计划先在上海开办，将来渐渐扩充至全国各地。主旨当然是"培养通晓日文、日语人才及翻译日文书报人员"。①

其时在中国学界，"亚洲意识"尚未真正萌芽，因此学社的创办人能从中日"同处一洲"为出发点，强调学习日文，期望通过日本管道为中国提供更多的西学信息，为翻译外国农书给中国学界培养更多的人才，无疑具有很高的先见之明。美国学者任达指出，日人在华从事教育的启端是在 1898 年，但在罗列的一批东文学堂中却恰恰遗漏了上海东文学社。② 而这些众多的东文学堂中创办时间最早的其实是上海东文学社。

东文学社的核心人物罗振玉（1866—1940），字雪蕴，号雪堂，又称永丰乡人、仇亭老民，祖籍浙江上虞，后寓居江苏淮安。自幼随塾师习四书五经，16 岁回乡应童子试，以县学第七名考取上虞县秀才。曾数次赴乡试未中。早年曾在淮安私塾任教，并从事经史考据之学，有著作近 20 种。1896 年离淮安赴上海，与友人蒋伯斧等开始规划了一项全面学习日本并进而通过日本引进西学的计划，首先是创设农学会，刊行《农学报》，编印"农学丛书"；1901 年在上海创办中国最早的教育杂志《教育世界》，旨在介绍日本和西方的教育理论和教育实况。1902 年他受湖广总督张之洞、两江总督刘坤一的委托前往日本考察教育，著有《扶桑两月记》。1909 年再度赴日本考察农学、聘技师，著《扶桑再游记》。曾任湖北农务局总理兼农务学堂监督、学部参事兼京师大学堂农科监督、江苏师范学堂监督等职。创办东文学社也是其宏伟规划中的一部分。③

---

① 《东文学社社章》。

② ［美］任达著，李仲贤译：《新政革命与日本——中国，1898—1912》，江苏人民出版社1998 年版，第 79—80 页。

③ 关于罗振玉的生平传记，可参见罗琨、张永山：《罗振玉评传》，百花洲文艺出版社1996 年版。

东文学社的创办,是与外国的农书翻译联系在一起的。学社虽有"入社每人每年修金洋二十元"的明确规定,但同时也有变通规则:学生贫苦不能出修金者,经保人担保,亦可不出修金来学社学习,但将来学成必须在社担任翻译,其供职之年如所学之年,以译资酬学费。如果欲他就,需向担保人加倍索偿学费。① 可见,罗振玉等人有将东文学社作为《农学报》培养翻译人才基地的打算,确实也有好几位学生就读期间就参与了上海农学会"农学丛书"和"教育丛书"的翻译,译文先后刊载于《农学报》和《教育世界》。学社课程除了日文外,还有历史、地理、数学、物理、化学、英文等科目。对于如何管理一所近代新式日文学堂,罗振玉等人是缺乏经验的。于是他和汪康年商量:"东文学社事,或由公径与藤公妥商,总以学社独立,不为农会附庸,一切由藤公主持为妥,缘藤公一片热心,不宜加以限制他。"②实际上是同意把该校的教学管理大权交给了日本人藤田丰八。

藤田丰八(1869—1928),号剑峰,1869 年出生于德岛县美马町郡里村,1892 年入东京帝国大学文科大学汉文学科,1895 年毕业后入大学院专攻"支那哲学史",曾与田冈佐代治(田冈岭云)等共同发行《东亚说林》。1896 年刊行《中等教育东洋史》,并出任东京专门学校、东洋哲学馆讲师。1897 年夏至上海,受聘于上海农学会担任日文翻译。他与罗振玉的邂逅与协力,成为中日学术交流和史学交流史上的重要事件。他是农学报馆的翻译主事,据统计,《农学报》上共译刊农学文章 1051篇,藤田翻译的有 457 篇,占全部译文总数的 43%;《农学丛书》共计译刊西方农学著作 235 部,藤田翻译的有 15 部,占总数 6%。③ 1900 年东文学社停办,他一度回国。1901 年再次受罗振玉聘请来华,出任南洋公学附属东文学堂教习、《教育世界》编辑顾问,还曾随罗振玉任江苏师范学堂教习、两粤高等教育顾问、京师大学堂农科大学总教习等职。1911 年回国。1919 年后历任早稻田大学教授、东京大学教授。著有

① 《王国维传》,第 47 页。
② 上海图书馆编:《汪康年师友书札》(一),上海古籍出版社 1986 年版,第 222—224 页。
③ 郭欣旺:《清末西方农学引进述论——兼论日本学者藤田丰八的作用》,南京农业大学 2004 年硕士论文,第 41—47 页。

《支那文学史》、《先秦文学史》、《东西交涉史研究》等。①

东文学社 1898 年夏季招生,学生满额,但教员不足,于是藤田丰八便聘请其大学时代的知友田冈佐代治来沪帮忙。同时,上海日本总领事馆副领事诸井六郎、书记船津辰一郎都欣然充当东文学社义务教员。

田冈佐代治(1870—1912),日本文艺评论家、诗人。1870 年出生于土佐。原名佐代治,字岭云。具有空想社会主义思想,与幸德秋水有密切关系。东京帝国大学汉文科毕业后,曾参与创办东亚学院和《东亚说林》等报刊,担任过文学杂志《青年文学》的主编。1899 年任上海东文学社教习,其间与罗振玉、王国维、文廷式、汪康年、唐才常等相识。义和团运动时期,曾在日本军中写过反战报道。1901 年出任《中国民报》主笔,曾因批评当时的知府而被捕入狱。1905 年 9 月至 1907 年 5 月,田冈再度来华,担任南京师范学堂教务主任兼学政顾问、江苏师范学堂教习,与学堂总监罗振玉、总教习藤田丰八、教员王国维等人共事。1909 年患脊髓病,1912 年 9 月 7 日去世。所著《数奇传》曾刊载于《中央公论》,颇受读者欢迎。他有很高的汉文造诣,曾编刊《日译汉文丛书》十二册。②

藤田丰八、田冈佐代治都是文学学士,主攻哲学,但在东文学社也教数学等课程。王国维后来在自序中写道:"其时担任数学者即藤田君,君以温煦者而授数学,亦未尝不自笑也。顾君勤于教授,其时所用藤泽博士之算术、代数两教科书,问题殆以万计,同学三四人者,无一问题不解,君亦无一不校阅也。"③可见他们教学态度严肃认真,教学效果还是不错的。课程以日文、日语为中心,除此之外,英文、数学、物理、化

① 关于藤田的详细生平,还可参见〔日〕内田庆市:《近代东西语言文化的接触》,关西大学文学部 2001 年版,第 312—314 页;吕顺长:《清末浙江与日本》,上海古籍出版社 2001 年版,第 202—203 页;衣保中、郭欣旺:《藤田丰八与清末中国西方农学引进》,《东北亚论坛》2004 年第 13 卷第 3 期;咏梅:《东洋史学家藤田丰八在中国的活动及其影响》,《内蒙古师范大学学报》(哲学社会科学)2007 年第 36 卷第 2 期。

② 关于田冈岭云在东文学社的活动可参见〔日〕须川照一:《王国维与田冈岭云》,吴泽主编:《王国维学术研究论集》,华东师范大学出版社 1990 年版;修斌:《王国维的尼采研究与日本学界之关系》,《中国海洋大学学报》(社科版)2006 年第 1 期。

③ 王国维:《自序》,周锡山编校:《王国维集》第二册,中国社会科学出版社 2008 年版,第 295—296 页。

学等自然科学以及社会科学也都兼授。①

上海东文学社开始规定募收学生 40 人以内，年龄自 15 岁至 30 岁，必须精通中文，修业三年，每年学费 20 元，毕业后由学社推荐任学校或报馆的翻译。1898 年夏天招生，学生满额，但在戊戌变法前实际就读的似乎仅六人。戊戌变法失败后，胆小的出资者蒋伯斧和管理校务的邱于蕃先后离开，学生也多中途辍学。罗振玉在刘坤一的支持下，勉力维持。罗振玉在《集蓼编》中这样写道："学社创于戊戌仲夏，及八月，政变发生，校费无出，……生徒散去三之一，而高材生若海宁王忠悫公、山阴樊少泉（炳清）、桐乡沈昕伯（纮）两文学，均笃学力行，拔于侪类之中，不忍令其中辍，乃复由予举私债充校费。幸一年后社中所授史、地、理、化各教科，由王、樊诸君译成国文，复由予措资付印，销行甚畅，社用赖以不匮。"②1899 年东文学社就学人数渐渐增加，原社址地隘不能容，于是迁到制造局前的桂墅里。③ 从当时的"东文学社告白"中得知，开设近一年的东文学社，其学生"头、二班已能译书，成效昭著"，正准备"添招三班三十人，以期推广"。④

东文学社究竟结束于哪一年，目前尚无确凿的材料，据笔者所见，1901 年的秋天，在南洋公学译书院之下附设东文学堂。罗振玉的孙子罗继祖在《庭闻忆略》中写道：1902 年罗振玉因南洋公学总理沈曾植（子培）的"极力劝驾"，出任过东文学堂的监督，并荐藤田剑峰任总教习。⑤ 东文学社的主办人和主要教学骨干都已离开，可见上海东文学社大致结束于 1902 年 2 月。⑥ 从 1898 年创办到 1902 年结束，上海东文学社前后持续了约三年余，招收了几十名学生，实际在读者仅十人左右，却有不少人在近代文化界等相关学科中成为出类拔萃的专家学者，

---

① 参见《罗振玉评传》，第 37 页；张连科：《王国维与罗振玉》，天津人民出版社 2002 年版，第 47 页；[日]伊原泽周：《从"笔谈外交"到"以史为鉴"——中日近代关系史探研》，中华书局 2003 年版，第 280 页。

② 转引自袁英光、刘寅生编：《王国维年谱长编》，天津人民出版社 1996 年版，第 22 页。

③ 参见罗继祖：《庭闻忆略》，罗继祖：《蜉寄留痕》，上海古籍出版社 1999 年版，第 20 页。

④ 《中外日报》1899 年 1 月 15 日。

⑤ 《蜉寄留痕》，第 29—30 页。

⑥ 1898 年 3 月至 1902 年 2 月，东文学社在《申报》上陆续刊载有考学和出版图书的广告，据笔者所查东文学社的《最要新书》的广告，最后刊载的时间为 1902 年 2 月 3 日。

如王国维、樊炳清、沈纮、罗振常、萨端、吴尔昌、罗福成、刘大绅等，其中当以王国维、樊炳清最为出色。

二、上海东文学社二杰：王国维与樊炳清

王国维（1877—1927），初名国桢，字伯隅、静安，号礼堂、观堂、永观，浙江海宁人。1898年2月，22岁的王国维进入《时务报》报馆任书记，得知罗振玉创办东文学社后，他非常高兴，当即向也是学社发起人之一的报馆经理汪康年提出前往就读的请求，并获得准许，得以每天午后三个小时到刚刚成立的东文学社学习日文。由于报馆事务繁杂，自修时间不足，入学半年后考试成绩不及格。为此王国维深感苦恼，他在1898年3月24日给友人许同蔺的信中称："读东文后颇觉不易，苦无记性，不能从事他学，又不能半途而废，殊闷。"4月13日又写道："现在弟学东文，势难间断，已成骑虎之势，……现在除读东文三点钟外，几无暇晷，于学问丝毫无益。"[1]流露出非常强烈的畏难情绪。按规定学生不及格者应该退学，王国维又是一个"口讷而不善辩论，于人世一切酬应都不当行"的人，但罗振玉曾在学社同学的扇面上读到过王国维的《咏史》绝句，他慧眼识才，仍准许王国维继续学业，不令辍学。[2] 藤田丰八还专门向汪康年提出，给予王国维以更多的学习时间。很快王国维就入了门，8月5日他在给许同蔺的信中称："东文较西文难易迥别，但须取中、东虚字列成一表（须东人优于中文者为之），则读其书甚易。弟于此事甚浅（同社六人，惟弟最劣），果能专精事此，一年当能通之。"不久他已经能翻译日本书籍报纸，10月23日，他在致许同蔺的信中称，自己"日约可译千余字，较作文颇不费心也"。[3] 同年9月维新变法失败，《时务报》关闭，罗振玉遂聘用王国维为庶务一职，而免除其学习期间的一切费用，还请他参与《农学报》的编译工作，担当史、地、理、化各类教科书的编译。这是他后来能顺利进入东京物理学校留学的基

---

① 《王国维全集·书信》，第4—5页。
② 罗继祖：《庭闻忆略》，《蜉寄留痕》，第154页。
③ 《王国维全集·书信》，第19页。

础。1899年秋,罗振玉还提升他担任东文学社的学监,不久王国维因与学生不和而放弃了职务,但罗仍以月俸如在职。①

王国维初入学社,从未接触过外语,而他浓重的浙江海宁方言对学好日语的口语发音非常不利,且他不擅言辞辩论和不善交际的封闭和半封闭的性格特征,也常常阻碍其开口练习口语。辛亥革命后王国维与罗振玉到日本,日本学者神田称:"王先生会一点日语,有时当罗先生的翻译,可是不太流畅而且口吃,不太好懂。"②可见王国维的日语口语表达不是特别出色。但是,王国维在东文学社经历十个月就能"为日报馆译东文,甫有成言",1900年译《农事会要》,1901年译《日本地理志》和《教育学》等。王国维的日语能力进步如此之神速,如果没有藤田和田冈这样的好老师悉心鼓励帮助,实在是很难想象的。两位教师给予王国维的学术影响远远不止在语言学习上,王国维后来在《自序》中写道:"二君故治哲学,余一日见田冈君之文集中,有引汗德(今译康德)、叔本华之哲学者,心甚喜之。"后来他对哲学有浓厚的兴趣,藤田亦给予其"读书之指导",他广泛涉猎了翻尔彭的《社会学》,及文之《名学》、海甫定《心理学》、巴尔善的《哲学概论》、文特尔彭的《哲学史》等,他说自己读此类书的方法,与在东文学社之"读英文读本之道无异,幸而已得读日文,则与日文之此类书参照而观之,遂得通其大略"。③ 两位日籍教习都是日本文学士,在东京帝国大学接受过西方哲学的训练,他们所具备的新知识影响了王国维的知识结构的形成和文化价值观的变化。可见,这些优秀的日本教习的师资力量保证了上海东文学社成为当时中国首屈一指的日语专门学校。在读期间,王国维有机会从该社助教田冈佐代治研究哲学和随其学习英语,在东文学社前后学习了两年半日语和一年半的英文。

王国维在1900年至1902年间先后用日语和英语为农学社翻译了不少译著,译出日本学者的论著涉及科学、教育学、伦理学、法学等,如

---

① 王庆祥:《罗振玉和王国维交往始末》,王庆祥、萧立文校注:《罗振玉王国维往来书信》,东方出版社2000年版,第667—668页。

② [日]神田喜一郎等:《追忆王静安先生》,陈平原、王枫编:《追忆王国维》,中国广播电视出版社1997年版,第389页。

③ 《王国维集》第二册,第295—296页。

池田日升三《农事会要》（刊载于《农学报》1900 年，第 118—120 册）；中村五六编撰、顿野广太郎修补《日本地理志》（金粟斋书局 1910 年版）；立花铣三郎《教育学》（刊载于《教育世界》1901 年，第 9—11 号）；藤泽利喜太郎《算术条目及教授法》（刊载于《教育世界》1902 年，第 14—18 号）；元良勇次郎《伦理学》和《心理学》（教育世界杂志社 1902 年版）；矶谷幸次郎《法学通论》（商务印书馆 1902 年版）；桑木严翼《哲学概论》（教育世界杂志社 1902 年版）；牧濑五一郎《教育学教科书》（刊载于《教育世界》1902 年，第 29—30 号）；译出英国西额惟克《西洋伦理学史要》上下（刊载于《教育世界》1903 年，第 59—60 号），该书是通过英文还是通过日文转译尚不清楚。但德国海尔模瑼尔兹（Helmholtz）的《势力不灭论》（*The Theory of the Conservation of Energy*）一文，刊载于 1903 年教育世界社出版的《科学丛书》第二集，王国维在该书"译例"中明确指出，是参照了英国理学博士额金孙（Atkinson）所译的《通例科学讲义》（*Lecture on Popular Scientific Subject*）中之《就自然力交互之关系》（*On the Interaction of Nature Force*）一节译述的。[①] 可见王国维在东文学社期间已经能用英文翻译西人文献了。王国维的翻译活动一直持续到其去世，可见外语能力在帮助王国维掌握海外汉学最新的研究成果方面，起到了重要的作用。

东文学社在读期间，王国维最好的学友是樊炳清，后来两人保持了终生的友谊。

樊少泉（1877—1930）[②]，字炳清，又字抗甫、抗父，曾用笔名志厚、余箴、等观等，浙江山阴人，茂才。据罗继祖的回忆，樊氏的祖籍是浙江山阴（今浙江绍兴），但祖上曾宦游贵州，因此以之为寄籍。他早年生活在贵阳。[③] 曾致力于科举考试，后以秀才身份入上海东文学社，深受罗

① 谢维扬、房鑫亮主编：《王国维全集》第十七卷，浙江教育出版社、广东教育出版社 2010 年版，第 539 页。

② 关于樊氏的生卒时间有不同的说法，参见陈应年：《樊炳清与哲学辞典》，《出版史料》2003 年第 2 期；陈玉堂：《中国近现代人物名号大辞典》（增订本），浙江古籍出版社 2005 年版，第 1311 页；王强强：《樊炳清美学思想初探——兼论与王国维美学思想的关系》，《兰州交通大学学报》2007 年第 2 期。

③ 罗继祖：《庭闻忆略——回忆祖父罗振玉的一生》，长春市政协文史资料研究委员会 1985 年版，第 18 页。

振玉赏识。樊氏与王国维一样,曾在一次月末考试中没有及格,罗振玉念其认真学习的态度,向掌权的教师说情,使其能继续学习。[①]樊炳清与王国维结业后,都被罗振玉邀请在学社中担任翻译,将相关历史、地理、物理等讲义译成中文。樊炳清后同罗振玉一起赴武昌农校任翻译。1901 年辑译有中国近代第一套《科学丛书》,该丛书分两辑,1901 年、1903 年由教育世界社出版。其间为南洋公学译书院译出日本陆军省编辑的《步兵工作教范》。1903 年译出日本矢津昌永的《万国地志》,由成都志古堂出版。王国维与樊炳清后来都供职于清政府学部图书编译局,编译和审查图书以及编辑《学部官报》。在图书编译局局长袁嘉谷主持下,严复、罗振玉、王国维、樊炳清和刘大绅等合作,编出中国近代第一套完备的中小学教科书及教授书。袁嘉谷称此五人各有特点,皆是近代学有专长的学者。这套官方出版的教科书是废除科举后中国教育的一个开端,尽管当时出于教科书出版的竞争,曾遭到陆费逵等人的严厉批评,但现在来看,其中也多有可取之处,没有这个开端,中国近代教育的起步将更加艰难。1911 年辛亥革命爆发后,罗振玉和王国维避地日本,樊炳清与周树人等供职于蔡元培主持的教育部社会教育司。

1912 年春夏,樊炳清接受商务印书馆张元济的邀请,入该馆编译所国文部,担任高级编辑。同时,张元济也希望通过樊炳清邀请王国维来沪加入商务。[②]樊炳清最初试编《高等小学理科》第五、六册。同年他协助张元济、高梦旦编《共和国教科书》(初等小学用新国文)、《共和国教科书·农业》(高等小学用)等三种教材。除为《农学报》翻译大量作品外,他还译有桑原骘藏的《东洋史要》和小川银次郎的《西洋史要》等历史教科书,以及《伦理学教科书》、《近世博物学教科书》、《理化示教》等理化、生物教材几十种。1914 年商务印书馆重印了他翻译的《西洋史要》,1915 年 1 月,樊炳清编著的《伦理学要领》(师范学校教学用书)亦由商务出版。1921 年与庄俞编有《共和国教科书新国文》。1922 年与沈颐、庄俞编有《高等小学女子新国文》。此十年间,在商务印书馆主办的《东方杂志》、《教育杂志》和《学生杂志》等杂志上,樊炳清以不同

① 甘孺辑述:《永丰乡人行年录》,江苏人民出版社 1980 年版,第 18 页。
② 张人凤整理:《张元济日记》,河北教育出版社 2001 年版,第 7 页。

的署名，发表有数量可观的论文和小说，部分由商务印书馆结集出版。他参与编纂商务印书馆出版的多种教育著作，如《现代教育思潮》、《近代教育思潮》、《儿童研究》、《比奈氏职能发达诊断法》等 10 种；又编译西方的教育学说著作，如《司丹烈霍尔氏教育学说》、《凯善西台奈氏教育说》、《柯尔文氏本能及习惯说》、《比奈氏智能发达诊断法》等（以上均为商务版）。十余年来，商务每有编书大役，樊炳清无不参与，如编写《辞源》（正、续编）、《中国古今人名大辞典》及《教育大词书》等辞书，编辑国文、理科、农业、商业、修身、论理、心理、历史等多种教科书及教授书，以及编辑《四部丛刊》。《四部丛刊》由张元济亲自主持，参与其事者前后九人，樊炳清出力尤多，张元济在《四部丛刊刊成记》中追记同事，樊名列第一。

1918 年起，樊离开编译所，在馆外承担编辑工作。1918 年至 1919 年任商务馆外编辑期间，受罗振玉与王国维之托，曾赴广州参与由藤田丰八主持的《岭南新报》，担任主笔，主持社论及连载笔记文章和小说。但他与藤田的合作并不愉快，认为藤田缺乏办事的能力，最终提交了辞函。[①] 不久，由于商务印书馆编辑各种辞书的需要，他被调入编译所辞典部。先后参加《辞源》正续编（陆尔奎、方毅、傅运森主编，1915—1931 年）、《中国人名大辞典》（臧励和主编，1921 年）及《中国古今地名大辞典》等的编辑工作。1920 年，樊炳清开始着手《哲学辞典》的编辑工作，到 1924 年才告完成，商务印书馆 1926 年出版。全书 1175 页，60 多万字，条目多达 2000 条。书后附有人名及中西哲学术语索引，"乃近代最早介绍西方哲学家及西方哲学的专业辞书"，[②]或以为是中国最早出版的一部哲学辞典。值得指出的是，这部词典的编者在全面地介绍哲学概念和人物流派以及哲学学说的同时，为了及时把 1920 年前后来华讲学的几位外国哲学家介绍给中国读者，还特地在"补遗"部分对杜威、罗素、杜里舒等当代哲学家及科学家爱因斯坦（书里写作"安斯坦"）作了补充介绍，使西方学者的哲学思想在中国得到及时的传播。

1923 年，王云五革新商务印书馆，大量引进新人，许多资深编辑被

---

① 《罗振玉王国维往来书信》，第 387、435、448 页。

② 《王国维传》，第 84 页。

迫辞职,樊炳清也于此时离开商务。1923 年前后他与王国维一同受聘于私立仓圣明智大学整理古籍,并为收集古器物及古书颇多的犹太富商哈同编写《文海阁藏书志》。他还译有《德意志法律书》等。① 1927 年王国维赴水而死前后,樊炳清开始与伊斯兰教徒合译伊斯兰教经典《古兰经》(共 30 卷),翻译至 20 卷时病逝。

樊炳清一生体弱多病,不善交际,默默无闻,身后堪称凄凉。他与罗振玉、王国维的关系最为密切。就学术水准而言,樊炳清的教育学、心理学、哲学论文可以说达到了当时学术的前沿水平。1922 年他在《东方杂志》发表的《最近二十年中国旧学之进步》一文,首次提出了后来由王国维所阐发的“二重证据”思想,并指出最近二十年中国旧学之进步以“罗王”为中心。罗振玉、王国维、樊炳清三人因长期的学术、事业联系,进而结为至亲。罗、王为儿女亲家众所周知,罗、樊二家亦有着姻亲关系:樊炳清由罗振玉作伐,娶其妻弟山西巡抚丁宝铨之女为妻。樊炳清逝世后,罗振玉之长孙女罗瑜嫁给樊的长子丰令(羡之)。② 1916 年 2 月,王国维由日本回到国内,曾短时间住在樊的家中,并就日人中岛托付译书一事,与罗振玉、樊炳清商量。③ 据罗振常季女守巽老人说,樊氏中外文根底都不在王国维之下,但成就却远不及王国维,一方面固然是由于樊自己所说的“性疏懒”之故,④另一方面是由于樊氏身体较弱,患胃溃疡。⑤ 由于樊氏的胃病经常复发,形容憔悴,受此病痛折磨,他无力完成《东方杂志》的约稿而请王国维代写。⑥ 晚年樊氏任中学教员,经济状况不佳,以出租部分房屋为补充生计。⑦ 病痛和穷

---

① 王强强:《樊炳清及其维新译介运动中的译书》,《甘肃联合大学学报》(社会科学版)第 23 卷(2007 年)第 3 期。

② 参见吕顺长:《清末浙江与日本》,上海古籍出版社 2001 年版,第 203 页;《庭闻忆略——回忆祖父罗振玉的一生》,第 18 页。

③ 《罗振玉王国维往来书信》,第 1 页。

④ 《王国维传》,第 84 页。樊氏为人比较随意,且追求自在的生活方式,张元济称其“不踊跃,且太自由”。参见《张元济日记》,第 193 页。

⑤ 《罗振玉王国维往来书信》,第 217、232、233 页。

⑥ 《罗振玉王国维往来书信》,第 392、393、398 页;孙敦恒:《王国维年谱新编》,中国文史出版社 1991 年版,第 82 页。有称其体弱多病,“怠于进取。尝自憾志行薄弱,遂更名‘志厚’”。他和王国维的关系甚好,因此王国维曾用其名借作笔名撰文。参见胡文辉:《王国维的逸文及其自我表扬》,《文汇读书周报》2000 年 5 月 6 日。

⑦ 《罗振玉王国维往来书信》,第 592 页;《王国维传》,第 84 页。

困的双重压力,也许是樊氏早逝的原因。

王国维曾请樊炳清替自己的词集作序,由此又引起了学术史上争论百年的一桩公案,即《人间词序》的作者究竟是樊志厚(即樊炳清)还是王国维假托名于"山阴樊志厚"。或认为,"假名"有之,"实名"亦有之,即《人间词甲稿序》为王国维所作,假名于樊炳清,《人间词乙稿序》则系樊炳清所作,该序对后来王国维的名作《人间词话》多有启发。笔者在此特别指出,王国维与樊炳清之间不仅在人际关系上,而且在学术关系上都有一种特殊的亲密关系,而长期以来在有关王国维的资料整理中完全无视樊炳清,如果不理清两人之间的关系,不仅《教育世界》等刊物中的部分未署名文章无法考证清楚,而且会影响王国维著述的整理,同样也会影响王国维思想研究的深度。

三、上海东文学社刊行的《东洋史要》及其影响

东文学社不仅是一所日语学堂,也是清末一家重要的出版机构,曾计划"译印各书为各学堂教科之用。兹先印行《支那通史》、《教育世界》等,以外已译未印及未编译成之书,尚有数十种,并拟陆续付梓"。[①] 据笔者所见,该社刊刻过的编译自日本的文献,有那珂通世的《支那通史》和桑原骘藏的《东洋史要》,以及后来由教育世界社刊印的邵羲编《十九世纪列国政治文编》十四卷共十二册等。[②] 罗振玉首先关注的是日本学者历史著述的译刊,可能是为了给东文学社的学生提供一本合适阅读的中国通史的教材,藤田丰八给罗振玉介绍了《支那通史》。[③] 就译著的角度来看,影响最大的要数1899年东文学社初版的《东洋史要》,也是樊炳清一生编译的著作中影响最大者。

该书是根据桑原骘藏早期所著《中等东洋史》一书译出的,原著上

---

① 参见《钦名二品顶戴江南分巡苏松太兵备道(兼管驿盐事务三等男爵)李为示喻》,光绪廿五年(1899年)四月初八,邵羲编:《十九世纪列国政治文编》,教育世界社1903年版,附录。

② 顾燮光编:《译书经眼录》,卷八。

③ 参见邹振环:《东文学社及其译刊的〈支那通史〉与〈东洋史要〉》,张伯伟主编:《域外汉籍研究集刊》第三辑,中华书局2007年版。

下二卷,出版于明治三十一年(1898 年)。桑原骘藏(1870—1931),福井县敦贺人,1896 年毕业于东京帝国大学文学系汉学科,后入大学院(研究院)师从那珂通世,专门研究东洋史。1898 年毕业后任教于第三高等学校,1899 年任东京高等师范学校教授。1906 年由教育部派往中国留学,1909 年回国,任东京大学文学系教授。1910 年获文学博士学位,先后在该校执教 21 年。1931 年去世前被授予东京帝国大学名誉教授称号。所著《宋末的提举市舶西域人蒲寿庚事迹》《增补东洋史教授资料》《东洋史说苑》《东西交通史论丛》《东洋文明史论丛》《中国法制史论丛》等,在学界获有相当高的评价。①《中等东洋史》是桑原的第一部著作,该书初版于 1898 年,虽然作者写作该书还在研究生阶段,但并不影响它成为一部日本东洋史学科发展史上的名著。该书的特点,一是注重在中国与外国的交流中展示东亚历史发展的大势,二是在编纂过程中不仅依据中国的正史和编年体的通鉴,也充分利用《读史方舆纪要》《西域图志》《满洲源流考》《蒙古游牧记》等有关东亚地理之诸书,还注意利用海外学者的研究成果。在年代的划分、人种的分类和题材与材料的处理上,都力求有自己的创见。②

樊炳清译本是《中等东洋史》最早的中译本,译出时距其原书初版仅仅一年的时间。该书中文版版权页题名"格致学堂译、东文学社印",由上海三马路西画锦里口正记书庄经售。《东洋史要》全书分上下两卷。卷上为总论、上古期和中古期。上古期"汉族增势时代"分两篇,第一篇"周以前",第二篇"周"。中古期"汉族盛势时代"分九篇,第一篇"秦及西汉初叶",第二篇"西汉经略外国",第三篇"西汉末世及东汉初叶",第四篇"佛教东渐",第五篇"东汉末世三国及西晋",第六篇"五胡十六国及南北朝",第七篇"隋及唐之初叶",第八篇"唐经略外国",第九篇"唐中叶及末世"。卷下为近古期与近世期。近古期"蒙古族最盛时代"分六篇,第一篇"契丹及北宋",第二篇"女真及南宋",第三篇"蒙

① 商务印书馆编辑部编:《近代现代外国哲学社会科学人名资料汇编》,商务印书馆 1978 年版,第 1344 页。

② [日]桑原骘藏:《中等东洋史弁言十则》,《桑原骘藏全集》第四卷,转引自钱婉约:《〈东洋史说苑〉及桑原中国学》,桑原骘藏著、钱婉约等译:《东洋史说苑》,中华书局 2005 年版,第 268—269 页。《桑原骘藏全集》中还有与此相配套的教师参考用书《东洋史教授资料》。

古"，第四篇"元及明初"，第五篇"元末明初塞外形势"，第六篇"明中叶及末世"。近世期"欧人东渐时代"共计五篇，第一篇"清之初叶"，第二篇"清经略塞外"，第三篇"英人东渐"，第四篇"中亚之形势"，第五篇"太平洋沿岸形势"。日本学者实藤惠秀指出，这是"中国人第一部汉译日文书"，"樊炳清是中国最早翻译日本书籍的人。他并没有到日本留学；他的日文是从居留中国的日本人（藤田丰八）学来的。培养出第一个翻译日本书籍的人，这是东文学社的功绩"①。

《东洋史要》问世后就颇受学界注意，"盛行殆遍于东南诸省"。1900 年 1 月 25 日《中外日报》所刊"农学丛书·东洋史要"广告称："东文学社新印日本桑原学士所著《东洋史要》，于亚东各国数千年政治沿革备载无遗，体例精善，为教科善本。"同年 9 月至 1902 年 2 月《申报》连续刊载《最要新书》的广告，称《东洋史要》"详载中外各国古今治乱、政刑、地理、人种、教育、制度、风俗、士农工商等事，洵属无美不备，为讲学家所必需。方今国家崇尚经济，将来应试之士，必以时务见长。秋试在即，宜速购是书，以资实用。惟是书由前道宪示禁书贾翻刻，现下印出无多，迟恐售罄，请有志者捷足先得焉"。② 1902 年梁启超《东籍月旦》一文也专门讨论过该书："此书为最晚出之书，颇能包罗诸家之所长，专为中学校教科用，条理颇整。凡分全史为四期，第一上古期，汉族膨胀时代；第二中古期，汉族优势时代；第三近古期，蒙古族最盛时代；第四近世期，欧人东渐时代。繁简得宜，论断有识。"③

樊炳清中译本后被反复翻刻，如：1902 年有以《历代中外史要》为名进行翻刻，内容几乎与东文学社本完全一致；1903 年有宝庆劝学书舍本，内容也与东文学社译本几乎完全相同，并题"京师大学堂审定史学教科书 光绪癸卯宝庆劝学书舍校刊"的字样。据笔者所见，直接声明以该书为蓝本的有武昌两湖文高等学堂 1903 年出版的陈庆年编辑

---

① ［日］实藤惠秀著，谭汝谦、林启彦译：《中国人留学日本史》，三联书店 1983 年版，第 216—217 页。这一结论似有商榷的余地，但樊炳清译出的《东洋史要》确是晚清译出的第一部日本学者用日文编写的历史著作。

② 《申报》1901 年 9 月 6 日。

③ 《东籍月旦》曾连载于 1902 年 6 月 6 日、7 月 5 日《新民丛报》第 9、11 期，参见吴松点校：《饮冰室文集点校》，第三集，云南教育出版社 2001 年版，第 1376—1386 页。

的《中国历史教科书》。1904 年成都官报书局刊印的《新刻中国历史》，扉页却题《东洋史要》，其内容实与东文学社译本并无二致，独缺王国维序。1904 年上海文明书局有《中等东洋史教科书》，题日本桑原骘藏著、周同愈译。译者认为之前译本"随俗无可称道"①，实际上该译本在文字上与东文学社译本虽略有差异，但仍有诸多借鉴。1904 年和 1905 年泰东同文局分别以《东洋史课本》和《东亚新史》为名，实际也是樊炳清译本的翻刻。1908 年出版署名山阴金为编译的《订正东洋史要》②，称"本馆据原书翻译，篇章悉仍其旧"，其实订正本在篇章上有所调整，将该书原来的上下两卷改为四卷，分别应对东文学社本的上古、中古、近古和近世四篇，内容较之樊炳清译本有所改正。傅斯年在留心观察中国史教科书的编写后指出："近年出版历史教科书，概以桑原氏为准，未有变更其纲者。"③

值得特别提出的是，《东洋史要》一书首次给国人带来了"东洋史"的概念。在相当长的时期内，中国古代一直以天朝大国自居，并无近代意义上的世界观念，也从未有过"东亚史"和"亚洲史"的概念。19 世纪中期以来，通过魏源的《海国图志》等地理著述，中国人也开始接受在地理空间上中国仅仅只是亚洲的一部分的观念。然而，在文化上国人仍然没有建立起属于现代意义上的"亚洲观念"或"东亚意识"，从未放弃过"华夷史观"。因此，中国史家也未思考过如何打破仅记朝代更迭演变的编写体例，废弃藩属体系，而把中国史的书写放在整个亚洲史乃至世界史的框架下加以把握和梳理。那珂通世是日本东洋史学科的创始人，他认为《中等东洋史》的好处是"史料取材于东西而博引旁搜，东洋五千年来治乱兴亡之事变，约而能得其要"。④ 中译本《东洋史要》一书给中国史家第一次提供了一种崭新的学术视角。在《东洋史要·总论》第一章"论本书之大恉"中，作者规定了东洋史的范畴："东洋史者专就

① 周同愈：《重译中等东洋史自序》，[日]桑原骘藏著，周同愈译：《中等东洋史教科书》，上海文明书局 1904 年版。

② 该书光绪三十四年（1908 年）二月初版，宣统元年十二月（1910 年）发行四版，附有《东洋史要地图》一册。

③ 傅斯年：《中国历史分期之研究》，傅斯年：《史学方法导论》，江苏文艺出版社 2008 年版，第 65 页。

④ [日]那珂通世：《中等东洋史原序》，《中等东洋史教科书》。

东方亚细亚民族之盛衰、邦国之兴亡而言之，与西洋史相对待，盖世界史中之半也。"

王国维所写的《东洋史要序》中有两点，深得桑原研究方法之精髓，颇值得后人重视。一是这位新史学的提倡者强调了历史教科书要注重学科体系，"事实之间不可无系统"。其次，王国维提出了"历史团体"的概念。他在序言中指出："抑古来西洋各国自为一历史团体，以为今日西洋之文化，我东洋诸国亦自为一历史团体，以为东方数千年来固有之文化，至二者相受相拒有密接之关系，不过最近世事耳。"在王国维看来，《东洋史要》是基本符合他的"东洋史"标准的。

从《东洋史要》的内容中我们不难看出，所谓"东洋"，主要是指以中国为中心的东亚地区，尽管主要讨论的历史事实大部分还是中国历史，但已经注意到"东洋诸国"，如西域、朝鲜等地区，即王国维所谓的"历史团体"。此接近今日的"文化圈"概念，与传统中国历史编写不注重系统的方法形成了明显的差异。20世纪初，中国人正是通过大量编译日本以"东洋"、"东亚"或"亚洲"为题的史书，构建起具有"亚洲意识"的"亚洲史"或"东亚史"的系统，显示出一种新颖的历史视野。以《东洋史要》为代表的日本东洋史著作，虽以中国为核心，却摆脱了朝代史的叙事方式，尝试从中国与外国的交通与文化交流的角度来展示东洋发展的大势。"东洋史"注重东亚地域内部的历史演变、互动关系和历史活动的主题，尽管桑原的"东洋史"概念还有些含糊不清，但试图突破欧洲中心主义的概念来解释东亚历史的转变，应该说是一种崭新的历史视野。

《东洋史要》所带来的"东洋史"概念引起了晚清学者的注意。除王国维在该书序言中所表述的，将世界史分为西洋史、东洋史两部分，东洋诸国是一个"历史团体"外，徐维则、顾燮光在《增版东西学书录》中亦指出，《东洋史要》并非专述中国史，而强调亚洲诸国之间的关系，初步认识到《东洋史要》所介绍的"东洋史"概念，尝试通过"东洋文明圈"的角度去寻找解释世界史演进中东亚的地位与影响。这种转变透视出中国历史研究开始从欧洲中心主义的"万国史"框架，向一种真正的世界历史研究框架的转变。梁启超也曾注意到日本东洋史研究，他在《中国史叙论》中这样写道："泰东史者，日本人所称东洋史也，泰东之主动力全在中国，故泰东史中国民族之地位，一如世界史中阿利扬民族之地位,日本近来著东洋史者,日增月盛,实则中国史之异名耳。"①之后陈庆年在《中国历史教科书》的序论部分也强调从东洋史的角度理解中国历史的重要意义。

《东洋史要》另一个重要贡献是在体例上的重要创新。该书打破了传统史书以朝代为序的记述方法,采用了西方分期的篇章体编写方法。该书首取西洋"上古"、"中古"、"近古"、"近世"四期来分中国历史,第一期断至秦皇一统,称之为汉族缔造时代;第二期自秦皇一统至唐亡,称之为汉族极盛时代;第三期自五代至明亡,称之为汉族渐衰、蒙古族代兴时代;第四期包括满清一代,称之为欧人东渐时代。"似此分期,较之往日之不知分期但论朝代者,得失之差,诚不可量。"②"上古"、"中古"、"近古"、"近世"作为断代的区分,不仅具有便利学习与史学研究之形式上的意义,其实质还反映了以西方近代民族国家为中心而展开的历史叙述的内涵。这种历史叙述的结构包含欧洲进步主义历史观的某些理念,而文明的开化程度正是衡量这种"上古"、"中古"、"近古"与"近世"历史时期划分的重要标志。此外,《东洋史要》作为一部卷篇章体的历史教科书,虽然没有正式设节,但卷下有篇,篇下列章,已具章节体的形式。

《东洋史要》在清末被很多新式学堂采用为历史教材。陈庆年编的《中国历史教科书》在结构上几乎完全仿效桑原骘藏的《东洋史要》,1903 年初版后曾经学部审定,后又多次重印。后来许多编纂中国历史教科书者多采用《东洋史要》分期法,如也是属于清末学部审定的中学中国历史教科书的汪荣宝著、张元济校订的《本朝史》,③即如傅斯年所言:"近年出版历史教科书,概以桑原氏为准,未有变更其纲者。"④

当然,国人也意识到《东洋史要》的一些不足之处,如周同愈曾指出桑原为日本人,"彼自爱其国","是书于每一国之治乱兴亡为重大要件,

---

① 梁启超:《中国史叙论》,梁启超:《饮冰室史著四种》,江苏广陵古籍刻印社 1990 年版,第 2 页。

② 傅斯年:《中国历史分期之研究》,《史学方法导论》,第 65 页。

③ 《(学部审定)中学中国历史教科书》,金为编译:《订正东洋史要》,商务印书馆 1910 年版,后附广告。

④ 傅斯年:《中国历史分期之研究》,《史学方法导论》,第 65 页。

一以日本纪元组织其间"，因此自己的翻译要改变这种状况，"文必求其从，字必求其顺"，将重大事件组织以"中国纪元"来表示。① 《东洋史要》直至民国初年仍有广泛的影响，以至于傅斯年1918年4月在《北京大学日刊》上还撰文批评当时的中国历史教科书一味模仿桑原的分期法，他认为"桑原氏书，虽以中华为主体，而远东诸民族自日本外，无不系之。既不限于一国，则分期之谊，宜统合殊族以为断，不容专就一国历史之升降，分别年世，强执他族以就之。所谓汉族最盛时代，欧人东渐时代者，皆远东历史分期法，非中国历史之分期法"，且桑原分期法本身也存在问题。②

四、结　　语

清末是中国知识界发生重要转变的时期，无论是知识人的视野、认识范围，还是知识成果的表述形式、学科表达的词汇术语等等，都发生了重大的转变。众所周知，在清末中国近代化的过程中，日本起着催媒者的重要作用。1898年，正是在一片学习日本的众声喧哗之中，上海诞生了中国第一家以学习日文为宗旨的民办日文学堂——东文学社。东文学社尽管只存续约三年有余，但作为一所短期速成日语的专修学堂，却给清末知识界培养出一批出众的专业人才，留下了影响甚大的译著。笔者认为该学堂之所以能够取得初步的成功，有几点原因可以特别提出加以讨论：

首先，清末在上海学界活跃着一批从事译书办报、师资培训和致力于改革传统教育政策的文化人。他们有着丰厚的国学素养，有求知西学的热情，虽然没有很多有关日本的知识，但是他们开始认识到明治维新后崛起的日本，对于正在走向近代化的中国所具有的特殊意义。当"亚洲意识"在中国学界尚未得到普遍认同之际，东文学社的创办人已能从中日"同处一洲"为出发点，强调学习日文的重要性，期望通过日本管道为中国提供更多的西学信息，为翻译外国农书给中国学界培养更

---

① 周同愈：《重译中等东洋史自序》，《中等东洋史教科书》。
② 傅斯年：《中国历史分期之研究》，《史学方法导论》，第65—66页。

多的人才,无疑是具有很高的先见之明。

其次,该学社在清末率先建立了外聘优秀日本专家作为教师的机制。藤田丰八、田岗佐代治都是文学学士,主攻哲学,但在该校也教数学等课程,他们教学严肃认真,教学效果还是不错的。由于田冈不仅能够教授日语,又有较高的英语水平,因此其间王国维有机会从田冈研究哲学,从田氏文集中引用了康德、叔本华的哲学的同时,还随其学习英语。可见,聘用这些优秀的日本教习充实东文学社的师资力量,是该校能在当时成为中国首屈一指的日语专门学堂的重要保证。这一聘用优秀日本教习的教学体制为20世纪初头十年中国新式学堂大规模引进日本教习开了先例。

第三,东文学社具备了清末新式学堂比较合理的教学体系和管理体系。该学社的课程以日文、日语为中心,但并非仅仅只是培养语言人才,其培养目标是定位在综合性翻译人才。因此,该学社非常重视基本课程教学,如英文、数学、物理、化学等自然科学以及社会科学也都兼授。学社有较合理的学生资助规则,如东文学社社章中规定,如果学生贫苦不能出修金者,经保人担保,亦可来学习,但将来学成,一定要在该社中担任翻译,以资酬学费。该学社非常重视学生的翻译实践的训练,将学生推向翻译日文农书和教科书的第一线。东文学社社址设在农学报馆对门,可见其创办伊始就将培养农学书的翻译作为既定目标之一,在学社中将翻译实践训练视为外语教学的重要环节。《农学报》和后来创办的《教育世界》都可以认为是东文学社学生学习日文翻译的基地,学社中的学生如王国维、樊炳清等,都参与了上海农学会"农学丛书"和后来"教育丛书"的翻译,译文先后刊载于《农学报》和《教育世界》。1901年秋,张元济主持的南洋公学译书院附设东文学堂,培养日文翻译,聘请罗振玉出任监督。显然,罗振玉把他在东文学社取得的教学管理经验带到了南洋公学的东文学堂。

第四,东文学社不仅仅是一家外语学堂,而且学社的创办人是将该学社定位在清末中日知识交流的宏阔的历史背景下来进行规划和思考的,东文学社继承了传统书院刊刻教材读本的传统。创办之初,就刊印了日本史学家的名作《支那通史》和樊炳清编译、王国维作序的《东洋史要》,不仅为国人输入了"亚洲观念"和"东亚史"意识,而且以其采用的西方分期的卷篇章体编写方法，为国人打破传统史书以朝代为序的记述方法，作了重要的示范。《东洋史要》不仅为东文学社提供了教材，也推动了近代中国历史教科书的编写。在 19 世纪末 20 世纪初，当第一代日本学家如黄遵宪等逐渐淡出学界，而留日学生尚未登上历史舞台的若干年间，是罗振玉、王国维、樊炳清等这一批学者的文化传播活动，充当了中日之间知识交流传媒领袖的角色。

　　（附记：本文初稿 2010 年 11 月 7 日至 8 日曾提交北京大学亚太研究院主办的"2010 北京大学、复旦大学亚洲论坛·东亚共同体：经济、社会与文化"，修改本有删节，特此说明。）

〔作者系复旦大学历史系教授〕

近代中国华商股票市场与
产业成长之关系研究

刘志英

产业成长与证券市场的关系是证券市场研究课题的重要内容之一。一般来说,经济发展到一定阶段,证券市场与大规模资本积聚相适应,有力地推动产业的发展,从而成为产业成长的助推器。同时,证券市场的发展也依赖于产业的发展,缺乏产业发展的基础,证券市场将成为无水之源、无本之木。证券市场与产业资本发展之关系,实为"相互为因"的关系。那么近代中国的证券市场与产业成长又是一种怎样的关系呢? 纵观目前学术界的研究,虽然对近代华商股票市场的研究成果已经不少,但将华股市场与产业成长相联系进行考察的研究还相对不足。[①] 本文尝试对此展开详细考察,以期从另一个角度探讨近代中国工业化失败的原因。

---

① 主要的相关研究有:田永秀:《1862—1883 年中国的股票市场》,《中国经济史研究》1995 年第 2 期;朱荫贵:《近代上海证券市场上股票买卖的三次高潮》,《中国经济史研究》1998 年第 3 期;宋士云:《抗日战争时期我国的股票市场》,《齐鲁学刊》1998 年第 5 期;彭厚文:《19 世纪 80 年代上海股票交易的兴衰》,《近代史研究》1999 年第 1 期;张晓阳:《抗战时期的上海股市研究》,《档案与史学》1999 年第 1 期;李玉:《1882 年的上海股票市场》,《历史档案》2000 年第 2 期;刘志英:《沦陷时期上海华商股票市场管理研究》,《中国社会经济史研究》2003 年第 1 期。这些研究的重点大都放在了华股市场本身,而缺乏对市场与产业关系的进一步探讨。现有研究中,仅有李玉的《19 世纪 80 年代上海股市风潮对洋务民用企业的影响》(《江海学刊》2000 年第 3 期)以及张忠民的《近代上海产业证券的演进》(《社会科学》2000 年第 5 期)和《略论近代上海产业证券演进中的若干问题》(复旦大学中国金融史研究中心编:《中国金融史集刊》第一辑,复旦大学出版社 2005 年版)等少量文章注意到了两者之间的关系,开始对晚清时期和上海市场进行探讨,这对于进一步深化研究奠定了基础。本文即是在前人的研究基础上,试图进一步勾勒出整个近代华股市场与产业成长之间的关系。

一、近代华商股份制企业的演变历程

近代中国公司制度,是在 1840 年鸦片战争后,伴随着外国在华企业的创办与外来经济制度的影响,逐渐产生和发展起来的。股份制度的产生则比公司制度更晚,直到 1873 年轮船招商局的改组,才诞生了中国人自己创办的第一家股份制企业。此后,一直到 1949 年,股份制企业从无到有,逐渐发展壮大起来,成为了近代中国各种新式企业的主流形式。[①]

1895 年甲午战前中国人创办的工厂仅 108 家,其中商办工厂 77 家,资本数 7,291,000 元;官办工厂 31 家,资本数 175,312,000 元。[②] 在这些新式工厂中,股份制企业有多少呢？1873 年后洋务派创办的近代中国第一批华资股份制企业,主要集中于航运、纺织、保险等行业,以及各地相继创办的矿务企业中,如轮船招商局、开平煤矿、保险招商局、仁和保险公司、上海机器织布局、热河承德平泉矿务局、荆门煤铁矿、鹤峰铜矿、黑龙江漠河金矿等。由于统计资料缺失,难以找到具体而精确的数字。据统计,《申报》1882 年 6 月 9 日至 1887 年 1 月 13 日间刊载过股票价格的企业共有 36 家。[③] 其中虽包含一些外商创办的外资企业,但绝大部分还是华商创办的。当然,甲午战前的股份公司肯定远不止此数,除这些已有流通行市的股份公司外,一定还有不少股票没有进入流通交易的股份公司。

甲午战后,民间私营经济得到进一步发展,主要以银行与工商企业发展最为迅速,如中国通商银行、裕源纱厂、大生纱厂、商务印书馆、江浙铁路公司等。尽管 1904 年《公司律》颁布后,对公司的设立有了登记注册,但由于统计口径不一致,呈现各种不同说法。经考订与比较研究,1904—1908 年间,在清政府农工商部正式登记注册的各类企业,以

---

① 近代中国的股份制企业通常情况下分三种类型:股份有限公司、股份无限公司、股份两合公司,其中以股份有限公司居多。

② 陈真、姚洛合编:《中国近代工业史资料》第一辑,生活·读书·新知三联书店 1957 年版,第 54、55、57 页。

③ 转引自朱荫贵:《近代中国的第一批股份制企业》,《历史研究》2001 年第 5 期。

272 家较为准确,如果剔除注册的独资企业,正式注册的各类公司为 228 家,其中合资公司 22 家、合资有限公司 48 家、股份公司 5 家、股份有限公司 153 家。① 据此可知,股份制公司 158 家,占注册公司的 69.30%,占各类企业(包括注册独资企业)的 58.09%。另据研究, 1904—1910 年在农工商部注册的企业共计 345 家,额定资本 17,648.32 万元,包括股份有限公司 197 家,额定资本 16,598.881 万元,股份无限公司 2 家,额定资本 18.108 万元,合资有限公司 68 家,额定资本 686.229 万元,合资无限公司 29 家,额定资本 127.147 万元。② 其中,股份公司在新式企业中所占的比重为 57.68%,而资本额更是高达 94.16%。

从上可见,在整个晚清时期,股份制企业随着近代新式企业的产生与发展而逐渐壮大,并且成为了各类新式企业中发展最迅速的一类,规模比较大的企业几乎都采用股份制企业的组织形式。

民国成立后,民族资本向纺织、面粉、卷烟、火柴、采矿、机器制造、交通运输、金融等业以及其他产业全面进军。1912—1927 年的 16 年中,中国历年所设创办资本额在 1 万元以上的工矿企业总数约达 1,984 家,创办资本总额约为 45,895.5 万元。无论就创办企业家数或创办资本总额而言,这 16 年都大大超过了晚清 72 年。③ 而这一时期股份制企业的发展情况大致可从下表中体现出来。

1912—1927 年国内股份制企业历年开设户数及资本总额情况统计表

开设或注册年份	股份有限公司		股份无限公司		股份两合公司	
	开设户数	资本总额(元)	开设户数	资本总额(元)	开设户数	资本总额(元)
1912 年	35	11,565,030			6	1,066,000
1913 年	45	9,977,868	2	10,000	10	440,635
1914 年	74	29,493,157	14	788,809	6	1,183,141

① 张忠民:《艰难的变迁——近代中国公司制度研究》,上海社会科学院出版社 2002 年版,第 246—250 页。

② 李玉:《晚清公司制度建设研究》,人民出版社 2002 年版,第 272 页。

③ 杜恂诚:《民族资本主义与旧中国政府(1840—1937)》,上海社会科学院出版社 1991 年版,第 106—108 页。

续　表

开设或注册年份	股份有限公司		股份无限公司		股份两合公司	
	开设户数	资本总额（元）	开设户数	资本总额（元）	开设户数	资本总额（元）
1915 年	82	45,635,336	18	953,645	7	81,671
1916 年	54	44,756,508	12	5,252,950	6	367,000
1917 年	60	13,115,514	17	1,896,165	4	312,400
1918 年	66	31,392,013	19	937,487	11	1,061,000
1919 年	100	67,480,196	26	2,322,073	7	857,200
1920 年	98	77,374,283	33	1,421,978	3	133,000
1921 年	132	87,155,363	18	8,396,570	7	250,000
1922 年	91	36,596,526	11	3,325,000	2	56,000
1923 年	39	13,280,873	9	648,000	1	36,000
1924 年	83	16,787,000	6	174,000	4	103,690
1925 年	78	12,793,475	9	680,000	3	（原件缺）
1926 年	122	16,831,250	19	1,065,850	5	30,000
1927 年	26	14,050,000	11	4,337,500	1	50,000
总　计	1,185	528,284,392	224	31,499,107	83	5,715,337

资料来源：上海市档案馆编：《旧中国的股份制》，中国档案出版社1996 年版，第246—247 页。由于该表是该书编者根据《农商公报》、《政府公报》和部分原始档案编制而成，其统计数据还是相对比较可信的。

从上表可知，1912—1927 年开设的股份有限公司为 1,185 家，股份无限公司为 224 家，股份两合公司为 83 家，合计 1,492 家。通常情况下，当时资本比较雄厚的大企业都是采用股份制企业的组织形式，而根据前引统计，这一时期资本额在 1 万元以上的工矿企业总数约达 1,984 家，由此大致可推算出，这一时期的股份制企业大约占 75.2%。

总之，在晚清与民国北京政府时期中国近代产业经济起步的时代里，在各类新式企业中，股份制公司不仅始终占据最高的比例，而且在各类公司总量中所占的比重也呈现不断上升的趋势，就公司的规模而言，股份制公司的资本总额占据着新式企业资本总额的绝对优势。可见，这一新兴的企业组织形式一经在中国产生，就得到了广泛的认同和十分迅速的发展。

1927年南京国民政府建立后,随着国家政权在形式上的统一,社会经济也有了相应的发展,据1928—1947年上半年的统计资料显示,在政府有关部门登记设立的公司总数为8,088家,其中1928—1937年的战前为3,015家,平均每年设立约302家,1937—1945年的战时为2,321家,平均每年设立约290家,1946—1947年6月的战后一年半时间为2,752家,平均每年设立约1,835家。① 由此可见,在国民政府统治的20多年时间里,公司数量的变化呈现出稳步增长态势,特别是战后的1946—1947年上半年,由于沦陷区公司的重新登记和战后经济的恢复,登记的公司数量呈现出急剧上升的趋势。虽然战时平均每年设立的公司家数少于战前,主要是由于抗战时期大片国土沦陷,重庆政府的公司登记仅限于国统区,并不能囊括东北、华北、华东等大片沦陷区所造成的,如果将沦陷区的公司加入其中,无疑还是呈现上升的趋势。

而在公司发展呈现出不断增长的情况下,股份公司的发展更是逐渐占据主流地位。在抗战爆发前的十年时间里,股份制企业的发展有了空前扩大。

1935年前的公司注册统计表

项　别	注册公司家数		注册公司资本总数		每家平均（元）
	家数	百分比	资本总数(元)	百分比	
以前起至1928年止	716	—	463,127,500	—	646,826
1929年2月起至1935年6月止	1,966	100.00	560,394,615	100.00	285,043
(1)无限公司	509	25.89	25,539,780	4.56	50,176
(2)两合公司	56	2.85	3,924,200	0.70	70,075
(3)股份有限公司	1,384	70.40	528,869,035	94.37	382,131
(4)股份两合公司	17	0.86	2,061,300	0.37	121,253
总　计	2,682		1,023,522,175	—	381,628

资料来源:陈真编:《中国近代工业史资料》第四辑,生活·读书·新知三联书店1961年版,第59页。

① 转引自《艰难的变迁——近代中国公司制度研究》,第261页。

可见,到 1935 年注册公司 2,682 家,注册资本 1,023,522,175 元,每家平均资本 381,628 元。从 1929 年 2 月起至 1935 年 6 月止,注册公司 1,966 家,其中股份有限公司 1,384 家,股份两合公司 17 家,两者合计 1,401 家,注册资本为 530,930,335 元,分别占注册公司数 71％强,占注册资本 95％弱,所以到 20 世纪 30 年代,股份有限公司之组织,已经成为了我国新式公司中最普遍的组织形式。与其他形式的公司相比,股份有限公司每家之平均资本亦最高,计 382,131 元,但与 1928 年以前之每家企业的平均数 646,826 元相比较,却低落了很多,主要是因为新公司法施行以后小型公司发达的缘故。从 1929 年到 1935 年的几年中,注册公司家数激增,与 1928 年相比较,已增加 2 倍半以上。

抗战时期,大半个中国沦陷,抗战前工商、金融主要集中的上海等东部及中部地区均陷于敌手,给中国的工商金融业以沉重打击。然而,战时的上海在太平洋战争爆发前却呈现出“孤岛繁荣”,到 1938 年底,上海租界内的工厂数已达到 4,700 余家,超过战前 2 倍以上。[①] 到 1939 年时,除橡胶工业外,上海工业在整体上生产均恢复甚至超过战前水平。这些企业绝大部分采取的是股份制,这也是战时上海华股市场一花独放的产业基础。

战后初期,随着经济中心的再次东移,上海、天津、青岛、广州重新恢复和发展起来,成为了战后中国经济发展的中心。1947 年全年经国民政府经济部核准设立登记的公司,有无限公司 179 家、两合公司 18 家、有限公司 604 家、股份有限公司 1,752 家、股份两合公司 2 家,共计 2,556 家。其行业分布以国内外贸易最多,约 540 余家,次则为金融业约 380 余家,运输业约 290 余家。公司所在地以上海市为最多,其次为重庆、天津、北京、青岛、汉口等市。[②]

总之,股份公司的出现是近代中国社会经济生活中的一大制度创新,股份有限公司在近代中国公司制度的发展演进历程中占据着主流的地位。在近代中国的各类公司中,股份有限公司不仅始终占有最高

---

① 时事问题研究会编:《抗战中的中国经济》,中国现代史资料编辑委员会 1957 年翻印,第 173 页。

② 南京、重庆、北京市工商行政管理局合编:《中华民国时期的工商行政管理》,工商出版社 1987 年版,第 67—68 页。

的比例,而且在各类公司总量中所占比重也呈历年上升的趋势;同时,以公司的规模而言,股份有限公司的平均资本额也大大高于其他类型的公司。

那么这些股份公司的发展是否主要得益于证券市场的推动呢?如何估价证券市场在其中起到的作用呢,两者之间又体现出一种怎样的关系? 下面笔者试从两个角度来进行分析与考察:一是股份制经济发展中的融资结构变迁,二是上市企业的产业分布与结构特征。

二、近代中国股份制经济发展中的融资结构变迁

自由市场经济从西方世界发轫以来,共出现过三种主要的融资制度,分别为商业信用融资、银行信用融资和股市融资。这三种信用方式虽在同一时期内可以并存,但它们的先后兴起和此衰彼兴,是融资制度演进的一般历史规律。通常情况下,市场经济早期是商业信用融资制度的黄金时代。商业信用是指企业之间以赊销商品和预付货款等形式提供的信用,是十分古老的信用形式,所产生的信用工具是票据,很快被银行融资制度所取代。以商业银行为主要融资中介,以货币资金的借贷为融资方式的银行融资制度的兴起,是金融体系的一次伟大的革命性制度创新。股市融资制度的出现比银行融资制度要晚得多,它的确立是融资制度演进中的又一次革命,并逐渐发展为金融活动的重要组成部分。① 而在近代中国,由于特殊的历史原因,这三种融资制度的产生却并非沿着这样的轨迹循序渐进,商业信用融资几乎在近代没有得到很好的发展,银行信用融资的产生晚于股市融资,但在股市融资遭受曲折时,曾为中国产业发展做出了自己的贡献,而股市融资的形式虽早于银行信用融资,但其发展却异常艰难,经历了从"因友及友"的企业自主募集型融资到证券市场融资前后两个不同的阶段。

---

① 胡继之:《中国股市的演进与制度变迁》,经济科学出版社 1992 年版,第 42—44 页。

　　纵观近代中国新式股份制企业的发展历程,对于近代的官办企业来说,其投融资主体自然是政府的财政拨款,形成了国家单一投资主体的政府财政主导型投资模式。在这种融资体制下,财政包揽一切,企业的一切资金都由财政拨款,企业无须进行自主融资,企业生产所需的资金主要通过财政无偿供给。这一体制在近代中国工业化的起步阶段实现了资金的充分动员,为中国从一个落后的农业国向工业化国家迈进奠定了基础。然而,由于近代历届政府财政拮据与赤字,使得这一体制无法满足近代工商业发展的进一步要求,于是官督商办、官商合办与商办产业应运而生,特别是股份制企业产生与发展起来。由此,企业的融资结构业发生了相应变化,除了官方部分来源于政府财政外,其他私人资本的积聚,则以股市融资与银行信贷融资两种形式为主,其融资结构大致可以分为三种类型:一是"因友及友"的企业自主募集型的融资结构,二是银行信贷主导型的融资结构,三是证券市场主导型的融资结构。

1. "因友及友"的企业自主募集型的融资结构

　　在近代中国产业经济发展的初期,特别是在华商银行诞生以前,"因友及友"的企业自主募集型的融资结构成为股份制企业募集股本、筹措生产建设资金的主要形式,即便是在华商银行诞生后的很长一段时间,这种形式仍然是中国股份制企业融资所能采取的最直接与最主要的融资方式。

　　中国近代第一家股份制企业——轮船招商局的200万两资本中,徐润一人独占48万两,唐廷枢至少有8万两,在徐、唐以外,还有一批买办参加了投资,如重要股东刘绍宗、陈树棠,都是洋行买办,其中陈一人就有股份10万两,而围绕在徐润周围的人投下的资本不下五六十万两。① 1897年中国最早建立的华资银行——中国通商银行,资本为规银500万两,分作5万股,每股100两。发起时先收250万两,其中盛宣怀以轮船、电报两局名义认招股份100万两,各总董认招股份100万两,仅余50万两对外招集商股。②

---

① 汪敬虞:《中国资本主义的发展和不发展》,中国财政经济出版社2002年版,第86页。
② 谢俊美编:《中国通商银行》(盛宣怀档案资料选辑之五),上海人民出版社2000年版,第57页。

直到 20 世纪初,还有人认为,股份公司作为一种西方企业制度,不符合中国的社会和文化价值观念。如南洋兄弟烟草公司的简照南就坚决反对将南洋改组为合股公司,他提醒兄弟们,将南洋股票在市场上公开出售是愚蠢的,因为它们只会吸引很少的股东,而且是不忠诚的股东。[1] 因此在南洋公司最初的发展过程中,虽然也采用了股份公司的形式,但是其股本的筹集主要采用的是中国传统的"因友及友,辗转邀集"的方式,不愿意外人参与其中。1905 年简照南等成立"广东南洋烟草公司",其资本为港币 10 万元,每股 100 元,其中简家自己投资 482 股,合 48,200 元,占 48.2%,其余由越南华侨曾星湖相助,代为招募,主要从香港南北行中的几家商号筹得,合计简家以外的投资为 518 股,51,800 元。[2]

这种方式在进入民国以后仍然存续,并成为企业创办时的首要募股方式。如丹华火柴公司是华北最大的火柴企业,其规模仅次于上海大中华火柴公司,在民族资本的火柴业中占第二位,1917 年成立时资本仅 20 万元,到 1931 年时股本总额为 120 万元,分作 24,000 股,每股 50 元,十几年间资本增加了 6 倍,然而其股本还是主要集中于少数股东手中。[3]

2. 银行信贷主导型的融资结构

随着近代华商银行的产生与发展,通过华商银行为企业进行融资的形式逐渐增长起来,这种形式在民国建立以后,逐渐发展成为股份制企业在原有"因友及友"自主募集方式之外另一种新的融资方式。抗战以前,由于中国产业证券市场并没有开展起来,也缺乏各种投资机构,因此产业所需资金一般向银钱业通融。其方式大约分两种:一为厂基抵押借款,一为原料或产品抵押借款。下面仅从中国银行和上海银行 1931—1936 年的放款情况统计就可以看出这种发展。

---

① [美]高家龙著,樊书华、程麟苏译:《中国的大企业——烟草工业中的中外竞争(1890—1930)》,商务印书馆 2001 年版,第 151 页。

② 中国科学院上海经济研究所、上海社会科学院经济研究所编:《南洋兄弟烟草公司史料》,上海人民出版社 1958 年版,第 2 页。

③ 《中国近代工业史资料》第一辑,第 550 页。

中国银行、上海银行 1931—1936 年放款情况统计表(单位:千元)

年别	中国银行		上海银行	
	工业放款	纺织业放款	工业放款	纺织业放款
1931	—	—	22,991	10,051
1932	36,840	24,137	34,565	21,361
1933	49,477	24,401	34,549	24,272
1934	54,441	34,243	37,000	26,217
1935	—	—	33,780	22,450
1936	—	—	38,360	25,816

资料来源:陈真、姚洛合编:《中国近代工业史资料》第一辑,生活·读书·新知三联书店 1957 年版,第 766 页。

从上表可见,1931—1936 年中国银行与上海银行的工业放款呈现出逐步增长的趋势,说明对企业的放款逐渐成了银行所关注的经营业务之一,但是两银行的放款也并非遍施于各个工业部门,而是集中于获利最快最厚的轻工业部门,从上表中显示出来两银行工业放款的 60%—70% 都集中投放于纺织工业。

在抗战的特殊时期里,我国后方的多数工业与采购事业的创办,均赖国家银行贷款,而来自私人投资者仅占极小部分。按照四行联合办事处公布的统计数据,四行对工业与矿业的贷款,1937 年 9 月—1939年总计为 49,322,000 元,1940 年为 103,040,000 元,1941 年为 215,144,000 元,1942 年为 459,000,000 元,1943 年为 6,371,063,000 元,1944 年为 23,821,566,000 元,其中国营工业占 79.82%,私营工业占 20.18%。在另一方面,重庆 60 家商业银行截至 1942 年 3 月,放款总数为 274,370,000 元,其中贷给工业与矿业之款,仅占总数的 11.32%,1944 年重庆所有商业银行放款总数为 4,937,276,000 元,但工业与矿业的贷款仅占总数的 13.7%。[①]

抗战结束后,政府为扶植工业的发展继续由国家银行主持工贷,然而这种贷款是十分有限的,并不是所有的企业都能有机会得到,很多企

① 罗炯林译:《中国工业发展的过去现在与将来》,《金融汇报》第 8 期(工商专号),1946年 5 月 29 日出版,第 11 页。

业仍然常常是告贷无门。如上海市面粉工业同业公会在 1946 年曾向政府申请贷款 300 亿元,但因种种手续延迟,致失收麦时令,到 1947 年,为避免重蹈前一年覆辙,该公会只得提早就收购新麦向政府申请原麦贷款,同时分呈财政部、粮食部、四联总处等有关机构,申请贷额 3,000 亿元。[①] 再如在 1947 年,报载传闻申新纺织公司获得了政府 200 亿的巨额贷款,该公司总经理荣鸿元见此消息后,即专函傅斯年参政员,说明申新纱厂从未获得政府之贷款,平时所需均向商业行庄周转,且该公司因战时损失,只开工 30 万锭子,仅及战前之半,再加遭遇棉纺织业共同之困难,处境十分困难。[②]

总之,自近代华资银行诞生以后,虽然银行融资逐渐成为了产业发展的一个融资渠道,但从总体上而言,这一形式在整个企业融资结构中仍不占主导地位,企业真正能通过银行进行融资的还是少数。于是,企业为了求得自身的生存与发展,不得不采用一种变相的银行融资方式,这就是企业自行设立储蓄部门或机构进行自主吸收社会存款的融资方式。这种方式由传统筹资习惯在近代特殊时期里演化而来,在近代华资企业发展历程中广泛存在,且成为了企业解决资金困难的一种重要形式之一。据调查,1928—1929 年间,上海之普通公司,一般都设立存款部,公开登报招揽存款,其中尤其是上海永安公司之银业部最为发达。其后虽经政府明令取缔,但由于普通公司商号运用自己资本而不收受存款者不到 1/10,上海市政当局认为严格取缔将影响商业前途,于是订定取缔商店收受存款变通办法,凡遵照该项办法办理者,得免予取缔。[③]

3. 证券市场主导型的融资结构

抗战以前,在企业融资结构中,通过股票市场直接向社会融资的方式十分稀少,然而抗战爆发以后,在上海,随着"孤岛"经济的繁荣,企业的融资结构发生了改变,通过股票公司与股票市场向社会进行直接融

---

① 《面粉业拟申请贷款三千亿元》,《公益工商通讯》第 1 卷第 4 期,1947 年 5 月 1 日出版,第 25 页。

② 《申新纱厂并未获得政府贷款》,《公益工商通讯》第 1 卷第 4 期,1947 年 5 月 1 日出版,第 25 页。

③ 陈真编:《中国近代工业史资料》第四辑,生活·读书·新知三联书店 1961 年版,第 59 页。

资的方式发展起来。这种方式虽然并没有成为企业发展的主要融资方式,但自其产生之后,直到 1949 年国民政府退出大陆时,仍在不断发展,成为股份制企业发展的新的融资形式。

一般公司发行股票的方式,分为实价发行(发行价格等于票面价格)、溢价发行(发行价格超过票面价格)、折价发行(发行价格低于票面价格)三种。由于《公司法》有"股票之发行,不得低于票面"之规定,所以折价发行为当时法律所不许,因此在近代中国的绝大多数时间里,公司股票的发行主要是以实价发行为主,亦有溢价发行。这种形式主要出现在战时的上海,特别是太平洋战争爆发后,华股市场成为唯一的投资市场,股票成为唯一的投资品种,一般股票的发行很快就被抢购一空。如 1942 年,新亚建业股份有限公司集资国币 1,000 万元,公告新亚范围内各厂原有股东,可购总额 1/5,其余 4/5 由发起人认足,并限两日内至中国工业银行认购。而两日内的认股结果是 5,000 万元,溢出 25 倍之多,认股人只能派得认股额的 4%。①

正是由于新股发行时认股的踊跃,才使得股票的溢价发行成为可能。如 1942 年,康元制罐厂委托中国工业银行暨新亚建业股份有限公司,筹募增股总额之一部分 10 万股,溢价发行,每股票面 10 元,溢收 40 元,共 50 元,除由中工、新建分认 5 万股外,其余 5 万股公开招募,并公告如认股超过 5 万股时,则按照认缴股款比例分配,如招募不足时,仍由两机构认购足额,认缴股款日期为 11 月 2、3、4 日。消息一出,三日之内,认股达 750 万股,计 37,500 万元,以 5 万股 250 万元之股额,超出 745 万股 37,250 万元之巨,按比例分配,每认 100 股者,仅分得六七股弱。②

然而好景不长,由于证券市场上股票的急剧增加,这些企业均没有实际生产的支撑,难孚众望,市价频频下跌,溢价股变成了跌价股,再也维持不下去了。从 1942 年到 1943 年,溢价股的发行仅维持了一年就走到尽头。

---

① 《新亚建业公司招股》,《华股研究周报》第 1 卷第 2 期,1942 年 10 月 19 日出版,第 5 页。

② 《康元制罐厂招股》,《华股研究周报》第 1 卷第 5 期,1942 年 11 月 9 日出版,第 3 页。

在战时的上海,除了溢价发行外,还有"附加承募费之发行"与"包揽发行"两种形式。

所谓附加承募费的发行,即股票在承募时,除照规定的发行价格外,经手的行家尚须加征若干手续费,此项多付的款项,称为"承募费"。它属于承募机关的收益,有别于公司的"溢价"。

所谓包揽发行,即将公司股份中公开招募的部分,全数包给中介机构(股票公司或银行、投资企业等),由该承包机关代为行使发行权,而在此公开招募股份之中,又往往半数先由承募机构自行认购。此种发行方式,名为公开,实属包揽。

沦陷时期的上海,企业的设立与增资,弥漫于整个上海经济界,大有一浪高过一浪之势。据统计,1942 年 9—12 月,新创立的公司工厂,共 16 类 208 家,其中银行钱庄 51 家,"企业类"公司 40 家,属金融部门的 91 家(占全数 43.75%)。交通车辆等属交通部门的 12 家,饮食业、百货业、电影业等属消费部门的 9 家,地产业等属投资部门的 4 家,其余真正属于生产部门之新工厂为纺织、电力机器、新药、造纸、食品、化工、钟表、文化、农场畜植等有 92 家,占 44.23%,不到全数 1/2,而生产部门中,纺织业 48 家,占 1/2 以上。[①] 在资金缺少正常出路的情况下,新兴企业的创办主要集中在银行钱庄、企业公司、保险公司等金融企业方面,而真正投资于生产事业的并不多,且集中于纺织一业。可见银行与"企业类"公司成了上海游资集中的大本营,是游资的一个稳妥寄托地。

在纷纷成立的新公司中,有一类企业公司值得引起注意,这类公司以承募经营公司股票与债券的发行为主要业务,实际上就是现在投资银行的前身。表面上是"企业公司",实际上是投资公司,而它的性质与单纯的"股票公司"又不同。投资公司投资于一种或多种企业,购进相当股份,可以操纵该企业的股权。上海的投机集团,实为大规模的银公司和股票公司的混合组织。各投资集团组织的目的在于搜购某一公司

---

①　当时的"企业类"公司之所以划分在金融业,主要是因为这类公司属于专门经营公司股票发行等的机构。以上内容根据以下两篇材料整理:江川:《工业膨胀与生产分布》,《华股研究周报》第 2 卷第 1 期,1942 年 12 月 21 日出版,第 6 页;江川:《上海企业之总结账》,《华股研究周报》第 2 卷第 6 期,1943 年 2 月 1 日出版,第 7 页。

股票,既可达到左右该公司股权的程度,也可直接与厂商谈判,还可以在市场上把股价提高到相当水准后再大量放出,获利了结。如此看来,这些投资公司就是华股市场中操纵市场的大户。在上海,规模最大、范围最广的投资公司,约有新亚建业、三乐实业、利亚实业、大中华实业、益中企业及兴华实业等6家,其中以新亚、三乐及利亚等3家实力最为雄厚,尤其是新亚居各家之首。

抗战结束后的上海证券市场,在为企业融资方面也做出了一些努力,既承做国营事业的新股发行,又为上市企业的增资扩股提供方便,①但所筹到的资金是极为有限的,而且相比之下,从来就没有占据主导优势。

近代中国以股份有限公司为主的新式产业的融资方式,长期以来以自筹资金和银行等金融机构借贷占据主导地位,下面笔者根据现在能看到的一些当时的统计资料,对这三种融资结构的比重作一个简要的分析。

首先,分析抗战前企业自筹资金与银行贷款的比例。根据王宗培先生通过搜集的1932—1939年100家公司资料来研究其资本构成的情况,可以对此得到一个较为清晰的认识。这100家公司中,有73家属于制造工业,并有77家分布于江苏一省,上海一埠更占了63家之多。王宗培先生将公司的资金来源分为两个部分:借款系指由银行钱庄借入的资金,存款则指直接来自亲友及工人的储蓄存款。首先是我国公司企业资本组成中,平均有40%以上来自借入资金,而纺织工业更几乎达50%,足见我国工业需要借款之急之巨。至于其他制造工业中,借入资金仅占30%左右,此非自有资本的充足,而是借债能力薄弱的反映。换句话说,它们并非不愿接受借款,乃是银行钱庄不愿对其放款所致,比如借入资金对自有资本的比例低到43.95%,而借款与存款的比例,又为43.84对56.16,就是一个极好的说明。其次,银行钱庄的放款,在拥有262,206千元资本的100家公司借入资金总额中,平均占到43.8%,纺织工业的比数最高为72.62%,其他工业最低,仅有

① 此部分内容由于在拙著《近代上海华商证券市场研究》(学林出版社2004年版)一书(第229—249页)已有论述,本文从略。

19.27%,而在资本构成总额中,银行钱庄放款平均只占 26.06%,其他工业更只占 13.38%,即在与银行资本关系最密切的纺织工业中亦不过占 36.66%。这就充分说明,我国银行资本在工业资金中,实处在较任何工业国家远为低微的地位。再次,最值得注意的现象,就是各种企业袭用原始的筹集资金的方法,直接从各个私人借入或存储的所谓存款,竟还占了极为重要的地位。在这 100 家公司中,直接吸收的存款共达 6,300 余万元之多。在整个企业资本的分配中,平均虽只有 14.45%,但在借款与存款的百分比上,却已占有 64.32 对 35.67 的相对地位,而在纺织业以外的制造工业中,更占有 43.84 对 56.16 的优势。①

其次,分析近代华商证券市场的融资比例。通过证券市场进行融资的方式,在中国真正起步是在抗战时期的上海,战时上海通过证券市场进行融资的比例十分惊人,这在前面的资料中已经清楚显示,不再赘述,但应该明白的是,战时上海大量涌现的新设企业与企业的增资扩股,主要是投机的结果,与产业的成长和发展关系不大。下面仅就战后成立的上海证券交易所通过上市企业的增资扩股方式筹集企业生产资金的情况进行探讨。据统计,自 1946 年 9 月上海证券交易所开幕以后,到 1947 年底,上市厂商前后办理增资者 27 家,除升值赠股外,新旧股东实际认缴金额达国币 1,386 亿元。② 由此可见,当时上市厂家通过证券市场所获资金融通是十分便利的,一年左右,20 余家上市厂家通过证券市场所获得的资金即达 1400 亿元左右,然而这种方式仅局限于少数的上市企业,对于大量的非上市企业则是可望而不可及的,因此证券融资的方式在近代中国,直到国民政府统治的末期,仍是处于刚开始的阶段。

筹集社会资金,使之成为经营的资本金,是证券市场最原始和最基本的功能。筹资功能的强弱也是衡量一个市场能量和活力的首要标志。从近代中国产业融资结构的分析中可以看到,在近代中国,虽然存在着证券市场,然而这个市场与产业证券的关系在相当长的时期里几

---

① 《中国近代工业史资料》第一辑,第 767—768 页。
② 上海证券交易所编:《上海证券交易所年报》(民国三十六年度第一年报告),第 36 页。

乎不发生联系，即便是抗战爆发之后有了一定的改变，但仍不十分紧密，能通过证券市场筹措到的资金是十分有限的，非但如此，即便是在证券市场上筹资的企业，也带有过分的投机心态，企图乘机大捞一把，这样无论对企业自身还是证券市场来说都是杀鸡取卵的做法，反而严重影响了证券市场的健康成长。因此，近代中国证券市场对于产业的融资无法起到应有的作用。

三、近代华股市场中上市企业的
产业分布与结构特征

自 1873 年中国第一只华商股票——轮船招商局股票诞生后，到 1883 年金融风潮前，在上海逐渐形成了华股交易市场，1882—1883 年间逐渐形成了一个交易高潮，据对此时《申报》刊登的中外股票交易行情的不完全统计来看，当时有行市的中外股票大约有 34 种：招商局、仁和保险新股、济和保险、平泉铜矿、开平煤矿、织布、自来水、电气灯、长乐铜矿、赛兰格点铜、公平缫丝、鹤峰铜矿、平和玻璃粉股份（后改为中国玻璃粉股份）、牛奶、新造纸公司、旗昌浦东栈码头、叭喇糖公司、上海保险公司、电报、顺德铜矿、驳船公司、三源保险、金州煤铁矿、池州、沙开地公司、荆门煤铁矿、施宜铜矿、承德三山银矿、保险、白土银矿、徐州煤铁矿、贵池煤铁矿、火车糖、烟台缫丝。由于股票名称的简化，有些股票无法判断其属性，因此笔者只能大概估计，其中的华商股票应该有 20 种左右。这些有行市的企业，主要集中于当时洋务运动时期的交通、纺织企业以及大量的矿务公司等。在晚清中国华商股份制企业初创的年代里就有这样多的企业股票上市交易，这对于其他股份制企业的创立起到了极好的示范效应，这说明上海刚刚诞生的华股市场与中国近代产业的产生是同步的，它对当时洋务企业的股份制建设与民间私人股份制企业的发展都起到了应有的促进作用。

此后，经过 1883 年冬矿务股票风潮的打击，股票持有者损失惨重，给新兴的华股市场以极大冲击，也使新式企业的集股筹资活动难以继续开展。直到 1895 年甲午战后，社会舆论一致呼吁中国要自强，又一次出现投资设厂热潮后，这一状况才有所好转，股票的交易行情在《申报》上又不断出现。如 1910 年 6 月 9 日有交易市价的股票如下:大清老股 168 两,大清新股 108 两,粤路二期 1.5 元,信成银行 54 元,通商银行 41 两,招商局 124 两。① 这几种股票中,除招商局是洋务运动中创办的老企业外,其中的银行股是甲午战后兴办起来的新式金融机构,而铁路股则是晚清为挽回利权而发行的一种受众十分广泛的爱国性质的股票。

民国以后,随着民族资本主义的进一步发展,股份制企业逐渐增多,股票的交易也相继增多,在 1914 年成立的"上海股票商业公会"上市交易的股票有招商局、中华书局、大生一厂、大生三厂、既济水电公司、汉冶萍、交通银行、中国银行等 20 种,后又增加交易南洋兄弟烟草公司等股票。

当证券交易所建立以后,其上市的股票有多少呢? 由于资料的缺乏和不具体,笔者只能知道一个大概。上海证券物品交易所中股票交易最多的是汉冶萍及华商电器公司等股票,其次如德律风、老公茂纺织、怡和、公益纺织公司、杨树浦纺织公司、东方纺织公司、招商局、商务印书馆及交通、通商、兴业银行等华洋股票也时有交易,面粉交易所老股于 1921 年 3 月 1 日开始上市挂牌,成交极旺,而最为引人注目的则是本所股票的交易。② 由此可知,上市交易的股票既有华商股票与上海本地股票,也有外商股票和外地股票,不过总体而言,上市华股的种类十分有限。在上海华商证券交易所上市的股票种类,目前还没有找到资料,不过根据它是由"上海股票商业公会"改组建立这一事实可以推断,它所经营的股票交易应该不会少于"上海股票商业公会"原来所经营的股票。

1921—1922 年的"信交风潮"对上海华商证券市场中的华股交易是一个十分沉重的打击,股票交易逐渐沉寂,让位给了政府公债,不过根据《钱业月报》显示的上海华商证券交易所 1926 年的营业状况看,股票并没有完全退出市场,不时仍有少量交易,主要上市交易的股票种类有中国银行、交通银行、通商银行、中央信托公司、通易信托公司、南洋

---

① 《股票》,《申报》1910 年 6 月 10 日。
② 中国第二历史档案馆藏档,档号三(2)-873。

烟草、商务印书馆、中华书局等，①只是无法与当时的公债交易相比罢了。进入 30 年代后，随着上海工商业的发展，人们逐渐认识到这一问题，希望能让华商企业股票重新在证券市场上市交易，这样在 1934 年 10 月 12 日，上海华商证券交易所决定正式开做各银行、公司股票的现货买卖，当天上市的公司股票 7 种：证券交易所股 74.5 元、纱布交易所股 63 元、中国银行股 72 元、上海银行股 102 元、农工银行股 88 元、中央信托公司股 17 元、柳江煤矿公司股 80 元。② 1935 年，该所又挂牌开拍 29 种华商公司的股票，主要有金融类股票 14 种：中国、交通、浙江实业、浙江兴业、金城、盐业、中南、上海、新华、中国农工、统原、中国通商、中一、通易信托；交易所类股票 4 种：金业、纱布、面粉、华商证券；其他工商企业类股票 11 种：闸北水电、中国水泥、光华火油、大中华火柴、内地自来水、汉口既济水电、华商电气、华东煤矿、中兴煤矿、商务印书馆、中华书局。③ 1936 年工商界及上海金融界还计划设立股票交易所，以期将国内游资运用于工商业，但因抗战的爆发而未能实现。整个抗战前的上海华商证券市场，华股交易有名无实，只处于附属地位，成交极其寥落，当时开拍 20 余种股票，以资本额计算，仅 1.36 亿元。其中以商务印书馆的资本额 450 万元，为数额最巨的一种，其余皆在 400 万元以下。④

近代中国证券市场发展的历史很长，但却始终没有形成一个全国统一的证券市场，在不同时期，全国不少地方均建立有证券交易所，除上海外，北京、天津、青岛、重庆、汉口、鄞县、大连等地的证券交易所都较为短暂。

北京证券交易所于 1918 年建立，虽然以经营政府公债为主，但企业股票也一直都是其交易品种，据《银行月刊》中登载的北京证券行市表可见，直到 1924 年，除政府债券之外，有行市的企业股票有以下 12 种：中国银行、中华汇业银行、五族商业银行、中国农工银行、中华储蓄银

---

① 《华商证券交易所去年营业情形》，《钱业月报》第 7 卷第 1 号，1927 年 2 月出版。

② 《证券》，《银行周报》第 18 卷第 40 号，1934 年 10 月 16 日出版；《证券交易所开拍公司证券》，《钱业月报》第 14 卷第 11 号，1934 年 11 月出版。

③ 陈善政主编：《证券内容专刊》，1946 年 9 月 16 日刊印，第 36 页。

④ 邹宗伊：《如何建立有组织的证券市场》，《财政评论》第 14 卷第 5 期，1946 年 5 月出版。

行、北京交易所、汉冶萍公司、招商局、北京电灯公司、北京自来水公司及其新股、久大精盐公司、华兴机器垦牧。[①] 1926 年以后,北京证券行市表中就仅有政府公债券的行市,而没有了企业股票类的交易行市,这说明在北京证券交易所中,企业股票逐渐淡出了市场,直到 1939 年初歇业。

而在 30 年代相继建立的四明证券交易所、青岛证券物品交易所、汉口证券交易所、重庆证券交易所,虽有少数几家地方企业股票上市,但多有行无市,主要以经营当地政府所发行的地方公债为主,规模不大,交易更不发达。

总体而言,在抗战前的中国,一方面是产业界因需要的资本无法筹措而没法周转,另一方面却是资本找不到正常的投资方向,竞相投入地产及政府公债的投机。而各地证券交易所纷纷以政府公债为主要交易物,对企业股票十分冷淡,使证券市场远离产业,更没有起到辅助产业发展的作用。这种情况的出现,根本的原因还在于投资公债的获利空间大大高于产业利润。

抗战时期,中国的证券市场发生了戏剧性变化,在沦陷区的上海与天津,其证券交易转向了沉寂 20 多年的股票,上海在太平洋战争爆发之后还进入了畸形发展的"黄金时代"。那么在这两个市场中上市企业股票的种类与产业分布情况又如何呢?以下通过对战前与战时在上海华商证券市场上市华股种类及产业分布的统计来作进一步比较。

1935—1944 年上海华商证券市场上市华股种类及产业分布表

类别	时间	1935 年家数	1939—1941 年家数	1943 年以后家数
金融业	(一)银行	10	20	1
	(二)信托	2	4	0
	(三)交易所	3	5	0
	(四)投资	0	0	16
	(五)地产	0	0	9
	(六)保险	0	1	0

① 《北京证券市价表》,《银行月刊》第 4 卷第 3 号,1924 年 3 月 25 日出版。

续　表

类别 / 时间		1935年家数	1939—1941年家数	1943年以后家数
矿业	煤矿	1	4	1
工业	（一）公共事业	4	3	0
	（二）交通	0	1	3
	（三）机器	0	1	7
	（四）化学	2	10	10
	（五）医药	0	7	8
	（六）卷烟	1	2	1
	（七）食品	0	4	2
	（八）棉纺织	0	0	18
	（九）染印	0	0	4
	（十）毛织	0	0	4
	（十一）丝织	0	0	3
	（十二）其他	0	3	2
商业	百货	0	8	6
文化业	（一）书局			
	（二）印刷			
	（三）造纸			
	（四）电影			
总　计		25	78	126

资料来源：梓康：《论华股交易与华股市场》，《中国经济》第2卷第8期，1944年8月出版，第5页。

　　由上表可知，战前上市的股票主要集中在金融业中的银行、信托与交易所三类，共有15家，占战前上市股票的60%，商业则没有上市股票，而在战时金融业中，投资业股票已代替了过去银行、信托的地位。那些享有较高国内信用地位的银行，如中国、交通、金城、上海商业、浙江兴业等的股票，都已不见于华商证券交易所交易牌上了。至于代之而起的投资公司，其业务则多是以买卖股票、囤积商品为主，显然是缺乏生产性。其他如地产公司,业务虽不同于投资,但买卖地产与增产也是没有什么关系。其次再看工业股票,其中棉纺织及染印的股票占最多数,且屡见增资,这从现象上看好似与增产有关,但实际则不然。众所周知,当时的棉纺织业的生产量已急遽递减,这些增资虽不能说完全用于投机,但至少可以说,与增产是没有什么关联的。此外,在工矿业中,公共事业股、开发农业股等,在证交牌上也是无名的。其他如对增产有重大作用的海洋、内河、铁路及公路运输等,在证券交易场中也是不见露面。因此,证券交易所吸收的数十亿元的资金,对当时的增产急务,到底有什么贡献呢? 虽然不能说战时的华股完全是非生产性的,但还是可以说,低生产性和投机性的股票占据着上海证券交易的主要地盘。

在 1946 年重新建立的上海证券交易所,首批上市股票有 20 种,到 1946 年 11 月,第二批上市股票有 6 种。到 1947 年底,上海证券交易所共开拍公司股票 32 种,其中纺织股 15 种,占 46.88%;化学工业股 8 种,占 25%;百货股 4 种,占 12.5%;地产股 2 种,占 6%;文化股 1 种,公用事业股 1 种,航运股 1 种,各占 3%。[①] 1949 年 2 月 21 日上海证券交易所复业后,开出行市者仅 23 种,其中民营股 22 种,国营股仅台糖 1 种。[②] 此后又有所增加,据 1949 年 4 月 1 日上海证券交易所行市单可知,上市交易的股票共计 39 种:纺织股 16 种、化学工业股 9 种、地产股 2 种、百货股 4 种、文化股 3 种、其他 5 种。[③] 其中除 4 种国营事业股票外,其余 35 种仍是民营企业股票。可见,战后上市企业不仅过少,而且行业分布也仅局限于少数轻工业,对整个产业的发展起不到重大的作用。

战后的天津证券交易所,在 1947 年 5 月 31 日审查通过的第一批上市股票,是前华北有价证券交易所已上市的 24 种股票与新增的 5 种股票,共 29 种,计为:启新洋灰、江南水泥、滦州矿务、滦州矿地、耀华玻璃、东亚毛呢、仁立呢绒、济安自来水、天津造胰、中原公司、恒源纱厂、

①　上海证券交易所编:《上海证券交易所年报》,第 29—30 页。
②　《证交复业第一日》,《申报》1949 年 2 月 22 日。
③　中国第二历史档案馆藏档,档号三(2)-1454。

济安房地产、百货售品所、丹华火柴、北平自来水、北平电车、寿丰面粉公司、久安信托公司、久大精盐公司、永利化学工业公司、中国银行、交通银行、金城银行、盐业银行、大陆银行、中南银行、上海银行、裕津银行、中孚银行。此后，10 月 15 日又在原有 29 种的基础上决定另增加永兴洋纸行一种，共定为 30 种。[1] 这些股票主要集中于工业、地产、公用事业、银行等行业。然而，1948 年 2 月 16 日天津证券交易所正式开始营业时，实际上市的股票仅 13 种：启新洋灰、滦州矿务、江南水泥、东亚企业、济安自来水、天津造胰、中华百货、仁立实业、丹华火柴、寿丰面粉、耀华玻璃、永兴洋纸、滦州矿地。[2] 在这些真正上市交易的股票中，银行股一家都没有了。

　　总之，整个近代中国华商证券市场，从上市股票的数量变化与产业结构变迁方面分析，大致可以分为四个阶段：第一阶段是从 1872 年中国华股诞生到 20 世纪 20 年代证券交易所建立以前，上市的股票与近代中国产业的发展还是基本一致的，反映了产业发展。第二阶段是抗战爆发前，上市股票极为有限，而且被公债交易淹没，形同虚设，几乎与企业发展没有关系。第三阶段是在沦陷时期的上海，上市的股票种类最多，产业结构分布最广泛，几乎囊括了当时的绝大部分行业，上市股票与上海战时产业的发展取得了前所未有的联系，然而这种联系在战时的特殊环境中，又是畸形的，股市被投机风气笼罩，股市的繁荣并不完全是产业经济发展的结果。第四阶段是抗战结束后，通过对上海证券交易所与天津证券交易所的上市股票数分析可见，上海的 30 多种上市股票与天津的 10 多种上市股票，与当时中国经济的发展及股份制企业的比重是极不相称的，而从产业结构分布来看，上海主要集中于轻工业中的纺织业与百货业，其他行业为数极少，甚至根本就没有，而天津主要集中在工业、矿业等行业中。这样少的上市公司及其狭隘的不合理的行业结构，与当时中国经济的发展是不相适应的，更谈不上证券市场推动产业的发展了。

　　① 天津市档案馆藏档，档号 j20-2-2-839。
　　② 中国人民银行总行金融研究所金融历史研究室编：《近代中国的金融市场》，中国金融出版社 1989 年版，第 465 页。

四、结　语

分析近代中国华商股票市场与产业成长之关系，可以得出如下结论：

首先，近代中国华商股票市场与产业成长未能同步发展，建立起"相互为因"的关系。一方面，产业发展需要募集资金，特别是通过股市来聚集社会资金；另一方面，证券市场的发展，又要建立在产业兴旺的基础上。而通过上述分析，可以清楚地看到，近代中国股票市场与产业的发展之间，并没有形成一种"相互为因"的关系，而是脱节的，甚至有时是相互掣肘的。不仅产业发展的资金主要不是来自股票市场，而且股票市场的过分投机反而导致经济秩序的混乱，损害产业发展的利益。

其次，证券市场未能发挥对产业成长的主要推动作用。对产业成长说，资金是其发展的命脉，而融资渠道的畅通与否，则是决定资金这个企业命脉的关键。本来，从证券市场的产生开始，它就担负着为产业发展融资的使命，而且对于一个功能健全和良性发展的证券市场而言，为产业融资应当成为其最主要的任务与效能的体现。然而在近代中国，产业证券却在1922年到1937年的相当长的时间里失去了这个主体地位，让位给了政府债券。尽管在近代中国时常出现游资泛滥的局面，可是游资却并没有流入公司企业，而是流向了更为有利可图的政府公债与地产等投机领域，即便是沦陷时期的上海，一时曾出现了投资设厂、增资扩股以及人民争买华股的热闹场面，然而当时买华股的人，只是受股市的玩弄，还不是真正投资于华商企业，股市的发展与产业的成长并非一致，股票市场并没有起到将更多资金合理配置到产业部门的作用，股市的繁荣仅是一种畸形的投机罢了。这就使得企业的融资受到极大的限制，产业经济的发展受到严重影响。这也说明，近代中国华商股票市场的发育程度与产业经济特别是股份制经济的发展是极不相适应的，从而使近代中国的证券市场功能大打折扣。

再次，近代中国产业成长的幼稚和缓慢，严重抑制了证券市场的发展。证券不论是股票还是公司债，总得要先有产业而后有证券。在近代中国经济发展的历程中，新兴的公司组织形式与全部经济组织的总量相比，仅是其中一个很小的部分，并不占据整个社会经济的主流地位，至于股份制企业，则更显得微不足道。近代中国私营工业资本组织形式，大部分是独资和合伙经营，据 1938 年统计，这两种组织形式占总数 66％，限制了资金大量的筹集。① 可见，传统经济的强大以及传统经济组织形式如汪洋大海般存在，使得新式公司组织特别是股份制企业仅代表了一种经济发展的方向，而始终未能在整个社会经济中占据优势地位。因此，在一个股份制企业发育程度十分稀少、幼弱的国家，证券市场特别是股票市场的成长，自然也十分落后和缓慢了。

〔作者系西南大学历史文化学院教授〕

---

① 《中国近代工业史资料》第四辑，第9页。

中交两行总管理处的南迁与
上海金融中心地位的加强

董　昕

南京国民政府成立后,建立中央银行作为经理国库和领导协调金融业的机构,成为当务之急。此前,国民党政权曾于1924年8月和1926年12月分别在广州和汉口建立过中央银行。这两家中央银行成立的目的主要是为筹集军费而发行纸币,但因先后发生了纸币信用风潮,无法真正地履行中央银行的职责。1927年4月,蒋介石在南京建立了国民政府,为加强对财政经济的统治,准备另行组建一家中央银行。同时,南京国民政府采取了把政治中心和经济中心适当分离,把上海发展为最大最重要的金融中心的方针,推行了一系列的政策与措施。中央银行在组设时,也明确提出要设总行于上海。在北洋政府时期肩负着国家银行使命的中国银行和交通银行继之分别改组为专业的国际汇兑银行和发展全国实业之银行。1928年末,中交两行分别将自己的总管理处(简称为总处)从北京(当时改称北平)迁至上海。关于中交两行总处南迁至沪的具体过程,迄今仍缺乏具体的史料。本文着重考察促使中交两行总处南迁的各方面因素及其与上海金融中心地位的关系。

一、中交两行总处南迁概况

中国银行和交通银行是北洋政府时期国内最重要的两家大型股份制银行,联合承担着国家银行的职责,当时并称为"中交"。中交两行都是实行分支行制度的大型银行,两行的总部自成立后一直设在国都北京,直至1928年时南迁至沪。在组织形式上,分支行制度又可分为总管理处制和总行制两大类,分别以总处或总行为全行的中枢机构。①相对而言,总行对于分支行的控制性较强,而总处制下的各分行较为独立。

中交两行在北洋时期均经历过由总行制到总处制的过渡。中国银行在成立之初实行总行制,1914年9月成立总管理处以统率全行,另成立北京分行管理在京业务。交通银行1908年成立时名义上实行的也是总行制,但在内部设有总管理处,即实际上实行的是总处制,1917年交行重订组织大纲时也承认了这点。1928年末,在进行专业化改组的同时,中交两行先后将其总管理处由北京(当时改称北平)南迁上海。

北洋时期,因时局动荡不安,加之中交两行逐步商股化,与中央政权的关系渐行渐远,所以已有将总部机构迁出北京的举措。早在中国银行的前身大清银行时期,以上海地位冲要,为东南要埠之故,总行曾于1907年4月派定副监督驻于上海;1909年春复派正监督移驻上海,副监督入京管理总行事宜,直至次年4月。1920年前后,有人曾主张为维护中行的独立性,应将总处(行)设于经济中心上海,"庶几消息灵通,便于施展。"②1926年6月,中国银行的高层鉴于时局将变,议定总裁与副总裁分驻京沪,随时就近处理行务。随后,张嘉璈以副总裁名义驻沪办公,以便指挥南方各分行。③ 交通银行成立之初,即设总处(行)于北京,但由于北方的政局长期不稳定,交通亦时有梗塞,不便于总管理处统辖全行业务,因而曾两度将总处迁至当时的一个重要的金融中心天津。第一次是在辛亥革命后,即1912年1月时,将原设于北京的交行总处暂移至天津,但在当年3月时局稳定后仍迁回。这次短暂的迁移是交行为避免辛亥革命后的战乱对行务的冲击而采取的迂回策略。第二次迁移是在北伐战争期间,从1924年起,交行陆续将总管理处的发行股、会计股、稽核股等迁至天津,与总协理同在天津法租界四

---

① 实行总处制者,总部只负责管理下属机构的业务活动,自身不经营具体的银行业务;实行总行制者,总处除负有管理和控制分支行的职责外,自身也经营着具体的银行业务;

② 徐永祚:《永久维护中行之独立》,《银行周报》第3卷第16号,1919年5月13日。

③ 姚崧龄:《张公权先生年谱初稿》,(台北)传记文学出版社1982年版,第72页。

号路办公;至 1927 年,仅留国库股及文书股一部于北京办事,"因是指挥灵便,消息迅速,实受极良好之影响"。[①] 对此,交行方面认为主要原因是 1925 年底至 1926 年春间"京津间交通阻滞,总管理处于各行之匡计头寸与调拨资金均感弗便",为"脱离北京政治之牵掣起见",将总处各股移津,实为"临时应变之办法"。[②] 政局稳定后,交行总管理处势必再迁。

1927 年南京国民政府成立时,中交两行的总管理处名义上仍在北京。1928 年 4 月二期北伐开始后,南京政府取代北京政府已是大势所趋。在北伐军攻下北京,张作霖辞职出关后,南京国民政府已成为全国性的中央政权。在将中交两行改组为中央银行之议被拒绝后,[③]南京国民政府另行组建中央银行,要求中交两行分别改组,趋向专业化,与中央银行分工合作,并将总部设在上海。中行方面,董事会在当年 7 月间议定:因"政府现在南京,总处自应南迁,应由总处筹备进行"。[④] 这是中国银行方面关于南迁的正式决定。同年 10 月 26 日公布的国民政府财政部修正的《中国银行条例》中,亦规定中国银行设总行(实为总管理处)于上海,并在国内外"贸易上必要之处"设立分支。[⑤] 交行方面,总管理处的部分机构在 1928 年 7 月间已迁至上海办公,如原留北平的国库股提前南下,迁入交行上海分行办公。[⑥] 同年 11 月 16 日国民政府颁布的修正《交通银行条例》亦明确其将设总行于上海。[⑦] 此后,已移设天津的各股相继迁沪。[⑧] 同时,在管理体制上,交行总管理处由总协理制改组为董事制。

---

① "银行界消息汇闻",《银行周报》第 11 卷第 18 号,1927 年 5 月 17 日。

② 《1927 年 5 月 1 日股东常会纪》,《北京金融志》编委会办公室编印:《北京金融史料》银行篇(5),1993 年版,第 161 页。

③ [美]小科布尔著,杨希孟、武莲珍译:《1927—1937 上海资本家与国民政府》,中国社会科学出版社 1988 年版,第 91 页。

④ 中国银行董事会第 135 号议案:总管理处南迁案,1928 年 7 月 21 日,中国第二历史档案馆藏档,档号 397(2)-405。

⑤ 中国第二历史档案馆、中国人民银行江苏省分行、江苏省金融志编委会合编:《中华民国金融法规选编》,档案出版社 1989 年版,第 539 页。

⑥ "交通银行国库股迁沪",《银行周报》第 12 卷 44 号,1928 年 11 月 13 日。

⑦ 《中华民国金融法规选编》,第 551 页。

⑧ 交通银行总行、中国第二历史档案馆编:《交通银行史料》第一卷(1907—1949),档案出版社 1991 年版,第 97 页。

二、中交两行总处南迁原因分析

中交两行的总管理处南迁上海，是当时上海金融界乃至全国金融界的一件大事。促使中交两行把总管理处从北京迁移至上海的原因很多，笔者试从以下几方面进行分析和考察。

1. 政治因素——政治中心南移

如果说在清末和袁世凯统治时期，中交两行因总处（行）设在北京而拥有近水楼台的优势，能够享受与政府相关的业务带来的经济利益，那么到了北洋政府后期，因军阀混战，北京地区动荡不安，中交两行也受到牵累，"年来迭受军事影响"，"大小军阀，暗潮汹涌，行设首都，动遭劫持"，[①]两行成为军阀劫夺的目标，因此，总处（行）设于北京不仅难以得到好处，反而深受其害，北京已不适合作为总处（行）所在地。

1927年国民政府定都南京后，宁沪地区的政治经济优势已开始显现。一方面，1928年6月北洋政府的统治被彻底推翻后，南京国民政府成为无可争辩的中央政权，中国政治中心的南移已成定局，京津地区的政治区位优势已完全丧失，宁沪地区的政治区位优势则完全确立。因此，中枢机构如不相应南迁，就可能在与其他商业银行争夺和新的中央政权直接相关的那部分金融业务的竞争中失利。如继续承担国家银行的职能，中交两行理应随政府迁移。另一方面，南京国民政府自建立后，即试图加强对中交两行的监管和控制。财政部金融监理局在1927年末对中交两行的训令中指出：两行"居国家银行地位，操代理国库、发行纸币特权，与市面金融及国家财政均有重大关系。……本局职司监理金融，对该行一切设施均有监督整顿，导以正轨之必要。"[②]可以看出，新成立的南京国民政府想尽快控制实力雄厚但长期脱离政府管制的中交两行，而且势在必行。但当时初建的国民政府力量有限，无法一步到位完全控制实力雄厚的中交两行，因而只能通过改组的方式进行初步的控

---

① 《交通银行史料》第一卷（1907—1949），第95、96页。

② 中国第二历史档案馆编：《中华民国史档案资料汇编》第五辑第一编财政经济（4），江苏古籍出版社1991年版，第384—385、389页。

制,并要求两行将总处(行)与新设的中央银行总行一道设在与南京毗邻的上海。

从中交两行的具体情况来看,政治方面的因素也是促使两行总管理处南迁的主要原因之一。以中行而论,其国家银行的色彩在北洋政府后期已经被逐渐淡化,处在中央政府失控条件下的特殊状态中。① 尽管如此,中国银行仍执行着一些中央银行的职能,如经理国库、征收关税等,各地海关的收税处仍附设于当地中行的分行中。从1927年4月南京国民政府成立至1928年11月中央银行成立的这一年半时间中,中行的职能基本未变,且因政府南迁而使业务重心南移。中行董事会的报告中也称"沪行事务素繁,自政府迁宁后,各方面接洽事件益增繁重"。② 是以中行董事会于1928年7月间议定:因政府现在南京,总管理处应即南迁至沪。交行在北洋政府时期也是执行着部分央行职能的国家银行,其在最初谈到迁沪原因时称:"因首都南迁,国库股应设在国都所在地。该行遂将国库股文件,由领股刘展超督率行员,押运乘平浦车南下赴沪,附设于上海交通分行之内。"③10月间,交行对外宣布了将总管理处南迁的消息,声称:"兹因国都建宁后,内务公务,诸多不便,特将北平总管理处迁入沪行。此后对外一应公务,均由沪行总管理处办理。全部人员,亦已来沪。"④这也从一个侧面反映了两行总管理处需要南迁至沪的政治原因。

对南京国民政府而言,为了加强对中交两行的控制,也需要将两行中枢机构由北京迁到距离南京更近的上海。在确立了另行组建中央银行、中交两行专业化的原则后,中交两行虽然摆脱了央行的一些业务和特征,但还拥有发行纸币、经理公债等特权,而且仍是当时资力最为雄厚的两家华资银行。在性质上,两行仍属于国家银行的范畴。而中央

---

① 杜恂诚、严国海、孙林:《中国近代国有经济思想、制度与演变》,上海人民出版社2007年版,第355页。

② 中国银行董事会第三次常会议案:沪行添设副经理等员案,1928年12月5日,中国第二历史档案馆藏档,档号397(2)-407。

③ "金融消息汇志:交通银行国库股迁沪",《银行周报》第12卷第44号,1928年11月13日。

④ "交行总管理处迁沪",《申报》1928年10月12日;"交通银行总管理处迁沪",《银行周报》第12卷第40号,1928年10月16日。

银行甫经成立,实力不足,还无法真正地履行央行的职责。国民政府对中交两行分别加入占总资本额 20％的官股(加入的股本额分别为 500万元和 200 万元),以便初步渗透并控制两行的发展,并提出将中交两行的总部迁至上海,以便就近控制。①

因此,中交两行总管理处南迁上海,可以说是双方在考虑各自利益基础上互动后的选择。一方面是行方应对国民政府定都南京、政治中心南移的结果,以得到新政府的支持并继续办理与政府关系密切的业务,又避免被改组为中央银行而重蹈北洋时期的覆辙;另一方面是国民政府在实现金融统制和建立银行专业化体系的大方针下,对具有一定独立性和商办倾向的中交两行进行改组与控制的一个步骤。总而言之,"国都设宁"这一政治因素是促使中交两行总管理处南迁的主要原因之一,也使两行维持了原有的地位与优势。此外,两行总部南迁至沪也考虑了经济因素和自身条件。

2. 经济因素之一——上海是远东金融中心和国内金融中心

在近代中国,上海已在活跃的商品经济中逐步发展成为国内的金融中心和远东金融中心。"上海为我国第一大埠,第一银行之成立所在地,独得风气之先,俨然为我国金融之中心。"②与北洋政府时期北京的财政性金融中心相比,上海金融业与商品贸易及社会经济的关系更为密切,上海金融市场的商业性更强。由于北洋政府的控制力不足,上海的金融市场实际上处于一种类似于自由市场的状态中,拥有成为国际性金融中心的宽松条件。上海有发达的金银和外汇的现货市场,又有发达的标金期货市场和外汇远期市场。这几个较为规范的现期、远期和期货市场,为金融操作的套期保值和锁定成本提供了必要的基础。以标金市场为例,1924 年的标金期货交易总额达 2870 万余条,1926 年达 6232 万余条,如成交实数按折半计算,1926 年的成交额约合日金 149.6 亿元,这在当时是一个天文数字。这样的巨量交易对国际金银比价和外汇市场都会发生相当的影响。③此外,

①　石毓符:《中国货币金融史略》,天津人民出版社 1984 年版,第 289 页。
②　中国银行总管理处经济研究室编印:《全国银行年鉴》1934 年版,第 A6—A7 页。
③　杜恂诚:《20 世纪 20、30 年代上海的远东金融中心地位》,吴景平、马长林主编:《上海金融的现代化与国际化》,上海古籍出版社 2003 年版,第 74 页。

上海还形成了货币市场(包括拆借市场和贴现市场)、大条银市场和证券市场等。总之,与北京相比,上海金融市场具有更丰富的内容和更健全的功能。

晚清及北洋时期,北京是国都所在,也是金融业较为集中的地区。然而,"北平并非商场,以政府所在之首都,因承袭政府公债借款等业务之关系,遂为一部分银行之发展地"。[①] 而且,银行的各项业务直接受政府财政甚至政治、外交政策及相关措施的直接影响,"应付困难,不言而喻"。[②] 尤其是北洋政权彻底垮台后,北京—天津金融中心在争得财政性金融业务方面的优势已不复存在。在政治中心南移的同时,财政金融中心也必将随之南移。1927年南京国民政府自成立后实施了诸多进一步把上海发展为全国最大最重要的金融中心的政策与措施,如在上海筹设中央银行,健全金融市场,新举公债库券均以上海为主要发行地等,使上海的全国性金融中心地位得到前所未有的加强。中交两行的南迁可以说也是对这一趋势的顺应。

1928年时,上海已具有国内金融中心地位,而且还是远东金融中心。上海也是当时的世界级大都市,"实我国对外贸易之咽喉,故国内外汇兑市价多以上海为标准"。[③] 国际性金融中心分为世界级金融中心和区域性金融中心两种,当时的上海即属于后者,是远东的金融中心。当中交两行确定将改组为专业的国际汇兑银行和发展全国实业之银行后,也必然将上海作为总部所在地的首选。

3. 经济因素之二——交通状况和工商业状况的影响

由于北洋时期的军阀混战,交通经常阻梗,严重影响了中交两行的业务发展,军阀政治对于中国金融业产生的非常消极的影响始终存在着。在军阀势力所及的范围内,特别是在内地,金融紊乱的状况一以贯之,北洋初期的情形和后期的情形几乎没有什么两样。[④] 军阀政治造

---

① 《全国银行年鉴》1934年版,第A6—A7页。

② "交通银行股东总会记",《银行周报》第12卷第46号,1928年11月27日。

③ 《财政部驻沪调查金融专员李焱荣关于上海金融情况的报告》,中国第二历史档案馆藏档,转引自汪敬虞主编:《中国近代经济史(1895—1927)》,经济管理出版社2007年版,下册,第1707页。

④ 《中国近代经济史(1895—1927)》下册,第1645—1646页。

成商品市场和金融市场严重委缩,对华资银行业的发展极为不利。自1922年起,吴佩孚、张作霖等军阀头目都想控制中央政府,为筹措军费,不惜对银行采取胁迫及敲诈手段。对越来越多的军阀强行借款和随之而来的金融风潮,中交两行领导层也深感有改弦易张之必要。如交行营业报告所言,1925年冬至1926年春,"交通梗塞,关于金融消息,调拨款项,酌盈济虚,与夫指导分支行营业无形停歇,损失滋甚"。[①]交行总管理处曾于1912年1月和1926年7月两次迁往天津,其原因即为"年来迭受军事影响,京津间交通梗塞,极感不便。将来总处移津之后,交通方面,较便利"。[②] 1926年及1927年两年中,受战事的影响,中国银行的总裁及副总裁未经政府任命,职务照旧,需要召开的股东总会也没有如期开会,整个银行的经营管理也陷入一种前所未有的混乱之中。

反观南方,虽然上海附近也曾发生过军阀混战,如1924年9月和1925年的两次江浙之战,但因中交沪行都设在租界之内,因此受到的影响不大。而且,上海的金融业呈现出一片欣欣向荣的景象,1928年北伐战争结束后,"交通恢复,商业始呈活泼之象,金融亦渐宽舒。"[③]同年,北平自"入春以来,南北军事未经解决,交通又复阻滞,以致银根枯窘,各业均受影响,倒闭时有所闻,迨至首都南迁,市面更形萧条。华威、丝茶、中华汇业均于本年相继停业"。就工商业状况而言,"北京原非商战之地,十数年来,沧桑几变。虽一般金融界渐注意于工商事业,究未能尽量发挥"。[④] 而且,上海是中国近代工业的发源地,工商荟萃,贸易往来频繁,这也是北京所不能比的。凡此种种,都坚定了中交两行管理层和商股们要将总管理处迁至上海的决心。

4. 自身因素之一——京行与沪行的业务涨落

由于上海地区所具有的区位优势和较为安定的社会环境,使中交两行上海分行均成为各该行的业务重心所在,甚至足以左右两行的

---

① "银行界消息汇闻",《银行周报》第11卷第18号,1927年5月17日。

② 《交通银行史料》第一卷(1907—1949),第95页。

③ 中国银行总行、中国第二历史档案馆合编:《中国银行行史资料汇编》上编(1912—1949),档案出版社1991年版,第1979、1975页。

④ "交通银行股东总会记",《银行周报》第12卷第46号。

大局。

中国银行最初于 1912 年初在上海成立,同年 8 月北京的中国银行总行成立后,上海中国银行才改为分行。就中国银行内部的情况来看,京行[1]与沪行的业务涨落趋势是完全不同的,与两行所处的地位也不相符。在建行初的几年间,中行的京行与沪行的业务均发展得很快,京行因地处国府所在地,在某些方面的发展甚至超过沪行。1915 年时,京行的纯益为 782535.46 元,沪行的纯益为 304213.79 元,由此可见一斑。[2] 京行与沪行业务发展趋势相逆的转折点是 1916 年的停兑令事件。沪行在经副理宋汉章、张嘉璈的领导下起而抗拒北洋政府下达的停兑令,维护了上海金融市场的稳定,也使上海中国银行本身名声大振,所发行的上海地名兑换券的信用亦大为提高。宋汉章和张嘉璈被誉为有胆识、有谋略的银行家,成为江浙金融资产阶级中的代表人物。而与之相反的是,处于中央政府所在地的京行遵令停兑,当日中交京钞跌至面值六折,各种日用品及洋货等均提价三四成,金融市场一片混乱。京行受此打击后一蹶不振,被降格为支行,隶属于天津分行。

交通银行自 1907 年成立当年,即在上海设立分行,1917 年时由交行总处核定为一等分行。上海分行不仅是交通银行最早建立的分行之一,也是这一时期最重要的分行,"历年积极经营,乘时猛晋,获利素称优越"。[3] 因此,沪行成为交行业务的"龙头",成为优先发展的主要分行,而北京分行则因停兑令事件后大受打击,业务未能充分发展而被降格为支行,主要负责清理官欠,不再向政府大宗垫款。1922 年后,交行的营业方针发生转变,以一种较为独立的姿态对待北洋政府,加强了与民族资本主义工商业的联系,沪行的营业呈一枝独秀的发展状态。

从整体上看,第一次世界大战后,金融业同工商业一样迅速发展起来。由于工商业普遍繁荣,银行的贷放款项能够及时收回,对银行本身基础的巩固、资本的积累、利润的增厚等都提供了良好的条件。京行与

---

① 1914 年时,中国银行的管理体制由总行制改为总处制,另成立北京分行,简称京行。南京国民政府时期的京行指南京分行,中行内部称之为宁行。

② 《民国四年财务状况》,《中国银行行史资料汇编》上编(1912—1949),第 1806、1808 页。

③ "交通银行股东总会记",《银行周报》第 12 卷第 46 号。

沪行实力的明显差异,使中交两行逐步将营业重心南移,将沪行作为全行业务振兴的基地。1920年时,中交两行的分行虽合计有180余所,"但其营业重心,实在沪滨"。[①] 论及各分行的实力,据徐沧水在《我国各银行资力之分析及其利益之比较》一文中的评估,各银行在沪分行的资力通扯当在全行的二成上下。[②] 上世纪20年代中前期,中行沪行的兑换券发行额占全行的三至五成,存款额占全行的一至二成,与其所估大致相符。所以,两行的总部南移亦有前兆。两行沪行的实力充沛,在营运发展中独占鳌头,也就为不久以后的总处迁沪奠定了基础。[③]

5. 自身因素之二——业内核心的选择

北洋政府时期的华资银行业发展得特别快。1912年至1927年间,总行设在京津地区的新设银行共有69家,而总行设在上海的新设银行共有55家,还不包括设在上海周边的松江、嘉定地区的银行在内。考察北洋政府时期华资银行业的业内关系,可分为三个层次:第一个层次是所有主要的华资银行都以中交两行为核心,中交两行与其他华资银行是核心与外围的关系。但有的华资银行靠近中行,如南三行;有的华资银行靠近交行,如北四行。第二个层次是南三行、北四行等重要商办银行的协作关系。这种协作关系对于增强华资银行业的对外竞争力和克服种种社会经济方面的困难起了很大作用。第三个层次是同业组织。在考察中交两行与其他华资银行的核心与外围的关系时,还可以从三个方面来理解:(1)一些华资银行是在中交两行的直接帮助下产生和发展起来的;(2)许多华资银行都领用中交两行的钞票,特别是中国银行的兑换券;(3)许多华资银行都对中交两行投资入股。[④] 从上述层面对北洋时期华资银行业的考察来看,中交两行特别是中国银行,成为当时我国华资银行业的业内核心,诸多商业银行以两行为核心,应付经

---

① 《财政部驻沪调查金融专员李焱棻关于上海金融情况的报告》,中国第二历史档案馆藏档,转引自《中国近代经济史(1895—1927)》下册,第1644页。

② 永柞:《我国各银行资力之分析及其利益之比较》,《银行周报》第3卷第29号,1919年8月12日。

③ 杜恂诚主编:《上海金融的制度、功能与变迁(1897—1997)》,上海人民出版社2002年版,第70页。

④ 《中国近代经济史(1895—1927)》下册,第1725—1729页。

济与社会活动中的突发事件,共同发展。

就中国银行的商股激增现象来看,其来源主要有两种:一种是北洋政府在财政窘迫时,将中行的官股股份抵押借贷,到期无法归还时,官股便转为民营机构所持有;另一种是中行在招股增资时,商办银行、交易所和其他工商业者纷纷入股。如 1921 年中行募集商股时,张嘉璈到南方劝募商股,上海商业储蓄银行与浙江兴业银行各认股 20 万元,浙江实业银行认股 14 万元,连旧股共 20 万元,估计金城银行也是这个额度。① 沪上各交易所也争购中行股票,如上海华商纱布交易所认购 5000 股,华商证券交易所 2000 股,杂粮交易所 3400 股,麦粉交易所 1700 股,约定在沪银票两交。② 因而,华资银行业以中交两行特别是以中国银行为核心,形成了一种同舟共济、患难与共的密切关系。正是这种关系,才使华资银行业得以在如履薄冰的经济和社会环境中生存和发展。在通常情况下,核心对于外围少不了时时给予照顾,而在危难之时,外围对于核心也纷纷予以协助,出现外围保核心的现象。1916 年中行沪行抗拒停兑令时就出现了这种现象。同时,云集于上海的中国银行商股股东一直有团结起来表达自己意愿的传统。1912 年将大清银行上海分行改组为上海中国银行和 1916 年抗拒停兑令事发时,上海的中国银行商股股东们都自发地组成了商股股东联合会,支持中国银行维护本行的利益,朝着商办化的方向发展。以上种种,都使得作为华资银行业内核心的中交两行在考虑总部南迁时,选择上海作为新的营业中心地点。

总之,上海作为商业性金融中心已具有的优势和国民政府定都南京后给上海带来的财政性金融中心的潜在优势,吸引着中交两行的南迁。而中交两行作为当时实力强大、业务广泛并具有巨大影响力的银行,它们的南迁又使南北金融中心的地位及影响发生了决定性的变化。中交两行中枢机构迁沪,带动了北方其他几家银行的南迁,如中孚银行、中国实业银行、新华商业银行、中国农工银行、盐业

---

① 浙兴档,董事会议录,1921 年 9 月 15、26 日,沪银档,转引自《中国近代经济史(1895—1927)》下册,第 1728 页。

② 中国银行董事会会议议案:上海纱布证券各交易所股票押款交行要求本行具函担保,1922 年 3 月 6 日,中国第二历史档案馆藏档,档号 397(2)-393。

银行、金城银行等先后将总行南迁,进一步强化了上海作为全国最大最重要的金融中心的地位。南迁后,中交两行为江浙财团所控制,并与国民政府建立了较为密切的联系,其业务发展也进入了一个全新的快速发展阶段。

三、上海金融中心地位的加强

自1843年开埠后,上海逐渐成为全国的航运中心和商贸中心。较早地正式提出北洋政府时期全国有两个金融中心这一观点,是北洋政府驻沪调查金融专员李焱菜在关于上海金融情况的报告中提出的。[①]时人徐沧水也认为当时的中国有两个金融中心,北方有北京(财政金融中心),南方有上海(商业金融中心)。他称:"至就银行业务上以言之,则北京之银行,其往来交易实以官家为大宗;若上海,则纯为商业上之关系。假使今后政治清明,中央财政无仰仗小银行之必要,则已有之银行,自必逆取顺首,分设来沪,以谋其正当业务之发展,其在北京开设银行者,势力随以减少。加之上海类似银行之金融业,如钱庄等,其势力正非北京现有之银号所可比拟。……吾国金融中心,可称为椭圆形,北京与上海,实可谓各成其为中心,殊有两个中心之倾向。若从严格以立论,并为正圆形之观察,则就种种方面的情势,以下判定,则吾国之金融中心,实可谓为在上海。"[②]

近年来,金融中心问题是我国近代金融史研究中的一个热点,自上世纪90年代以来一直为学者所关注。2002年,"上海金融的现代化与国际化"国际学术讨论会在复旦大学召开,会议的中心议题之一就是上海金融中心地位的确立与影响。[③]《档案与史学》杂志随后也刊登了一组有关上海金融中心地位的文章,姜义华、洪葭管、吴景平、杜恂

---

① 1920年10月20日北洋政府财政部驻沪调查金融专员李焱菜关于上海金融情况的报告,中国第二历史档案馆藏档,转引自杜恂诚:《20世纪20、30年代上海的远东金融中心地位》,《上海金融的现代化与国际化》,第67—80页。

② 沧水:《吾国金融之分布与金融之中心及上海金融业资力之推测》,《银行周报》第4卷第38号,1920年10月12日。

③ 吴景平、史立丽:《上海金融的现代化与国际化国际学术讨论会综述》,《历史研究》2002年第5期。

诚、戴鞍钢、李一翔等学者分别撰文,就上海全国性金融中心地位和近代远东金融中心地位的确立和启示进行了讨论。① 复旦大学中国金融史研究中心编《上海金融中心地位的变迁》(复旦大学出版社 2005 年版)一书还收录了卓遵宏、陆寒寅等学者对这一问题进行探讨的论文。

在近代中国金融中心变迁的探讨方面,吴景平先生的观点很具有代表性。他认为:晚清时作为华北金融中心的京津的影响超过上海;北洋时期我国有两个金融中心,即北京和上海;抗战爆发后,金融中心随着国民政府的内迁而转移至重庆,在抗战胜利后又回归上海。② 北洋政府时期,与北京—天津的财政性金融中心相比,上海金融业与商贸及社会经济的关系较为密切,对工商业与社会经济发展有明显的推动作用。国民政府虽将政治中心定位于南京,但推行了一系列将上海发展为全国最大最重要的金融中心的方针,上海作为全国金融中心的地位,也是在国民政府时期真正确立起来的。1927 年至 1937 年间上海金融业与国民政府之间的复杂关系有一个整合过程。③

对于北洋政府时期全国有两个金融中心这一论点,即作为财政金融中心的北京和作为商务金融中心的上海,一些学者近年来提出异议。洪葭管先生在《中国金融通史》(第四卷)中提出,"北洋政府时期有两个全国金融中心的看法并不全面"。因总处(行)设在北京的各大银行拥有的资本额是全行性的,并不能代表北京的金融实力,其设在上海的分行在全行的存贷款业务中均占有很大比重。1920 年代初,中交两行已有企图摆脱北洋政府控制的离心倾向和行动,北京显然不具备成为金融中心的条件。④ 姜义华先生认为,国民政府统一前上海的金融实力尚不足与平津地区等量齐观,上海只是一个地域性的金融中心;从清末

---

① 杜恂诚:《上海成为近代金融中心的启示》,《档案与史学》2002 年第 5 期;洪葭管:《关于近代上海金融中心》,《档案与史学》2002 年第 5 期;李一翔:《外资银行与近代上海远东金融中心地位的确立》,《档案与史学》2002 年第 5 期;姜义华:《上海与近代中国金融中心》,《档案与史学》2002 年第 6 期;吴景平:《对近代上海金融中心地位变迁的思考》,《档案与史学》2002 年第 6 期;戴鞍钢:《大流通与金融中心》,《档案与史学》2002 年第 6 期。

② 吴景平:《近代中国金融中心的区域变迁》,《中国社会科学》1994 年第 6 期。

③ 吴景平:《近代上海金融中心地位与南京国民政府之关系》,《史林》2002 年第 2 期。

④ 洪葭管:《中国金融通史》第四卷,中国金融出版社 2008 年版,第 152—153 页。

至北洋政府时期,全国的政治中心与金融中心事实上在京津地区。[①]

虽然在北洋政府时期上海是否已经取得全国性金融中心地位这一问题上学者们存在着不同看法,但总的来看,上海在 20 世纪 20 年代末 30 年代初时成为全国性的金融中心和远东的金融中心这一观点得到大多数金融史学者的认可。杜恂诚先生认为上海成为近代金融中心的充要条件有:必要的客观条件和相对齐全的金融品种、吞吐全国的资金市场、执牛耳的申汇和外汇市场、发达而配套的金融现期远期和期货市场及规范化过程等。[②] 笔者认为:北洋政府时期,北京作为当时的国都,具备成为全国财政性金融中心的条件,但上海的金融辐射力在逐渐增强,与工商业联系紧密,也具备了商业性金融中心的条件。当国民政府定都于南京后,京津原有的财政性金融中心的优势已不复存在,天津降格为国内的地区性金融中心。反之,上海的全国性金融中心地位得到前所未有的加强。1928 年,当时全国最具实力的两家大型银行——中国银行和交通银行的总管理处相继南迁至沪,强化了上海作为全国性金融中心的地位,也有力地带动了其他商业银行总部的南迁活动,为领风气之先的举措。

在考察中交两行总管理处南迁之举对上海金融中心地位加强的意义时,不能不提及中央银行的筹设与发展。南京国民政府成立之初,希望能在短期内建立起国家银行体系并显现功效,曾设想过将历史悠久而又博得民众信任的中国银行直接改组为中央银行,或将中交两行合并后改组为中央银行,但遭到以中国银行副总裁张嘉璈为首的银行界高层人士的反对。中交两行在改组之后虽名为专业银行,但实际上仍执行着部分国家银行甚至是中央银行的职能。中交两行专业化设想的主持人也是当时著名的银行家张嘉璈,这一想法源自当时日本的银行制度,以试图建立起中央银行、国际汇兑银行与发展实业银行这样一个分工互助的银行体系。而南京国民政府成立之初仓促组建的中央银行实力极为薄弱,无法完全承担起中央银行的三大职能。中交两行作为执行着国家银行职能且实力最为雄厚的两家华商银行,在分别进行专

---

① 姜义华:《上海与近代中国金融中心》,《档案与历史》2002 年第 6 期,第 41 页。
② 杜恂诚:《上海成为近代金融中心的充要条件》,《学术季刊》1995 年第 1 期。

业化改组后,与中央银行在业务上仍有着诸多交叉。一些研究者认为:中央银行与中交农三行间的关系是国家银行与政府特许的专业银行间的关系,而不是领导与被领导关系。中交两行各有自己的股东会和董事会,央行对它们在资金上进行调剂,把某些业务交给它们代理,进行联合贷款或对它们承做重贴现、转抵押等。① 从中央银行 1928 年至 1949 年的发展历程来看,可以理解这一评价,但中央银行与中交两行的关系在抗战之前,尤其是 1935 年以前,因中央银行的实力不足,无法真正地起到央行的作用,其与中交两行的关系应定位为共同执行央行职能的国家银行。

中央银行自成立后,在拥有各种特权及国民政府不遗余力的扶植下,各项业务飞速发展,存放汇等业务额的增长倍数惊人。但是,到 1934 年时,中央银行的资力还赶不上中国银行,仅与交通银行差不多,其实力仍不足以控制全国的金融局势。正如马寅初先生曾指出的,"中央银行仅有其名,不但不能负责调节,且以政府命令剥夺他行之营业而归于己手"。② 1935 年中交两行第二次改组前,两行的总资产几乎占全国华商银行总资产的三分之一,是中央银行规模的三倍。中国银行拥有 97,500 万元的资产和 15,400 余万元的现银元,交通银行拥有 41,100 余万元的资产和 5,000 余万元现银元,两行共拥有现币 20,500 万元以上。③

此外,中交两行也和中央银行一道担负着国家银行的职责。因中交两行的总部亦在上海,此举也有利于上海金融中心地位的巩固和加强。这一点集中体现在中中交三行共同协助政府稳定金融市场和中交两行担任上海金融界的总汇划上。在稳定金融市场方面,中央银行未成立前,自 1928 年中起,中国银行与交通银行即运银至南京造币厂包铸新币,7 月 4 日铸成 600 万元,9 月 21 日铸成 1,000 万元。1929 年 3

---

① 洪葭管主编:《中央银行史料(1928.11—1949.5)》,中国金融出版社 2005 年版,第 12 页。

② 马寅初:《统制经济问题》,《时事月报》第 10 卷第 2 期,第 109 页,转引自吴承禧:《中国的银行》,商务印书馆 1934 年版,第 134 页。

③ 参见姚崧龄对第二次官股加入的叙述,《中国银行行史资料汇编》上编(1912—1949),第 391 页。

月，上海中中交三行向中央造币厂南京分厂订定铸币 3,000 万元，央行占四成，中交各占三成，以缓解流通中金属货币的不足。[1] 20 世纪 30 年代初国际银价飞涨时，中交两行亦积极协助政府阻止白银外流，建议政府征收白银的出口税和平衡税，从上海向内地调运现洋，增发纸币。1934 年末的白银风潮中，应财政部要求，中交两行与中央银行议定合作拆款办法，向同业提供放款救济。总汇划是负责各行庄间轧账清算的机构，亦称"汇总"。在全国清算制度未能确立前，上海作为全国的金融中心，行庄云集，金融机构间的业务清算亟需一家信誉极高的机构主理。中国银行因信誉卓著，被选为负责各方银元汇划交割业务的银行。中国银行负此责纯属为同业服务的性质，也足以说明中行在当时的金融业中居于众望所归的领袖地位，并改变了以往上海金融业一切听命于外商银行的状态。上海银行公会于 1933 年成立票据交换所后，各行的往来存款账目以七三分的比率分存于中行与交行。两行对联准会付息，而联准会复对各行存款付以同等利息。[2] 1936 年 1 月 28 日，中央银行加入交换所后，中中交三行方按四四二的比例分任清理之责。[3]

考察上述诸项，不难看出，中交两行仍是当时华资银行业中的龙头。两行总管理处的南迁既是本行领导层审时度势后的决策，也是客观诸条件综合作用下使然。中交两行均为实行总分行制的大型银行，分支行处和通汇点遍及全国，各该总管理处由京迁沪的举措，一方面带动了华资金融业的力量向上海集中，有利于上海全国性金融中心地位的完全确立和加强，另一方面也便利了内地的游资涌入沪上，为上海金融中心地位的巩固起了推波助澜的作用。因此，1928 年中交两行总管理处的南迁，对上海全国性金融中心地位的加强而言意义非凡，既树立了上海必将成为全国性金融中心的风向标，也发挥着自身的作用与影

---

① 南京造币厂厂长俞彭成呈财政部函，1928 年 8 月 6 日；财政部对南京造币厂的指令，1928 年 10 月；中央造币厂监理员徐堪、杨骏致财政部部长、次长呈，1929 年 3 月 21 日。中国第二历史档案馆藏档，档号三（一）- 2575。

② 崔毓珍：《上海清算制度之研究》，《中央银行月报》第 3 卷第 8 号，1934 年 8 月，第 1634 页。

③ 程绍德：《战前上海之商业银行及其业务》，《中央银行月报》第 9 卷第 7 号，1940 年 7 月，第 2540 页。

响,和新成立的中央银行一道执行南京国民政府的各项财政金融政策,为巩固与加强上海的全国性金融中心地位作出了实质性的努力和贡献。

〔作者系辽宁大学历史学院讲师〕

回忆录

王绍鏊自传

王绍鏊 撰稿 陈正卿 整理

整理者按：王绍鏊（1888—1970），江苏吴江人，字却尘。1911年日本早稻田大学政治经济科肄业。辛亥革命后回国，参与组织中华民国联合会及共和党，当选为第一届国会众议员。后参加护国运动、护法运动。大革命时期，与沈钧儒等组织苏浙皖三省联合会，拥护国民革命。国民党实行反共政策，他坚决反对。九一八事变后，他积极抗日，发起组织中华民国国难救济会和抗日同盟军。同时，他也加入了中国共产党。抗战期间，他在上海、香港等地参加抗日斗争。1945年发起组织中国民主促进会，任常务理事。中华人民共和国成立后曾任全国人大常委、财政部副部长、民进中央副主席等职。这份自传稿写于1954年，由王绍鏊之女王佩容女士提供，发表时略有删节。

我是出身在所谓的"知识分子"家庭里面，六岁即丧失了父亲，因年幼多病，母亲抚育，甚为辛苦。母亲喜阅读历史故事小说，凡有关故人可歌可泣的事，往往垂涕而道，再三反复，我所受的影响最深，故幼时的人生观完全为母亲所支配，大有不作圣贤便成豪杰之想。慕范文正公的为人，"先天下之忧而忧，后天下之乐而乐"这两句名言，深深印入我的脑海中，数十年如一日。一八九八年十二岁，受康梁的影响作《变法论》，谓："世无百年不变之法。"

一九〇二年十六岁，故乡创办同川学堂，我和柳君慰高（即柳亚子）

等随班学习，先祖父不以为然，力劝我就举子业，我当时实为家庭经济所束缚，只得勉强听命。一九〇五年十九岁入县学后，先祖父谓我已经清偿了他所付出的"书本"，从此可许我自由求学。不久，他老人家亦去世，我就加入了故乡一个理化研究会，一年卒业。忽读到了卢弼、黄炳言译的、清水澄著的《宪法》，对于议会政治，大感兴趣起来。于是，放弃了理化的研究，投考入江苏教育总会所办的法政讲习所，从此，灌输了满脑子的正统派政治思想。

毕业后，还以为不够充分，再想自费去日本留学。事前用合会的方法来筹措学费，至半年之久还缺少一会。我的姑父吴问潮向胞叔霖若请商不许，眼见得要功败垂成，我不觉悲从中来，大哭一场，竟感动了我的叔父，赢得这一合会的成功。我就赴日本早稻田大学政治经济科肄业。从那时起，就想当国会议员，以为替人民服务的政治途径，只此一条。

一九一一年十月，二十五岁毕业返国，正值武昌起义，清室瓦解，我随章太炎先生办中华民国联合会，嗣改统一党，又和其他政团合并为共和党。我因陈英士派人刺死陶成章一事，对同盟会深至不满，又因黄克强的旗帜下面，多投机的新官僚，故始终和同盟会改组的国民党格格不相入。但是共和党的元老派对我辈青年，也是非常排挤，故一时彷徨无计，甚至我所组织的统一党苏州支部，及吴江、无锡、常熟、崇明、宝山、嘉定的分部，仍旧维持原状，不加入新成立的共和党，相持至半年以上。

后来我随太炎北上，得悉政治上种种内幕，太炎实早已受了袁世凯的利用，统一党也已经变成了王揖唐收买国民党的工具，我就毅然决然和统一党脱离关系。苏州及各县的统一党支、分部，也听他们归并入共和党。我自己却对于党务非常灰心，曾一度应江苏都督府的邀，担任了外交司第一科长兼代理司长的职务。

忽忽四五个月，一九一二年六月，值第一届国会众议院议员选举即将举行，就辞职而参加选举运动。一九一二年底各省开始进行正式国会的议员选举，当时共和党本部迫我让杨廷栋，百计加以破坏，仍不能阻止我的当选。同时，还有若干位共和党少壮党员，也当选了众议院议员，就形成了共和党江苏的少壮派。后来和各省少壮同志及湖北的民社派联接一气，极力主张共和、国民两大党提携，以监督袁世凯，而反对共和、民主、统一等三党合并为进步党的提议，结果归于失败。而以苏、鄂、川三省少壮派为中心，联合各省同志，坚持共和党的独立，这是我初出茅庐办党的第一次。

在这短短的几个月办党的经验中间，深深感觉到中国政党的不易办。进步党的经费是袁世凯从大借款的赃物内拨付的，国民党的经费除华侨捐助了一部分，大部分是唐绍仪由克利斯浦借款的回扣中筹划出来的，都是从外国来的，无一种中国自身呢！因为大多数人民是小资产阶级，没有较大的经济背景，议员的当选，等于私生子一样，一朝当选了以后，再也没有人去照顾他的生活，至于党的经费，更谈也谈不到了。我曾经向从前热心选举我的初选当选人，建议筹一笔党的经费，不是大加责备，便是诉苦一番，这自然比后来选举人要卖票的还高出万万倍。然在洋书呆子的我，从议会政治的立场来看，真有些啼笑皆非的景况。

不得已，只好毁家纾难了，我在十年里面，每一次国会开会，我总是倒霉到十二万分，头一次共和党独立，第二次组织"平社"，第三次"宪社"，都是卖了自己的私产来维持政团的生活的。我当选众议院议员时，并没有花费分文，然在当议员时反而负债累累，弃产赔偿还不够，这岂是一般人所能了解？故人家问我时，我只有一笑置之。从此我对于议会政治在中国能否推行，开始怀疑起来了。

不久，我当选了宪法起草委员，每日赴天坛祈年殿出席，兴高采烈的，以为果真有了一部好宪法，政治就会迅速走上轨道。这种书生的天真想法，回忆起来真是滑天下的大稽。宪法本系革命的产物，今我们自己革命还没有成功，而想制定宪法，岂非梦话？这种幻想，以后为事实所击破。

一九一三年民国二年十一月四日，国民党议员资格撤销的令下来后，我一愤南归，临行，还赴国务院对熊希龄大骂一场，聊以泄愤罢了。我本是一个"穷措大"，回乡后怎么生活？我当然并不是毫无计划的。各级地方自治，需人来办各个法政学堂，需人来教，我自以为当仁不让，总有办法。万万想不到袁世凯一连串的命令，解散各省省议会，撤销各级地方自治，停办各个法政学堂，把我辈所能够活动的地盘，铲除得一干二净。我勉强支持了半年多，再也无法生活下去了。适逢乡先辈庄蕴宽出任都肃政史，来邀我担任记录科书记官，为贫而仕，并非素愿。

至袁世凯发动帝制时，我不知不觉地要和反对帝制的朋友结合一气，秘密担任了四川《国民公报》的电讯员，尽量把不利于帝制的消息传布出去。及一九一五年十二月二十五日云南起义，我就辞职赴沪，参加了恢复旧约法的运动。一九一六年这一年八月旧国会恢复，因共和党内民社派领导者之一胡鄂公被伊同乡告发，曾于民二以共和党名义向黎元洪募得十万元，并不报账，纷起责难，我和川、湘、赣、苏四省同人商酌，决计和民社一派分离，另行组织"平社"。奔走接洽，备尝艰苦，而我的元配殷爱珍女士产后因我照顾不周，以致变生不测。我痛心之余，加以"平社"党费难筹，只好把党务交川省同人黄云鹏负责，跟该省共和党的军阀去筹款，而我专担任政务的研究。

不料政变迭起，一九一七年七月，张勋入京，我在宣统复辟那一天的清晨，弃家南奔。事前我已知悉段祺瑞的靳云鹏一派，和研究系的梁启超、汤化龙、林长民辈勾结，运用一计害三贤的策略，不但诱令张勋踏上仙人跳板，受他们的愚弄，且唱"再造共和"的谬论，拥段氏上台，而排挤黎元洪，推翻旧约法，正在着着进行中。及段氏马厂起义，张勋失败，原定计划均一一实现，只有冯国璋继任大总统一幕，仍以旧法为根据。

我当时义愤填胸，计无所出，适海军总长程璧光率舰队南下护法，和孙中山氏合作，我毅然主张一致拥护，只身赴粤，出席一九一七年八月民国六年非常国会，不幸为国民党议员茅祖权辈所歧视，不可再留。待孙氏的大元帅一举出，就浩然返沪，在江苏第一甲种商业学校，授货币财政等课。虽薪津微薄，然师生间和同事间，互相切磋，兴趣极浓。

当时段祺瑞已经得到日本的西原借款，命王揖唐辈组织安福俱乐部，办理新国会选举，我"平社"同人一部分已加入他们的组织，屡次来电劝驾，我坚决反对。一九一九年民八，广州召集正式国会，我邀集"平社"另一部分同志到粤出席，因照霞楼大小孙派（即指孙中山、孙洪伊而言）、褚寓（益友社吴景濂、王正廷、褚辅成等）、五十二号（即政学系李根源、杨永泰、冷遹等）都有组织，旗鼓相当，而各小党派吊儿郎当，毫无结合，不但开会时没有发言的余地，即不开会，也饱受人家种种的欺凌，无法应付，我愤而邀集各小党派同人，商讨组织，租定石行会馆二楼做俱乐部。起初大家还是亲自捐款来维持，及两三个月以后，同人中力能捐款的已寥寥可数，只得募捐来维持。因受这样的牵制，同人的意志渐渐不能一致起来。到了最后，政学会将要出卖护法政府，我只好作穷则独善其身的打算了。

我在那时对于议会政治的热忱，已降至零度以下。但对北京政府的丧权辱国，不甘缄默，又在沪和各方面接洽，共同发起了外交大会，以表示反对。后来觉得整个政治，已至不可救药的地步，颇思尽力于一省政治的改革，和张一麐、沙彦楷等提倡省宪的制定，又和湖北的孔庚，联合各省同志发起各省区自治联合会，以策动全国自治的浪潮。

从那时起，直至民十五北伐时为止，我是的确迷信过省自治的。这种思想，等于提倡沟洫制度，虽有益于农田水利，然滔滔的洪水还没有治好的话，洪水一来，沟洫全都冲没了，还讲什么农田水利？整个政治，如果没有办法，省自治是无法建立起来的。我直到五年以后，一九二二年才觉悟到这一点，真是惭愧的很。

民国十一年（一九二二年）旧国会又在北京恢复，我又见猎心喜，重理旧业，组织了一个"宪社"，以表示我的主张，是"先定宪法后举总统"，恰好和曹锟、吴佩孚辈欲利用旧国会先选总统的目的相反。及逼宫夺印一幕一幕地演出，我知道无可恋栈，决计南下。我江苏同人参众两院共二十位，团结一起，拒绝贿选，虽有齐燮元的威胁，而不为所屈，这是差强人意的一件事情。一九二三年，在民国十二年双十节，共摄一影片，呼为"双十造像"，是值得纪念它的。

及曹锟贿选成功后，任命孙宝琦为国务总理，想利用他的声望和信用来办"金佛郎案"，我因和孙氏有戚谊，秘密劝阻，孙氏卒辞职而去。曹锟又提出颜惠庆于众议院，我运用国会内一切关系，秘密组织反颜团体不让通过，相持至一月有余。为曹锟方面侦得真相，派大批军警包围我的秘密寓所通条胡同二号，我适外出，仅捕去彭养光、凌毅二人。我逃出北京仅第二日，颜阁居然通过。但那时张作霖大军，已攻陷九门口，法国人已不愿再办"金佛郎案"，曹锟的政权就因军费短绌而迅速崩溃了。

段祺瑞执政后，又要办"金佛郎案"，我始终坚持反对到底，又因孙中山氏所主张的国民大会不能实现，而军阀代表式的国民会议，竟召集起来，我对国事，灰心达到极点，颇思对于省政有所贡献，于是决计南归。郑谦、陈陶遗辈相继为江苏省长，均为军阀所劫持，不能用我的计划。我因张绍曾的关系，得悉广州北伐军快要发动，就秘密组织"新苏公会"，以布置反对孙传芳的阵地。当时，江苏职教社一派，以拥护孙传芳为宗旨，和全浙公会合组江浙协会，以和平相号召，我设法先分化该社的袁希涛一派，后紧紧拉拢江南的张一麐、钱崇固，苏北的黄以霖、朱绍文，然后集全省开明绅士的力量，以与江浙协会为敌，迫令全浙公会不得不舍彼而就此。再联合了全皖公会，合组苏浙皖三省联合会，以推翻孙传芳、接应北伐军为目的。

那时我的思想，实徘徊于联省自治与彻底革命之间，我和国民党各派均有密切的联系，后来渐渐和极左派侯绍裘相接近。侯氏嘱他的朋友们参加"新苏公会"的组织，现在只有毛啸岑一人硕果仅存。其余，牺牲的牺牲，变节的变节。回想当初，不禁有沧桑的感慨。

不久，我被孙传芳通缉，李宝璋侦骑四出，我只得秘密离开了上海。民十六年一月，我到了武汉，见邓演达，觉得他盛气凌人，决非大器。又赴南昌，因张群见蒋介石，连谈两次，不得要领。出告张群，此人得志，中国将至不可收拾。张惊问何故，我说进以公的话，不见听，一谈到私利，就立刻有较好的反应，这岂是拨乱反正的人，我就拂袖而去。全浙公会的褚辅成、沈钧儒先亦和左派的侯绍裘接近，后倾向于蒋介石，一时曾取得浙江省政府的地位。苏人颇责备我，不应和蒋氏闹僵，我答此人万万不可共事，日后大家自会明白。果不出我所料，在"清党"时，褚、沈都因嫌疑撤职拿办，拘禁了若干日，幸免于罪得保释。

我在武汉时，曾阅读过进步方面很多小册子，引起了我求知的愿望。一回到上海，就立刻向横浜桥的内山书店购得了大批日文的马恩列的著作，中有《列宁全集》、河上肇译的《资本论》及《政治经济学批判》等书。带回津寓闭户研读。我很快地接受了列宁关于资本帝国主义的一切理论，认为反帝是殖民地次殖民地不可一日缺的药石，我也承认中国还有封建剥削关系的事实存在，但觉得中国并不是一个典型的封建社会。中国资产阶级的新法学家，妄以土地所有权赠与给中国的所谓"业主"，这是大错特错的一件事情。因为业主的土地权，照中国的旧律例，本系根据"执业凭单"即"田单"而来，仅有"使用权"的性质，它的所有权还是属于国家。不问这个国家是属于皇帝或属于人民，那是另一问题。故中国的业主，不能和封建社会的地主相比。业主的封建剥削关系，不是他的社会本身产生出来，而是因遗产制平均分配的结果。土地愈分愈细，过小的业主不能永远保有他的土地，因买卖而土地被富商巨绅所兼并。这辈富商巨绅就是不以农为业的业主。封建剥削关系，从此又复活起来，但是它复活的原因，根本上和封建社会所取的途径完全不同。故我的意见，如果要铲除中国式的封建剥削关系，必须废除这种造成小农的遗产制，而要废除这种造成小农的遗产制，又必须走向社会主义的道路。要而言之，治病非除掉病根不可，要除掉中国社会的病根，非彻底革命不可。

但是谁来领导革命呢？我当时思想还没有搞通。不过认定专制魔王的蒋介石一天不倒，任何政治的改革，决没有办法。故任何倒蒋的运动，总有我的一份。阎冯联合倒蒋时，我也是参加核心的一分子。因我不是国民党员，并没有与闻扩大会议的事。蒋光鼐、蔡廷锴两师的入鲁，我于事前早有所闻，特赶赴禹县阎氏行辕报告，途遇刘治州，劝不必入告，怕阎氏将误会，以为长他人志气。我不听刘的话，果然碰到了一鼻子的灰。骄兵必败，自古已然。阎冯失败后，我又回到家中，关起门来读书。

至九一八事变发生，我又不安本分起来，先赴沪上邀约各方面爱国人士，共同发起了中华民国国难救济会。没有待该会成立，又赶赴北京和蓝公武、章伯钧等发起救国协会。仆仆道途，不遑宁处。在一二八事变以前，我又到达了上海，奔走抗日运动。不意十九路军已奉蒋介石命令撤退，高级将领俱在租界内，挟妓饮酒取乐，我气极愤极。这一日午后六时，我赴闸北保卫团团本部，托他们侦察日军情况。据当时报告，首先和日军发生冲突的只有警察六名、保卫团员一名，该处本已变成了真空地带，其中一人赶赴后方向正在撤退中的国军紧急报告，国军立刻停止后撤，而全面冲突于是爆发，十九路军的高级将领始仓皇赴义。这批首先抗日的英雄们，除报讯的一人外，全部牺牲了。我的大事记内，曾详记他们的姓名，惜在香港沦陷时，大事记全部遗失，现在他们竟变成了无名英雄。而一二八抗战的荣誉却完全归属于十九路军了。我当时被隔离于闸北，达四日之久，虽幸而只身逃出，然平日所积蓄的中外书籍，以及从民二以来，参、众两院和宪法起草委员会的议事录、速记录，共有十二大啤酒木箱，尽数被日军掠夺去。这是我一生最大的损失，没有法子补偿的。

从九一八以来，我为了抗日运动，奔驰南北，得识朱子桥、李杜、王德林、邓西园及周保中的代表张建东，凡东北抗日联军所需援助，只要通过这几位的关系，我没有不从旁尽力的。我因此得分析各抗日义勇军的阶级成分，和他们意志的坚强和脆弱，深深觉得资产阶级的不可靠。及冯玉祥、方振武在张家口组织抗日同盟军，我又立刻去参加，得交余心清、王相臣、吉鸿昌，以为这局面或可开展，岂知我赴南方各处，代冯氏致送三十余密信，还没有送完，而冯氏已回泰山，察哈尔抗日的局面，变成了儿戏，更证明资产阶级的军阀，尤其不可靠。

我回到家中，足足呆坐了两三个月，考虑再三，彷徨无主。资产阶级的革命既不可靠，而那时的无产阶级党中共，又多机械论者和教条主义者，不适合于中国的国情。难道就此罢休么？我忽发狂想，这一革命的重任，我应该自己担负起来。于是埋头写了一本小册子，叫做《协力主义》，共分两大纲领、三个口号。两大纲领就是"协力的经济分配"和"协力的政治组织"，三个口号就是"大家都有饭吃"、"大家都有路走"、"大家都有教育"（即大家都有学习生活技能的机会）。我首先认定中国是一个遗产制平均分配的小农经济的社会，即马克思称亚细亚生产方式的社会。大多数是小资产阶级，如一盘散沙，没有经济上团结的中心势力。故在闭关时代，容易为军事集团的政治力量所压服，政权往往落到专制独裁的领袖手里。而在经济上，从小资产阶级的市民产生不了资本主义的社会来，好像没有了老母鸡产生不了小鸡儿来一样。到了海通以后，这样一个小农经济的社会，当然抵抗不了资本帝国主义，而帝国主义的买办阶级，又和专制独裁的政权底下的官僚，勾结一气，互相朋比，分肥他们的剥削所得，而把最大部分的利润，双手献给帝国主义者，这是中国变成殖民地次殖民地以往的经过情形。

根据这些不成熟的理想，我是极不满于造成这样脆弱的小农经济社会的遗产制度，颇思有代替它的方式。我就提出了两种实质上的民权来，一种是以劳动义务为条件的生活权，一种是以生活技能为条件的教育权，如果有了这两种的民权，那么要遗产来何用？直把它废止就是了。我还列举了各行各业生活权的单位，都是可以根据各地方生活指数来规定的。至于怎样向各级政府要求生活权，怎样给各业人民以应得的生活权，那是技术问题，不难解决的。我所谓协力的经济分配，实在就是社会主义的分配。我当时认为中国只有走向社会主义的一条道路,可是中国小资产阶级过多,他们虽没有领导革命的魄力,然因帝国主义者的剥削,致濒于破产的小资产阶级,不能不承认他们有多多少少的革命性,必须照顾到他们,然后革命才有迅速发展的可能。故我提出第二种纲领协力的政治组织来,以为经济的分配既已有了定局,政治上何妨真正地天下为公,使各党各派都有路走,就是来主张各级政府都必须用比例代表的选举法,组织各级的联合政府,这就是我的协力主义的内容。

可惜我的心目中,还没有认识到主力军的所在,一切理论都变成了空想,这是后话,然在当时,却认乎其真地要干起来,无论识与不识,一见面就要讨论政见,俨然以革命领导者自居,并且秘密组织了一个革命团体,叫"中华协社",到处物色同志,甚至干绑票勾当的熊剑东夫妇,我也把他们网罗进来。我的狂妄,可以想见。我生平第一次遇到的一位好朋友,就是介绍我加入本党的湖北大冶黄申芗氏,彼此虽一见如故,但辩论剧烈,各不相让,最后我到底为他所说服。他的热忱和卓识,我是非常钦佩的。

一国的政治,在世界上决没有孤立,也决没有中立的道理。不论资本帝国主义,即论社会主义,将来必然地形成两个阵营,这是第一点。凡革命党没有严格巩固的斗争组织的,万万没有成功的希望,只有列宁、斯大林党的斗争组织,最为严格巩固,这是第二点。辩证法决不是机械论,也不是教条主义,搞通了的就会活用,这是第三点。中国的彻底革命,资产阶级既不可靠,只有靠无产阶级做主力军,才能够前进,这是第四点。

我考虑了好久好久,决计加入本党的组织。宣誓等等程序完备,先归黄申芗同志联系,后因赴港粤策动陈济棠的抗日倒蒋运动,拉拢陈济棠和邹韬奋、黄申芗见面,在该处受另一同志的领导。嗣奉命赴北方劝诱阎锡山加入抗日倒蒋的阵营,并联络孙殿英以为响应。民国二十五年六月十六日在浦口过江时,被中调统徐恩曾部下的特务,用绑票式逮捕,秘密拘禁在城内灯笼巷的第二招待所,威胁利诱,不为所动。至九月十六日,移禁于城外吉祥村反省院内"中央党部政治未决犯寄押室",直至翌年七七事变以后,八月四日始行释出。当即访黄申芗同志,始知我的组织关系将移归上级老金同志直接领导。自从金同志领导以后,管理极端严肃，不许我和黄同志再有往来。而从我的人事关系发展出去的细胞，也一一交给组织上领导，我也不再顾问。这样过组织的生活，约有一年多。

到了一九三九年春间太湖游击队程万军叛变后，我们所领导的一部分队伍的将领和我们派出的丁同志及钱太民等十余人，正在某地开会时被国民党嘉善县保安大队所包围，全部牺牲了。最困难的事，系抚慰死者家属，老老小小，哭哭啼啼，好容易对付过去。

有一天，金同志来告，他将赴延安，在他动身以后，组织关系分三人管理，均用通信方法来领导，军事由马同志处理，政治由李同志处理，发展组织由他的爱人处理。金同志去后将近一个月，他的爱人来信，亦赴延安公干，他的事交李同志接办。两个月后，李同志忽来信约我见面，他到我家中，一见之下，即告我金同志犯了党的纪律，这次他们夫妇去延安决不能回来，这边党务，上级方面托他来清理，因详询关于马同志方面的事。几天以后他又来我家，谓我在上海已经暴露，组织上要调我立刻离开，究竟到何地相宜，组织上指定北京、重庆、香港三处由我选择。我自己估计并没有暴露，何以组织上说我暴露，必须一见组织的领导者弄个明白，我当即写信要求和组织见面，托李同志带去。两天后刘绍文同志托陈雨苍同志来约定见面日期，届时刘同志来访，彼此推诚布公，无话不谈，才晓得所谓暴露都非事实，刘同志即欲我收回成命，我说暂时离开一下，将来回来工作也许方便一点，刘同志亦同意我的话，商量结果决赴香港工作。

抵港后受潘汉年同志的领导，嗣介绍一徐同志和我联系，以后就没有再过严格组织的生活。组织上的指示，完全注重在情报一方面，不要发展组织的关系，故闲暇的时间颇多，于是决计学习俄文，补修英文，又教几位同志及小朋友以日文。觉到时光倒过得很快。

一九四一年十二月八日日本帝国主义者突向香港发动战争，我于是日清晨四时，接上级同志通知："立刻过海，除替换衣衫外，东西都不必带。"我是尊崇组织的指示的，故老老实实什么都没有带过海。后见到别人都带有两三个皮箱，就是通知同志也带有两个皮箱，我要求回去拿东西不许，想打电话托九龙的亲友帮忙，到处电话又打不通。我所最重视的，系我辛苦聚拢来的书籍，及我从民元起所写的大事记两巨册，从此全部丧失干净,这是没有法子补偿的一种损失。当时我曾恳托通知同志设法取出一部分书籍,回答没有办法,但事后知道,通知同志曾过去一次,把寄存在我处囤积的一批西药取去,而我的书籍一册都没有替我带出,这不能不说是一件遗憾的事。我所学的俄文,因没有了教科书及字典,逐渐忘却,直到一九四三年托人在哈尔滨得了《俄文津梁》及刘泽荣著的《俄文文法》,就重新学习起来,这是后话不提。

九龙、香港相继沦陷后,我和徐同志的一位老师王先生同住于湾仔道,要我对他起一种绥靖作用。一九四二年春,叶文津奉潘汉年同志命,以上海新闻记者的身份来港观光,潘同志假托颜姓,已在上海通过袁殊的关系,和岩井公馆取得联系,再通过岩井的关系,和香港副领事户根木联系。户根木的代表系小泉清一,我当时奉组织的命,代表老颜,和小泉来往极密。争取他的同意,领得船票,于四月三十日由港出发,王先生全家及老太爷等同行。五月八日到达上海,和王先生分手,老太爷和一位女同志即住在我家。不久,我因潘汉年同志的介绍,和岩井取得经常联系,每次见面总是搜索枯肠,以争取他的信用,维持至半年以上。卒以资料不足,我对于这方面能力薄弱,不能撑持下去,从岩井方面先打了退堂鼓,从此结束了这段因缘。

回上海以后,因老太爷住我的家中,为保护组织的核心起见,我的一举一动更不能不谨慎小心。除了从一九四三年三月起秘密赴亚尔培路俄文教授处学习俄文外,总是经常和汉奸及腐化分子往返,以搜罗情报为目的。惟在组织里面伪盐务署有一人是我们的一个同志,而且是忠实同志,那是在金同志领导组织时发展起来的同志,思想非常进步。我介绍他加入组织后,他是任何牺牲都是愿意接受,为人不苟然诺的。因他的精于稽核,对于财政各部门经验丰富,颇有专家的声誉,故组织方面要他打进伪组织的财政方面去,不但可搜集财政上重要情报,且为本党筹措经济也是一种适当的任务。当时该同志系李同志(即小李)联系所领导,我是不便顾问的。我到香港以后,组织上曾嘱我去信巩固他,听说李同志和他闹的非常不好,李利用他患气喘病大小姐对父亲不睦的关系挑拨离间,使她监视父亲,为该同志所深恶痛绝,几致决裂。幸他信仰主义,仅致函组织上要求撤换李同志。后来接连换了几位同志,均不能照顾得好。我回到上海,这关系归刘同志管理,仅有联系不生作用。我奉组织的命令，直接把该同志的关系接过来。他的大小姐先归潘汉年同志直接领导，想加以改造，后来知道不可能，也交给我管理。好容易替她介绍了一位青年结了婚，又敲了她父亲一笔竹杠，方告结束。该同志受他女儿的要挟，所出代价都是组织上的损失。这事告结束后，他和我商量把浙西盐务管理局缺，让我们推荐一位熟悉盐务、忠实可靠的朋友，我推荐了周君卓人去当局长。以后周君源源不绝地接济我们，直至日人投降为止。周君现在仍靠工作来维持生活，可以相信他没有丝毫私蓄。那位同志归由我们设法送入解放区，他的老家淮安值国民党反动派疯狂轰炸，因受不起惊吓服安眠药水而死，殊为可惜。

日本投降后，把汉奸残余的气氛肃清，民主运动逐渐地萌芽滋长起来。我得到组织的同意，参加了民主运动。因为重要的情报也须从各种组织中来争取，不是凭空可以得到的，如果在社会上没有组织，没有群众，没有地位，所得到的消息，都是明日黄花，否则便是平凡无足轻重，或者在一个小小的岗位上，偶然得到一种非常正确的材料，但是不能经常取得的。我了解这些道理，故决计参加各种的政治团体，一面固然为了推动民主运动，一面也是搜集政治上情报的一种方法。

我开始的时候有三个小组织：（一）是邻居十九号的张纪元及梅达君、赵朴初、林汉达一辈人，差不多天天有聚谈；（二）是潘子欣、曹鸿翥、曹亮、钱瘦铁、谢仁冰、冯少山一辈人，拟利用帮会关系拥潘子欣出来，以分化的手段打击杜月笙的势力，每三天两天座谈一次，因潘魄力太不够，且没有经济基础，只好作罢；（三）朱绍文、蔡禹门等许多六十岁以上的老头子，也有谢仁冰、潘子欣在内，每星期在蔡禹门处开座谈会，只举行过三次。

我那时做了一篇意见书，主张先民主而后统一，反对先统一而后民主，正在拿出去签名的时候，马叙伦也有一篇《上蒋中正书》，提出五个纲领，第一就是统一军政，恰好和我的意见相左，故朋友交来时我不签名，而我的意见书传到马氏处，也没有签名。马氏见签名的人里面有谢仁冰，他的旧友，就问这是谁的手笔。谢氏答称是我的手笔。马氏就请谢氏介绍和我见面，彼此稍有辩难，马氏就把他上书的原议撤销，先邀请双方的朋友在广和居开一座谈会，马氏方面有傅雷、郑振铎、唐弢等，我的方面有林汉达、谢仁冰、张纪元等。值马歇尔要来中国，大家主张扩大座谈会,多约朋友来参加。首次在青年会开会时,陈巳生、许广平、周建人、曹鸿翥、梅达君、赵朴初、冯少山均到会。第二次到会的朋友更多,就有人提议组织永久性的团体,于是定期在亚尔培路中国科学社讨论组织问题,通过了简章及宣言。就拿我的意见书截去文尾,加上许多口号作为中国民主促进会的宣言。从此,我就领导起民主运动来,但是对外还是推马氏在前,我是帮助他的一人,这是我一贯的方针。

我对于将来的希望有二,拟请求组织上加以允许:(一)参加财经的决策讨论;(二)给以充分时间调查东北、华北的工矿状况。

我现在时常对人说,因为土改是中共所做的事,我相信他们不会长久停顿在这个阶段上的。倘使别的政党即资产阶级、小资产阶级的政党,照式照样地办理土改的话,我可以断言是一种开倒车,因为中国的土地是国有的,不过以前所谓国家系指皇帝而言,现在当然属于人民的了。一切东西的使用权自应归私人所有,但是一切生产手段的所有权不应归私人所有。这些原则似应在革命还未成功时提出来,若待秩序大定以后再想提出来,恐不可能。这是我所过虑的第一件事。从前男子分家已经把土地分得鸡零狗碎了,将来女子也要和男子一样分家,细分的程度更不得了。怎样防止这种毛病?这是我过虑的第二点。

还有一层,我想对本党运用各党各派的方法上略为贡献一点意见。中国因为遗产制平均分配的结果,小资产阶级特别地多,尤其在知识分子里面的"丑德齐莫能相尚",任何党派都是一样,故除本党外,能绝对民主集中的党派可算是没有一个。我以为与其勉强立刻要它们统一起来,不如暂时听其自然,待酝酿既久,条件成熟,再行处理,较为得策。况农、工、兵、学、妇、商六大部门均已有坚强的组织,受本党的领导,其他党派不过起一种配合的作用,不必替他们强分阶层,即分也不能尽如人意。譬如民建会吧,虽是工商界人士颇多,然想把团结工商企业家的任务加到他们的肩膀上面,也未必能胜任而愉快。这是我不成熟估计。要而言之,本党只要把握住全国大多数有组织的群众,在政策上不犯重大的错误,一切自迎刃而解。各党各派的分合变化用不着过于劳神,让他们自决便了。

〔整理者系上海市档案馆研究馆员〕

读档随笔

"四一二"政变前的上海黑社会

苏智良

北伐时期,中国政治风云变化莫测。以黄金荣为首的上海黑社会势力,奉行"刀切豆腐两面光"的信条,在大革命的风暴中观望权衡,甚至一度因共产党的强盛而靠近红色力量。黑社会代表杜月笙曾与共产党代表汪寿华有过密切的交往,并给共产党提供了不少方便和帮助。但到1927年3月,在蒋介石的劝导下,黑社会势力投靠国民党,积极参与四一二政变。这股邪恶的社会势力变成了国民党统治的基础之一。

为了组织和领导上海工人武装起义,中共中央专门成立特别委员会。1927年2月28日晚上7时,中共特委会在租界里秘密开会,出席者有中共中央总书记陈独秀,还有瞿秋白、罗亦农、赵世炎、尹宽等。特委会委员、上海市总工会委员长汪寿华(一名何松林)报告了与杜月笙联络的结果:

> 杜月笙我今天也见到,说他愿保护工会,要我们尽管到法界开会与设机关。前次王丰里被捕后,他即与总巡去说,总巡很生气,所以即把中国包探捕去数人。他又说我们可备叫子,如有人来被捕,可吹叫子,就(如)捕入捕房,他可想法释出。

> 据杜月笙说,李宝章已将办移交给毕庶澄,闸北的退出为第一步。李的部下究竟投党军抑投鲁军,昨晚正在讨论。①

① 上海市档案馆编:《上海工人三次武装起义》,上海人民出版社1983年版,第220—221页。

这段话是说，作为中共代表的汪寿华与帮会代表杜月笙见了面，杜提出要保护工会，并邀请中共到法租界去开会与设立机构。如果有中共人员被捕，杜会设法解救。而且因为法租界的华捕抓住了革命者王丰里，使得法界总巡捕也很生气，并对这些华捕进行了处置。

3月2日晚，中共中央特委会一连开了两个会议，一是讨论工会和军事工作，二是研究群众运动、宣传和军事。陈独秀、罗亦农、赵世炎、周恩来、彭述之、王若飞等参加，汪寿华报告与杜月笙交谈的新进展，称杜月笙主动约法总巡捕于3月3日与汪寿华见面，并准备筹款5000大洋支助共产党准备的武装起义：

> 今天又见杜月笙，法总巡今日他去约，明天同他去见，他要我简单说明点共产问题，鸦片问题他去接洽，以后仍请帮忙。款他可筹五千。
>
> 法捕总巡来联络感情，并说法界治安可共同商量，法总巡要与工会的人见面。①

会上，周恩来很有把握地指出：

> 上海流氓都起来了，希望得点好处，想尽办法与我们接头，人是有，东西恐怕没有多少。②

如果没有这些白纸黑字的会议记录，我们再有想象力也是想象不出历史的细节的。最初读到这些弥足珍贵的档案，真有点难以置信。何以中共会与黑道有关联，而且似乎关系还有点密切？

原来，自国共第一次合作实现后，南方的国民革命如火如荼地发动起来。1924年黄埔军校成立后，各地的有志青年投笔从戎，竞相南下。当时东南各省招收的军校学生，多从上海中转而奔赴广州。而控制上海的孙传芳等军阀则千方百计加以阻挠。遇到这种事，军校的驻沪工

---

① 《上海工人三次武装起义》，第262页。
② 《上海工人三次武装起义》，第254页。

作人员常常请法租界资深巡捕黄金荣出面交涉,排除障碍,使得青年学子们南下革命。

大革命时期的上海,除了租界外国人势力外,主要有三支政治势力,这就是共产党领导下的工人左派势力,孙传芳、张宗昌军阀势力和北伐军国民党势力。对选择北洋军阀还是蒋介石国民党作为今后合作的对象,"三大亨"之间曾有过分歧。在张啸林看来,三鑫公司完全是靠了军阀的监护才日益兴旺的,如果孙传芳等败退,势必影响三鑫公司的业务,因此,他提出继续支持孙传芳,以求击败北伐军,而永享富贵荣华。而黄金荣的心思,恰恰与张啸林相反。在他看来,孙传芳、何丰林等保护三鑫公司,完全是为了钱财;他对露兰春受辱事一直耿耿于怀。而国民党方面,当年黄金荣与中山先生就有不少交情,①更何况今日的蒋总司令是昔日的门生,无论如何感情的天平是倒向国民党的。② 因此,在三大亨议论前途时,黄金荣说过一番重要的话:

> 革命军是孙总理的子弟兵,蒋总司令是中国的救星,回想从前十几年里,我们这些河浜里的泥鳅,承蒙革命党的大人先生交关看得起,今天不管革命军用不用得着我们,我们都要尽量出力。到了现在还想去跟军阀勾结,那是我绝对不赞成的。

对此,杜月笙亦有同感。于是,三大亨决定配合北伐军,尽量瓦解直鲁联军和奉军。在2月24日张宗昌直鲁联军10万大军在毕庶澄率领下到达上海后,毕本人立即受到"三大亨"的精心接待,四马路(今福州路)会乐里富春楼灯火通明,"花国大总统"使出浑身的解数,将毕庶澄弄得晕头转向,竟一声令下,将总指挥部设在了富春楼上,最后当然是无力与北伐军对抗,而彻底瓦解了。

但是,对付共产党就不那么好办了。

---

① 在上海,孙中山的活动范围主要是法租界,作为法租界巡捕的黄金荣,多少支助了孙中山的革命活动,参见程锡文口述,杨展成整理:《我当黄金荣管家的见闻》,中国人民政治协商会议上海市委员会文史资料工作委员会编:《旧上海的帮会》(上海文史资料选辑第五十四辑),上海人民出版社1986年版,第155—156页。

② 参见拙著:《上海黑帮》,上海辞书出版社2010年版。

自 1921 年后，中国政坛上的诸多政派之争，日益简化为国共两党的合作与较量。作为中国政治中心之一的上海，自然受到这两党的高度重视。国民党在工商界及知识分子中悄悄发展其组织，而共产党则将它的支部推进到工厂和学校，总工会手下的工人群众就有 80 万人。国民党"一大"之后，国共两党虽一度携手合作，但终究貌合神离，双方按各自的系统和逻辑发展，斗争日趋明朗化。自然，他们对流氓帮会这股极其活跃的社会力量不会弃之不顾，双方均通过各种渠道而对其进行联络接洽。尤其是国民党方面，他们要控制上海这个中国最大的城市，必须求得正日益强大的上海帮会势力的合作与帮助。黄金荣势力较早与国民革命军总司令部总参议钮永建、国民党中央检查委员吴稚晖等有着联系，他们在环龙路志丰里五号设立办事机构，得到了黄金荣的保护。在国共合作时期，黄金荣集团对国共均提供了帮助。共产党干部郑超麟指出："杜月笙保护钮永建安全，我们同钮永建合作时，也就和杜月笙发生了关系。"①当然，国共两党的主张毕竟很不相同。对黄金荣等来说，他们懂得选择国民党还是选择共产党也许是生死攸关的大事，即便是有过蒋介石这样的师徒关系，黄金荣等仍谨慎从事。当输赢尚未见到分晓时，他们故伎重演，采用江湖上"刀切豆腐两面光"的手法，保持中立，观望等待。

1926 年秋冬之际，上海工人武装起义如火如荼，黄金荣等鉴于中共和工人纠察队的日益壮大，还以积极的姿态靠拢共产党。这一说法不是没有根据的。据中共档案记载，三大亨曾指派徒众参加武装起义，加入总工会，并在纠察队中形成了一股不小的势力。1926 年 10 月 24 日，上海工人发动第一次武装起义时，国共尚在合作时期，黄金荣等派出四卡车的人马，从法租界协助共产党进攻徐家汇警察署，帮会控制的工会力量也参加了武装起义。此外，黄金荣等帮会上层还千方百计与中共进行接触，而共产党方面已多少预感到国民党貌合神离，可能背叛革命，因此也期望能争取上海流氓帮会势力，至少能使他们中立而减轻阻力。这种战略意图正如周恩来所言：

---

① 《郑超麟回忆录》，东方出版社 2004 年版，第 233 页。

我们打算了解他们的处境,使他们不和右派建立联系,将来不至成为右派手中的武器来破坏工人组织。①

于是,帮会集团遣派杜月笙与中共代表汪寿华保持联络。

这种关系是何时建立的尚需考证,但中共自成立起就已与在工人中颇有势力的帮会有着接触。早年李启汉在小沙渡搞工运时,就曾拜老头子而加入帮会。汪寿华至少在两年前就认识杜月笙了。1925年五卅运动时,汪寿华就已是上海学生会的主要角色,租界巡捕房要逮捕汪寿华,杜月笙获悉情报后,便在纸上画了一只八卦,悄悄送给汪,汪得到暗号后立即转移。对此,汪十分感激杜月笙。当年,上海工人中加入各类帮会的比例很高,所以,作为工人领袖的汪寿华与帮会势力颇为熟悉,甚至有人说,汪寿华也加入过帮会。到工人武装起义时,杜月笙作为黄金荣集团的代表,再三向汪寿华表示"愿保护工会"②,欢迎共产党在法租界进行活动,如果一旦有干部被捕,他们可以设法保释。此后,黄金荣集团为中共提供了如下的协助:

一、筹款,资助上海市总工会扩大工人纠察队的武装。二、关照手下的帮会兄弟,不要与工人过不去。三、介绍共产党与租界当局建立联系,安排汪寿华与法租界官员晤谈,以协调双方的关系。四、提供情报,如把军阀李宝章要搜捕中共负责人的消息及时通知汪寿华。五、派人保护法租界内的中共人员,协助设立中共的秘密机关,派人帮助安装电话,为中共在租界内召开会议提供会场等。③

根据现在发现的资料,当时黄金荣集团与中共之间的接触是相当频繁的,仅在1927年2月28日至3月8日的9天内,杜月笙和汪寿华之间的会晤便达到8次。郑超麟曾指出:共产党"在法租界设了指挥暴

---

① 《党的文献》1994年第1期,第79页。
② 《上海工人三次武装起义》,第220页。
③ 《上海工人三次武装起义》,第273页。

动机关，就是依赖杜月笙保护的。何今亮是我们同志中与杜月笙接头者之一"。①

为什么黄金荣集团会与中共建立如此密切的关系？

第一个原因，黄金荣集团必须考虑在共产党掌权的时候，能确保利润丰厚的鸦片买卖系统的安全。因此，杜月笙作为代表与汪寿华谈判时，明白无误地传递了这一信息。当时上海每月鸦片销量达 2000 万元，此前孙传芳所部每月获取的鸦片烟税就达 20 万元。② 杜月笙曾明确提出希望共产党将来"不要提出鸦片问题"。

第二个原因，工人武装起义的矛头是对准了北洋军阀以响应北伐军的，而黄金荣集团也参与了国民党的反军阀活动，如奉国民党驻沪特派员钮永建之命，勾引、软化直鲁联军军长毕庶澄。在国共合作的第一次工人武装起义准备中，"游民的无产阶级、落伍的军人及青红帮有几万，这些人此次表现很好"。③ 所以最初，在反北洋军阀方面，他们与中共的目标是一致的，是同盟军。

第三个原因，由于上海工人队伍力量的惊人增长，给当时的上海似乎预示了一种革命的前途，黄金荣集团企图通过援助共产党及其领导的纠察队而保持自己的地位和利益。杜月笙曾一再向汪寿华暗示，北洋军阀与租界当局都曾要求他们参与对抗中共的军事行动，但均被他们拒绝了。中共特委会的记录里，黄金荣集团开出的条件便是："无论你们有与没有，（我们将）始终保护你们，但以后你们要帮助我们"，"现在我帮你们的忙，将来你们应帮我的帮（忙）"。④

第四个原因，通过这种关系来窥测共产党的意向和虚实，并麻痹工人纠察队。这一招后来果然有效，汪寿华自己便在"四一二"反共暴风雨到来的前夕，惨死于杜月笙之手。由此可见，黄金荣集团帮助中共从本质上来说只是一种政治投机，也是一种假象，事实上他们一直在等待机会。当汪寿华代表共产党高层，询问杜月笙，商量未来的关系、格局

---

① 《郑超麟回忆录》，第 302 页。

② 《上海工人三次武装起义》，第 52 页。

③ 这是当时中国共产党对上海流氓势力的基本判断，见《上海工人三次武装起义》，第 53 页。

④ 《上海工人三次武装起义》，第 273 页。

及对方利益时,杜月笙狡黠地回答:"尚早。"①

随着北伐战争的顺利发展,当黄金荣得知国民革命军总司令蒋中正就是他的徒弟蒋志清时,颇为得意。3月中旬,蒋介石特派代表王柏龄(第一军副军长)、杨虎(总司令部的特务处长)和陈群(东路军前敌总指挥部政治部主任)先后到上海,带着秘密使命化装潜入了黄公馆,他们先与黄金荣会晤,接着由黄召集张啸林和杜月笙来密商合作反共清党事宜,并负责统一指挥。然后,杨、陈两人又到杜公馆再次密谈。②这个"化装潜入",说明蒋介石非常看重这一着棋,还担心外界知晓。王柏龄是国民党中央委员,在黄埔军校曾与何应钦齐名,为"四杰"之一。杨虎在他的回忆录中曾记载,在上海反共的关键时刻,"与当地闻人黄金荣、张啸林、虞洽卿、王晓籁、杜月笙等深相结纳,请其协助"。

26日,蒋介石到达上海高昌庙,但非常扫兴的是,当他的武装车队准备浩浩荡荡进入法租界时,却遭到了法租界巡捕房的阻拦。一路凯歌行进的、堂堂的国民革命军总司令竟不能进入租界,卫队的士兵们愤愤不平,正待发作,幸亏这时黄金荣闻讯亲自出面,并迅速与法租界上层打通了关节,表示蒋介石入法租界首先是为了探望黄的,最后由法国总领事下令"让黄金荣出面调解",于是蒋介石才顺利带着卫队进入了法租界。③

蒋介石的车队首先来到钧培里黄公馆,接着黄金荣与蒋介石师徒到二楼密室单独会谈。寒暄后,黄金荣首先提出退还当年蒋的门生帖子,其实这件事,早在蒋介石到沪以前,黄金荣就已经对虞洽卿说过了,在上海滩混了几十年,这点规矩与雅量,黄金荣还是有的。因此,黄金荣表示,"总司令亲自到我家来是我的光荣,过去的那段关系已经过去了,那张红帖我找出来交给虞老送还",此后,决不以先生自居。蒋介石当然也十分高兴,口中一再表示:"我总是你的学生子。过去承黄先生帮忙是不会忘记的。"然后从怀中取出一只金灿灿的外国金挂表,送到黄金荣面前道:"这是我送给黄先生的纪念品,聊表心意。"黄金荣接过

---

① 《上海工人三次武装起义》,第306页。
② 乡波:《黄金荣事略》,《旧上海的帮会》,第134页。
③ 程锡文口述,杨展成整理:《我当黄金荣管家的见闻》,《旧上海的帮会》,第158页。

金表,连连称谢。这件事有多位知晓黑帮内幕的帮会中人说过,如黄振世就有回忆录问世。①

接着,黄金荣把张啸林和杜月笙介绍给蒋介石,在场的还有杨虎、陈群和程子卿等。蒋介石对黄金荣、杜月笙等殷切说:"将来有些重要工作,还希望借重你们!"②以后的数天里,黄金荣又与蒋介石密谈了数次。当然不能没有利益上的许诺,连租界当局也得到情报,蒋介石"将任命张啸林为江苏水上警察厅厅长,杜月笙为副厅长"③。在这种情况下,黄金荣召集上海黑社会的头目议事,但他对蒋介石能否制服声势浩大的共产党,有点缺乏信心。在三大亨里,杜月笙似乎最为坚决,他认为机不可失,只有参加反共,将来才有政治地位。杜鼓动性地对黄金荣说:

> 共产党胜利了,我们决不会在这个"共产"的政权中得到好处,只会与国民党同归失败的境地。与其这样,还不如全力与国民党合作反共,使国民党取胜,才有前途。④

因为,在杜月笙看来,共产党要搞劳工运动,废除把头剥削制度,就必然会触及帮会利益,动摇帮会的基础。这也是上海黑社会最终倒向蒋介石的关键因素。于是在历史的关键时刻,上海黑势力决定投靠国民党蒋介石。这时,租界当局和英法美三军驻沪司令巴尔雪、邓坎、白多楼也敦促黄金荣等帮会势力保护租界,打击赤色分子。⑤

在历史的抉择面前,最活跃的要数杜月笙,杜月笙反共的积极性要远高于黄金荣。于是,黑社会首先拒绝中共汪寿华方面的种种支持与

---

① 黄振世说,黄金荣"把蒋介石投递的门生帖子悄悄送还,不以'师父'自居,给面子于蒋介石,使蒋、黄之间始终维持密切关系,彼此利用"。参见黄振世:《我所知道的黄金荣》,《旧上海的帮会》,第172页。

② 薛畊莘:《我接触过的上海帮会人物》,《旧上海的帮会》,第92页。

③ 《上海公共租界工部局警务日报》,1927年4月1日。

④ 范绍增口述,沈醉整理:《关于杜月笙》,中国人民政协全国委员会文史资料研究委员会编:《文史资料选辑》第84辑,文史资料出版社1982年版,第166页。

⑤ [美]鲍威尔著,邢建榕等译:《鲍威尔对华回忆录》,上海知识出版社1994年版,第139—152页。

要求;其次监视中共和纠察队;再次恢复中华共进会,召集旧部,建立武装力量,在外国坟山(今淮海公园)操练。必要时对纠察队"施展铁腕","一举加以解决"。黄金荣、杜月笙等即向蒋介石表示:愿意承担反共的具体工作,"全力协助,义无反顾","即使赴汤蹈火,我们也乐于从命"。①

而中国共产党方面,在蒋介石与上海黑社会密切勾结之时,未能及时识破对手的狡诈伎俩,从而付出了惨重的代价。

从主动靠近共产党到充当反共的急先锋,黑社会的态度来了个一百八十度的转变。上海黑社会在经过了小心翼翼的观望和试探后,完成了一次重大的抉择,他们将自己的前途和命运,绑在了蒋介石集团这台开始发动的战车之上,从而跃上了现代中国的政治舞台。

历史之复杂与诡秘,从中可窥见一斑。

(附记:本文为上海市高校人文社科重点研究基地上海师范大学中国近代社会研究中心(SJ0703)规划项目、上海市第四期本科教育高地历史学科成果。)

〔作者系上海师范大学人文与传播学院教授〕

---

① 《杜月笙传》第2册,第312页。

钱新之函电所见段祺瑞南下经过

邢建榕

  1933年2月,有传言准备"落水"的北洋老帅段祺瑞(字芝泉),暗中应蒋介石邀请,从蛰居的天津忽然南下上海,引起社会各界的关注,而予居心叵测的日伪当局,却是沉重一击。

  段祺瑞南下,与银行家钱新之、吴鼎昌的秘密运作有极大关系。蒋介石邀请其南下的缘起,其间的联络接洽,以及段到上海后的安排,两人均积极参与,起了很大的作用。笔者在编注《上海银行家书信集》一书时,曾读到数封钱新之有关段祺瑞南下的函电,现据此略作叙述,或对了解此事原委有所裨益,并可见证银行家所承担的多重社会角色。

一、吴鼎昌建议邀段祺瑞南下

  九一八事变后,日本侵占我国东北,举出溥仪当了伪满洲国的皇帝。随即又把魔手伸向华北,拟继续组织傀儡政权,并在京津地区物色合适人选。"北洋之虎"段祺瑞因过去声望显赫,且一向亲日,故成为日本积极争取的对象,天津段公馆一时来人甚多,日本特务头子土肥原就曾数次拜访他,请他"出山",段心思犹豫,未明确态度。

  常年居住在天津的四行联合准备库及四行储蓄会主任、盐业银行总经理、《大公报》社长吴鼎昌获悉消息后,立即致电密友钱新之,建议由蒋介石出面邀请段祺瑞南下,并请钱将此意转告蒋介石。钱新之时任四行联合准备库及四行储蓄会副主任,与张嘉璈、陈光甫、李铭同被称为"金融界四巨头",无论在南方还是北方,人脉关系极为丰沛。吴鼎昌、钱新之两人与蒋介石关系都十分密切。

与吴鼎昌一样,钱新之也知道段祺瑞虽然早已下野,但势力和影响决不容小觑,一旦真的上了贼船,或许还会掀起恶风浊浪。钱将吴的看法向蒋介石汇报后,得到蒋的赞同。

旋即,钱新之回电吴鼎昌,告知他与蒋介石会面情况。全文如下:

> "达兄:密。昨应蒋命赴京,以阳电尊意转达,蒋甚赞成,并言如无榆变,本拟北上与段公系谈,现因环境不许,如段公能南来一谈,或京或沪,均极欢迎,并盼王揖老能同来,拟派弟即日来津劝驾。弟以事无把握,且年关在即,允考虑后下星期再行。特先电恳先探段公意旨,并乞秘密。铭。灰。"

二、蒋介石看中钱新之作为游说人选

不过,要能说动段祺瑞南下,正如钱新之密电所言,殊无把握,游说的人选很关键。蒋介石为何看中钱新之,大体有以下原因。

蒋介石与钱新之的关系非同一般,早在辛亥革命时期,钱新之就与陈其美、陈其采一起办事,二陈又都是蒋的恩人,因此蒋对钱新之不仅早已认识,而且十分看重。钱新之也早已将宝押在蒋介石身上,蒋介石开始北伐后,钱新之代表四行准备库和四行储蓄会,秘密赶赴外地见蒋,捐了 40 万元,真若雪中送炭,蒋介石一直感激不尽。

说起来,蒋介石与上海银行家关系都很密切,因为蒋介石用钱的地方多,需要银行家的帮忙。北伐到上海之前,蒋介石因军费拮据不够开销,向上海银行家暗中呼吁。这批人审时度势,甘愿冒着生命危险,偷偷向老蒋送钱。钱新之只是其中的积极分子之一。南京国民政府成立后,蒋介石非要他们出山做官,结果只有钱新之买他的面子,当了财政部次长,当时的财政部长古应芬还在广州,实际部务由钱新之主持。但钱也无意仕途,勉强维持了几个月,就不干了。后来蒋介石又想派他出任驻法公使,钱也未应命。

再者，因为四行（即中南、金城、大陆、盐业四家银行）的主要业务原本都在北方，且钱曾在北京担任交通银行总行协理，其在北方各界的声誉很高，他与段祺瑞也有交往，更与段的几名亲信有旧情，可以自下而上做工作。而且以他的身份，即使为日伪侦知，也不易暴露其来天津的真实意图。

何况，动员段祺瑞南下的一应开销，也是一笔巨款，钱新之也大方表示，可由银行出面承担。

天时地利人和，钱新之都是最合适的人选。

三、钱新之前往天津迎段经过

从钱新之致吴鼎昌密电，可知最早建议迎段南下者系吴鼎昌，实际上吴鼎昌与蒋介石的关系也很密切。吴鼎昌 1935 年出任实业部长之前，即与蒋介石保持着频繁的联系，经常向蒋秘密报告北方社会情形，包括有关人员的动向等，并按蒋介石的意旨予以各种关照，如当时在北京赋闲的吴佩孚，就由吴鼎昌按时给予接济。

蒋介石还希望也在天津的王揖唐能同来，可惜王未听，后来落水做了汉奸，终遭枪决。

在交通银行钱新之档案中，尚有其他几份蒋介石与钱新之之间的往来密电，也反映了钱受蒋委派前往天津迎接段祺瑞南下的经过。

钱新之的上述密电发于 1932 年 12 月 10 日，按电文内容，当在该月内抵津。据说还携有蒋介石的亲笔签名信。钱新之到了天津后，没有直接去见段祺瑞，而是先找到了段的亲信曹汝霖、李思浩。李是浙江慈溪人，是蒋介石小同乡，与蒋介石、钱新之素有往来，曾任北京政府财政总长，当时也寓居天津。

钱新之在李的陪同下，前往段的寓所拜见。钱转告了蒋的问候，并说等将来国内局势稍微安定后，拟改组政府，请段出任总统，他自任副总统。徐铸成的《报人六十年·吴鼎昌、钱新之列传》记李思浩回忆说："合肥（指段祺瑞）当时姑妄听之而已。"想想也是，以段的阅历，哪能会听到几句客气话，就当成真的呢？

钱新之接着说，蒋先生想请先生南下住一段日子，至于条件，一切从优,可以国民政府名义每月拨给生活费 2 万元。段的手下亲信,每月也给 1000 元津贴。段的亲信段宏纲(段祺瑞的侄子)、李思浩等,也已经被钱新之说服,因此都同意南下。

段祺瑞本来还在观望,虽觉得日伪难缠,天津决非久留之地,何况落水做汉奸的恶名,谁能承受得起,但又感到没有地方可去,有时还害怕日伪方面加害于他。蒋介石既然谦恭执弟子礼来请他,而且条件优厚,给足面子,不如顺水推舟,于是答应了蒋的邀请。不过他在别的场合,矢口否认南下的真正原因,只是说,二女儿在上海读书,很想去沪上团聚,住上一段时间,而且那里离普陀山近,他研究佛学多年,还想去那里烧香朝拜,"适蒋派员希望过京时一谈,蒋系余之学生,余当然可以见他谈谈"。

蒋所派的人,段祺瑞没有明说,其实就是钱新之。至于段倚老卖老,自称老师,也是事实。因为蒋介石早年曾就读于保定军官学校,而段当时兼任该校总办,虽不曾为蒋授业解惑,但老师一说也算是名副其实。蒋介石自己也是直认不讳的,他曾对段宏纲说:"我亦保定军官学堂学生,段先生是我的老师。"

在钱新之的陪同下,段祺瑞坐火车抵浦口,再由浦口过江抵南京下关码头,蒋介石率众多文臣武将前往迎接,这使得段祺瑞十分感激。段在南京拜谒了中山陵后,乘火车前往上海。

四、段祺瑞在沪获钱新之经费资助

1933 年 1 月 24 日,段祺瑞抵达上海。起先由上海市政府安排,段祺瑞住进武康路的世界学社,不多久,时任南京国民政府军事参议院院长、也是段祺瑞学生的陈调元,执意要将自己在宝昌路的一座洋房(现淮海中路日本领事馆邸,也有人认为是现日本领事馆旁边的上海新村)让给他居住。

陈调元曾任安徽省长,大概受徽商的影响,颇热衷于投资房地产,在全国不少地方都购置有房屋,上海极司非尔路 76 号,也是他的产业,抗战爆发后不意被日伪看中,竟成为令人毛骨悚然的汪伪特工总部。宝昌路上的这座三层洋房,堪称豪宅,建筑面积达 1775 平方米。段祺瑞死后,洋房被盛宣怀家族买下。

段祺瑞连家带口,一大帮子人住进去,竟绰绰有余。段因年事已高,身体欠佳,每日只以读书、诵经、手谈为乐,其时附近还很幽静,花园面积很大,有一块大草坪,段祺瑞常常在清晨绕着大草坪走上一大圈,直到身出微汗才回到屋内。不过,前来拜望他的新贵、旧友还是络绎不绝。

段祺瑞在上海的生活,仍有钱新之等人照料。钱也尽心竭力,不敢怠慢。3月初,老友部属许世英、陈调元接段祺瑞到极司非尔路76号叙谈,段关照叫钱新之也到场,许当即修书一封,请钱新之"驾临极司非尔路七十六号一叙",又怕钱新之不领情,特地说明"时合肥在座"。段祺瑞,安徽合肥人,故被尊称为段合肥。钱接到许世英的通知,立即赶去陪谈。

4月初段祺瑞发胃病,钱新之请来医生为他诊治,得以很快痊愈。连远在天津的曹汝霖也写信给钱新之,表示"欣慰",称:"合肥此次病愈甚为欣慰,惟高年病后调养尤为紧要也。"

按蒋介石的意思,钱新之每月给段祺瑞2万元的生活费。钱新之送的钱,都用蒋介石的名义,从不归在自己名下,这就是钱新之的高明处。如1933年春节前夕,钱新之请示蒋介石:"去年所送礼金数目记忆不清,请电示金额,当于年内代送。"旋即蒋介石来电,请代送2万元"红包"。钱新之遵命照办,并回复道:"年敬2万元已代面呈,段先生嘱代电谢。"

蒋介石自己在南昌行营"围剿"红军时,还不时通过钱新之来电问候,可见蒋介石对这位老师的确恭敬有加。1934年11月14日,蒋介石来电相询:"段先生近日健康否,请代问候。"钱新之17日回电道:"芝老近日康健如常,已代问候,嘱道谢忱。"

对于蒋介石如此的关照,段祺瑞心领神会,一再对外表示:"救国必须自救,爱国不分朝野。"王揖唐来电要他出山搞华北五省自治,也被他托辞拒绝了。

五、葬段氏于何处蒋介石无成见

1936年11月2日,段祺瑞因胃溃疡大出血,虽送宏恩医院急救,但因出血不止，不治身死，享年 72 岁。段死后，国民政府宣布给予"国葬"待遇。但葬在哪里，却有不同声音。据说蒋介石的意思是在南方将段安葬，但其家人及亲友都主张段葬黄山，因为段是皖人，葬于皖南，合乎"树高千丈，叶落归根"的旧俗，蒋介石为此还拨了 20 万元，在黄山购置了一块坟地。惟段的长子段宏业表示："蒋介石不是好人，老爷子的遗体，千万不要和他沾边，还是应该安葬到北方去。"

旧时讲究长子代父，家中意见总以长子为主，结果段家达成一致意见，一定要将段的灵柩运往北京安葬。后来灵柩果然运抵北京，暂厝于西山卧佛寺，七七事变后，因形势所迫，草草下葬，解放后由章士钊等人操办，段氏被安葬于北京万安公墓。

但据钱新之档案，蒋介石并未反对段祺瑞安葬北京。在葬哪里的问题上，钱新之曾暗中请示蒋介石，蒋介石回电说："芝师葬地，弟无成见，总以其家族之意见为重。唯弟意，芝师生前事业究在北平，故若营葬北平，亦可为民族历史增光宠也。"可见蒋介石也是赞成段祺瑞北葬的，当钱新之将蒋介石的意思转告段家时，段的家人朋友才松了一口气。

从金融史的角度看，钱新之的地位与影响，不及张嘉璈、陈光甫、李铭三位银行家，但与蒋介石的亲密程度，却有过之无不及，从钱新之的这一秘密使命，也可看出一点端倪。此事颇可佐证他们之间的关系，无疑也是民国历史上的一段秘密逸事，而更可联想的是，在危急关头，银行家所能发挥的多重作用，绝非简单局限于经济领域，也绝非简单呈现于透明层面。

解放前夕，钱新之离开大陆逃往香港，后又迁往台湾定居，1958 年6 月 19 日病逝。

〔作者系上海市档案馆研究馆员〕

档案指南

伪装封面的红色"禁书"

王慧青

1927年"四·一二"政变后,在白色恐怖下,中国共产党主持的或倾向共产党的进步书刊都遭到压制,无法正常出版。为了对付反动当局对进步书籍的查禁,共产党人和进步人士采取了种种办法进行抗争,与敌人斗智,最普遍的斗争方法是出版的书籍采取伪装封面的形式,这种书籍的封面与内容毫不相干,有的采用当时流行书籍的名称,有的用宗教宣传书籍的名称作掩护,有的用谐音制作一个极为普通的书名,有的甚至用庸俗的书名,等等。这些书籍或在地下党员和革命青年中秘密传阅,或由进步书商书贩在国统区悄悄出售,它们为在黑暗中摸索前进的人们点燃了光明的火炬,照亮了前进的方向。

本文主要介绍上海市档案馆珍藏的伪装封面的红色书籍,这些书籍主要出版于第二次国内革命战争期间,时间在1926—1933年,现共有12种。根据内容可分为中国共产党文件汇编、中国共产主义青年团文件汇编、中共领导人著作、中华全国总工会文件、红色政权介绍、党的建设、妇女工作指南、其他等八类。以下就这些书籍一一介绍,以飨读者。

一、中国共产党文件汇编

馆藏有《中共六大决议案》,伪装封面题名为《新出绘图国色天香》。该书为绿色封面、封底,32开,竖版,272页。无出版者、出版时间。翻开封面,该书扉页上赫然印着真正的书名《中国共产党第六次全国大会议决案》和目次。

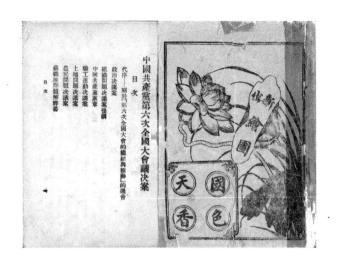

二、中国共产主义青年团文件汇编

　　馆藏有《共青团中央第三次扩大会议各项决议案》，伪装封面书名为《约翰福音》。该书封底注"赠送者司密斯"，印刷者为广州文明路中美印书馆。该书64开，竖版，95页，属非卖品。该书封二上写着"神爱世人，甚至将他的独生子赐给他们，叫一切信他的，不至灭亡，反得永生——约翰三章六节"。《约翰福音》取自《圣经》中的四部福音书之一，主要内容是关于耶稣的生平和传说。该书用《约翰福音》作伪装书名，且在封二引用《约翰福音》中的文字，更具迷惑性。

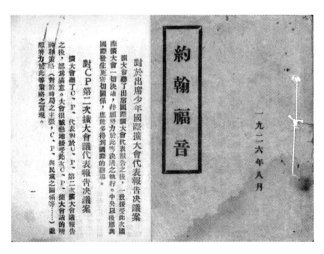

三、中共领导人著作

馆藏有周恩来著《目前中国党的组织问题》，伪装封面书名为《祈祷宝训（Teachings on Prayer）》，1929 年 5 月 16 日出版。该书 32 开，竖版，44 页。周恩来在该书第一页上写了一段话，说明他写此书的目的，是为了解释中央三十六号通告。全书共分四部分，指出当时党内右倾思想的发展是有其历史来源和组织基础的，以及这种右倾思想在理论上、策略上、组织上的表现，党的无产阶级基础削弱的趋势表现为没有健全的支部生活、地方党部、党与群众组织的关系不正常。在党组织现象中有四种极不正确的组织观念：即第一是极端民主化的倾向，第二是取消主义的发展，第三是形式主义的残留，第四是党内和平的观念。最后指出，要针对上述党在组织现象中的种种弱点，肃清党内种种不正确的组织观念，以及党内不正确的倾向，尤其是右倾思想在组织上的基础，全党同志必须站在六次大会所指示的建立产业支部、健全地方党部发展工农组织的组织路线之上，更切实地认清目前党在组织上的中心任务。该书是研究党的早期组织建设的重要历史文献。

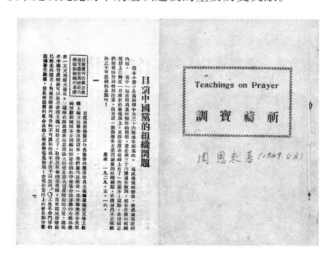

四、全国总工会文件

馆藏有中华全国总工会编印的《全总的政治工作》，伪装封面书名为《工会的政治运动》。该书封面为灰色,32开,竖版,190页。封底上注明1930年7月中华全国总工会编印。该书第一页是全总政治工作目录。全书内容共分六个部分:第一部分为"目前的政治形势与工会的任务",第二部分为"全世界无产阶级联合起来",第三部分为"武装拥护苏联! 反对世界大战!",第四部分为"以阶级战争消灭军阀战争",第五部分为"力争工会自由! 反对白色恐怖!",第六部分为"全国工农兵联合起来! 建立苏维埃政权!",最后附有中国共产党中央执行委员会来书、《拥护苏维埃区域全国代表大会宣言》《反对军阀混战与拥护全国苏维埃区域大会宣言》《劳动保护法》(由全总提出苏维埃代表大会通过),并附《劳动保护法解释书》。

五、红色政权介绍

馆藏红色政权介绍书籍有两本,一是上海三民公司印行的《中国苏维埃》,伪装封面书名为《民权初步》,封底注明1930年5月出版,编辑兼发行者为三民公司,代售处为全国各书坊。该书32开,竖版,180页。打开书本,首先看到的是一张8开大小红蓝两色的"目前全国苏维埃区域及红军游击发展形势略图",接下来有8页的插图,有"赤色的海陆丰"、"龙州苏维埃机关报"、"红军第四军布告"、"广州苏维埃失败后之白色恐怖"、"广州苏维埃人民委员会主席苏兆征遗像"、"广州暴动之

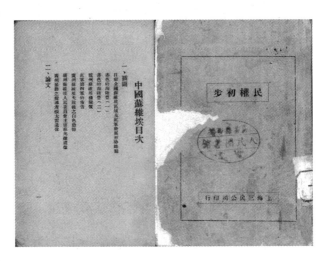

指导者张太雷遗像"和部分漫画等。再接下来是目次。书后的"编者言"说道,这本书上所搜集的材料,大部分是在《红旗》上所曾发表的,但也有一部分很重要的论文与材料,是在编辑过程中新添入的。编者指出,这本书是特别供给全国苏维埃区域的,并盼望无论经过什么样的困难,这本书总可以一直达到各苏维埃区域中去。最后的落款是,编者写于1930年五卅五周年纪念日、全国苏维埃区域代表大会开幕日。

另一本是苏维埃研究社出版的《苏维埃的中国》第一集,伪装封面书名为"印月居士"《新中国》。该书封面为彩色,32开,竖版,50页。书的最后附有最新出版书籍介绍,有《列宁主义ABC》,斯大林著《论反对派》,列宁著《一九一七年革命文选》,斯大林著《列宁》,列宁著《国家与革命》、《革命与考次基》。该书编辑者为苏维埃研究社,总发行所、印刷者和发行者是中华书店,1932年11月出版。封三又有一图,上写"新中国",画有一工人手拿红旗,背景为工厂、烟囱和电线杆。在封三后有一透明纸,上写"献给于革命的战士们!"。该书附有彩色插图,但由于时间久远,有的已经不甚清晰了。

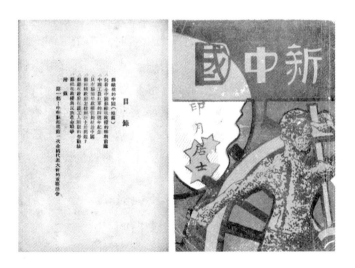

六、党的建设

馆藏党的建设方面的书籍有两本。一本是《怎样争取街道》(党的建设丛书之一),伪装封面书名为《怎样争取街道》(建设丛书之一,并在封面上注明"秋田雨雀题元月廿日"），封底注明出版者为明月书店。该书 32 开，竖版，62 页，无出版时间。第一页上是书名《怎样争取街道？》，副标题为"党的建设丛书之一"，还有目录。在该书最后党的建设启事中写道："我们准备马上编辑下列几种丛书：（一）关于征收党员；（二）怎样做宣传鼓动工作；（三）怎样做兵士运动。希望同志们搜集与写这一类的文章来。"

秋田雨雀是日本戏剧家、作家、世界语学者，本名德三。1927 年为研究苏联戏剧，参加十月革命 10 周年纪念，与小山内薰一同访苏，归国后从事宣传日苏友好活动。秋田的作品从受自然主义影响走向现实主义，又从印度哲学转而倾向于宿命论与怀疑论。由于对现实生活的怀疑和不断探索，秋田最后终于成为自觉的社会主义者，被尊为无产阶级戏剧运动的前驱。除剧本外，他还著有小说与童话作品。用他的名字更具隐蔽性。

另一是《怎样发展党的组织》（党的建设丛书之二），伪装封面书名为《怎样发展组织》（并在封面上注明"秋田雨雀题二月一日"）。该书 32 开，竖版，90 页，无出版社。第一页上是书名《怎样发展党的组织？》，副标题为"党的建设丛书之二"，出版时间为 1933 年 2 月 1 日。第二页引用了共产国际东方部《关于中国共产党最近组织任务决议案》的一段话："党的组织的薄弱，是党在许多大的革命斗争——罢工、游击战争、农民运动——之中不能取得领导的根本原因。在革命浪潮目前增长的过程之中，党的组织的薄弱，对于中国无产阶级解放斗争的胜利，不可避免的将要有更加严重的消极的结果。"第三页为该书目录。

七、妇女工作指南

馆藏有中共中央妇女运动委员会出版的《女工工作指南》，伪装封面书名为《妇女须知》（朱湘青女士编）。该书 32 开，竖版，44 页。第一页上有"女工工作指南目录"。该书共分四部分：篇首、远东国家中女工工作指南、女工代表会的基本组织原则、问答。在篇首中，中妇委(中共中央妇女运动委员会)指明,这一小册子发下来,各级党部的每个同志,无论男同志也好,女同志也好,都应该有深切的认识和讨论,而且在实际工作中切实执行这些指示。文章指出,妇女运动转变得不令人满意的原因有四,要求每个同志,应该了解劳动妇女工作严重意义,妇女工作是与革命分不开的,革命也少不掉妇女的。最后文章号召,各级党部没有妇委的,应该即刻派人来担任妇委工作,或成立妇女部(三人——四人)来开始创造,建立这一工作;原来有妇委的组织的,应该检查妇委工作成绩如何,更加紧的督促进行妇运工作,并且用很大力量帮助指导工会的女工工作,吸收广大劳动妇女到赤色工会中来。反对妇运的一切不良倾向!反对取消妇女工作的机会主义,反对实际工作中的机会主义,切实执行国际路线到实际工作中去!

八、其 他

馆藏其他类的伪装封面的红色书籍有三本。一本是《广东各县民众拥护苏维埃政府》,伪装封面书名为《观音得道》,封面上还注明"欢迎参观,不收票价"。该书64开,竖版,22页,无出版社。它与其说是书,更确切地可以称之为小册子。第一页上有文章"广东各县民众拥护苏维埃政府",文中写道:"广东海陆丰一带,自农民暴动成功后,成立了工农兵苏维埃政府,铲除土豪劣绅,实行'土地革命'消息传到我们上海工人耳里来。"由此推断该书可能是在上海出版的。

《观音得道》原是明代白话小说，又名《南海观音菩萨出身修行传》、《大香山》等，是介绍观音菩萨出身、得道修行的传奇小说，广为流传，被改编成戏剧，深受百姓喜爱。用《观音得道》作书名，可见出版社也动足了脑筋。

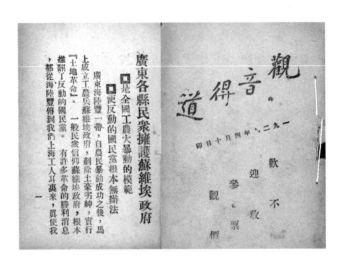

另一本是《对于白军〈剿共〉的研究》，伪装封面书名为《时时周报》第二卷第四十五期（民国二十年十二月二日出版）。该书 32 开，竖版，86 页，无出版社、出版时间。该书封二上有中央党部宣传部特准发行的几部新书的介绍。总发行所为上海光陆印书馆（圣母院路〔今瑞金一路〕庆顺里第四弄）。第一页为该书书名《对于白军〈剿共〉的研究》和目次。全书共分八个部分，在绪言中，作者冰澈写道："该书本想搜集敌我两军的一切材料，加以分析，从学理上加以批评，然后得出结论，以供红军指挥人员参酌各当地特点，灵活应用。不过现得的材料仅四种（即戴岳所编的《对于清乡的一点贡献》、何应钦所颁发的《剿匪须知》、柳维垣所著的《剿匪实验见解录》和郭汝栋所颁发的《剿匪部队注意事项》），所以也只能作片面的研究，得出一种有限的结论。希望各军指挥人员按照各当地实际情况及其特点并依据自己过去的经验与教训，敏活地运用参考的研究。"作者落款时间是1931 年 5 月 30 日。

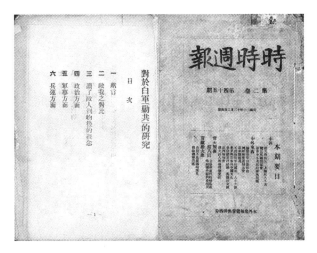

第三本是列宁青年社出版的《青年反军国主义斗争的意义和方法》，伪装封面书名为《伦敦海军会议》，封底注明编辑者、出版者为列宁青年社。该书32开，竖版，44页。该书封二上印有真实书名和目录，全书共分五个部分，分别是：军国主义的性质与根源、第一次世界大战以来国际军国主义发展的形势、中国军国主义的特点与作用、反军国主义对于无产青年的特殊意义、反军国主义的实际任务与斗争策略方法。

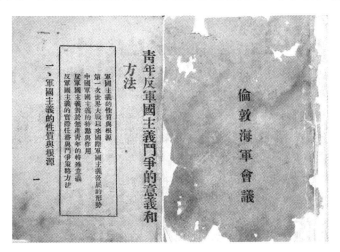

伪装封面的红色书籍是革命年代的特殊产物，它们见证了革命者在斗争中的智慧和勇气，也为后人留下了丰富的文化遗产。

〔作者系上海市档案馆副研究馆员〕

民国时期的金融类刊物

马长林

近年来笔者在民国金融史方面做过一些专题研究,也曾对《银行周报》做过一番稍微深入的考察,但在总体上说,对民国时期所产生的数量庞大的金融史料并不十分熟悉。资料研究,本是一件枯燥乏味又很难出成果的事,故一般学者多不愿意深入此领域,由此造成非常矛盾的状况:一方面学界十分需要系统的行业或专题资料,一方面资料分散难找,对资料作过全面系统研究者少而又少。即就民国时期的金融史料而言,专门对此进行研究者亦可谓凤毛麟角。如目前能够看到的已出版的有关民国时期银行的史料或著作,尽管对银行的发展演变和业务经营等都有具体翔实的阐述,但对银行编辑发行报刊杂志情况的介绍却极少。这种状况,更显出汇集资料、介绍资料的重要性。

为此,笔者拟就民国时期金融业发展概况、金融史料产生的背景以及几种代表性史料作一粗略的介绍,以供研究者参考。

一、民国时期金融业发展概况

民国时期是国内金融业创新和发展的重要时期,在此过程中,银行业作为金融领域的新兴和主导行业,引领了金融业的发展势头。这一时期,除了国家银行和商业银行实力不断增强,省县一级地方银行也陆续开办,华资银行业发展进入高潮,其发展速度不但快于外资银行,整体实力也逐渐超过了外资银行。与此同时,证券市场也开始兴旺,金融制度改革和创新此起彼伏,形成了金融行业步入全面发展的态势。

首先是北洋政府在清末国家银行的基础上加强了中央银行建设。1913年4月,北洋政府仿照《日本银行法》,制定和颁布了《中国银行则例》,将原来的大清银行改组为中国银行,明确中国银行为国家中央银行。与此同时,北洋政府通过修改交通银行章程,赋予交通银行部分中央银行的职能。而1912年11月北洋政府召开的首次全国工商会议通过的设立银行、整顿金融的议案,使民族资本占主导的商业银行迅速发展。1912年至1927年,国内累计开设了306家华资商业银行,其中民族资本为主的商业银行有249家,占81.9%。在商业银行不断创办的刺激下,各级地方政府在保留和改组原先一些官钱银号的同时,也纷纷开设了股份制的省级银行,如四川银行、江苏银行、湖南银行、安徽省银行、贵州银行、江西国民银行、浙江地方实业银行、广东省银行、山西省银行、甘肃省银行、河南省银行、山东省银行、广西省银行等。据统计,北洋政府时期曾经存在过39家地方银行,其中省级银行有24家。

1927年南京国民政府成立后,金融业在经济发展和国家干预的推动下又有了进一步的发展。一是中央银行制度进一步健全,国家银行的实力快速发展。1935年后,国家银行的实力已超过私营银行,并且通过增加官股等方式,对许多私营新式银行进行了控制。1935年全国2566个私营新式银行中,国民政府控制的银行有1971个。到1936年,国民政府国家银行的资本总额已占到全国银行资本总额的72.8%,中、中、交、农四家国家银行加上省市银行以及政府控制的金融机构,其资产总额达54亿元,占全国银行总资产的74%。至抗日战争爆发前的1936年12月,不计其他机构,仅中、中、交、农四家银行吸收的存款总余额即达26.7亿元,占全国银行存款余额的58.8%。

其次是民族资本的新式银行在南京国民政府建立后出现了第二次发展高潮。在南京国民政府统治的前十年,民族资本的新式银行新开设137家,到1937年,民族资本新式银行达164家,有分支机构1332处。在民族资本开办的新式银行中,有一些银行发展极其迅速,特别是被称为"北四行"、"南三行"的几家银行。如1917年在天津创办的金城银行,创办后十年间存款从404万元增至3498万元,放款(包括有价证券)由 378 万元增至 3438 万元,10 年间纯收益达 1065 万元。而 1915 年在北京开设的盐业银行,到 1925 年时额定股本从 500 万元扩充至 1000 万元,公积和赢余滚存约达 400 万元。成立于 1919 年的大陆银行,在 1919—1927 年不到 9 年的时间内,纯收益达 518.6 万元。

　　国内金融界新式银行的发展,同当时出现了一批受过高等教育、有过海外留学经历、了解西方金融管理制度、具有开拓精神和爱国情怀的专业人士有关。据统计,1934 年前在上海著名浙江籍银行家群体的 19 位人士中,有 8 人留学日本,2 人留学美国,2 人留学英国。这些人士在欧美或日本接受了系统的现代银行学、货币学等方面的专业训练,具有比较先进的金融学方面的专业知识,视野开阔,回国后他们或直接创办银行,或参与银行经营管理,或主持经办金融报刊,是民国时期推动金融业发展的一股生力军。如在中国银行工作了 23 年,先后担任过中国银行上海分行副经理、中国银行副总裁、副经理等职的张公权,就曾留学日本,在庆应大学师从著名银行学家堀江归一,攻读货币银行学和政治经济学,由此不仅是在中国银行本身的制度建设中,而且在中国银行业的现代化建设中都留下了张公权的足迹。又如金城银行总经理周作民,曾留学日本京都第三高等学校,回国后在经营金城银行时,学习日本三井公司、三菱公司的经营模式,向一批工矿、交通、贸易企业投资,金城银行还联合中南银行成立诚孚信托公司,管理自己投资的几家纱厂。曾留学日本就读于东京高等商业学校攻读银行经济的谈荔孙,在经营大陆银行时,也受到日本大仓集团采用现代资本主义生产方式创办化工、制麻、酿造等多种工业并创办大仓商业学校的影响。曾在日本山口高等商业学校学习银行学的李馥荪,则认为"做外国人生意容易获利,也可以抬高社会地位",因此将银行业务重点面向洋商企业和外汇业务。曾在美国宾夕法尼亚大学获得商学学士学位的陈光甫,在创办上海商业储蓄银行后,不仅开展面向社会大众的小额储蓄,还十分重视信用调查,设立信用调查机构,甚至创办了机构遍布全国的中国旅行社,开创旅行支票制度。正是这样一批学习了西方先进的金融知识,具有现代银行经营管理理念、方法的专业人士,在新式银行的创办和经营过程中富有朝气,勇于创新,推进了新式银行的发展,自身也成为新兴银行家。

　　随着社会经济发展和金融业实力增强,金融制度改革和金融创新也被提上议事日程。1933年,国民政府实行废两改元改革,颁布了《银本位币铸造条例》,规定银元统一由上海造币厂铸造,重量为26.6971克,成色为88%,即每枚银元含纯银23.493448克,所有公私款项收付、所订立的契约票据和一切交易,都一律改用银元,传统的银两不再使用。与此相关联的是,原先开设了多年指导银两与银元兑换牌价的上海洋厘行市停开,金融市场上流行的"银拆"也因此消失,而改为"拆息"。1935年11月,国民政府又宣布实行新的币制改革,废除银本位制,实行汇兑本位制,统一行使法币,实施纸币政策,规定以中央银行、中国银行、交通银行发行的钞票为法币,所有完粮、纳税及一切公私款项的收付都以法币为限,不得使用银元,同时为维护法币的稳定性,中央银行、中国银行和交通银行无限制买卖外汇。这一币制改革,虽然使国内原先银币的价值比海外市场低了40%,但正是因为货币贬值,币制改革前通货紧缩的局面得以扭转,同时物价回升,工商业复苏,制造业也有较大发展,这一切都使银行业原先面临的经营困难的程度大为减轻,为银行业提供了再次发展的机会。

银行界自身的改革也在不断推进。1933年1月10日,经过上海银行公会的精心筹备,上海票据交换所正式成立,它以崭新的交换方法、完备的清算制度,成为中国金融史上完全以商业银行自己力量创办的新型清算机关。上海票据交换所集中清算票据,实现了银钱票据清算体系新的运转模式,手续简捷,方法科学,为银行和钱庄提供了集体交换票据的场所,降低了交易成本,节约了现银使用,减少了资金在途时间,提高了资金利用效率。至抗战前夕,上海参加票据交换所交换的银行共73家,基本形成了适合华资银行自身需要的票据交换制度。在上海票据交换所带动下,1936年南京票据交换所等也正式成立。

民国时期证券业发展也是金融领域一个值得予以重视的方面。1920年代后随着北京证券交易所、上海证券物品交易所和上海华商证券交易所先后开办,国内华商证券交易市场开始形成。尽管此后证券市场发展历经曲折,但南京国民政府1929年颁布《交易所法》及其施行细则和1935年颁布《修正交易所法》,使与证券交易市场有关的各项市场制度与市场规章逐渐建立和完善起来。在上海华商证券交易所统一的同时,在全国范围内出现了重庆证券交易所、汉口证券交易所、青岛证券交易所和宁波四明证券交易所。证券市场上的交易品种也由原来的政府债券为主转为公司股票为主。在抗战前夕，产业证券市场累计贡献的 5 亿元长期资本，占 1936 年全国近代方向固定资本投资总额的35.8％。1943 年，在证券交易所上市交易的 140 多种公司股票的资本总额达到 60 亿元。到 40 年代中期，上海证券交易市场上上市交易的华商公司股票最多时接近 200 种，这在一定程度上为一些企业通过证券市场募集生产经营所需资金提供了便利。

民国时期的金融业发展因受到国际市场的影响，也产生过波动和危机，而 20 世纪 30 年代日本发动的侵华战争，严重破坏了中国经济的发展，对金融业的发展产生很大影响，在很大程度上阻断了新式银行发展的势头。侵华日军在东北、华北沦陷区推行的金融政策，在华中、华南地区发行的"军票"，以及扶持汪伪集团开设中央储备银行，发行"中储券"等，都使民国时期的金融业出现了错综复杂的情况。

总之，民国时期的金融业处于一个飞速发展的时期，金融人才辈出，金融改革和创新不断，华资金融机构实力不断增强，银行业在经济和社会发展中的影响越来越大，但发展过程中也充满了曲折和危机，特别是 1937 年卢沟桥事变后日本侵略者进行的全面侵华战争，使进入鼎盛期的民国金融业受到极大的打击。

二、民国时期金融类资料的出现

民国时期在以近代新式银行为代表的金融业发展过程中，金融类刊物也开始面世。最早出现的由国人创办的金融类刊物是《银行周报》。这是民国时期也是近代中国最早创刊的金融专业刊物。它自1917 年 5 月 29 日发行第一期起，至 1950 年 3 月 3 日发行最后一期止，在将近 33 年时间里，每周一期，不中断地发行了 34 卷 1635 期，其发行时间之长和发行期数之多，创下了我国金融专业刊物之最。1917 年《银行周报》最初创办时，由张公权主持，宋汉章、徐寄顾、盛竹书、钱新之、陈光甫、孙景西、李馥荪等著名银行界人士参与发起，借中国银行上海分行为社址。后来张公权因赴任中国银行副总裁离沪，推徐寄顾继任。这个时候上海银行公会还没有成立，《银行周报》有点类似于同人刊物,编辑人员很少,主要由诸青来任撰述,徐玉书、徐沧水任编辑。1918年10月上海银行公会成立后,《银行周报》编辑发行部便附属于银行公会,经费受银行公会资助,主要负责人也由银行公会聘任,周报便成为上海银行公会所办刊物。

《银行周报》在创刊时宣告其办刊宗旨为"报告金融消息,研究经济事情,俾供银行业者之参考",其栏目设置和内容都体现贯彻了这一宗旨。从报告金融消息来说,《银行周报》设置的栏目有每周金融、每周汇兑、每周证券、每周商情。每周金融栏目的具体内容包括洋厘、银拆、标金、先令、大条的行情及进出口数量;每周汇兑栏目的具体内容包括国内外汇兑行情;每周证券栏目具体内容包括市场上各种债券和公司股票行情;每周商情栏目具体内容包括经丝、茶、纱花、粮食油饼行情。从研究经济情况来说,《银行周报》每期都刊登几篇论述宏观经济或金融的文章。除此之外,《银行周报》还设有各埠金融及商况栏目,其内容为来自各商埠的通信,所涉及的城市除了广州、成都、福州、杭州、宁波等大城市,还包括辽源、归绥、潼川、运城等边远城市。同时周报还设有反映各地金融、工商业消息和政府动态的"杂纂"栏目。这几方面内容的组合,使《银行周报》向读者提供的信息量非常大,因此无论对于金融界人士还是从事经济事务者来说都具有信息参考价值,为他们及时和全面了解上海乃至全国主要商埠的金融和经济行情,提供了一个有效的途径。《银行周报》发表的专论文章,视野开阔,观点鲜明,观念超前,这些文章不仅涉及对欧美及日本先进金融制度的介绍,对国内金融和货币制度改革的探讨,也包括对金融行业中一些重要业务、工商经济、对外贸易乃至金融风潮等情况的评述和对策意见,无论对指导开展金融业务,还是研判经济形势,都很有参考价值。

正是由于《银行周报》每期都提供了丰富的市场行情、大量的最新金融信息和重要的参考文章,因此出版后不久便受到同业和社会的青睐,发行数量明显上升。创刊时每月销售仅七八百册,在头五年每年快速递增,1917年共销4900册,1918年销23000册,1919年销58000册,1920年销81000册,1921年头五个月已销63000册,[①]平均月销

---

① "本报之经过及将来",《银行周报》总第200号,1921年5月31日。

15000 余册,而到了 1937 年时,则月销已超过 20000 册的数量。① 更重要的是,《银行周报》的出版发行,为当时诞生时间不长、缺乏经营和管理经验的上海华资银行逐步走向成熟,为上海金融界适应市场的需求开拓新的业务,乃至为全国华资金融行业的良性发展,都起了不可忽视的推动作用。

在《银行周报》创刊之后,1921 年 5 月,由北京银行公会主办的《银行月刊》问世。该刊物内容也很丰富,开设的栏目有北京金融及商况、各埠金融及商况、上海金融商情月报、世界银行界消息汇闻、经济统计等。各埠金融及商况栏目,主要反映天津、保定、济南、烟台、哈尔滨、大连、营口、辽源、归绥、包头等北方城市的金融和商业动态。除此之外,《银行月刊》还发表一些介绍海外银行业制度、评析金融和经济政策的文章。

就在《银行月刊》面世的同年,经上海钱庄业巨擘秦润卿倡议,为"联络同业之感情,维护公共利益,促进其业务上之发达,矫正其习惯上之弊端",上海钱庄业也创办了一份刊物《钱业月报》。在 1921 年至 1926 年间,《钱业月报》辟有十个专栏,分别是:传略栏,介绍一些钱业先辈创业和拓展的业绩;论说栏,选登侧重论述钱庄业发展方向和关于业务重大改革的论文;调查栏,系统介绍中外经济方面经典著作的梗概;选论栏,选载当时有创新内容的感想、体会以及一事一述之短文;新闻摘要栏,录用中外经济电文及各地报刊的经济新闻;外埠金融及商情栏,通报全国各地金融和商情信息;本埠金融及商情栏,传达上海同业和银行、工商业的近况;表类栏,列示各种读者感兴趣的统计表;小说栏,登载一些短小精悍的短篇小说。《钱业月报》从 1921 年 2 月创刊后,至上海解放后出版到第 20 卷第 4 期后停刊,也是民国时期金融类刊物中出版时间较长的。

在银行业同业公会创办专门刊物的同时,一些资本实力雄厚、规模较大、分支机构较多的银行也开始编辑出版行刊,如上海商业储蓄银行出版《海光》月刊,浙江兴业银行出版《浙兴邮乘》,大陆银行出版《大陆月刊》等。至 20 年代末国家银行也开始出版自己的刊物,如中央银行

---

① "二十年来本报进展之概况",《银行周报》总第 950 号,1936 年 5 月 19 日。

编辑出版《中央银行月报》,1930 年 7 月中国银行创刊《中行月刊》,每期有 100—150 页,内容丰富,有撰述、专著、调查、报告、资料等。另外中国银行还发行《中行生活》半月刊、《金融统计月刊》、《中外商业金融汇报》等刊物。《中行生活》专门刊载行内主管人员与来宾有价值的演讲或谈话、行员生活动态、行员对于行务的建议及建设性的批评等。①这些刊物除刊登有关金融行情资料外,也发表一些论著,对当时的金融市场和金融状况进行分析和评论。这些文章在今天来看,都是研究当时金融市场状况的重要史料。

与此同时,个别金融团体也创办自己的刊物。因这些团体的成员和活动同金融业有极其密切的关系,所以其创办的刊物记录和反映了当时这些金融团体的活动,有的也发表有关金融实务研究的文章,对了解当时金融学术界的动态极有价值,因此也是不可忽视的金融类资料。如 1934 年年底成立的银行学会,是上海银行界的一个学术性团体,在全国来说也是为数不多的金融界学术团体,参加的会员多是在上海银行业有相当资历的业务人员。其活动主要围绕银行业务而展开,其中的一项主要活动是定期举办银行实务研究。该学会在开展一系列活动的同时,专门印刷发行了几份刊物。一份是《银行实务月报》,1937 年 8 月发行第一期,出版 4 期后因受战争影响而停刊,1938 年 3 月改出《银行实务旬刊》,每期印数达 1500 份,及时将实务研究会讨论的问题和结果告之于银行界。一份是《会讯》,创刊于 1939 年 2 月,每两个月出版一期,及时将学会活动动态等情况告之会员。较有学术分量的一份是《金融导报》,创刊于 1939 年 3 月,每两个月出一期,专门"登载金融经济论文、各项统计以及有关金融经济之重要译述、最新书报介绍等,内容理论与实务并重"。② 另外还有一份是《银行学会会刊》,1939 年创办,主要刊登"银行短论、经济金融评、学会会务报告、会员介绍及会员业务著述"。③

---

① 中国银行行史编辑委员会编著:《中国银行史(1912—1949)》,中国金融出版社 1995年版,第 187 页。

② 银行学会工作及经费概况(1939 年),上海市档案馆藏银行学会档案,档号 S176 - 1 - 18。

③ 《银行学会会刊》第 3 卷第 4 期。

银行业同业公会和银行学会等除了编辑出版金融类刊物外，同时也组织出版了不少由著名金融界人士和学者撰写的金融类著作，如杨荫溥的《杨著中国金融论》、《上海金融组织概要》、《中国金融研究》、《中国交易所论》，章乃器的《中国货币金融问题》，马寅初的《中华银行论》、《中国之新金融政策》，王志莘的《中国之储蓄银行史》，徐寄庼的《最近上海金融史》，徐沧水的《上海银行公会事业史》，吴承禧的《中国的银行》，朱斯煌的《银行经营论》、《民国经济史》，朱博泉的《上海银钱业票据清算方法之演进》，谷春帆的《银价变迁与中国》等。《银行周报》编辑部在编辑出版周报的同时，也出版了不少专集，其内容多数同金融业务有关。至1927年《银行周报》创办十年时，出版的专集达26种，其品种包括《上海金融机关一览》、《票据交换所研究》、《银行公会联合会议汇记》、《上海金融市场论》、《银行会计科目名词》、《上海银行公会事业史》、《各省地方公债考略》等。这些论著，有的从理论上进行论析，有的从政策层面进行阐述，有的详细记录、反映和分析当时上海乃至全国金融业、银行业的发展历史、金融状况及相关制度等，有的对当时的金融政策和市场进行评析，它们都是民国时期金融史料中十分重要的组成部分，也是学界研究民国金融史时必须查阅的文献。

三、其他代表性金融资料

民国时期金融类资料种类繁多，就大的行业来说，有银行业、钱庄业、证券业、保险业，就资料品种来说，有刊物、年鉴、论著，就刊物来说有日报、周刊、月刊、年刊、纪念刊等。由于资料品种多，分布面广，所以一般读者要找到这些资料是比较困难的，即使是专业研究人员，往往也只能够就自己的研究方向找到一些相关的资料。国家图书馆出版社即将影印出版的民国时期金融资料，其中有几种刊物很有特色，极有价值，以下分别作简单的介绍。

1.《金融周报》

由国民政府中央银行经济研究处编辑，1936年1月创刊。该周报创办初期开设的栏目有上海金融、外埠金融、国内金融消息、国外金融消息,此外每期首篇都有一篇述评文章。上海金融栏目包括拆息、外汇行市、票据交换、金市、债券行市、金银价格等子栏目;外埠金融栏目主要反映北京、天津、开封、南京、重庆、青岛、济南、郑州、南昌、九江、宁波、洛阳、徐州、贵阳等城市的金融状况。每期一篇的述评文章内容涉及面很广,但都贴近经济、金融形势和政策,也经常分析评论欧美等国的金融政策等。这些述评文章,对了解和把握当时的金融态势等有很重要的参考价值。

《金融周报》创刊后不久抗日战争爆发,1937年11月上海沦陷,而中央银行经济研究处利用上海租界的特殊环境,继续在上海编辑出版《金融周报》,成为在沦陷区代表国家银行发出声音的一份金融刊物。1941年12月8日太平洋战争爆发,日军进占上海公共租界,《金融周报》停刊。至抗日战争胜利后,又于1945年10月复刊。复刊后的《金融周报》栏目有所变动,刚开始开设的栏目有一周动态、法规汇录、国内消息、国外消息等,半年后栏目有所调整,改为一周市况、国内经济纪要、国外经济纪要、法规汇录、法令解释等,后来又增加了本行通函、一周经济资料索引、金融物价统计周志等。从总体上看,《金融周报》是抗战期间和战后反映国家银行观点的一份重要的金融刊物。

2.《金融知识》

由邮政储金汇业局发行。邮政储金汇业局是国民政府的一个金融机构,由原先隶属于交通部的邮政储金汇业总局改组而来,其特点是利用遍布全国的邮政局系统的分支机构来吸收储金和办理汇兑。1935年国民政府颁布《邮政储金汇业局组织法》,使它同中、中、交、农四大银行和中央信托局一起,构成了国民政府"四行二局"的金融体系。《金融知识》开设的栏目和内容与其他金融刊物不同,侧重于金融知识的介绍,因此反映金融行情和动态的栏目较少,主要的栏目是金融专著、经济论著、金融实务、金融学说、金融译述、金融人物、金融讲座、金融常识、金融文纲、金融书评、金融掌故等。可以看出,这些栏目所介绍的内容都具有知识性。即使是反映当时金融实况或金融外情的栏目,其刊登的文章也是侧重于介绍和阐述的角度,这些文章都具有学术性,而非具体数字或资料的罗列。此外《金融知识》几乎每期都辟有专辑,如创刊号有"封存资金特辑";第一卷第四期有"金银问题特辑";第二卷第二期有"本国金融概论"专辑;第二卷第六期有"金融特辑"专栏,主要文章内容都集中在"利用外资问题"上;第三卷第二期辟有"利息理论"特辑,刊登了"利息理论的最近发展"、"理想利率"、"凯恩斯的利息理论"等文章;第三卷第五期设有"战后我国币制"专栏。《金融知识》所邀请的特约撰述者都是经济金融学术界重量级人物,如朱博泉、朱斯煌、刘大钧、章乃器等,由此为这个刊物发表文章的学术性奠定了扎实的基础。

3.《中央银行月报》

由国民政府中央银行经济研究处编辑发行。由于中央银行本身的地位及其性质,《中央银行月报》相比其他银行刊物来说更显得正规,其开设的栏目不多,主要有著述、各地金融市况和经济资料。著述类文章的内容通常是有关当时金融状况和政策的介绍分析、各地金融机构的调查等。各地金融市况往往占了很大篇幅,反映了上海、北平、天津、汉口、重庆、青岛、九江、南昌、福州、南京、宁波、徐州、扬州、杭州、绍兴、吉安、蚌埠、泉州、厦门、长沙、开封、洛阳、兰州、西安、万县、成都、贵阳等城市的金融市况。经济资料栏目基本上都是些表格,这些表格记录和反映的内容有:主要各银行发行钞券数量、中国银进出口数量、国内及各国批发物价及生活费指数、上海银行公会公单收解及银行公会票据交换数、上海钱庄拆息及华洋银行库存、上海标金英美银价及上海外汇行市、上海金价市价、上海银洋钱市、上海银洋行市、上海英汇行市与银价之差额、内国债券行市、伦敦中国外债行市、各国进出口货物价值等等。因这些表格以翔实具体的数据反映了当时国内主要的金融和经济状况,因而很有价值,不仅在当时是银行家及时从宏观上了解并研判金融和经济形势的重要依据,也是现今学界了解和研究当时金融市场发展变化的重要数据。

4.《中行生活》

这是一份由中国银行总管理处编印的刊物。从刊物名称可以看出,这份刊物主要是反映中国银行员工的生活,而从刊物所标识的刊头词"公私生活演进的表现,一切事业成功的基础"可知,其创办者和主持者是想通过这份杂志来提高员工的素质和修养,巩固和发展银行事业。

刊物丰富而具有特色的内容也证明了这一点。其开设的栏目有论坛、行务纪要、人事汇志、谈话录、来函、答问、同人消息、文艺、各地特讯等，大量篇幅是反映各分支行员工生活的文章，甚至有许多员工旅行拍摄的照片和反映各分支行所在地民俗风情的照片。杂志发表的文章，有一些多从哲理的角度来阐述银行员工应有的理念。来函等栏目发表的文章不少都同员工对中行生活的感受和建议有关。有时候杂志还发表银行高层人员有关银行生活的经历，并发表一些读后文章。由此可以看出，这份刊物虽然主要内容反映的是中国银行所属员工的生活和价值理念等，但它从另一个侧面反映了当时中国银行所进行的经营和管理。

5.《交易所周刊》

这是由著名企业家穆藕初主编并发行的。穆藕初是留美归国的企业家，对于西方资本主义市场经济比较熟悉，1914年他从美国回来后同胞兄穆湘瑶一起创办了德大纱厂等企业，1920年他发起组织上海华商纱布交易所，担任理事长，因此《交易所周刊》由他主编也在情理之中。在民国时期的金融刊物中，有关交易所的刊物并不多见，因此这份刊物有其珍贵性。刊物的栏目并不多，每期都刊发正规的文章，论述交易所的重要性及如何利用交易所等。除此之外，是上海华商证券交易所、上海金业交易所、上海华尚纱布交易所、上海面粉交易所、上海杂粮油饼交易所经纪人一览表。其余内容就是反映每周各交易市场交易情况，有一周间之纱花、一周间之金市、一周间之债市、一周间之杂粮等。这些内容，对于了解当时上海各交易所交易情况，是十分重要的史料。

民国时期金融史料极其丰富，从品种来说，除了报刊、杂志、年鉴、论著外，各地档案馆收藏的金融档案文献也是重要的史料。据笔者所知，像上海市档案馆就比较完整地藏有一批民国时期商业银行档案，南京中国第二历史档案馆这方面的收藏也极其丰富，如果能将档案馆收藏的一些金融档案文献影印出版，对学术界来说当是功德无量。

〔作者系上海市档案馆研究馆员〕

上海四大百货公司档案史料简介

何　品

　　四大百货公司指的是近代上海著名的四家华商百货公司——先施(Sincere)、永安(Wing On)、新新(Sun Sun)、大新(The Sun)，时人也称四大公司。这四大百货公司具有一些共同的特点：主要投资人和经营管理者大多是香港华人和海外的广东籍华侨，创始人最初都在澳洲积累了财富。有家族企业的性质，先施公司由马氏家族掌管，永安公司由郭氏家族掌管，新新公司由李氏家族掌管，大新公司由蔡氏家族掌管，而这"四大家族"都来自广东香山(今中山市及珠海市一部)。① 经营范围较广，不仅大量经销环球百货进口商品，对国货土产品的推介也是不遗余力；不仅以百货销售为主业，而且涉足餐饮、娱乐、旅馆、房地产、金融保险、仓储物流、制造加工等多个行业。除了新新公司只在上海开办外，其他三家公司的总部都设在香港，而在上海设分公司。在上海的四大百货公司都坐落于当时最繁华的南京路(今南京东路)上，而且都自建了宏伟美观的营业大楼，成为南京路上的标志性建筑，现都被列为上海历史保护建筑。营业大楼内不仅设有百货商场，而且开办饭馆酒楼、茶室咖啡馆、旅馆酒店、剧场戏院电影院、舞厅音乐厅、游乐场溜冰场等多种附业，空余楼层房屋用于出租，楼顶则开辟供人休憩娱乐的屋顶花园。

　　四大百货公司橱窗陈列争奇斗艳，媒体广告铺天盖地，入夜霓虹灯

---

　　① 先施公司马家是香山县良都乡沙涌村人，永安公司郭家是香山县良都乡竹秀园村人，新新公司李家是香山县石岐镇人，大新公司蔡家是香山县上恭都外容茔乡(今属珠海市金鼎镇外沙村)人。

美轮美奂,国内外商品琳琅满目,吃喝玩乐应有尽有,加上服务接待细致周到,引得顾客游人纷至沓来络绎不绝,成为上海市民重要的购物休闲娱乐场所。逛百货公司由此成为上海市民的一种生活时尚。四大百货公司在抗战爆发前生意兴隆,但抗战爆发后逐渐走下坡路,即使至上海解放后困境也未改善,新新、大新、先施三家不久陆续停止商场主业,永安也于1956年公私合营后被纳入国营百货业体系。①

四大百货公司虽然管理体制相近,但经营各具特色;虽然相互竞争激烈,但也有互助合作。它们的创办和发展,既是近代上海乃至中国商业史上的重要篇章,也是上海作为中国最重要工商业城市和南京路作为中国第一商业街的典型例证。四大百货公司曾经引领时代潮流,促进了中国商业的近代化,也更新了上海市民的消费观念和生活方式。它们虽然已成为历史,但其趣闻轶事至今仍被上海市民所津津乐道,其经营理念与管理模式对当今的百货商业仍具有借鉴作用。

上海市档案馆收藏的四大百货公司档案史料,都经过系统整理,保存比较完整,值得研究者深入挖掘利用。这些档案史料不仅形成了各自独立的全宗,而且散见于其他多个全宗,现就其内容略作介绍。②

一、先施公司

先施公司是四大百货公司中最早成立的,由马应彪联合十一位澳洲、美洲华侨及香山同乡集资创办。"先施"之名,取自四书《中庸》篇"先施以诚",而英文名 Sincere 不仅与先施谐音,而且其含意即为"诚"。香港先施公司最初设在中环皇后大道中,1900年1月8日正式开业,1907年由无限公司改为有限公司,并在上环德辅道中开办新铺。1913年香港先施公司又在德辅道中建设新楼。1910年和1914年分别设立

---

① 改制后的上海永安公司定名为"公私合营永安公司",1966年改名为国营东方红百货商店,1969年更名为国营上海市第十百货商店,1988年更名为上海华联商厦,2005年又恢复旧名称为永安百货有限公司,但因所有权经营权早已发生变更,与先前的上海永安公司是有本质区别的。香港先施公司于1993年在上海南京东路重设分公司,但并不在原址营业,且因营业不佳,已于1999年停业。

② 上海市档案馆目前公布的四大百货公司档案目录,在标题和形成时间两方面,与档案内容尚存在一些出入,笔者尽力做了校正。

广州先施公司(1912年开业)和上海先施公司(1917年开业)。1918年先施确立以香港为总公司,广州、上海为分公司的联合经营管理制度,又在香港油麻地、南宁、新加坡三地设立支店,但南宁、新加坡两地支店不久即停办。1936年先施又在澳门开设分公司。先施公司除经销百货外,还开办茶室、餐馆、酒吧、照相馆、理发室、浴室、影院、戏院、剧院、酒店、游乐场等附业,另开办一些从事制造或加工的工厂或工场,其中以化妆品工厂最为有名,并开设先施保险置业有限公司、先施人寿保险有限公司,加上各地分支机构和代理处,形成了规模庞大、业务繁多的集团型企业。先施公司在1900年初创时,仅有资本2.5万元港币,股东12人,职员25人,至1925年已发展到拥有资本700万元港币,股东3000多人,职员2000多人,另有职工数千人。先施公司倡导货品"不二价"(明码标价)、购物开给收据、女性当售货员、员工星期天轮流休息等制度,店内设有升降机(电梯),屋顶天台开辟乐园游艺场,以崭新的形象开创了中国百货业的新时代。

创始人马应彪总揽先施公司决策管理大权,他最初担任先施公司监督(相当于常务董事)兼司理(即经理),1918年升任先施公司总监督(相当于董事长),1921年改任先施公司名誉总监督(不再设总监督),直至1944年在香港去世。马氏家族中还有多人在先施公司先后担任董事、参事(即分公司董事)、监督、司理、经理等要职。

上海先施公司位于南京(东)路浙江(中)路口,系租地造屋而设,于1917年10月20日正式开业,最初建有五层营业大楼,1924年起增高至七层。上海先施公司将营业大楼除主要用于开设百货商场外,还开办东亚酒楼(又一楼)、东亚旅馆、先施乐园(先施游艺场)等附属企业,先施化妆品发行所、先施公司货栈、东亚理发厅、先施保险公司上海分公司也设在楼内。楼顶不仅辟为屋顶花园,还建有一座塔楼"摩星楼"。另在闸北会馆路(今中兴路)、虹口华德路(今长阳路)设有铁器木器工厂。在先施总分各公司中,沪公司一度是经营规模最大也是营业成绩最好的。历任监督为马应彪、欧彬、黄焕南等人,历任司理(经理)为黄焕南、刘锡基、郑昭斌、马惠林等人。内部管理体制,最初分设司理(经理)、营业、进货、文案、收支五大部门,收支部附设储蓄部办理银行业务;后来改组为经理部设立总写字间(后称总管理处),下设百货、游乐场、旅馆三个部门。上海解放后,上海先施公司由副经理黄祖康、马惠弼两人负责经营。百货商场于 1954 年 12 月停业,东亚旅馆、先施乐园于 1956 年 1 月参加公私合营。

馆藏上海先施公司档案全宗(全宗号 Q227),共有 85 卷档案,形成时间为 1917—1966 年。主要内容可以分为以下几类:

1. 资本股份类

有股东名册,发放定息的股东名单、领息凭证、历年发放股息标准、年终结算等。

2. 组织人事类

有先施公司合资注册大纲、注册章程、增改章程细则、人事类档案、职员名册汇编、各部门职员薪金一览表,上海市第三区百货业职业工会先施第三分会会员名册,东亚旅馆人员名册,乐园部艺员、招待员、摊贩人员名册及解放后先施乐园人事名册等。

3. 经营管理类

有上海分公司与香港总公司的来往函件,中共上海市老闸区委向市委反映四大百货公司困难问题的报告,各部职工购买公债情况,三区百货业工会先施分会指令,三区百货业工会先施分会福利委员会生产贷金借款情况,工会会议记录等。

4. 出版物类

有香港先施公司 1925 年出版的《先施公司二十五周年纪念册》,上海工人运动史料委员会 1953 年编写的《抗战以来上海大百货公司工人运动资料》初稿,以及三区百货业工会发行的《百货职工》、《百货职工通讯》、《福利快报》,三区百货业工会先施分会发行的《热流》、《会讯》,三区百货业工会整理委员会发行的《快报》、《百货职工》、《百职报导》,先施分会整理会发行的《消息报》等油印小报。

除了上海先施公司档案全宗以外,其他档案全宗内涉及先施公司的重要档案史料有:上海市商业局关于先施公司目前情况的报告(1953年),中共上海市老闸区委关于对先施公司改造的意见(1954 年),上海市私营商业改造工作办公室有关先施公司的调查报告(草稿)(1954年),中共上海市老闸区委商改办公室关于先施公司改造的工作计划

（1954年），上海先施公司关于拟将所营环球百货门市各部门业务全部结束的函（1954年），上海先施公司劳资双方签署的商场部门出租及善后问题协议书（1954年），中共上海市老闸区委关于对先施公司逐步改造（商场）工作的报告（1954年），中国五金机械公司上海分公司关于对先施公司的人员、存货、家具房屋处理情况报告（1955年），上海先施公司公私合营申请函（1955年）等。

总体而言，馆藏上海先施公司档案史料数量较少，其中上海先施公司自身形成的档案很不完整，多数是反映该公司解放后情况的档案，反映该公司解放前经营管理情况的档案太少。比较值得关注的史料是《先施公司二十五周年纪念册》，该书对先施公司1900—1924年的发展史记述甚详，并附有不少照片，是研究先施公司早期情况的必备参考资料。

二、永安公司

永安公司在四大百货公司中规模最大、经营最好、名气最响，由郭乐、郭泉兄弟联合澳洲华侨集资创办。郭氏兄弟原在澳洲雪梨（即悉尼）开办永安果栏，取名"永安"即为永保平安之意，发家致富后决定投资百货业。香港永安公司于1907年8月28日开业，最初设在中环皇后大道中，两年后店铺迁至上环德辅道中，规模逐渐扩张。原在香港注册为私家有限公司，1916年改为公家有限公司。1917年8月1日创设上海永安公司（1918年开业）。在四大百货公司中，永安与先施两家成立时间较早，两家的百货商场位置相距又近，而且两家都发展成为大规模的集团型企业，涉足的行业较多，业务范围又多有重叠，因此永安与先施之间竞争最为激烈。永安公司经营百货、纺织、保险、银行、酒店、仓储、房地产、进出口贸易等业，旗下除了有香港、上海两家百货公司外，还在香港、上海、广州等多处开办永安水火保险有限公司、永安人寿保险有限公司、永安商业储蓄银行、永安纺织股份有限公司等联号企业，并附设大东酒店、维新织造厂、货仓、永安行、永乐行，后又在美国旧金山和纽约设立支店。在澳洲雪梨的永安果栏，后来也改组为雪梨永安公司。除了百货业，永安公司在上海投资开办的纺织业也非常成功，在近代中国华商纺织业中,郭氏家族的永安纺织公司规模仅次于荣氏家族的申新纺织公司。

创始人郭乐、郭泉兄弟及其家族包揽永安公司经营管理大权,郭乐、郭泉先后担任永安公司董事局主席,永安公司下属各联号企业的总监督、监督也多由他们两人兼任,郭氏家族中还有二十多人先后担任董事、监督、司理、总经理、经理、副经理等要职。

上海永安公司于1918年9月5日正式开业,店铺位于南京(东)路浙江(中)路口,与上海先施公司对立于南京路南北两侧。上海永安公司租用地产大亨哈同的地皮,自建六层营业大楼,除开办百货商场外,兼办大东旅社、大东酒楼、大东舞厅、天韵楼游乐场、永安天韵戏院、永安剧场、茶室、咖啡馆、音乐厅、跑冰场(即溜冰场)等诸多餐饮娱乐休闲附业,永安保险公司上海分公司也设于楼内。百货商场除经销百货外,兼营进出口贸易业务,还附设银业储蓄部从事银行业务,附设垦业部从事房地产业务。大楼顶部除辟为屋顶花园外,还建有一座塔楼“倚云阁”。1932年又在南京路浙江路湖北路口的三角地带,建造高达19层的永安新厦(新永安大楼),与永安旧楼之间以横跨浙江路的天桥贯通,新厦七楼附设七重天餐室(供应西菜、咖啡、茶)。此外,上海永安公司还有永安里、永安坊、永乐坊、广德里、永乐新村等多处房地产和北苏州河货仓,并在四川北路开设永安影戏院,甚至在湖北汉口也置有房地产(为将来设立汉口永安公司做准备)。

上海永安公司总监督为郭乐,历任监督为郭标、郭顺、郭礼安;历任总裁(1939年增设,由美国人担任,挂名而已)为吉利兰、樊克令;副总裁(1939年增设,系由监督改任)为郭乐、郭顺、郭礼安、宓齐尔(美国人,挂名而已);董事长为郭乐(解放后由郭琳爽暂代);历任总经理(原为司理)为杨辉庭、郭琳爽;历任副总经理(原为副经理)为马祖星、郭琳爽、郭悦文;历任经理(1948年增设)为郭琳骧、李业棠、宋常超、郭建勋、郭就、刘生初、何慕等人。内部管理体制,在抗战时期为:总经理、副经理之下设主任、秘书、司库,主任之下设管理,管理之下根据百货业务设各部部长,大东旅社、天韵楼、跑冰场等附业设经理(对总经理、副经理负责);在抗战胜利后变为:总经理、副经理之下设管理、会计、司库、秘书、人事科,管理之下,各部设部长,大东旅社、天韵楼、七重天等附业设经理。

上海永安公司原在香港注册，抗战爆发后不久，被英国当局取消注册，为图自保，上海永安公司遂改向美国驻沪领事馆注册为美商企业。太平洋战争爆发后，上海永安公司改向汪伪政权注册为华商企业。抗战胜利后，又恢复美商企业身份。1946 年 12 月，上海永安公司从哈同继承人手中买下了已承租三十年的营业大楼所在地皮。1950 年，上海永安公司改向上海市人民政府注册为私营企业。因营业状况不佳，附设的大东舞厅、大东酒楼、七重天餐室先后歇业。1956 年 1 月，上海永安公司（包括大东旅社、永安影院、天韵戏院、永安剧场）正式参加公私合营，定名为"公私合营永安公司"，接受中国百货公司上海市公司的领导和管理。

馆藏上海永安公司档案全宗（全宗号 Q225），共有 814 卷档案，是上海四大百货公司档案全宗中数量最多的，形成时间为 1919—1956 年。主要内容可以分为如下几类：

1. 资本股份类

有招股红利凭折簿，招股红利执照簿，新股票息折总簿，股份册，股东名簿，股东分户簿，股票挂失息折，股东登记账，以及发派股息暂记、招股红利执照存记、发派招股花红、港派股息、股份部、各东股份、各姓股东股份总数、各伴酬金等登记簿，还有上海永安公司占各银行公司股份记录簿。

2. 组织人事类

有旧永安体制表，公司沿革，公司历略，公司章程及规章制度，永安水火保险公司营业章则；董监事历略，香港永安公司董事候选人名册；人事科函稿；各部职员成绩报告总表，被开除者名簿，职员告退、开除、病故记录簿，添雇职员记录簿，请假名册，人员退职证明书；工会移交清册，工会会员名册，黄色工会人员名册等。

3. 经营管理类

有上海永安公司筹备会议记录，股东会决议录，关于筹办永安商业储蓄银行的股东会议记录，董监事联席会议决议录；总经理郭琳爽与各营业部部长和管理人员工作会议记录；上海永安公司改善企业经营管理文件;上海永安公司关于慈善捐助的来往函件,上海永安公司与外界签订的各项合同及关于房地产纠纷的来往函件,上海永安公司与上海市社会局、华侨商业联合会、环球货品业同业公会、永乐新村、永安乐社、广肇公所等机关团体的往来函件,上海永安公司与永安各联号企业、本公司职员及外界关于财务、申请商标、股份投资股票、同业会议、国民党政府官员、郭泉被控附敌、合约、时局、家务、业务、福利、抚恤、财产损失、礼券、政治面貌与立场、求职离职、组织管理、工人运动、附属企业、同业竞争、工资津贴及补助、体育等的往来函件,上海永安公司与香港永安公司的往来函件,上海永安公司垦业部与香港永安公司、香港永安火险公司粤局、香港永安保险垦业公司粤局、广州永安水火保险公司、石岐永安水火保险公司的往来函件,上海永安公司储蓄部致各来往户函件存底,上海永安公司与大华铅笔厂的往来函件及合伙合约、租约等,上海永安公司杂项往来函件;上海永安公司各项保单、合同、借据、租约、合约、雇约、登记单及杂件等;上海永安公司向输入临时管理委员会呈报的货品输入许可申请书及进货定单汇总(中英文),向中国海关呈报的洋货进口报单(中英文);上海永安公司向各洋行进货的定单及往来函件(英文),与大通银行的往来函件及票据等(英文);外界向上海永安公司求职的来信;上海永安公司工会通告、布告、通知等底稿。

4. 财务会计类

有部分年份的上海永安公司和香港永安公司决算报告、营业账略,永安银行营业结册报告;上海永安公司历年年结记录,进支存欠总账册,各会计科目收付总账册,资产类别总账册、资产分类账册,负债类别总账册、负债分类账册,营业费用总账册,费用补助账册,损益类别总账册等;上海永安公司公司债登记簿,发票清单,办皮货单据,瓷庄交易账册,销货簿,礼券销号簿,房地产租单,各户房租簿,折子往来账册,货款往来账册,往来透支账册,兑换往来账册,与永安各联号企业往来账册,未收外国各行货品分户账册等;七重天咖啡馆总账册、销货簿、现金账册等;上海永安公司及其虹口分部与各埠汇兑往来账册,与岐局、港行、粤局汇兑来往账册;上海永安公司职员薪金、酬金、花红、补助费、预借薪津、预借生活费、公利、公利佣、公利支出存款等记录簿。

5. 出版物类

有上海永安纺织股份有限公司 1924 年出版的《上海永安纺织股份有限公司开幕纪念册》;郭氏兄弟 1929 年修订出版的《增订香山郭氏族谱》;香港永安公司 1932 年出版的《香港永安公司廿五周年纪念录》;上海永安公司 1936 年出版的《永安时装表演纪念册》,1939—1949 年出版的《永安月刊》(第 1—118 期,并有附刊《胜利画报》两辑和《第二次世界大战画史》一册),1948 年出版的《上海永安公司消防队队员手册》;香山竹秀园小学校友主办、1947—1948 年出版的《竹秀园月报》;永安乐社 1948 年出版的《李雪芬女士义演特刊》;上海市沪北区第三段救火会 1949 年出版的《上海市沪北区第三段救火会复员纪念特刊附征信录》;永安同人联谊会出版的《会讯》、《会员之声》;上海永安公司工会出版的《永安会讯》、《百职报道》等。

除了上海永安公司档案全宗以外,其他档案全宗内涉及永安公司的重要档案史料有:联合征信所对上海永安公司的调查报告(1946 年、1947 年),郭泉关于四十一年来营商之经过的自述(1948 年),上海永安公司就本公司的几点问题答复上海市老闸区人民政府文稿(1951 年),上海市商业局关于私营永安公司的情况报告(1953 年),上海市私营商业改造工作办公室有关永安公司的调查报告(1954 年),上海市商业局对永安公司安排的情况和意见(1955 年),中国百货公司上海市公司关于对私营永安公司具体安排情况的汇报(1955 年),上海市商业局关于 1955 年第一季度对永安公司重点安排情况的报告(1955 年),中国百货公司上海市公司关于对永安公司进一步改造意见的专题报告(1955 年),中国百货公司上海市公司关于对永安公司进一步安排和改造意见的补充报告(1955 年),上海市第一商业局关于上海市私营永安公司是怎样进行社会主义改造的专题报告(1955 年),上海永安公司公私合营申请函(1955 年),中国百货公司上海市公司与上海永安公司订立的合营协议书(1956 年),中国百货公司上海市公司关于本市永安百货公司摸底情况的报告(1956 年),中国百货公司上海市公司关于公私合营上海永安公司的情况介绍(1956 年),中国百货公司上海市公司关于永安公司合营前后经营情况的报告(1957 年),上海永安公司史料编辑室

1961 年编辑的《上海永安公司史料汇编》(讨论稿)等。

总体而言,馆藏上海永安公司档案史料主要是上海永安公司自身形成的档案,虽然数量不少,但是仍有一些缺憾,如反映上海永安公司自成立至抗战前的早期情况的档案数量较少,上海永安公司历年形成的规章制度、股东会会议记录、董事会会议记录、营业报告等重要文献资料残缺较多。反映永安公司早期情况的比较有价值的档案史料,一件是《郭泉自述:关于四十一年营商之经过》,成文于 1948 年 8 月 28 日香港永安公司开幕四十一周年纪念日,系郭泉(时任香港永安公司监督、永安银行正司理)送给其侄郭棣活(时任永安纺织公司副总经理)阅读的;另一件是《香港永安公司廿五周年纪念录》,该书对香港永安公司及各联号企业自 1907 年至 1931 年期间的发展经过有系统记述,并附有不少相关照片。这两件档案史料是研究不可或缺的参考资料。

三、新新公司

新新公司在四大百货公司中规模最小,只设上海一家,别无分店,处境也比较尴尬,论资格不及先施、永安,论设施不如大新,发展经历更是曲折。"新新"之名,取自五经《礼记·大学》篇"汤之盘铭曰:苟日新,日日新,又日新"句。该公司由李敏周联合上海先施公司前司理刘锡基等人于 1923 年 6 月发起创办,于 1926 年 1 月 23 日正式开幕,当年 1 月 25 日开始营业,地址在南京(东)路贵州路口东首,与先施公司仅东西相隔一条马路(广西北路),而与永安公司一样,亦系租赁地产大亨哈同的地皮,自建 7 层营业大楼,楼顶后来亦加建一座塔楼。新新公司主营百货零售,兼营批发及代办进出口货品,附设旅馆、酒楼、游戏场等,还开设银业部、储蓄部、保险部办理金融业务。营业大楼除开设百货商场外,还设有新新第一楼(酒楼)、新新茶室、新都饭店(新新旅馆)、新都剧场、新新舞厅、新新美发厅、新都溜冰场等附业,楼顶也开辟屋顶花园(新新花园)。由于建筑格局与经营方式相近,新新开业后便与先施、永安形成三足鼎立局面。新新公司除了首创在夏季开放冷气以外,还有一个独特之举,就是在六楼的新都饭店开设了沪上第一家由中国人自办的私营广播电台,因四壁都是玻璃墙,又称"玻璃电台",于 1927 年 3

月 19 日正式开播，为本公司作大力宣传。

新新公司历任董事长为陈雪佳、陈翊周、冯建华、黄润芝、俞郎溪、黄鸣岐、陈炳谦、金宗城等人，历任总经理（原称总理，掌握公司实权）为李煜堂、刘锡基、李敏周、李泽、萧宗俊等人，历任经理（相当于副总经理）为刘锡基、李敏周、萧宗俊、林干文等人。内部管理体制为总经理、副总经理（经理）之下，分为业务、事务两大部门，各设经理（副经理）一人。

新新公司命运多舛，开业后不久便于 1927 年因股东矛盾引发职工罢工两月多，以致信誉低落，并导致公司高层于 1928 年初改组。至 1932 年一二八事变爆发后，公司营业又停顿两月多。最惨痛的是，1934 年 2 月 1 日，公司创始人、第三任总经理李敏周被下属周占元（时任总司阍，相当于安保部经理）为泄私愤而枪杀。抗战胜利后，第四任总经理李泽（李敏周之侄）又因汉奸罪于 1946 年被判处三年徒刑。上海解放前夕，第五任总经理萧宗俊弃职前往香港。上海解放后，新新公司董事会成员中只有包括董事长金宗城在内的三人留守上海。受内外多种因素的不利影响，新新公司于 1929 年、1930 年、1933 年、1934 年、1937 年、1949 年多次出现经营亏损。1950 年"二六"轰炸后，因无力解决新新公司的营业困难，代总经理林干文也离职赴港。由于无人主持，新新公司职工自行组织临时维持委员会，负责处理公司日常事务。1951 年 2 月 18 日，新新公司大楼上的塔楼顶部外皮脱落，险些酿成惨祸。为增加收入，新新公司先后将二、三、四层楼面出租，但依旧只能苦苦支撑。至 1951 年 12 月，新新公司结束百货部门，将铺面房屋租给中国土产公司上海市公司。1952 年 10 月，新新第一楼、新新旅馆和新新茶室三家附业也宣告停业。1953 年 4 月，新新美发厅迁至愚园路。至 1954 年，新新公司大楼大部分楼面已转租给中国食品公司上海市公司（铺面商场开办食品公司第一门市部，后改称上海市第一食品商店）。1956 年 1 月，新新公司参加公私合营，除新都剧场改由市文化局管理外，剩余资产由新成立的新新公司总管理处（归口于上海市饮食公司）管理。

馆藏新新公司档案全宗（全宗号 Q226），共有 126 卷档案，形成时间为 1926—1955 年。主要内容可以分为以下几类：

1. 资本股份类

有股东名册、股东分户簿、招股增资简章等。

2. 组织人事类

有公司筹建创办经过资料；公司章程及规章制度；董监事人员名单；总副经理人员名单；公司临时维持委员会委员名单、组织章程、办事细则；人事会议纪要，人事简历表，公司人员名册，公司职员保证人资料，职工福利情况资料，关于公司人员任用、提升、解雇、病事假、死亡等事项的文件，黄色工会有关人员名册等。还有关于新新公司总经理李泽汉奸案审讯情况的剪报。

3. 经营管理类

有历届董监事会会议纪要；历届临时维持委员会会议记录、通告；部分年度年终结算、营业报告书、收支预算表、账册、盈亏情况表等；新新公司与外商企业来往的英文函件；关于新新公司向哈同、慈淑经租处、兴业公司、伦序堂等租借土地、房屋情况的文件；关于新新公司向新都盛记饭店、新都溜冰场、新新美发厅等企业出租房屋情况的文件；关于新新公司向个人行号、工厂企业及敌伪机关出租房屋情况的文件；关于新新公司向区公安局、人民银行、市专业公司、店员工会等机关企业出租房屋情况的文件；关于新新公司房产接受社会主义改造和房屋财产租借情况的文件；关于新新公司投资筹建新新实业公司的文件，新新实业公司股东、董事、职工名单以及关于房产纠纷、清财核资等情况的文件；关于新新公司向永祥印书馆、绿宝股份有限公司、宁波染织股份有限公司、华富染织厂、奇美服装厂、中国商业银行、公信电器厂等企业投资情况的文件；关于新新公司向党团军政机关、保甲委员会，教育、图书、体育、医院等事业单位，各地救灾团体及教会组织捐募的文件。还有新新公司工潮斗争资料。

4. 职工业余社团类

有关于本公司练习生参加文化、会计、英文补习班的文件；关于职工消费合作社、职工福利互助金、同人用品供应社等组织的文件；关于职工壁划队、足球队、篮球队、游泳队、国术组、话剧组、平剧组、歌咏队、消防队、青年会、同人《旬报》等的文件。

除了新新公司档案全宗以外，其他档案全宗中涉及新新公司的重要档案史料有：联合征信所对新新公司的调查报告（1947年），中国食品公司上海市公司关于新新公司人员、房屋生财处理情况的报告（1955年），上海市饮食公司关于新新公司归口后人员安排情况的函（1957年）等。

总体而言，馆藏新新公司档案史料数量不多，特别是重要的年度业务统计记录及内部经营管理文件较为残缺，但是公司董监事会人员名单及董监事会会议记录相对完整，关于房地产借入租出情况的文件也较多。需要指出的是，新新公司档案全宗内有14卷档案系从中国第二历史档案馆、上海市人民银行、上海市工商行政管理局等单位保存的有关新新公司的档案中复印而来，这些档案文件从案卷标题上看涉及新新公司的股份、资产、工商登记、营业、劳资纠纷、结束工作等方面的情况，应该说内容相当重要，但由于复印质量较差，字迹模糊不清，几乎难以利用，实在是令人遗憾。

四、大新公司

大新公司由蔡兴、蔡昌兄弟发起创办，取名"大新"寓意"大展新猷"，取英文名"The Sun"寓意"旭日初升"，并以出云旭日为商标。大新公司首先于1912年在香港德辅道中设立，1916年和1918年又先后设支行分店于广州惠爱中路及西堤。以经营百货商店生意为主业，兼营旅馆、酒楼、屋顶花园等附业。此前蔡氏兄弟还曾协助马应彪创立香港先施公司。

上海大新公司于1936年1月10日正式开业，在四大百货公司中虽然成立最晚，但却是营业面积最大、设施最新的。该公司位于南京（东）路西藏（中）路劳合路（今六合路）之间，购地自建十层营业大楼（连地下室、屋顶在内，一层临街部分之上还有假二层），一层（铺面）至四层辟为百货商场，四层还设有茶室、画厅、商品展览场，五层设有舞厅、酒家、音乐厅、书场、跑冰场等，六层至八层则是大新游艺场（包括剧场、电影院），楼顶（九层）和先施、永安、新新一样也辟为屋顶花园。此外，还将商场营业空间扩展至地下室，楼内各层面都装有冷暖气管，一层至二层、二层至三层各装有电力自动扶梯一台，这些都堪称创新之举。上海大新公司开业后，与先施、永安、新新一起形成了"四国大战"的热闹场面，然而上海大新公司开业后不久就遭遇抗战爆发，虽然在战时和战后营业曾有短暂起色，但总的来说还是每况愈下。

上海大新公司董事长兼总监督为蔡昌,正司理(后称总经理)为蔡聪(蔡慧民,蔡昌幺弟),副司理(后称副经理)为蔡乃诚(蔡昌长子)、蔡惠霖。内部管理体制方面,由总监督、经理、副经理、秘书长、总司账及司库各一人组成经理部,掌理公司一般业务;售货商场各部分除进货事务由进货部管理外,其他一切经营管理均归正副经理直接领导,此外经理还直接领导总务部、人事课等事务部门及酒楼、游乐场等附业;售货商场各部分则设部主任负责管理。

上海解放前,蔡氏家族离沪赴港,上海大新公司委托代理人管理。1950年4月资方代理人离沪后,由职工组织的业务维持委员会负责处理公司业务。至1953年9月,上海大新公司结束百货商场业务,并将商场房屋出租给中国百货公司上海市公司开设上海市第一百货商店。其后,大新公司业务由职工组织的管理委员会负责管理,主要经营大新游艺场及管理公司大楼房屋出租事务。至1956年,大新公司参加公私合营,设立总管理处。1957年,大新公司总管理处及资产负债由中国百货公司上海市公司接收,大新游艺场由市文化局接收。

馆藏上海大新公司档案全宗(全宗号Q228),共有79卷档案,形成时间为1925—1963年。主要内容可以分为以下几类:

1. 资本股份类

有上海大新公司股份总册,发出股份过户收据列报表,股东名册,股东姓名、地址、股票号码及股数登记册,公司股票样张,股东笔迹印鉴卡;上海大新公司、上海市第一百货商店关于办理股权登记、发放定息的报告、规定及相关的股民信件等。

2. 组织人事类

有香港大新公司关于组设上海大新公司的图照及说明,上海大新公司开业特刊(1936年1月10日《申报》),上海大新公司注册章程及规划;上海大新公司、香港大新公司董事会名单;上海大新公司职员登记簿,职员名单,职员录取通知书,职员出入证存底,职工花名册,各部职工名单及到职名册,各部人员到职日期及人名登记册,职员不住宿和不常住宿人口报告书,雇佣人员登记表、志愿书及保证书,人事往来记录,在市百一店留用人员名册及概况,职工(现退休)及在店人员名册和相关情况,五层楼酒家全部人员名单及相关情况;中国店员工会上海大新公司委员会会议登记表、会员卡和基层工会统计表,上海百货业工会大新公司分会组织系统名单及青工统计表等。

3. 业务管理类

有香港大新公司历届股东总结册(部分年份),上海大新公司历届决算总报告书(部分年份),黄培钎会计师事务所查核上海大新公司历年账目报告书,《上海大新有限公司私营时期经营管理历史经验总结》,上海大新公司来往厂商名册、照片及负责人姓名、厂址等相关材料等。

除了上海大新公司档案全宗以外,其他档案全宗中涉及大新公司的重要档案史料有:上海大新公司向汪伪政权实业部申请登记注册的呈文并附相关材料(1944年),联合征信所对上海大新公司的调查报告(1948年),大新工作组关于租赁房屋、职工经济福利、寄售厂商等问题的处理工作情况汇报(1953年),大新工作组关于处理大新公司房屋工作的报告(1953年),上海大新公司公私合营申请书(1956年),中国百货公司上海市公司关于结束大新游艺场的专题报告(1956年),上海市文化局党组关于大新公司归口问题的意见函(1956年),中国百货公司上海市公司关于请同意将大新公司全部资产负债由该公司接收处理的报告(1957年)等。

总体而言,馆藏上海大新公司档案史料数量不多,特别是业务经营管理资料很不完整,股东会董监事会会议记录和业务来往文书尤为欠缺。现存比较重要的一份档案史料是公私合营上海大新有限公司总管理处于1957年编述的《上海大新有限公司私营时期经营管理历史经验总结》,对该公司的经过概况、组织系统、建筑特点、经营管理、商品、人事制度、财务会计制度等方面介绍颇为翔实,是研究上海大新公司必不可少的参考资料。

五、综 合 类

所谓综合类档案史料,系指内容涉及至少两家百货公司的档案史料而言,它们有的收存于前述之四大百货公司档案全宗,有的收存于其他机构档案全宗,如上海市人民委员会财粮贸办公室(全宗号 B6)、上海市第一商业局(全宗号 B123)、上海市第二商业局(全宗号 B98)、上海市文化局(全宗号 B172)、中国财贸工会上海市委员会(全宗号 C5)、上海市商会(全宗号 Q201)、上海市环球商业同业公会(全宗号 S254)等,其中比较重要的档案史料有:永安、先施、新新、大新、国货、丽华六大百货公司合作协约草稿(1937 年),中共上海市老闸区委关于四大百货公司困难问题的报告并附调查材料(1951 年),中国店员工会上海市委员会关于上海环球百货业目前情况的报告(1954 年),中国店员工会上海市委员会关于先施、永安二公司最近情况的报告(1954 年),中共上海市黄浦区委关于对先施、大新、新新三公司改造中若干问题的处理意见(1956 年),对资改造委员会关于先施、大新、新新三公司归口问题的处理意见(1956 年)等。

综上所述,上海市档案馆收藏的四大百货公司档案史料,既集中于各自独立的档案全宗,也散见于其他不少机构档案全宗,从数量上看有千余卷之多,从时间上看跨越的时段较长,从内容上看涉及的范围也较广,对于开展四大百货公司研究而言,无论是个案研究还是综合研究,馆藏档案史料都是翔实丰富、不可或缺的信息资源。但是,对馆藏四大百货公司档案史料总体情况进行深入分析,可以发现还是存在着较为明显的缺憾,比如:(1)从数量上看,其中大部分是永安公司的档案史料,而先施、新新、大新三个公司的档案史料数量明显不足,尤以最早成立的先施公司残缺最多;(2)从时间上看,形成于上海解放后的档案史料虽然时间不长,但数量占据相当比重,形成于上海解放前的档案史料则数量颇为不足,特别是四大百货公司早期的档案史料普遍都较少,而其他档案全宗中关于四大百货公司的比较重要的档案史料,大多数也是在上海解放后形成的;(3)从内容上看,对于研究而言极为关键的参考资料,即历年形成的规章制度、决策会议记录、营业报告、业务来往文书等,都不太完整,而且大新公司档案全宗目前尚未对外开放。上述三大缺憾在一定程度上限制了相关研究的广度和深度。

〔作者系上海市档案馆副研究馆员〕

档案架

辛亥革命在上海

——上海公共租界工部局警务处《警务日报》摘译

李雪云　翻译　邓云鹏　审校　张姚俊　整理

整理者按：《警务日报》是上海公共租界工部局警务处（Shanghai Municipal Police）的日常工作报告。辛亥革命期间，警务处在《警务日报》中逐日向工部局总办报告上海地区的革命活动情况，对于清政府与革命军双方在沪上的人员往来及物资调配等状况，记载尤为详细，作为深入研究上海地区辛亥革命运动的第一手史料，弥足珍贵。值此辛亥革命100周年纪念之际，特将上海市档案馆收藏的1911年10月16日至1912年3月31日《警务日报》内与辛亥革命有关的部分内容的翻译稿整理刊出，以供研究参考。因《警务日报》全系英文，在翻译过程中，凡原文难以考证确认的人名、地名及机构名称等，译者均标注原文。

1911 年 10 月 16 日　星期一

《国民先驱报》(National Herald)："上海道台发出布告称，关于武昌叛乱事，已派兵去武昌镇压，不久将告平息。道台曾致电各通商口岸探问情况，接回电曰：商贾贸易照常。道台已下令各军营并要求领事团和法领事通知捕房处于警戒状态，不要听信谣言。今后道台所获任何消息将在报上发表。全体民众应安心经商，不必疑虑惊恐。另一份布告警告商人不得抬高市价。"

汉口来电，对上海的士兵调动，道台应采取预防措施。

昨日下午,道台奉命召见杨(Yang)、冯(Fung)两名管带,着即在军营中和县城内搜查可疑人物。昨日,50余名士兵被派去保护道台衙门。昨晚总督来电,令采取措施保护制造局。步兵管带张雨春和警署已奉命保护制造局。九亩地的弹药厂由20名士兵守卫。昨日,道台发给县城警署新式步枪200支、子弹2万发。

星期六下午3时,约有40名学生模样的人,其中大多数没有辫子,来到龙华子药厂。① 他们要求见总办,有人告诉他们说,总办在制造局。当时子药厂的干事在,他请他们进去,问他们有什么事。其中三人应邀进去,其余的人留在外面。他们不肯说出姓名,也不说是什么学校的,只想知道子药厂有没有可作操练用的空地。干事说必须请示总办,他们未获答复就离去了。他们可能是从南市来的,南市这种人很多,他们毫无疑问是属于革命党的。据说子药厂和制造局内都有革命党人。

1911年10月16日《天铎报》:"本月14日下午,商团团员打算在龙华游行。他们在出发前派人探听士兵的动情。有人将此情况报告了制造局,士兵们以为他们是革命党,慌作一团,打电话给总办。总办给他们增加了卫兵,又发给他们几十支新步枪、两箱子弹,已派了两艘炮艇往吴淞炮台守卫。江南制造局奉命日夜开工,向湖北输送尽可能多的枪支。"

1911年10月17日　星期二

据昨天日本领事提供消息道,前任清军武昌统制张彪乘"田利丸"抵沪。随同他来的有3个妻子、16个孩子、32个仆佣。这群人受船长的保护。该船抵埠时,日领事派出两名警察护卫他们。据今晨消息,张将军一家仍在船上,停泊在浦东日清轮船公司码头。日领事力劝三井经理带这些人去法租界他的住宅,但遭经理拒绝。如果日本当局不能作任何安排,今天将通知道台。

通过在子药厂、制造局和吴淞炮台的连续仔细的调查表明,在清政府各部门有很多革命党人的公开拥护者。倘若在不久的将来,本省这一带什么地方发生叛乱,那些不公开赞成改朝换代的人中,除极少数外,都会迅速地赞同将上述一些机构交与反政府的人。

---

① 该厂由江南制造局于1874年设立,主要生产黑色火药,又称龙华火药局。

每天早晨在十六铺和县城郊区操练的那班本地商团的感情是完全向着革命党的,假如一定要他们表态,他们希望能说,他们是属于黎元洪将军的军队。

昨天下午3时半至4时巡视了下列一些银行:

南京路浙江兴业银行:人来人往,一直不断。一西捕在值班。

河南路元宁(Yuen Ning)钱庄:此银行已付讫10万元,预计今天有进一步提款。

四明商业储蓄银行:因缺现洋而未开门,但通知大家今天上午10时付款。

裕苏银行:这是一家很小的银行,只付出1600元。

河南路北京路口浙江银行:付出6万元,上星期六付出1万元。

北苏州路信成银行:付出7万元,预计今天还有进一步的挤提。

银行似乎都很自信,能偿付兑现要求,等待兑现的人秩序井然,并不吵嚷着要求提款。汉口路大清银行有争提存款情况。

500箱龙洋由一支武装卫队从火车站护送到中国通商银行。龙洋由19辆手推车装运,其中一辆在靶子路①北河南路口坏了,于是征用了另外两辆手推车来代替运往银行。护送队是下午3时从火车站出发的。

1911年10月18日　星期三

昨日下午各银行均有人争提存款,各银行都请求捕房帮助:闵行商业银行、中国通商银行、日本正金银行、联合银行、浙江银行。

从10月14日起,沪宁铁路售票处只接受中国通商银行、大清银行和交通银行发行的钞票。

1911年10月19日　星期四

昨天继续向银行争提存款。

据报道,随同总督增祺去四川的600名粤军在江上的一艘轮船上已有一段时间,现正准备登陆,进驻吴淞与狮子林之间一个叫"老四营"(Lau Sz Ying)的空营。指挥官李某昨日下午4时视察了内沙塘炮台(Nay Sal Dong Fort)。

---

① 今武进路。

1911 年 10 月 20 日　星期五

县城和南市的商团向全体团员发出如下通知："谨启者,兹定于初四日(25 日)下午 8 时在本县团部召开会议,有要事商讨,务希出席。"

难民乘火车从杭州涌至上海,杭城一片慌乱。前天有 67 名杭州驻军开小差,昨日点名时发现又少了 111 人。

1911 年 10 月 23 日　星期一

制造局附近一带的住户大批迁入租界。道台已将他的家属从上海县衙门迁往静安寺路①洋务局。

前广东总督袁海观(Yen Han Kwe)②带随员 24 人由南京抵沪,现寄寓西藏路利泰(Lee Tai)旅馆。

19 日下午 4 时,有 10 个自称革命党的人前往住在制造局附近的一个叫薛竺三(Sie Tso Sai)的人家里,薛是个肥皂制造商。这些人要薛捐助革命经费 10 万元,并说革命胜利后即偿还本利。薛说他很穷,没有这么多钱。革命党人中有 6 人无辫子。他们临走时说,他们掌权后不会忘记薛曾拒绝捐助这件事。

1911 年 10 月 24 日　星期二

最近三天里,有三个没有辫子的人一直在县城和近郊的一些商店间转来转去,要求商店的招牌上有"满"字的都要拿下来,换上一个"兴"(Shing)字。店主们还没有应允他们的要求。据杭州来的一些人报告,县城城门每晚关得很早,城门关闭后,要进出的人均由守门卫兵搜身。

1911 年 10 月 25 日　星期三

北苏州路信成银行由于银洋短缺,自 10 月 17 日停止开门,后于 10 月 23 日上午 8 时起又开始付款。

1911 年 10 月 31 日　星期二

昨日下午 2 时半,在沙泾路上出现约 200 名穿校服的学生,引起了当地居民很大的不安。他们是南京浙南公学(Chenan College)的学生,由于发生了叛乱,有人劝他们避开,于昨日早晨到达上海,今住宿在

---

① 今南京西路。
② 袁树勋,字海观,1909—1910 年任两广总督。

沙泾路 1060—1072 号。中国商会委托李汉熙(Lee Hur Hsi)先生主持在上海的接待工作。各处的人涌来看这些学生,但有哈尔滨路捕房的巡捕在那里值勤维持秩序,学生们一点未受惊扰。

1911 年 11 月 4 日[①]　星期六

昨日下午 6 时 40 分,副捕头麦克唐纳在哈尔滨路捕房报告走访了胡家桥村(Oo Ka Jok Village)的警察署,发现那里的警察全都佩戴着革命袖章。当地的警察说,宝山巡警署的全体人员现在都佩戴白袖章。已向总巡捕房电话号码 56 报告。

昨晚 8 时 15 分,总巡和探目苏利文(Sullivan)将一个叫刘静道(Lieu Zing Dau)的人从沪宁车站带往西虹口捕房。此人走进电报间,用手枪对准电报员蒂明斯(Timmins)先生,命令他不准再发报,后被火车站的工作人员逮住。他说他是学生,家住西门。他带着一把自动手枪、57 发子弹。扬格(Young)巡长奉总巡命,带领全身武装的 9 名西捕、8 名印捕前往火车站,在希尔顿·约翰逊(Hilton Johnson)上尉指挥下,在各大门、各站台等地站岗。至晚上 11 时全体回营房,由万国商团团员接替。

第 1054 号华捕报告,早晨 3 时 30 分看见苏州河新闸桥附近有 3 艘火轮拖着 8 只小船向东驶去,每只小船满载士兵。

下午 1 时 15 分,接希尔顿·约翰逊上尉电话报告,闸北地区出事了。于是禁止全体人员出营房,并派了探目苏利文和几个本地探员去调查。几分钟后,闸北巡警总局总探长周(Tseu)来到西虹口捕房报告说,闸北巡警总局很多巡警已经反叛。事情的起因是这样的:在陈巡官[②]的指挥下,巡警们去寻找姚局长[③]要弹药。姚借故从后门逃跑。于是那伙叛变者接管了巡警总局,打开所有上锁的门,搜寻弹药,然后才相信确无弹药。就在这个时候,警局附近起火了,烧了大约十间房屋后才被当地消防队救灭。失火原因不详,众说纷纭。有报告说,三声枪响后才起火,显然无人受伤。现在闸北巡警好像照常值勤,只是各人的手

---

① 本日上海光复。
② 即巡警总局骑巡队队长陈汉钦。
③ 即姚薰。

臂上都系着一块白布。北浙江路和界路①转角上的警亭上飘着一面白旗。大批宝山居民也进入了租界。

今晨6时，闸北巡警总局有一个巡长来到戈登路②捕房，他说3日下午3时许，他去了闸北巡警总局，发现那里的巡官全不见了，他开始准备打电报给苏州管警务的道台，向他报告闸北巡警总局已经叛变，巡官潜逃，向他求援。后来他遇上若干华人，将他戴上脚镣，押进牢房。至早晨4时左右，他脱逃成功，逃至一个朋友家，把脚镣在中间割断。于是来到本捕房要求保护，再设法将留在脚上的脚镣拿掉。现在允许他暂留本捕房。

1911 年 11 月 5 日　星期日

昨晚10时25分，探目布鲁斯特（Brewster）在浙江路597号茶馆里发现摊着一张署名"共和政府"印发的布告，他带至老闸捕房转交总巡。

从昨天下午4时起，虹口捕房接管了赫司克而路③并在那里设了警岗，当时在那里值勤的宝山巡警拒不撤退。后来，事态终于平息，巡警们撤退了。

在过去的24小时期间西虹口地区及其附近平安无事。租界外的巡警，人数似乎相当多，大部分都扛着上好刺刀的步枪。他们正在邻接租界的各条马路上与弄堂内巡逻。大批难民还在进入租界，还有大批乞丐涌来。

约在晚上10时45分，万国商团团员从火车站撤退，由（革命党的）巡警与士兵接管。

1911 年 11 月 6 日　星期一

据巡长怀廷（P. S. Whiting）报告，4日晚9时至10时40分，大批男女狱吏的行李从会审公廨搬走。询问搬走原因后，答道，外界流传谣言说革命党人将于11月5日来会审公廨。从王谳员④的住所也搬走了几只箱子。

---

① 今天目东路。
② 今江宁路。
③ 今中州路。
④ 即王嘉熙，副会审官。

本月 5 日下午 5 时半,第 72 号印籍巡长和第 359 号印捕将 5 名佩戴造反袖章、身穿制服的宝山巡警带至哈尔滨路捕房,另有一个穿便衣的巡官是巡捕在新修的狄思威路①延长段上发现的。那几个巡警是从县城去胡家桥(Oo Ka Joh)警所。负责那小队的巡官说,他进城是去了解制造局的情况,并询问有关工资的问题。其中一人经个别盘问后说,他们正在监视会审公廨的宝谶员②。据他的看法,叛军打算刺死他。上述事项已由麦高云(McEuen)先生转告总巡,总巡下令释放这几个巡警,但要警告他们不得在租界内肇事,不许再穿制服进入租界。总巡的命令已照办,那几个没有武器的人于 5 日晚 7 时 50 分释放。

5 日晚 7 时半,第 181 号特别巡长将另一个宝山巡警(也是身穿制服、佩戴白袖章),带至哈尔滨路捕房,他是在鸭绿路③附近的梧州路被看到的。该巡警自称进租界来洗澡的。他未带武器,同其他几个巡警一起在 5 日晚 7 时 50 分释放。

下午 3 时 45 分,西虹口捕房接副总巡来电,传达总巡命令,立即释放学生刘静道,他是本月 3 日晚由沪宁铁路濮爱德④(A. W. U. Pope)先生交给工部局警务处的,因濮爱德先生不肯起诉,该学生立即被送往租界边界外,把手枪弹药交还了他。

5 日晚 9 时半,第 472 号印捕将一个名叫罗耿平(Loo Gen Ping)的人带至西虹口捕房,因他身带枪支走在靠近边界栅栏的北西藏路上。此人身穿蓝色巡警服,左臂佩着通常的白袖章,未带弹药。他说他是在去制造局的途中被捕。根据章程附则第三十七款,此人今晨将被解往会审公廨。

第 599 号华捕报告,11 月 5 日上午 9 时半,有 10 个臂戴白袖章的华人骑马过麦根路桥⑤进入租界,问他们往哪儿去,答道进城去。他们都没有带枪,当日下午 7 时半经原桥回闸北。

———————

① 今溧阳路。
② 即宝子观,满人。
③ 后改名鸭绿江路,现已并入周家嘴路。
④ 濮爱德是沪宁铁路洋总管。
⑤ 今恒丰路桥。

11月5日，会审公廨王副谳员向警务处报告，他就有关当前紧急情况，已去拜访了英、美、德三国陪审官。三国陪审官对他说，他们仍承认刘先生①为道台，会审公廨照常开庭。王副谳员未曾与宝正谳员联系过，不知他会不会再出席公堂。宝与德两个谳员都是满族，王以为他们是不愿出席的。无论情况如何，王会出席的，至少会开一庭。

下午4时半，王谳员报告，前正谳员关②将与王一起在上午开庭。宝、德二君在11月6日将不出席。关先生由刘道台任命。后来，关先生在6日说他不出席了，但王先生愿出席。

1911 年 11 月 7 日　星期二

昨日，铁路大楼内在招募叛军。许多新兵应征，大部分人显然属于下层阶级。原第446号华捕是主要负责人。北河南路越界处的天后宫也被用作粤人招募站。这是绝对违背法磊士先生给濮爱德先生指示的，即交还了该站，必须仍然是中立场地。

下午2时40分，关通知在会审公廨值班的巡捕说，他已被任命为公堂首席谳员，并经领事团开会予以承认。（总巡勃罗斯加注："目前会审公廨的事务十分令人不满。公差们一直随便走动，还常常污辱妇女。虽然任命了关先生，因而公差人等可以向他领饷了，但是似乎还没有一个有权威的人。我们的控制实际上是阻止事情乱成一团的唯一权威。"）

1911 年 11 月 8 日　星期三

昨天下午4时，在界外引翔港镇有人举行公众大会，会议主持人叫汪松福（Wong-Sng-Foh）。会议的目的是组织义勇队保护村庄。因公众不赞同，会议延期了。

昨晨8时15分，第613号华捕把三个中国革命军带进新闸捕房，他们从闸北来，过新闸桥进入租界，其中一人佩刀。由于未得工部局许可，擅自带刀进租界，因而在会审公廨受到指控，并处罚金1元，原刀归还，由巡捕押送出租界。

正会审官关昨天委派一个叫杨刘氏的新的监狱女看守负责女牢

---

①　即刘燕翼。

②　即关炯之。

房。下午 6 时,有三个助手随女看守一起来到。晚上 9 时 45 分,新老女看守在牢房和院子里发生殴斗。新看守似乎占了下风,于晚上 10 时离开会审公廨,据说她打算向正审官关诉说,并且明天还要再来。

1911 年 11 月 10 日　星期五

昨日,北河南路越界处种福庵(Tsung Poo Eu Temple)附近招募革命军,景象兴旺。起初只招粤人,现在显然谁都可以报名参加。昨日,火车站北面一块空地上一次就有五六百人操练。大多数人似乎住在租界。

9 日上午 11 时左右,南洋公学的一批学生占领了徐家汇路①李鸿章花园,他们说这是当地革命党首领安排的,打算将该地用作学生军的操场。夜间,花园大门口和院内场地有武装卫队和哨兵站岗。总巡亲见今晨 6 时 15 分有武装卫队值勤。

静安寺捕房总捕头接到格致书院干事的一封关于上述事项的来信,信中说李公祠将用作中学学生军的操场,组织学生军的唯一目的是保卫学校。格致书院干事要求准许带枪经过徐家汇路,但他的请求已遭拒绝。

1911 年 11 月 11 日　星期六

副探长克雷格(Craig)报告,昨日下午 4 时半,约 120 名不带枪的革命军新兵经过龙飞桥(Loongfei Bridge)沿静安寺路、派克路②、新闸路,过新闸桥进入闸北。

1911 年 11 月 12 日　星期日

昨日上午 9 时,前任监狱长薛(Hsieh)向本处报告说,他已由道台重新任命为监狱长,因为监狱长姚(Iau)已被解职。薛先生原先是监狱长,也曾一度当过助理谳员,在任该职期间,他证明是个碍事的官吏。(总巡勃罗斯加注:"警务处不打算同意这个任命。因为会审公廨的公差和法警常常不得不告发此人的行为。他是个经常肇事的救火会员。")

---

① 今华山路、肇嘉浜路。
② 今黄河路。

下午1时,接到领事团颁发的任命三个会审公廨新会审官的三张布告。一张贴在捕房大门口,一张送老闸捕房,还有一张送会审公廨。

1911 年 11 月 13 日　星期一

昨日2时半至4时45分,革命党人在张园举行筹款募兵大会。约有600人出席大会,大多数是学生,会上有6人发言,发言内容全系反满性质。

1911 年 11 月 14 日　星期二

今晨4时25分,第795号华捕将三个在熙华德路①扰乱治安的本地人带到捕房。其中两人是革命党雇佣在火车站的探员,另一个是新近从南京来的满族官员的仆役,现住塘山路② 170 号。情况似乎是这样的:那仆役是满族官员的马夫,昨天下午5时从南京乘火车到达上海,随身带着他主人的一只箱子,箱子当即被扣押,那马夫被打发去主人那里拿钥匙。马夫取了钥匙回来,打开箱子,发现里面全是反对革命运动的指控信和文件。马夫在火车站一直被扣留到半夜,此时两名探员为妥当起见一起陪他回家。据探员说,他在上海人地生疏,他们认为让他独自回家不适当。不过据我们猜测,他们陪送他回家意在查明他主人的住处。那马夫跟他们一直走到早晨4时25分,然后说他主人的家找不到了,探员要带他回火车站,他不肯去,此时第795号华捕到场了。箱子现在仍被扣留在火车站,两探员今晨将在会审公廨被控扰乱罪。

在北河南路越界处操练的约600名革命军新兵,昨天配备了新步枪、皮带、弹药袋和刺刀。另有100人左右仍徒手操练,还没有穿上军服。

昨日下午2时至4时,旅沪川人在张园举行会议,会议目的是招集义勇军赴川省帮助伤员,支援贫民。会议约有150人参加,5人发言,显然都是学生。会上没有报名,要求自愿参加的去白克路③ 739 号报名。

---

① 今长治路。
② 今唐山路。
③ 今凤阳路。

1911 年 11 月 15 日　星期三

第二助理总巡斯普林菲尔德(Springfield)接管会审公廨女犯、民事犯和牢房时,本捕房派了一队人到场。一切都已平静地进行完毕。

探目苏利文报告,下午 2 时左右看见 120 名非武装、不着军服的革命军沿海宁路向东去吴淞。吴淞现已被用作训练场所。

下午 2 时半,第二助理总巡斯普林菲尔德、会审公廨副捕头惠勒(Wheeler)以及薛狱长去检查了押所、女牢,并仔细核对了拘禁在那里的全部犯人。薛先生已被解职,工部局警务处接收了他交出的钥匙,控制了牢房。薛先生傍晚离开会审公廨。

11 月 14 日,聂宗羲作为助理会审官初次在会审公廨会审官席上就座。

1911 年 11 月 16 日　星期四

昨日下午 5 时,两批非武装的本地士兵,一批约 500 人,一批约 126 人,在未得到许可的情况下,从江南制造局经过租界去沪宁车站。一名负责军官被带到老闸捕房,至下午 5 时 40 分总巡下令释放。下午 6 时 50 分,又有一队 80 人走同一条路线经过,晚 10 时 20 分,再有 27 人骑马经过。有人从云南路桥护送他们去沪宁车站。

下午 5 时 15 分至 6 时半,好几批非武装的叛军约 3000 人从租界边的兵工厂出发途经西虹口地区,去闸北水厂,在那里配备好武器等装备后,整队行军去火车站。几辆专车在晚 9 时半、12 时 45 分以及凌晨 4 时半,分载上述军队离东站去南京。最后一列车上装着大批大炮、64 匹战马。这批士兵新近从宁波、杭州来,看来是经过良好训练的部队。

第 599 号华捕报告,昨日下午 5 时 50 分有约 1000 名革命军,经新闸路往西,其中 100 人通过新闸桥进入闸北。第 147 号华捕看到 700 名士兵经麦根路①进入闸北,其余的去向不明,这些士兵均不带武器。

1911 年 11 月 18 日　星期六

据白金汉(Buckingham)和曼汉(Mangham)两西捕报告,昨日中午 11 时至 12 时若干队非武装叛军,从 50 至 100 余人,经过租界前往沪

---

①　今石门二路(北段)、康定东路、泰兴路(北段)、西苏州路。

宁车站。

昨日下午 1 时,90 名非武装革命军("决死队")被护送穿过租界前往沪宁车站。

据第 382 号华巡长报告,昨晚 10 时 40 分,一队不带武器的中国人沿北河南路在界外从南往北经过。

据第 426 号印捕报告,昨晚 10 时半,约有 200 名华军由南往界外北面,经过七浦路桥。他们没有武装。

下午 1 时,约有 50 名革命军士兵过北西藏路桥由南往北,去界外邻近的小巷。约 100 名革命军于晚上 11 时沿北福建路向火车站走去。两条搭载 150 名新兵从汉口去吴淞的船,停靠在北苏州路泰甡昌码头(Tai Sung Chong Jetty)的苏州河上。他们在晚上 7 时左右到达,正在等候他们的指挥官从吴淞归来。约有 700 名革命军在下午 3 时乘火车从吴淞来,5 时搭火车开赴镇江。今晨还有 1000 名士兵从火车站出发去镇江,但还没有走。

1911 年 11 月 19 日　星期日

昨晨 10 时,1000 名革命军士兵乘火车去镇江。昨天报告的停靠在北苏州路泰甡昌码头船上的 150 名新兵从那里出发,经过西虹口地区往火车站,下午 2 时去吴淞。

1911 年 11 月 20 日　星期一

昨日下午 4 时 15 分,130 名穿军服的革命军由巡警护送,经租界去沪宁车站。

下午 5 时 25 分,县城的 100 名革命军新兵从沪宁车站出发去吴淞。他们不是经过租界的。

17 日下午 3 时,华商会①在天后宫庙内为推选执事举行会议。会议由朱葆三先生主持,约有 100 人参加。会议在下午 4 时半结束。

1911 年 11 月 21 日　星期二

当地招来的一支卫队已代替学生军驻在徐家汇路南洋公学操场上。他们整天操练,总共约 80 人。

---

①　即上海商务公所。

1911 年 11 月 23 日　星期四

昨日午后 12 时半,204 名非武装的便衣革命党人从西藏路桥被护送经租界去大西路。①

昨日上午 11 时半左右,有 260 名革命军自宝山经过西虹口地区,去制造局。

下午 5 时,革命军士兵 500 人经过西虹口地区,沿北浙江路去火车站。晚 9 时 5 分,他们离车站赴镇江。

昨日中午 12 时,总巡带领工部局工程师往访土地局磋商了保护文件之事。由于存放文件的屋宇建筑结构差,文件盒不牢,认为不可能保证文件的绝对安全。②（总办旁批:"必须采取某些措施,使文件的安全得到更好的保证。"）

1911 年 11 月 24 日　星期五

住在熙华德路 476 号的前安徽一个县长李经荣(Lee Kyung yoen)来汇山捕房报告说,星期二(21 日)有两人来求见。由于他不在,就留下名片走了。昨天下午 5 时,此二人又来了,并约李在南京路福建路转角的一家茶楼见面。李未去,此二人又回到李家,向他责问,并要他为革命军捐出 3000—5000 元。说时二人都取出手枪,放在桌上,并嘱他把钱准备好,他们以后将回来取款,但他们并未再来。现派探员查询此事,并在李家布置了便衣巡捕。

1911 年 11 月 28 日　星期二

下午 4 时 20 分,400 名革命军新兵离沪宁车站去苏州。早晨 4 时半,有人护送 100 名革命军新兵从北苏州路泰牲昌码头经洋泾浜去制造局。这批新兵是今晨 2 时从苏州(乘船)来的。

1911 年 11 月 29 日　星期三

上午 11 时 15 分,火车站对面界路发生纠纷,一批革命军新兵同几个吃食铺伙计打架。400 名新兵在等候火车时,其中一大批走进车站附近的各种吃食铺。店主说,他们吃了食物不按价付账。一个伙计抓

---

① 今延安中路、延安西路。

② 这一段是总巡在打印的报告上用手写补充的。

住一个新兵要他付钱,遂引起纠纷。骑警朗曼(Longman)到达现场,拘捕了一个新兵。新兵的同伴们力图营救,朗曼拔出军刀,阻止人群前来。新兵首领顺利地使这批新兵进入铁路站内,这场风波只几分钟就平息了。被拘的那个新兵今日上午将解往会审公廨。

午后12时5分,400名新兵离车站开往苏州。

1911年11月30日 星期四

本月28日因打人捣乱罪在界路被拘的革命军新兵陈贤贵(Zung Yan Kwe),昨日在会审公廨被判处三周徒刑。

100名从吴淞来的士兵昨晨到达火车站,下午4时15分开赴苏州。

1911年12月2日 星期六

昨晚8时许,山东路158号申报馆外面因贴有一张通告,说清军已占领汉阳,遂引起了一场乱子。当时很快就有一群人聚拢来,开始砸报馆。窗户全部击碎,估计损失达120元。当场拘住8人,今晨将解往会审公廨。

昨日下午1时半,禅臣洋行汉口分行买办、本地人曹奇方(Tsau Chee Fong),在杨树浦路日本码头遭枪击。当即送往黄浦路沙尔兹(Shultzes)医师寓所,不久即死去。虹口捕房得悉以上情况后,立即出动全体探员,赶往现场。在出事地点获悉,死者乘"南阳丸"陪同经理哈勃(Hubbe)先生刚从汉口来沪,他们两人正面朝轮船站在浮码头与马路之间的桥上,等待行李,正在此时一个本地人用手枪在他背后开了枪。凶手持枪沿闵行路逃跑,第855号华捕和一群人追了上去。凶手一看去路可能被拦住,就向巡捕和群众开了枪。维也纳面包店的鲍南(Baunann)先生在百老汇路①闵行路口听到警笛声,奔到那人前面的一条马路上,那人正好过来,此时他做出要向鲍南先生开枪的样子,鲍南先生只得退向一边,让他过去。那人于是沿百老汇路而去,第827号华捕正在虹口桥值勤,他抽出警棍想待他过来时拦住他,可是他将手枪对准华捕,华捕只得让他过去。那人转向狄思威路,折入小巷不见了。经

---

① 今大名路。

调查获悉,死者在汉口期间已收到几封革命党的恐吓信,因他有向清军供应武器弹药的嫌疑,这就是被杀的原因。已立即向各捕房通告凶手的容貌特征,有好几个人说,他们能认出他来。尸体已移送验尸所等待验尸,并已呈报会审公廨。有人认为,凶手有几个同伴,是与死者从汉口搭乘一条船前来。

昨晚 7 时 45 分,80 名革命军离沪宁车站去镇江。下午 2 时 20 分,180 名新兵从无锡乘火车抵沪。今晨 3 时 45 分,约有 35 名伤员,乘火车来到上海,其中有 3 名清兵,并已送往各医院。

文汇公司总经理摩根(J. Morgan)先生在今晨 6 时代表新闻报有限公司来到了中央捕房。新闻报有限公司是一家英商注册的报纸发行公司。① 他报告说,昨夜有几名革命党人曾去新闻报馆,见了经理,要求他不再刊登武昌陷落的任何消息。如果报上透露这方面的任何消息,他们威胁要砸毁报馆,必要时还要动用火器。除此之外,报馆还收到一封邮寄的信,显然是"敢死队"所寄,同样恐吓他们。摩根先生已得到捕房保证,给予一切保护,并请他转告华经理,万一出事即与捕房联系。

1911 年 12 月 3 日　星期日

据第 286 号印捕报告,昨晚 8 时 15 分,约有 200 名穿军服不带武器的革命军经过河南路去火车站。

同时又有 100 名非武装的本地士兵被送过租界去沪宁车站。

500 名革命军今晨一早从吴淞来,在上午 10 时左右乘火车开赴南京。晚 10 时 10 分,又有革命军 500 人去南京,他们是由浙江来的。

1911 年 12 月 4 日　星期一

上午 10 时 10 分,500 名革命军从火车站出发去南京。

会审公廨内贴出了一张由正会审官关署名的通告,内容是关于签发传票和拘票的规定。兹附上英译件一份。请特别注意该布告之最末一节,看来有直接违反领袖领事 11 月 18 日布告的内容。

---

① 《新闻报》创刊于 1893 年,最初由中英商人合资兴办。1899 年,该报为美国人福开森购得。1906 年,改组为有限公司,福开森任总董。

附件:1911 年 12 月 3 日会审公廨内贴出的通告的译文①

上海公共租界会审公廨正会审官关,关于签发传票和拘票的规定的通知

(一)传票或拘票应于收到有关领事馆的申请后 24 小时内发出。

(二)为防止差错,申请书上应记录收文时间。

(三)办公时间为每日上午 9 时至下午 6 时。凡办公时间过后送到的信件,一律不启封,需待第二天早晨再予开拆。

(四)星期日停止办公;如有紧急需要时例外。

(五)差役收到传票或拘票后须于 3 日内执行完毕,如不能完成,须向有关法庭详细报告。如被告被传后拒不出庭,在差役报告 3 日后应发出拘票。如差役不能执行拘捕命令,则法庭将作进一步考虑。传票发出后,差役不在 3 日内报告执行情况者将予以严惩。

1911 年 12 月 5 日　星期二

上午 9 时,33 名武装革命军从吴淞到达火车站。下午 1 时 5 分,乘火车去南京。

1911 年 12 月 6 日　星期三

昨日上午 11 时半至下午 1 时,川省同人在张园举行会议,选派代表去川省向川人阐明当前革命运动之目的。会上发表了几篇演说,有30 人自愿参加这项工作,与会者约 120 人。

昨日下午 2 时半至 4 时,张园举行会议,倡议统一所有拥护共和政体的省份,并为此筹款,约有 1000 人出席会议。

1911 年 12 月 8 日　星期五

晚 8 时 10 分,40 名革命军从南京到达火车站,转往制造局。

凌晨 1 时 10 分,40 名革命军带着给养离火车站去南京。

第 58 号印籍巡长报告:昨日下午 3 时,一艘拖着中国小船的小火轮停泊在麦根路码头边,船上约有 50 名革命军,但未见有任何武器。其中一些士兵上了岸。

昨日下午 2 时半至 4 时,有人在张园举行会议,会议目的是组织一

---

① 中文原件未发现,这是根据英文译件回译的。

个会社,以便促进共和政体拥护者之间不同派别的协调,并协助临时政府。会上有 9 人发言,决定派若干会员去各地向民众讲解共和政府的主义。约有 600 人出席会议,收到捐款 40 元。

1911 年 12 月 9 日　星期六

昨日下午 12 时 15 分,有 900 名革命军乘火车去南京。他们是在上午从吴淞分批来的。

1911 年 12 月 11 日　星期一

12 月 10 日中午 12 时 45 分,日本领事馆日警山本(Yamanoto)到杨树浦捕房报告说,"神户丸"将于 1 时 30 分自南满码头启航,船上搭客中有汉阳钢铁厂董事长,此人要求警方护送去码头。副捕头詹斯登(Johnston)和探员邓恩(Dunne)当即穿便衣前往。

1911 年 12 月 13 日　星期三

昨晚 7 时 10 分,18 名骑马的非武装本地士兵经过租界去江南制造局。

昨日下午 3 时 40 分至 5 时 15 分,共和建设会假座张园开会,讨论公务,并选举正副会长。会上,姚子良①和王河屏分别当选正副会长。约 50 人出席会议。据宣布已有 270 人入会。

1911 年 12 月 14 日　星期四

昨日下午 3 时半,第 185 号华捕报告,在熙华德路华记路②口有 5 人为革命事业募捐。探目克罗申克(Cruikshank)去了上述地点,发现有 4 人手中拿着有认捐人姓名的捐款簿。他们的上衣上佩着白色金属徽章。这几人被拘送到汇山捕房。他们在捕房说出各自姓名为:邝仁君(Kwaung Zung Kyung)、陈仲荣(Zung Zoong Yoong)、朱守丰(Ts Seu Foong)、牛绍方(Nyeu Zau Faung),并说他们是泗泾路 8 号布彻尔洋行(Buchel & Co.)买办派出的。遵照总巡命令,捕房拘留了这 4 人。

1911 年 12 月 16 日　星期六

昨晚 9 时 10 分,约有 350 名非武装的革命军由巡警护送经过租界

---

① 又名姚文栋。

② 今永定路。

去沪宁车站。

1911 年 12 月 18 日　星期一

据捕头杜温(Dewing)报告，昨晚 10 时半左右，他去戈登路 30 号巡视已布置印捕岗哨的立德尔(E. S. Little)①先生家。立德尔先生出来说，有一个名叫杨度的中国人在他家里。杨曾伴同唐绍仪的随从，但并非唐的随员。杨曾接到情报，说革命党人已决定要他的命，他担心有生命危险，所以来到了立德尔先生的家。立德尔先生认为，如果能让他在捕房过夜，则更为安全。他给总巡打了电话，告知此事，总巡满口答应。于是捕头杜温、探目吉文思(Givens)与华探尹康(Ying Kong)陪同杨度至捕房，在储藏楼最高层的一个小间内过夜，外面有印捕值勤。今晨 7 时，杨度要到立德尔先生家去，我们警告他，出了事要由他自己负责。早晨 7 时 15 分，他由华探尹康陪同前去。

1911 年 12 月 22 日　星期五

昨天下午 3 时至 4 时半，共和党②假座张园开会，商讨支援北方军的筹款办法。7 人在会上发言后，决定订出实行这次会议目的的计划。与会者约 110 人。

1911 年 12 月 28 日　星期四

据第 693 号华捕报告，昨日下午 4 时 20 分，约有 1800 名非武装的革命军经河南路去火车站。

昨日下午 12 时半，250 名革命军经过租界，途经大西路公墓和西藏路至新闸地区，由巡警护送。

下午 6 时 10 分，240 名浙军乘火车由南京抵沪。下午 4 时半，1800 名粤军沿北河南路去火车站。同时有 300 名粤军沿浙江路去火车站。这批士兵在晚上 10 时 50 分至 11 时 20 分乘两列专车离沪去南京。下午 1 时半，一艘小火轮拖着 6 艘平底船，沿苏州河驶往苏州，船上载着许多革命军和枪支弹药。

昨日下午 2 时至 4 时 15 分，张园举行告别会，约有 250 名新近参

---

①　立德尔系卜内门公司总经理。

②　即伍廷芳、张謇、胡瑛、赵凤昌、陈其美等人发起组织的共和统一会。

加革命军的学生出席,会上5人发言,大会结束后,学生列队回县城,这是事先得到许可的。

1911 年 12 月 29 日　星期五

下午5时至6时半,有300名革命军分批从县城来到火车站。他们睡在棚车上,等候去南京的火车。今晨7时10分,100名新兵经过北浙江路去火车站,将乘8时10分的火车去南京。昨晨9时,有110人从江湾来,径往制造局,没有经过租界。

12月28日,云南路182/3号宅主命其佣人来警务处报告称,以前来过他家的两个革命党人又来他家了。探目布鲁斯特当即前往,拘捕了此二人。其中一人说他是城里的侦探派来搜查武器弹药的,并持有军政府谍报科夔臣(Kwa Zien)①签发的公文,第二人是一个情报员。此二人均将于今日在会审公廨出庭,罪名是在租界非法活动。

1911 年 12 月 31 日　星期日

昨晨8时10分,37名女兵、200名士兵乘火车离沪去南京。下午1时5分,又有30名士兵乘火车去南京。下午2时,24名新兵乘火车去吴淞。下午5时,100名士兵乘汽艇沿苏州河向苏州方向驶去。

1912 年 1 月 2 日　星期二

昨日上午10时25分,孙逸仙博士被护送经过西虹口地区去火车站。上午11时,由200名士兵陪同离沪去南京。

1月2日下午1时15分,唐锡卿的佣人高子林(唐于去年12月29日在杨树浦路79号被绑架)来杨树浦捕房报告说,下午1时左右,一艘载有10人的小火轮停在他家大门对面,对他家的屋里审视了几分钟才离去。已派了一名武装印捕在彼处设特别岗哨,自2日下午7时到3日晨6时。

1912 年 1 月 3 日　星期三

昨日上午10时,260名不带武器的便衣军人从中央捕房地区经过老闸捕房地区,途经汉口路、湖北路、北海路和山东路公墓,由捕房护送。

---

① 应夔臣,字桂馨,时任沪军都督府谍报科长。

1912 年 1 月 5 日　星期五

据探目克罗申克斯报告，昨日下午 3 时半，约有 100 名新兵在一个军官带领下沿熙华德路向东而去，折入公平路去百老汇路，再从百老汇路去外滩。他们都不带武器。

昨日下午 5 时，指挥两艘中国小炮艇的邹维平（Tseu Vi Ping）、汪绍玉（Waung Zau Nyoen）到杨树浦捕房，要求准许他们在修理炮艇期间，把艇上 2 万发子弹、20 支步枪、3 挺机枪和 1 门 1 磅炮卸在租界岸上。经查明，这两艘炮艇是从苏州来的，每艇可载 19 名武装人员，用于在各条河流中巡逻，防备海盗袭击。现泊在自来水厂附近的黄浦江中。已通知他们不许搬动枪支弹药，并在今日中午 12 时再到捕房来。今日上午 10 时，我已指示艇上枪炮弹药不准卸在租界岸上，修船期间可卸在浦东岸边。

1912 年 1 月 6 日　星期六

今晨 8 时，有 100 名新兵从湖州乘船来到泰甡昌码头，他们在那里待了几分钟就乘船去徐家汇。

1912 年 1 月 10 日　星期三

下午 2 时，有 20 名革命军去往吴淞。下午 5 时 15 分，又有 25 名革命军去吴淞。这两批人都从宝山来。晚 9 时 15 分，25 名武装革命军从吴淞来，向制造局而去。

昨见一批革命军士兵到靠近北浙江路海宁路界外的几户人家去，他们警告那里的人，到本月 13 日，必须一律剪掉辫子。

1912 年 1 月 12 日　星期五

上午 10 时 5 分，陈将军带着 20 个士兵去吴淞，下午 3 时 10 分回来。同时从吴淞来了 20 名崇明新兵。他们在下午 4 时 20 分去苏州。下午 3 时 25 分，有 18 名宝山新兵去吴淞。中午 12 时 15 分，88 名学生革命军离沪去南京。

在昨天审理一件本地的民事案件时，拜伦·德·麦克（Baron De Macar）代表原告，丁先生①代表被告。这是会审公廨历史上第一次允

---

① 即丁榕。

许律师为本地民事案件的诉讼当事人出庭。

住在徐家汇路 17 号、供职于美国邮局的海克斯（H. M. Hykes）说，数日前的一天下午 6 时左右，他看到一队革命军骑兵，约 100 人，枪上了刺刀，从西向东沿徐家汇路前进。一个军官和两名号手走在前面一段距离，在海克斯先生看来他们是在瞭望。他看见这三人向右折入福开森路①，那队人他相信也跟随而去，虽然对这一点他不能肯定，因为当时天色太暗。从他们所穿的军服来看，海克斯认为他们是驻在李公祠的那个团里的人。（总巡勃罗斯加注："这个情况很可能。因为巡逻队巡逻时可能离开巡逻线路，而在线路以外处呆了足够长的时间，这样他们从张园出来后，就匆匆向福开森路走去。"）

1912 年 1 月 14 日　星期日

第 89 号印捕报告，昨日下午 2 时 40 分，他在靠近宝昌路②转角的徐家汇路值勤时，有一队革命军，计军官 4 人、士兵 130 人，均全副武装由南向北在他面前经过，转入李鸿章花园场地。印捕未采取行动。

1912 年 1 月 16 日　星期二

昨日下午 3 时 25 分，捕房接到报告，乍浦路、吴淞路、天潼路上聚集着大批中国人，致使交通停顿。据推测都是粤人，他们强剪行人的辫子。捕房立刻全体出动，只见那几条路上挤满华人。他们起先对巡捕抱有很大的敌意，当时情况曾一度变得似乎严重起来。后来马路终于畅通，恢复安静。当场拘捕了 9 名主犯，他们大多数人都手持剪刀，大抵是粤人。其中一人是吴淞路庙宇里那所学校的学生，这次剪辫运动大概就在那里策划的。这是一起有预谋的事件，各条马路上都有成群的人在活动。好几辆载有外国人的车辆也被拦住，车夫的辫子被剪去了。贝内特先生（G. W. Bennett）乘坐的那辆人力车在乍浦路上被拦下，车夫的辫子也被剪去。外国人乘坐的一辆汽车（未探明）在乍浦路天潼路转角被一伙暴徒阻拦，几名暴徒正想爬上车子，看见巡捕过来就让汽车开走，逃跑了。一队赶来增援的巡捕在那几条马路上一直巡逻到下午 7 时，见情况恢复正常才逐渐撤回。巡捕开头在吴淞路赶走马

---

① 今武康路。

② 今淮海中路。

路上的闲人时,有花盆等物从吴淞路店铺楼上向他们扔来。抛物的主要是粤人。今天上午将在会审公廨向被捕人起诉。被剪去辫子的原告有 10 人。(总巡加注:"8 名被告各判徒刑 6 星期,其他 2 名不在其内。")

昨天在天后宫举行招待会庆祝新年和"中华民国"成立。午前有人演讲,劝人剪辫。一些市民和商团团员充当理发匠,很多人上前剪了辫子。从白天直到半夜 12 时,大批人群游览庙宇,但蓄辫子的人不准入内,除非表示愿意剪去。其间没有发生妨害治安的行为。

学生提灯游行,一队有 250 人,另一队有 50 人,从晚上 7 时开始,从派克路①出发,穿过各马路到城里,按指定路线无误。

1912 年 1 月 18 日　星期四

据第 633 号华捕报告,约有 400 名非武装士兵被送过租界,从云南路桥经北浙江路去沪宁车站。

昨晚 11 时 45 分,有 500 名本地招募的新军离沪去南京。

1912 年 1 月 19 日　星期五

第 89 号印捕报告,昨日下午 3 时,一支由 8 名军官、136 名士兵组成的军队持步枪与刺刀在徐家汇路 17 号与李鸿章花园之间进行操练。马捕巡长斯波蒂斯伍特(Spottiswoode)报告,今晨 6 时半,同一支部队的 200 名非武装士兵和数名持指挥刀的军官在相同地点操练。

总巡补充报告说,他与探目两人在下午 4 时半去那里时,操练的军队已经走了。(总办旁批:"总董今晨去见温宗尧②之前已知晓这件事了。")

下午 7 时 35 分,陈将军由 10 名卫兵护送从南京到沪。

早晨 4 时半,由火车站载运 43 匹军马去南京,供骑兵使用。

1912 年 1 月 20 日　星期六

昨日傍晚 6 时 25 分,131 名非武装的本地士兵从沪宁车站来,途经租界去县城。

---

① 今黄河路。

② 温宗尧时任南京临时政府驻沪通商交涉使。

昨日下午 5 时 15 分,100 名不穿军服的新兵从南京来沪。他们沿北浙江路向县城走去。早晨 4 时半,给南京革命军调去 28 匹战马。

1912 年 1 月 21 日　星期日

据 203 号印籍巡长报告,昨日下午 3 时 35 分,一队全副武装的 300 名革命军官兵由南向北沿徐家汇路走了短短一段路,转入李鸿章花园。

1912 年 1 月 22 日　星期一

马捕巡长斯波蒂斯伍特报告,今晨 7 时,约有 150 名非武装的革命军士兵在徐家汇路李鸿章花园附近操练。

1912 年 1 月 23 日　星期二

昨日下午 3 时 45 分,巡捕苏利文和第 489 号印捕拘捕了一个名叫奚四(Yih S)的粤籍革命军,并将他带到杨树浦捕房。因为他们在杨树浦路发现他身带实弹手枪。经查问,知他是停泊在威妥玛路码头附近"安平"(Anping)轮上的士兵,船上共载有 800 名士兵。据他自称是获准上岸看管一个 10 人掷弹小队的,在回船时被捕。今天将解送会审公廨。

1912 年 1 月 24 日　星期三

由杨树浦捕房和哈尔滨路捕房分别指控的第 4743M 号案件和第 4778M 号案件被送到会审公廨要求判决时,陪审官哈德莱(Hadley)先生在捕房案件记录上判处"10 年徒刑"。关正审官拒绝在捕房案中文记录上批署"同意",却批注了"案件发还考虑"。哈德莱先生说,捕房应按外文记录上的判决为准。(阅件人旁批:"对此事已作何处理?")(总巡补充:"在通常情况下,均按陪审官的判决执行。此二人现押在工部局监狱中。")

1912 年 1 月 25 日　星期四

两名被告张阿四(Tsang Ah Sz)(1912 年 1 月 22 日老闸捕房第 5490M 号案件)和章阿四(Dzang Ah Sz)(1911 年 12 月 24 日虹口捕房第 4349M 号案件)被控与 1909 年 1 月 22 日谋杀第 664 号华捕案有关,昨日在许麦(Schir Mer)先生和关正审官面前受审。捕房案件的外文记录上判处"在工部局监狱终身监禁"，但关正审官拒绝在中文记录上签名。（阅件人批注："这是第二起正审官拒绝签字的事件！我们作何处理？"）

（总巡补充："按通常程序进行，犯人现押在工部局监狱。"）

第 89 号印捕报告，昨日下午 5 时 15 分，两名革命军军官率领 88 名全副武装的士兵从农村来到徐家汇路，进入李鸿章花园。

昨日下午 2 时半，130 名非武装的革命军乘"南阳"轮在日本邮船会社码头上岸。上岸后分成两队，由鲍威尔（Poweel）和斯图尔特两巡捕护送至法租界外滩大桥。

1912 年 1 月 26 日　星期五

我处已收到关于禁止在租界内非法抓人和携带武器的告示，并已在界内各处张贴。（总办旁批："工部局应复印上项告示。"）

1912 年 1 月 27 日　星期六

1 月 11 日，被控杀人罪的杨德宝（Yang Tuh Pau）（第 4849M 号案件）昨日又从虹口捕房解到会审公廨受审。许麦博士判处犯人 5 年徒刑，但正审官拒绝在案件记录上注明。犯人现押在工部局监狱。

1912 年 1 月 28 日　星期日

第 470 号印捕报告，昨日上午 11 时半，他在徐家汇路值勤时在李鸿章花园后面看见许多革命军士兵。经查问后得知，那些士兵把一个本地人绑在电线木杆上，开了 3 枪，枪毙了他。事情好像是这样的：那人也是一个革命军士兵，他在乡下向一个店主欺诈了价值 80 元的大米。他是经军官审讯，发现有罪而被处决的。执行地点在李鸿章花园北面离徐家汇路约 300 码的地方。

今日凌晨 4 时半，第 270 号华捕被叫到北京路 708 号去，住户名金倬云，原是温州县官，已故。其妻指控 4 个成人及 1 个少年索要 4 万元，称她亡夫盗用这笔款项后潜逃。在这些人身上搜到的文件表明，他们属某革命党机构。探员正在查询。

1912 年 1 月 29 日　星期一

昨日下午 5 时半，第 181 号印籍巡长在哈尔滨路捕房报告，有 4 艘载着革命军士兵的船正在靠近嘉兴路桥西面的虹口浜驶过。那些船是普通的货船,共载有 32 名士兵,每人携步枪一支。据士兵称,他们有 450 人已在当天早晨从福建到达吴淞,乘的是"新康"(Sing Kong)轮,而他们 32 人只是护送那 4 艘装载弹药和行李的船从吴淞去江湾,他们将暂时驻扎在江湾。看来沪军都督府对这支护航队的到达未予适当接待,应负责任。已奉命扣留船只,由警务处看守,护送队负责人(也已扣留)今日将在会审公廨出庭。(总巡补充:"已出庭并当庭警告,船只放行。")

1912 年 1 月 31 日　星期三

昨晚 9 时 30 分,有人报告虹口捕房说,吴淞路越界筑路处(界外)附近的一户人家发生炸弹爆炸事件。经调查查明,该屋正好在嘉兴路紧靠关漱员住宅后面。有人在这间屋子里制造炸弹,一颗炸弹发生意外爆炸,一部分房屋被炸毁,一个名叫李君白的人严重炸伤,被送往同仁医院,于 1 月 31 日凌晨 4 时死亡。住在隔壁的一个日本人头部轻微受伤。该屋已由宝山巡警看管,并查封了约 70 枚已装箱的炸弹,移往宝山警局。(总巡补充:"另一个受伤者现在医院里,双足已被炸掉。如果他今天能陈述经过情况,今天就可得到该报告。")

第 89 号印捕报告,昨日下午 5 时半,一队革命军计军官 17 人、士兵 336 人从南向北来到徐家汇路,转入李鸿章花园。士兵们全副武装。

1912 年 2 月 2 日　星期五

第 127 号印捕报告,约有 400 名革命军新兵沿北河南路向火车站走去。他们是到火车站前面的场地上去操练的。

1912 年 2 月 5 日　星期一

上午 10 时 50 分,500 名革命军从河南路桥经过西虹口地区去火车站。他们搭中午 12 时的列车去南京。这些兵原籍宁波。上午 11 时 25 分,有 215 名福建革命军从吴淞来,今驻扎宝山。

第 470 号印捕报告,原驻在李鸿章花园的一批革命军昨日转到制造局,然后开赴南京。现已由一支 50 人的卫队代替他们。

1912 年 2 月 7 日　星期三

2 月 5 日下午 6 时 55 分,400 名非武装士兵由警务处护送经过租界去沪宁车站。6 日下午 6 时,200 名非武装的本地士兵也由警务处护送从沪宁车站经过租界去县城。

1912 年 2 月 8 日　星期四

第 470 印捕报告，昨天约有 300 名革命军宿营在李鸿章花园。

1912 年 2 月 10 日　星期六

昨晚 9 时 15 分，第 980 号华捕在北浙江路拘捕了三个穿制服的革命军士兵。他们当时抓住了一个革命军逃兵正带往界外。此三人承认是奉命追捕此逃兵。他们将于今晨在会审公廨被控。

1912 年 2 月 11 日　星期日

昨晚 8 时 45 分，900 名非武装的本地士兵由捕房护送经过租界去沪宁车站。被控 2 月 10 日在北浙江路非法抓人（逃兵）的三个革命军士兵，由会审公廨判处每人监禁 5 天。

1912 年 2 月 13 日　星期二

上午 8 时，23 名革命军乘火车离沪去南京。8 时 10 分，有女兵 12 人从南京乘火车来沪。8 时 15 分，革命军 30 人从火车站附近界外的军营沿北河南路向北苏州路走来，至界外向西而去。

昨日下午 2 时至 5 时半，议和条件修订会（The Society for the Revision of the Peace Conference）在张园举行会议，与会者约 250 人。会上若干人就促成临时政府更改和约某些条款的办法发了言，但未定出明确的行动步骤。

1912 年 2 月 16 日　星期五

第 470 号印捕报告，昨日下午 3 时至 4 时，约有 100 名非武装革命军在李鸿章花园附近的徐家汇路上操练。

1912 年 2 月 17 日　星期六

马捕巡长斯波蒂斯伍特报告，昨日下午 3 时至 4 时，约有革命军 200 人在徐家汇路上操练。

1912 年 2 月 23 日　星期五

昨日上午 11 时 45 分，42 名非武装本地士兵从法租界经过本租界去沪宁车站。他们由巡捕护送。

1912 年 2 月 26 日　星期一

第 228 号华捕报告,昨晚 8 时 15 分,约有 500 名非武装革命军经过外滩去火车站。

昨日下午 3 时 40 分,有人向虹口捕房报告,一个住在武昌路 173 号、名为胡承诰的人在 2 月 24 日下午 4 时被人从家里诱骗到火车站,然后被革命军捕去。副探长里夫斯(Reeves)调查后得悉,被绑架者系前广州督办之子。他的一个朋友伪称,有朋友数人在火车站候见他,将他骗出家门。他一到火车站就被逮住,带到离火车站北面约 1 里路的一座古庙里,那座古庙已暂作营房。此人现在被扣押在那里,要 10 万元赎金才得获释。副探长里夫斯曾去那营房,但不准见被绑架人。(总巡补充:"此事已向温宗尧说了,他说他将派人释放那孩子。")

1912 年 2 月 29 日　星期四

本月 27 日,有 500 名士兵从吴淞调往镇江。同日,有 22000 发步枪子弹从制造局送往无锡,有 38 名新兵从无锡来沪,他们将住宿在西门并在那里受训。

穆安素(G. D. Musso)[1]先生从前的翻译徐之平正在县城建立高等审判厅,建成后他将担任审判官。徐建议,凡不是发生在租界内的案件均可由审判厅受理,即使牵连外国人的案件也可受理;凡请求移送公共租界会审公廨的案件,该审判厅有责任调查是否应该移送。

昨天夜车从制造局装运步枪子弹 6000 发去杭州,同车还装去 6 门 12 磅炮。

目前陈英士当局遇到相当大的困难,自从确认陈英士为都督以来,他任用了各种职位的人,现在这些人都诉说他们将被解职,因此向都督请愿,都督答道,这不是他的事而是孙中山总统的事。

1912 年 3 月 1 日　星期五

昨日,有 24 门 6 磅炮以及 3000 发炮弹从制造局用火车运往杭州。

---

[1]　穆安素是意大利人,律师。当时在谨记路(今宛平南路)设有穆安素律师事务所。

同车还装运 100 万发步枪子弹给杭州军事当局。

昨日，从徽州会馆发往南京卡其军服 1000 套、军帽 1000 顶。

1912 年 3 月 12 日　星期二

昨日，有 25000 发步枪子弹从制造局运往闵行。又有两个在闵行参与捣乱的人被逮捕，送往上海县城候审。

有 28 人因阻碍县城粪夫夜间车粪的罪名在城内被拘。

昨日下午 2 时 22 分，43 名全副武装的浙军从南京来，前往制造局。

1912 年 3 月 13 日　星期三

自从动乱开始以来，县城街道夜间经常有 250 名南市商团团员巡逻，每人每月津贴 10 元，现在据说不再需要他们巡逻了。他们已把步枪、制服交还给团部，每人得赏金 5 元。

指挥吴淞部队的李燮和将军请求孙大总统批准他辞职。他的请求已获准。

昨日下午 2 时半，中华共和促进会在西门外江苏教育总会开会，选举该会执事。到会者约 200 人。杭州都督蒋尊簋①当选副会长；章辅华被选为执行总干事，厉明度为副干事。厉在会上作了该会成立以来的收支报告。陈英士说士兵不应遣散以免招致麻烦，应派往满洲开矿。他又说，应当强迫盛宫保②和李伯行③各捐 300 万元专门用于开矿。会议在下午 5 时结束。

1912 年 3 月 14 日　星期四

昨日，有 50 个士兵从浦东南汇回沪军营。他们是两个月前派往浦东的那队人中的一部分。

昨日，"长沙"号战舰从制造局装运 2000 支步枪去湖南。

昨日，从松江来的一队士兵到制造局领取 2000 发步枪子弹，说是为了对付私盐贩子以备不时之需。

---

① 蒋尊簋应为浙江都督。

② 盛宣怀曾被清政府赐封太子少保，故又称"盛宫保"。

③ 李经方，字伯行，号端甫，李鸿章之侄，后过继为其嗣子。

1912 年 3 月 15 日　星期五

昨日下午 2 时半,在张园举行前第六镇统制吴禄贞将军的追悼会。吴于去年 11 月在山西石家庄被清兵谋杀。到会者约 1500 人,其中有 30 名穿军服的士兵。前湖北省谘议局议长汤化龙在会上致词,颂扬亡者;沪军都督府前财政部长沈缦云等人也发了言。会议在下午 4 时 15 分结束。

昨日上午 7 时 20 分,陈英士将军自南京乘火车抵沪。

1912 年 3 月 18 日　星期一

昨日下午 2 时,鲁、粤籍军士 500 人从湖州抵埠向江湾而去。下午 5 时 25 分,浙军 500 人自南京乘火车抵埠,向麦根路走去,然后乘船去杭州。这两支军队都没进入租界。

1912 年 3 月 19 日　星期二

昨日晚 6 时 35 分,接到法巡捕房电话,通报县城里爆发骚乱事件。已通知代理总巡及各处巡捕房。

1912 年 3 月 20 日　星期三

19 日晚①闹事的一批泰州新兵昨日下午每人发了 1 元钱,并被编入正规军部队,属第二团的一部分。

制造局比平时戒备更加森严。

今日上午 9 时半,有 1 万发步枪子弹从制造局运往徽州会馆。

海防厅和刘福彪②官署的巡逻兵在县城主要街道来往巡逻。

昨日下午 2 时半,11 个社团在西门外江苏教育会附近的新新里(Sun Sun Lee)1 号开会。

1912 年 3 月 21 日　星期四

18 日晚被打死的以及后来死去的那些士兵的尸体已于 20 日下午 1 时半收殓,棺材搬到制造局附近的泰州会馆。

每个泰州兵捐了 1 角钱购买鞭炮,在棺材抬离衙门时燃放。

制造局附近现有 9 艘型号不同的炮艇,据那里的士兵说,他们集结

---

①　应为 18 日晚。

②　刘福彪时任福字营统领。

在那以防某些部队出事。

据报告，县城当局打算赦免并释放 200 名囚犯，已致电南京，要求核准。

20 日下午 6 时 45 分，由小火轮从制造局载运 22 箱步枪去闸北，然后运到湖州会馆。同日下午 1 时 10 分，约有 120 名闽军离开宝山巡警总局去吴淞。

1912 年 3 月 22 日　星期五

20 日晚上 9 时，武装匪徒 7 人闯进城内西门附近的一户人家，盗窃了价值大约 800 元的财物。匪徒身穿卡其军服，操湖北话。他们自称是一伙组织起来进行第二次革命的人员。

有 1200 名士兵从烟台乘招商局轮船抵埠。但并未上岸，目前船停在靠近制造局的江面上。

城内谣传说，一些殷实富户将遭抢劫，所以不少人家迁至租界。各店铺白天营业结束后，将铺中贵重商品亦运入租界，第二天早晨再送回城里。

1912 年 3 月 23 日　星期六

昨日午后 12 时 10 分，200 名非武装的本地士兵从法租界经本租界前往宁沪车站。士兵由巡警护送。

1912 年 3 月 25 日　星期一

本月 24 日，中国银行经理宋汉章同梁建臣一起应邀去吃午饭。梁建臣住在极司非而路①附近的一幢名为"小万柳堂"的房子里。宋汉章约在下午 2 时被人用暴力劫往停泊在苏州河的一艘小火轮上，船上约有 20 名着军服的武装士兵。这是驾车把宋先生送出来的马夫目睹的，他把那艘小火轮叫做"救生轮船"。另一个被邀的来客是南市某银行的，他也亲眼看见宋先生被带到小火轮上。

小火轮向上海驶去。

傍晚 7 时，一个银行代表来中央捕房说，宋先生在陈英士都督衙门，要求捕房只当没有发生这件事，因为银行总裁会对宋先生的获释作

---

①　今万航渡路。

出安排。

两艘招商局轮船"新民"轮与"江兴"轮昨日卸下了运来上海的士兵,计3000人左右。一部分士兵去制造局,一部分去湖北会馆和徽州会馆,还有一部分去制造局附近的海神庙和江靖寺(Kan Tsing)。

约有700名非武装的新兵和北方人去火车站,乘火车去南京。

24日下午3时,一月前因传说有骚乱而去浦东南桥的180名沪军营士兵,已搭乘9条小船回沪。

24日下午2时至5时,制造局工人在南门外土神庙开会。他们为了保护自己,决定组织一个行会,定名为"中华民国工党",每月会费为6角。

24日凌晨3时,一群操河南话和湖北话的武装强盗闯入大东门内的一户人家,抢走价值1000元的衣着用品。

前案犯今敢死队司令刘福彪向都督请假一月,都督没有答应。

24日下午2时半,工商联合会在张园开会,选举执事。与会者约200人。会上有人发言说,组织此会旨在改进国货,防止洋货畅销,资财外流。选出执事60名。中法药房经理黄楚九得票最多。会议在下午5时45分结束。

昨日中午12时,唐绍仪乘专车离沪去南京。火车站有1000名士兵组成的一支卫队,还有50名卫队在车上侍卫。

据巡捕张普尼(Champney)报告,24日上午11时15分,约有300名非武装的本地兵由外洋泾桥进入租界,沿外滩前进,过外白渡桥前往火车站。

据巡长艾厄司(Aiers)报告,24日上午11时20分,又有一队非武装的本地兵300人由外洋泾桥进入租界,再沿外滩经汉口路,过江西路桥去火车站。由捕房护送穿过中央捕房地区。

昨日上午11时55分唐绍仪乘专车离沪去南京。他有30名卫兵陪同前去,今日下午7时20分回上海。

昨日下午3时15分,有340名河南新兵离沪去南京。他们走过租界,但未带武器,也未着军服。

昨日下午4时50分,中国银行会计员来捕房报告该行经理被人绑架。经副捕头吉布森(Gibson)和探目吉文斯(Givens)调查,情况看来是这样的：归国留学生邓廷基（Dung Ding Kyi）和梁建臣邀请中国银行经理宋汉章等数人至极司非而路 36 号住所午餐。昨日下午 2 时半左右，蔡松清（Tsa Sung Ching）、顾达三（Koo Dau San）（此二人与信成银行有关）以及张叔和①、宋汉章都应邀来到上述地点。这时候有穿西服的 7 个人走进屋来，用暴力将宋汉章、梁建臣带到等候在该屋后面苏州河上的一艘名为"救生轮"的小火轮上，很快向东驶去。极司非而路 36 号住户名廉惠卿②，无锡人，做过官。那次邀请是张叔和所为，据认为这件事张是一个主要角色。后来捕房在傍晚接到电话说，中国银行方面希望不再提这件事。

1912 年 3 月 28 日　星期四

据探目辛普森报告，赫司克而路上可能要出事。当地人今晨在石桥附近的宝山地区开会，会上有人建议派商团团员和宝山巡警到赫司克而路迫使工部局巡捕离开该路。上述建议已提交县城当局。会议保密，外人不准参加。

虹口捕房探员今晨拘捕了一名苏州来的士兵，兹附上该士兵的供单一份。

上午 11 时半，在火车站接到苏州来的电报，报告一切平静。

陈英士都督已通知县城各司令，27 日夜，苏州发生兵变，有 8 个营，共 4000 人处于叛变状态，首犯已被拘押。

总探目阿姆斯特朗（Armstrong）（签名）

附件：虹口捕房 1912 年 3 月 28 日

1912 年 3 月 27 日苏州城的暴乱

今晨 8 时 20 分，驻扎在苏州阊门军营的第四十六团的一个士兵企图在吴淞路 133 号一家当铺典质财物，当场被探员阿林拘捕。经查问，该士兵供述如下：

我叫吴云山（Wo Yung San），6 个月前我当了兵，编在南京第四十六团，在南京待了一段时间就去苏州。

---

① 张鸿禄，字叔和，张园主人。

② 廉泉，字惠卿，号南湖，又号岫云，1895 年曾参与康有为的"公车上书"，后历任户部主事、郎中。小万柳堂是其辞官南归后在沪营建的别墅，故廉又自号"小万柳堂居士"。

1911 年 12 月 5 日，约有 6000 名士兵开往南京。我团也前往。3 月 25 日，我们四十六团计有 1500 人到了苏州，驻扎在苏州城外阊门。我们谁都没有辫子。

3 月 27 日下午 4 时至 6 时，第四十五团有 1500 人从南京到来。他们都有辫子，驻扎在火车站外弥陀桥营（Mih Doo Jao Camp）。看见四十五团的士兵留着辫子，四十六团的一些人走去叫他们剪掉辫子，大家都要一样。并说如果不答应就要强迫他们剪。3 月 27 日晚 8 时许，四十五团 1000 多人上街。他们带着步枪和匕首。在街上遇到四十六团的 200 人左右，带着剪刀要剪掉他们的辫子，因此发生了殴斗。结果四十六团有 3 人死亡，该团其余的人当即逃跑，而四十五团的人却开始抢劫当铺。巡警见此情景也逃跑了。殴斗和抢劫约持续了一个小时，四十五团的人回了营。今晨 3 时，我和我的朋友赵奇生（Zau Chi Sung），他也是四十六团的，沿马路向车站走去，发现了这些财物。我们就搭 5 时 30 分的早班车从苏州赶到上海，火车在早晨 7 时半到达上海。我的朋友在上海火车站被拘，我想把财物典当后即回苏州，正在典当时也被拘了。

1912 年 3 月 29 日　星期五

工部局总办：

兹附上昨夜关于当地严重不安的报告，以及一份助理总巡（华人）报告的概要，他昨日奉派前往苏州，当夜回来。

他告诉我的详细消息现在不必详述，但要点是这样的：在会见苏州代理都督本人之后，希尔顿·约翰逊上尉心里已很清楚，士兵们如果无法无天的话苏州当局是并无能力制止他们的。

据我对上海及其周围当地局势的了解，我认为现在宜发布一份紧急布告即防卫计划第二节中所建议的（遇威胁性骚乱的预防措施）。

这样的布告对警告那些意欲抢劫纵火之徒会起作用，对守法的华人居民也有稳定作用。他们将明白倘若本地发生暴乱当局将如何对待。

总巡勃罗斯（签名）

附件（一）：1912 年 3 月 28 日星期四晚 8 时 15 分

亲爱的上校：

我刚从苏州回来，现在那里一切平静。这场乱子的起因是士兵中的不满情绪。他们烧毁了大概 12 家铺子，约 10 人死亡。混乱完全限于阊门外（苏州城西北角的城门）郊区。城内没有波及，因为城门及时关闭了。

我见到几个传教士，当场详细询问。后又访问了代理都督，获得详情。他说，他完全掌握着局势，但这一点是十分可疑的。昨夜暴动牵连 400 人，但处于一触即发状态的却有 2000 多人。肇事的 400 人中已有 20 人或 50 人在上海、无锡、常州、南京以及在乡下被捉住，这说明他们已分散到四面八方。

约有 300 家店铺和住户被洗劫一空，绸缎庄、钱庄、当铺首当其冲。

士兵们不满的详细情形容明日奉告。不必说，那是关于士兵饷银的问题。

A·希尔顿·约翰逊敬启

附件（二）：1912 年 3 月 29 日西虹口捕房

昨天本地区各旅馆没有什么重要的来客。

27 日晚八九点钟之间，驻扎在苏州阊门外的士兵中间发生了严重暴动。据悉出事的起因是第十八骑兵营的一些士兵不买票要进"丹桂"剧场。遭拒绝后，他们回去和附近炮兵营的朋友们商量，遂起骚乱。约有 400 名士兵参与，他们砍倒电话线杆，割断电线。接着抢劫"庆丰"当铺，并把它付之一炬。还对其他店铺进行纵火、抢掠。当时城门已关闭，就现在所知，城里没有出事。纵火、抢劫虽只有 400 人积极参加，但相信城外还有约 3000 人是心怀不满的。总共死了 7 人，其中只有 1 人是士兵。这场乱子一直闹到昨晨 6 时。城内店铺下午照常开门。在闹事期间有 300 多家店铺和窑子遭抢劫。昨夜没发生什么事。昨日大批避难人员从苏州乘火车到沪。昨天火车站约有 30 名士兵整天值勤，还有若干宝山和县城的探员。旅客行李严格搜查，从 5 个人身边搜出无疑是在苏州抢来的物品，此 5 人已被捕。掌管宝山军队的李燮和将军昨天也整天在火车站。掌管苏州军队的庄都督①昨日下午 4 时 20 分离沪回苏州。今附上苏州写来的一封信,信中详情如上所述。

吴淞也有出事的危险。有人建议遣散一部分驻在那里的士兵。那些人提出如果遣散要发 3 个月的遣散费,但只答应了 2 个月。一个带头在街上鼓吹这一主张的士兵已被拘捕。

探目辛普森(签名)

1912 年 3 月 28 日　星期四

中国银行经理宋汉章昨天在南市受审。由陈英士将军指派的两名审判官进行审讯。审讯秘密进行。经理留在受审原地,全夜有士兵看守。案件延期再审。

200 名士兵从常州会馆调往县城,驻在南门附近。他们属沪军营的部队,不久前在浦东执行巡警任务刚回来。

昨天下午 3 时,近来驻在宝山巡警总局附近的 300 名浙军和闽军,从苏州河的新闸桥出发开赴烟台。

1912 年 3 月 29 日　星期五

由于 3 月 27 日苏州的暴乱,28 日加强卫兵在火车站值勤。对形迹可疑的人物和行李严加检查,因此逮住了许多抢劫犯或抢劫嫌疑犯。在月台上抄查的多数是县城的探员。整天有大批从苏州地区来的避难者乘火车到达上海。

昨日,有一伙敢死队员在城内茶馆里议论苏州店铺遭抢劫时说,他们的饷银两天内就应支付了,到时若不立即发放,他们马上要在上海动手抢劫,先在南市下手,因为那里有钱庄和殷实的商行。

昨夜,陈英士都督府出动 8 名骑兵在县城和南市街头巡逻。

昨日,由中国炮艇从制造局装运 200 支步枪、15000 发子弹去南京。

昨日,制造局附近流传着谣言,说有一批不满政府的士兵正在筹划纵火焚烧制造局仓库,作为开始抢掠的序幕。那里的士兵常常对他们的待遇表示不满,昨晚制造局加强了防卫措施。

---

① 即庄蕴宽。

南翔的乡绅们请求李平书从南翔撤走 200 名光复军，怕他们在那里闹事，又不能把他们当巡警用。

1912 年 3 月 31 日　星期日

在上海捕获的两个苏州抢劫犯昨日下午 4 时半在县城枪决。同时有一个判死刑的罪犯从县城监狱提出绞死。他的罪状是在去年川沙地区发生反抗自治公所的暴乱时纵火。

一个名叫马丁的欧亚混血儿，他是驻闸北的光复军少校，30 日到虹口西洋女学堂去，他有一个女孩子在那里读书。他告诉学堂的嬷嬷说，那天晚上可能发生暴乱，她们如果愿意，他将派 10 个卫兵去保护学校。

昨天制造局流传谣言说，康有为已派密使来沪贿赂士兵，并已将两个月的饷银秘密发给了制造局附近老炮台营的士兵，要他们倒戈。

84 名原上海道台衙门的卫队，昨日下午领到了饷银。饷银已经减少，巡长从 16 元减至 11 元，巡士从 12 元减至 8 元。这就引起了很大的不满，他们要求李平书解决，李对他们说减饷是奉陆军总长黄兴之命。

昨日下午 4 时，发放制造局工人的工资。

同一天下午 1 时，敢死队也领了饷银。士兵们谈论说，他们以往从来没有那么干脆地领到过饷银。

沪军营、骑兵营和老炮台营的士兵今天也发饷。

昨夜除了巡警外，不少骑兵和步兵也在县城和城郊巡逻。

商团团员三四个人一队从晚上 8 时一直巡逻到半夜。

29 日晚 11 时，遣散吴淞士兵 140 名，发两个月的饷银。

昨日傍晚，本地商团团员在闸北地区巡逻。

接到闸北有闹事危险的电话后，北四川路地区毗邻工部局马路的本地警察署已严加注意，但夜间情况正常。

附件：

传　单

特别大会

谨启者：今日之闸北，列强环伺，危险万状，处于四面楚歌、朝不保暮之时间。敝团同志抱铁血主义,将牺牲其身,与之从事。惟一朝发难,后顾无援,不得不效将伯之呼。兹特于本月 31 号即旧历 2 月 13 日星期日午后 2 点钟,在敝操场开维持大会。届时务望各界、各团体相率偕来,共筹对付,保存主权。事关国体,伏祈贲临,不胜迫切待命之至。除分别函请、登报广告外,特此布闻。

　　路由:北河南路直北,过沪宁车站延绪山庄朝西,车马可以直达操场。

闸北总商团会专布

〔整理者系上海市档案馆馆员〕

中国红十字会早期史料（1904—1907）

冯金牛　整理

整理者按：20 世纪初，以西方人道思想为核心的红十字会组织在中国传统的民间慈善机构中出现，这是中西方文化交流融合的典型事例。然而，由于早期史料的缺乏，在研究中国红十字会历史时，至今还存在不少疑问之处。比如：中国红十字会究竟是成立于 1904 年还是 1910 年？中国红十字会的第一任会长究竟是吕海寰还是盛宣怀？这在学术界就有不同的意见。近年来，上海图书馆工作人员在整理上海图书馆收藏的盛宣怀档案时，发现了 200 多件与中国红十字会早期活动相关的珍贵史料，大都未经发表。通过对这些史料的爬梳和整理，有一些非常可喜的发现，有助于廓清中国红十字会研究中存在的疑问。现从中挑选 60 多件史料，分为"万国红十字会时期"和"中国红十字会成立时期"两个部分予以公布，供研究者参考。

1. 沈敦和①、施则敬②、任锡汾③致盛宣怀④禀（光绪三十年正月廿

---

① 沈敦和（1866—1920），字仲礼，浙江宁波人，近代社会慈善事业活动家，曾任上海四明公所董事、上海总商会理事等职。光绪三十年正月与施则敬、任锡汾等人发起成立中、英、美、德、法五国合办的上海万国红十字会，被推举为中方办事总董。

② 施则敬（1855—1924），号子英，江苏吴江人，近代社会慈善事业活动家，上海万国红十字会发起人之一。

③ 任锡汾（？—1918），字逢辛，江苏宜兴人，近代社会慈善事业活动家，上海万国红十字会发起人之一。

④ 盛宣怀（1844—1916），字杏荪，近代政治家、企业家、社会慈善事业活动家，时任工部左侍郎，并被清政府任命为办理商约大臣，与吕海寰在上海与西方各国进行商约谈判，是上海万国红十字会发起的幕后主持者之一。

九日,1904 年 3 月 15 日)

敬禀者:现在同人拟创办万国红十字支会,拟有捐启、公函两稿,已经送请吕尚书①鉴阅。兹特呈乞钧察,务求迅赐核定,克日掷还,以便赶缮付印。昨伦贝子②过沪,已经当面说明,外洋各埠,均由其带往分发劝募。所有捐启等印成后,邮寄日本,途中约出月,初三左右必须寄出,不可稍迟。鹄望谕示,不胜盼切。捐启内五、六两条,系收捐办事、如何缮付收据等事,尚在中西会议,定妥即行叙列,并以附及。肃叩钧祺

敦和、则敬、锡汾谨禀
正月廿九夜

附件:万国红十字上海支会捐册③

慨自日俄开衅,去腊廿三④夜海战其始,将来海战、陆战,未知其有已时。我中国严守中立,已奉明谕,而海道如辽东湾及高丽湾数千里,陆路如辽河以东之奉天、吉林、黑龙江三省所属及南北朝鲜各数千里,皆为战地,亦有明文。凡此战地,我华人或侨氓,或土著,合官商工农之众,极丁口财产之繁,舟车所通,踪迹殆偏,今遭世变,忽罹兵端,惊炮火之飙驰,伤血肉之飞薄,生死顷刻,惨痛难名。凡同有此黄种之思者,奚忍听其白刃之蹈耶?

○○等屡次集议,设法拯救战地华人,一面并即筹备款项,无如两国禁令綦严,在我权势不足。袁慰帅宫保⑤悯念旅顺、青泥洼等处被兵华民,拟派轮往救,先须与俄商允,其允否难以预知,即所救恐将不及。因查咸丰九年,欧洲瑞士国创设万国红十字会,有战地救护权利。同治三年,各国特遣专员,会议于杰乃法⑥都城。嗣是欧美各国缔约联盟,

---

① 吕海寰(1842—1927),字镜宇,山东掖城人,近代外交家、社会慈善事业活动家,时任工部尚书,并被清政府任命为办理商约大臣,是上海万国红十字会发起的幕后主持者之一。

② 伦贝子指贝子溥伦(1869—1927),字彝庵,爱新觉罗氏,满族,满洲镶红旗人。溥伦于 1904 年 3 月率中国代表团参加美国圣路易斯世界博览会。

③ 此件为征求意见的草案,作于光绪三十年正月(1904 年 3 月)。

④ 光绪二十九年十二月廿三日系 1904 年 2 月 8 日。

⑤ 袁世凯(1859—1916),字慰亭,又作慰庭,号容庵,河南项城人,时任直隶总督、北洋大臣,兼政务处参预政务大臣、练兵大臣、督办电政大臣、督办铁路大臣等要职。

⑥ 现译日内瓦。

实行其事。光绪十二年,日本亦联盟与会。其战地救护权利,大旨三端:一、在战地设立医院,专医因战受伤军士及误中流弹人民;二、置医药大车于战地,安置受伤兵民;三、可于战地救拔被难人民离去战地。凡在同盟,例得用红十字旗,在战地行其权利,战国不得侵欺。是以现在各国于日俄战事派员观战之外,红十字会亦联翩而前。其第三端之权利,正合拯救战地华人之法,惜中国先未与会,不获同享此权利。

○○等竭尽心思笔舌,遍恳寓沪各国官商,又承李提摩太①介绍其间,以此为中西莫大善举,公举中外议员,于正月二十四日②在上海公共租界工部局议事厅集议,商明各国暨日、俄两国,允即由中、英、德、法、美设立万国红十字上海支会,中外合办,同享权利,并议明中人募中款,西人募西款,以资经费,电达俄君主,饬下战员知照。○○等克日筹凑垫银伍万两为开办经费,先以示信。战地华人,顿有生机。此岂○○等积诚能感,殆我上天好生大德,列圣积累深仁,启佑无形,彼遂许我创与是会耳。○○等谨当实心实力,按是会第三端权利切实施行,其第一、二端则酌量为之,以符会例。念我中国海内各行省并奉差、经商、寄寓海外各国各岛同志诸君子,必皆乐闻我中国创与是会,以保我今日被兵同种。○○等不敢不以布告。且是会经费,如海道专雇轮船,陆路广雇车辆,侨氓送回原籍,土著量移近区,俾之离开战地,其必应备给衣食物件,并办事会员往来川费,务期涓滴皆有实际,即极樽节,均已不菲。现在垫出之五万金,不啻杨枝一滴。倘以限于经费,事竟中辍,或仅骛名,微论贻讥外人,亦必为海内外同志诸君子之所深惜。或谓此会于中立有益无损,战地半在中土,所救又系华人,圣主子惠黎元,似可上乞恩施发帑,而仰体宵旰忧勤之隐,万几日不暇给,如以上陈,先须钦派专员,遍商各国允洽,再能与会,辗转需时,实恐迟不赴事,不如权宜先办,以救燃眉之急,即为将来国家派员联盟与会之基础。

○○等又公同商酌,历年各省水旱灾赈,庚子北方变乱,海内外同志诸君子慷慨乐输,略无厌倦,今是会中国幸而创与,将垂久远,现实关

---

① 李提摩太(Timothy Richard, 1845－1919),英国传教士,后任上海万国红十字会西董。

② 光绪三十年正月二十四日,即 1904 年 3 月 10 日。

系两国战地我华人亿万生命，用于布告之中特作乞贷之举，伏望诸君子慨揥廉泉，迅输义粟，公款可拨者拨之，有家愿毁者毁之，以亲及亲，以友及友，互相劝募，不惮筹维，多自数十万金、数万金，少至数百文、数十文，均无不可，共襄义举，全活生灵，将见驰誉五洲，知中土之尚有人在，争雄万国，由斯事之推暨而来。所有大概情形办法，附列于后：

一、日俄战状，传闻互异，大约正月二十四日以前，旅顺、仁川、海参崴三处皆有战事，互有胜负，陆路尚未交绥。俄有严禁人民出境之令，就地非有护照，不准往来。其铁路被匪毁坏，迁怒附近商民，庚子黑河之惨，指日复见。本会应就已经开战处入手办事，其余依次递及。

二、本会同志，西人久已前往，现由中西合办，应就支会之中人内，公推胆识俱优、阅历亦到、熟谙各国语言文字者，偕同支会之西人续往，行其应享之权利。并先电在彼同志，先行设法，分头确查，应救人数，何处最多，何处较少，何处最亟，何处较缓，查明电复到沪，以便续往同志酌定趋向。

三、陆路尚未交绥，辽河以东惟附近铁路处，时有搜杀抢劫之惨，又严令不准他迁，其腹地现暂安堵，将来亦必同遭浩劫。本会拟婉商同会俄人，弛禁迁之令，以陆续迁至辽河以西为主，如有依恋世业濒死不愿迁者，当以居行之义劝之。所有迁费，由本会酌量应付，一面即将办法撮要登报布闻。

四、海道现已开战，各口安置水雷，商轮均不经过，如欲救旅顺之人，须绕营口往来，余可类推。本会应有专轮为会员乘坐办事。中国官兵各轮船既不相宜，其相宜之中外商轮船，雇资甚巨。现拟分别商借，一面先由续往会员到彼权宜设法办理，如在旅顺、仁川者送至烟台，在海参崴者送至日本长崎，再转至烟台或上海，所费均由本会应付，其办法亦随时登报布闻。

五、（原缺）

六、（原缺）

以上六条，系按现在大概情形，酌议办法，未尽事宜，仍随时酌议。

某某等谨启

（上图档号 SD58800）

2. 吕海寰、盛宣怀、吴重憙①致外务部、商部函稿（光绪三十年四月初九日，1904 年 5 月 23 日）

致外务部、商部

王爷殿下②、贝子爷阁下③、大人阁下：

三月十六日沈道敦和、任道锡汾、施道则敬送阅津电，转奉商、大部饬催上海万国红十字会捐册，当饬商酌备具公函，检同捐册一百本，寄交大部司务厅转送，当蒙钧鉴。

缘自客腊上海中国乡绅联合英、法、德、美在沪绅商会议，至今春二月，特设上海万国红十字会，公举中国记名海关道沈敦○、前四川川东道任锡○、直隶候补道施则○为中国办事总董，英按察威金生、副总税务司裴式楷、英工部局董安德生、高易律师麦尼而、教士李提摩太、法工部局董勃鲁那、德国宝隆医生、美国丰裕洋东葛累为西国办事总董。麦尼而将会章详细译明，中西分别募捐，酌设分会、医院，救护战地无关战事人民出险，应商请两战国政府承认，先由中国兴商。

沈道等因与海○等熟商，以上海丝业会馆为中总董办事处，凡与西董会议及交涉各事，由沈道等三人合办，一面邀集众绅商，刊拟捐启，联名公寄各省各埠，恳为劝募，一面筹拟商请两战国承认之法。适奉商、大部电嘱劝办，因据情电复，并电请大部与日、俄驻使电驻日、俄使，商请两战国政府承认，又准北洋往来电商南北合办。

乃两战国政府均以已设有红十字会足敷分布为词，而战地情形日亟，势难延待，迭经中西总董会议，以营口最为冲要，先行设立分会，由美领事密勒、教士魏伯诗德④等，遴举中西董事，酌设医院，并救护无关战事人民出险。该处向无法人，据称已举丹国人、俄国人与会，就近商明该处俄官允准照办。海道业已梗塞，难民出险，只可取道铁路，以距

---

① 吴重憙（1838—1918），字仲怿，又作仲饴，江苏海丰人，时任电报局驻沪会办大臣，被清政府指定参与上海万国红十字会的活动和协调事宜。1905 年吴重憙调任仓场侍郎后，不再参与上海万国红十字会的活动。

② 时任外务部总理事务大臣为庆亲王奕劻（1838—1917），爱新觉罗氏，满族，满洲镶蓝旗人。

③ 时任商部尚书为贝子载振（1876—1947），字育周，庆亲王奕劻长子。

④ 魏伯诗德，英国传教士，后任上海万国红十字会营口分会董事。

山海关、天津较远，深恐照料不及，又由沪遴举苏绅候补通判张庆桂、同知周传诫，带同俄、法、英文翻译人等，附轮至津，商请袁慰帅，示饬与赈抚局毛道庆蕃、会办张绅等函商营口，于该分会已展设奉天、辽阳分会外，再添设新民屯、沟帮子、山海关、塘沽四处分会，电沪请添派人往办事。又由沪遴举历办义赈同办庚子东南济急会之苏绅直隶候补知县刘芬、指分直隶候补知州任锡琪、云骑尉世职徐信谟、前安徽候补通判左桢，并令酌带向曾共事可靠之员友，俾可分投办事，以资得力。现正部署启行。沪又添设烟台分会，以联津、沪、旅、青之气。

查此会宗旨重在医疗，其救护难民出险一层，本系条议中之绪余，实为今日之要著。蒙大、外务部一再据情转商，并已奏请颁给驻英张星使①全权，补画瑞士总会原约。尚有应行声明之处，拟另备函电商请张星使酌办。

俄政府久无复音，似已无暇及此。日政府于救护难民出险一层，据总领事面称必可商办。惟战地情形，迭据各分会电函及迭次来人吁诉，自去秋以来，农氓失业，商贾裹足，日用昂贵，耕畜余粮，概被搜刮，俄兵每退，于可携带之物外，必焚毁无遗，转瞬饥荒，自在意中。向来饥荒之后，必有大疫，将来分局施诊施药，亦须筹及。现在分会传单所到，侨民均陆续内徙，而土著之人则以出走亦无以为生，仍只株守待毙。东三省虽向为产粮之区，农氓久已失耕，秋收无望，亟应接济，惟幅员辽阔，无论禁令如何，粮食从何购运，随后甚烦计议。

目前山海关外，俄兵将退，日兵未到，胡匪横行，人有戒心，各分会均依傍铁路车站，与北洋官绅联络一气。据报，截至三月底止，合营口、奉天、辽阳、新民屯、沟帮子、山海关六处，救护出险难民二千余人，均有名册，来电据称即当录寄。又据烟台分会电，由沙河、东沟等处，民船冒险渡到第一次一百余人，二次三百余人，工匠居多，酌量抚恤资遣，随后造册函报。除总、分会往来电报商恳免费外，所有轮船、火车，又恳蒙袁慰帅饬由毛道庆蕃印掣免票，在事南北官绅一体领用。其有已给免票而尚难启行者，按口量与津贴，俾回原籍或另谋生，尚无出险而致失所之人。其未领用免票以前，各该分会商明车站，于各人手心、衣襟钤印

---

① 张德彝(1847—1918)，又名张德明，字在初，满族，汉军镶黄旗人，时任驻英国公使。

图记,分起派人护送至火车站,验明免费运送。

医院现只设营口一处,购运药物两次,现又拟购寄各该分会治暑防疫诸药品,所费均尚无多。至在事中西官绅士商,中西总董因皆不支薪水夫马;西总董公延书记月薪,由英、法工部局捐给;中总董公延翻译、书记月薪及油烛、笔墨、纸张,由沈道等另行设法筹给。各分会中西董事暨由沪前往之张、周、刘、任、徐、左诸绅,亦不支薪水。其沿途来往川费,所用翻译、书记人等,均万不可少,断无再令捐给之情理,均令量给薪水,据实樽节开支。

就目前而论,捐启分寄各省,荷蒙筹募,陆续拨寄,沪市则下至优伶,亦集资相助,具见好善人有同心,经费尚无虞不给。惟将来分会推广,兼办赈济,其地广阔难限,其时日久暂难知,所费浩繁,设竟见绌,点金何术,将何以仰体圣慈如伤之隐,慰灾黎待命之情。此尤昕夕旁皇,难安寝馈,而不能不遍呼将伯也。

前伦贝子过沪,经在会绅商面陈办理情形,蒙谕捐启刊印告成,可寄交带至沿途各埠酌量劝募。遵经函寄三百本,并分别函寄各国驻使暨张弼士、张榕轩两京卿,恳为广募。现接日本杨星使①陆续函汇捐款,此外尚无复音。

除未尽事宜随时函电驰陈外,专肃。恭请

金安、钧安

吕○○、盛○○、吴○○谨肃

四月初九日

（上图档号 SD27084－4）

3. 吕海寰、盛宣怀、吴重憙致袁世凯、魏光焘②电稿（光绪三十年四月十二日,1904 年 5 月 26 日）

致袁、魏制台电　四月十二日

天津袁慰帅、南京魏午帅钧鉴:兹与红十字会总董公拟谢恩敬乞慰帅携衔电奏。其文如下:外务部钧鉴:奉蒸电,钦奉上谕:朕奉慈禧端佑康颐昭豫庄诚寿恭钦献崇熙皇太后懿旨,前据外务部奏万国红十字总

---

①　杨枢(1844—1917),字星垣,回族,祖籍盛京,生于广州,时任驻日本公使。

②　魏光焘(1837—1915),字光邴,号午庄,湖南隆回人,时任两江总督、南洋大臣。

会请旨画押一折,业经批准,饬谕张德彝画押。此会医治战地受伤军士,并拯救被难人民,实称善举,现经中国官绅筹款前往开办,深惬朝廷珍恤之怀,着颁发内帑银十万两,以资经费,传谕该员绅等尽心经理,切实筹办。钦此。等因。跪诵之下,钦感莫名。臣世凯、臣光焘、臣海、臣宣、臣重憙,遵即传谕该会中国总董沈敦和、任锡汾、施则敬,臣世凯、委员毛庆蕃,分别转传英、法、德、美总董威金生、李提摩太等,并在会中西各董事,一体钦遵,公同酌拟,由臣世凯派员祗领,随时商酌拨用,尽心经理,切实筹办,仰副朝廷德意。谨此叩谢皇太后、皇上天恩。请代奏。世、光、海、宣、重,率同敦和、锡汾、则敬、庆蕃暨南北绅商同叩。是否妥洽,乞慰帅酌改,迳电外务部,并乞电复。海、宣、憙。文。

（上图档号 SD45128 - 3）

4. 吕海寰、盛宣怀、吴重憙致魏光焘电稿（光绪三十年四月十六日,1904 年 5 月 30 日）

致南京魏制台电　四月十六日

元、覃电敬悉。敝处前据红十字会董所请,电由外部转商两战国认允。据日复,该会欲在战地行事,或于战事不能两立。又据俄复,本国此会敷用,无须相助。各等语。会董又以战场外办事,兼须救护难民出险,营口已办等情,请再电外部,据情再商,迄尚无复。而营口分会已由就近俄官允准沪派会绅前往,添设关内外分会,呈由外部转商两驻使,请发护照。日使先有决不拦阻之语,俄使已将华俄合璧护照八张发给,皆在画押明发以前,不明认而有此默许之据。历据该分会函电,三月底止救护出险难民二千余人,办理渐有成效。慰帅于此中曲折情节,敝处尚未及缕告,是以元电有再为商请之语。此会重在治伤,附及救难,系确切宗旨。外务部既奏请颁给张使画押全权,现又明发特颁内帑,沈、任、施道等正在筹商中国红十字会,期与会章相合。慰帅元电已电复照办,统请慰帅主政矣。海、宣、熹。咸。

（上图档号 SD45128 - 5）

5. 外务部复上海万国红十字会函（光绪三十年四月二十一日,1904 年 6 月 4 日）

四月三十日接外务部丞、参来信

敬复者:三月二十九日接准公函并捐册,当经呈堂阅悉。四月初十日钦奉谕旨,颁发内帑银十万两,以资经费等因,现已领到,又由本部堂司各官捐银二千一百两,已一并电行沪道,拨交总会绅董收领,并先后电达在案。兹将本部堂司各官捐助款项开单,函送台端查照可也。此复。敬请

均安

附单

绍昌①、陈名侃②、汪大燮③、雷补同④同启

四月二十一日

计开清单:

庆亲王	捐银五百两
瞿尚书⑤	捐银三百两
那尚书⑥	捐银三百两
联侍郎⑦	捐银二百两
伍侍郎⑧	捐银二百两
左右丞、左右参议	共捐银四百两
和会司、考工司、権算司、庶务司	共捐银二百两

(上图档号 SD27067-5)

6. 吕海寰、盛宣怀、吴重憙致袁世凯电稿(光绪三十年四月廿二日,1904 年 6 月 5 日)

致袁宫保电　四月廿二日

巧电悉。正在拟奏,接外务部电,红十字会经费奉发内帑银十万

---

① 绍昌(1857—?),字任庭,爱新觉罗氏,满族,满洲正白旗人,时任外务部左丞。

② 陈名侃(1848—1929),字梦陶,江苏江阴人,时任外务部右丞。

③ 汪大燮(1860—1929),原名尧俞,字伯唐,一字伯棠,浙江钱塘人,时任外务部左参议。

④ 雷补同(1861—1930),字谱桐,江苏华亭人,时任外务部右参议。

⑤ 瞿鸿禨(1850—1918),字子玖,号止庵,湖南善化人,时任外务部尚书兼会办大臣。

⑥ 那桐(1857—1925),字琴轩,叶赫那拉氏,满族,满洲镶黄旗人,时任外务部尚书。

⑦ 联芳(1852—1927),字春卿,满族,汉军正白旗人,时任外务部左侍郎。

⑧ 伍廷芳(1842—1922),本名叙,字文爵,号秩庸,祖籍广东新会,生于新加坡,时任外务部右侍郎。

两,本部堂司各官捐银二千一百两,已电沪道,拨交总会绅董收领等因。兹拟电奏,即请尊处卓核,转达外务部。其文如下:前奉蒸电传旨,钦奉懿旨:此会医治战地受伤军士,并拯救被难人民,实称善举,着颁发内帑银十万两,以资经费,传谕该员绅等尽心经理,切实筹办。钦此。臣等跪诵之下,钦感莫名,遵即传谕该会中国总董沈敦和、任锡汾、施则敬及毛庆蕃等,转传西总董威金生、李提摩太等,一体钦遵,莫不同声欢戴。惟查万国红十字会约章,系就两战国而言,重在医伤,附及救难。此次俄日开衅,在中国中立界内,与他国战事情形不同。臣海等当创会之初,原思借十字会之名,以实行救济之事,是以约同员绅拟从陆路入手。适臣世凯在津设立救济会,遂即往返电商,合并办理。现据该总董称,据营口、新民屯、沟帮子、山海关、烟台、塘沽各会员绅会同臣世凯委员函电,计自开办起至三月底止,陆续救护出现难民已有二千余名之多。其营口分会,俄官已禀请驻京俄使发给护照,日使及日总领事亦均无异词。似此节节进步,将来或可逐渐扩允。虽此时外人未经明许,而数月以来,尚无抵牾。现计各省督抚司道及绅商等捐款已有二十余万两,今又特沛慈恩,颁赏内帑十万两,惠此灾黎,功同覆载。拟将此款分拨兼顾,仍就救济之实,以副红十字会之名。惟有仰体圣怀,严谕该会总董等尽心经理,切实筹办,并随时电商外务部,妥酌办理。所有臣等感激下忱,谨合词恭谢天恩。臣海、宣、重熹会同臣世凯,光焘谨叩。乞代奏。云云。再,此会目前用款无多,若将内帑十万径发总会,西董势必注重红十字会,难以全拨救济,应候尊处酌定拨用,并祈示复。海、宣、熹。箇。

(上图档号 SD45128 – 15)

7. 吕海寰、盛宣怀、吴重憙致驻英公使张德彝电稿(光绪三十年四月廿二日,1904 年 6 月 5 日)

致驻英张大臣电　四月廿二日

公奉命补画红十字会原约,专就两战国言。今日、俄战在中国界,为历来中立国所无,可否照原约推广一条,将救护无关战事人民出险之意明白叙入,认允上海本会享受特别权利。祈卓裁电示。海、宣、熹。养。

(上图档号 SD45128 – 16)

8. 吕海寰、盛宣怀致袁世凯、张之洞①、岑春煊②电稿（光绪三十年四月廿九日，1904 年 6 月 12 日）

致袁、张宫保、岑制台电　四月廿九日

辰密。抚款允为筹拨，已转告日总领小田切③，渠深感谢。顷日总领又来询问，其意愿均归伊一手经理，以免传扬，亦借此在彼政府要体面也，并言中国能格外抚恤日本伤亡军士，日军当更格外优待战地华民，胜于华自抚恤等语，亦属实情。交款时自当慎密，作为商民公捐，似无他虞。如尊处已迳交津、汉、粤领事，亦请将数目电示，以便转告小田切。因此议创自该领，彼已密禀政府在先矣。海、宣。勘。

（上图档号 SD45128－22）

9. 吕海寰、盛宣怀、吴重憙致袁世凯电稿（光绪三十年四月卅日，1904 年 6 月 13 日）

致袁宫保电　四月卅日

鉴：昨据沪道备文，批解恩帑京平足银十万两，饬据沈、任、施道等公议，该总董等拟以五万两为现在办【事】经费，以五万两为开办中国红十字会经费。海等所见相同，核与前奏亦合。是否请速酌电示，以便饬沈、任、施、毛道等分别具领。海、宣、憙。卅。

（上图档号 SD45128－25）

10. 上海万国红十字会致日本赤十字社特别社员孙淦④函稿（光绪三十年五月初二日，1904 年 6 月 15 日）

致日本赤十字社特别社员孙印淦

实甫仁兄大人阁下：

日前荷承惠寄救护药品四箱，具仰眷怀宗国，德意遍敷，属在下风，莫名钦佩。本会医院，现只在营口权设一处，惠寄药品，遵已寄往营口矣。

---

① 张之洞(1837—1909)，字孝达，号香涛、香岩，直隶南皮人，时任湖广总督。
② 岑春煊(1861—1933)，原名春泽，字云阶，广西西林人，时任两广总督。
③ 小田切万寿之助(1868—1934)，时任日本驻上海总领事。
④ 孙淦，字实甫，浙江人，清光绪间赴日经商，曾任留日学生监督，后任职于日本邮船会社，热心于社会慈善事业，在日本加入日本赤十字社，译有《日本赤十字社社则》等红十字会文献，多次在报刊上撰文向国内介绍国际红十字会知识。

此会前经执事译述章程,吁禀朗西星使①转咨,请为兴办,迁延迄未举行。大著具在,弟等每经捧读,俯首至地。上腊日俄开衅,同人悯念战地人民,设法救护,袁慰帅宫保、周玉山②中丞首倡在前,弟等踵行于后,加以两国禁令綦严,苦于无法救护,万不得已借用红十字会之名,商诸英国高易律师麦尼而,将会章原本详细翻译,始得要旨三端,定议举办,中西合力,各省各埠,均相协助,幸渐就绪,蒙大部据情上陈,特恩颁帑,谕意严切,弟等谨敬遵办。其始原只借红十字会之名,此后少顷有红十字会之实,始足仰副九重德意,用系万国观瞻。

查日本赤十字社与瑞士总会原约十条,荷兰保和会推广水战原约十条之外,尚有自定章程数十条,大著均已详载,昨又蒙外务部抄发,惟译音不无语异,即如瑞士总会盟约地方,大著系杰乃法,外务部系日来弗,梁震东③星使本年三月咨送外务部译汉清单又系真乃瓦,一地之名三处互异,其余译文可知。现已分别恳请驻扎各国星使,设法抄取两次原约洋文原本,并请张在初星使向总会觅取原约原本,以资译对,妥定中国红十字会章程。海程迢隔,复音需时,尊处较近,拟请赐将从前据译之洋文原本,慎重封固,妥寄来沪,译对后仍即奉缴,不致遗误。东瀛书肆多储新书,如有此会各国章程,并恳加以物色代购,愈多愈备愈妙。倘系和文,即求大笔详译,连同和文原本一并惠寄。所有书价译资统乞示知,即日寄奉。

至医院、医车之教习,最关紧要,日本国人及各国人之在日本者,人才必多,执事交游广阔,亦拟费神代为确访,如能请来沪,每人约须若干金?日本医车式样究有几种?其制价如何?约自订购之日以迄制成寄沪,至速约须几时?日本总会之医院、医学堂均在东京,其规制、房屋及安置医车之屋,有无印成之图?敝处急欲快睹,以便仿照。执事热心此会已有多年,今幸恩旨饬办,观成有日,想执事愉快之心,不言可喻,务祈详细示复。此外,如有弟等思虑未到及万不可少之处,并请指教,以匡不逮。侧身东望,祷企何穷。

---

① 裕庚(?—1905),字朗西,满族,汉军正白旗人,1895—1898 年间任驻日本公使。

② 周馥(1837—1921),字玉山,又字务山,安徽建德人,时任山东巡抚。

③ 梁诚(1864—1917),原名丕旭,字义哀,号震东,广东黄埔人,时任驻美国公使。

敝处现在办理情形,有节略一扣,备载四月以前已办之事,附呈一份,敬祈赐察。现以事绪繁重,中西公同续举毛实君观察庆藩为驻津办事总董,任振采观察凤苞①为中国副总董兼总书记,并以附及。并附药品收照一张。专肃。敬颂

台祺,鹄候

复音

名正肃

五月初二日

（上图档号 SD27067 - 4）

11. 吕海寰、盛宣怀致袁世凯、李兴锐②、崇善③、周馥电稿（光绪三十年五月初四日,1904 年 6 月 17 日）

致袁慰帅、李勉帅、崇留守、周玉帅电　五月初四日

辰密。抚款已密交小田切,嘱勿宣扬。渠甚为感谢,俟伊政府寄回收据,再密寄。先此奉闻。海、宣。豪。

（上图档号 SD45128 - 28）

12. 上海万国红十字会复外务部函稿（光绪三十年五月初六日,1904 年 6 月 19 日）

复外部丞、参

敬复者:四月二十一日接奉大部号电,内帑银十万两,本部堂司各官捐银二千一百两,已电沪道,拨交总会绅董祗领等因。旋据江海关道遵饬,将前项银两拨解前来。正拟函达,三十日接奉赐示并捐款清单,仰荷鼎力提倡,钦感同深。海○等酌拟奉发恩帑京平足银十万两,谨照复奏分拨,并筹兼顾之意,饬据敦○、锡○、则○会同宇○、士○、庆○、凤○,与各绅商公同筹酌,各半分别具领呈送。又具备案呈词,另缮咨呈大部察核。大部捐款京平足银二千一百两,照章由会掣寄收照,兹谨分掣收照七纸,敬祈鉴核,代为呈堂。

会事前于四月初九日分别肃函,缕陈办理情形,谅邀赐察。随即刊

---

① 任振采(1876—1952),字凤苞,系任锡汾的长子。

② 李兴锐(1827—1904),字勉林,湖南浏阳人,时任两江总督。

③ 崇善,字佑庭,满族,满洲镶红旗人,时任福州将军。

印节略,分寄各处,以慰同志盼望。兹谨检寄一份,敬乞察阅,应否呈堂鉴核,并请卓裁。

再,前系官绅三十二人联名具函,嗣或前赴分会办事,或另有事他出,又经中西公议,续举庆○为驻津办事总董,凤○为副总董兼总书记,海○等主议,就在事十人联名,以昭核实,合并附及。除未尽事宜仍随时函电驰商外,肃复。敬颂

均绥不具

名正肃

五月初六日

附收照七纸、节略清折一扣。

（上图档号 SD27067－6）

13. 吕海寰、盛宣怀、吴重熹致外务部电稿（光绪三十年五月十三日,1904 年 6 月 26 日）

致外务部电　五月十三日

钧鉴:据沈、任、施道等称,遵拟中国红十字会章程,惟备始美,已蒙抄发美、日两国来件,尚有同盟四十二国各自定章,虽已设法觅抄,并函日本觅取据译洋文原本及医院医车图式,诚恐辗转需时,可否仰恳大部,电饬驻英、俄、德、法、比、义、奥大臣,各向该会觅抄各国自定之章,洋文、译文一并迅速咨,如能多备一份,径寄上海,尤所祷盼。荷兰原约已向沪领事借到译出,瑞士原约并恳电饬张大臣,向该总会索取一份寄示。等情。该道等深思远虑,实力虚心,拟章务求美备,所请极关紧要,敬祈钧察,即赐电饬为祷。海、宣、熹。元。

（上图档号 SD45128－31）

14. 上海万国红十字会中西办事总董特别会议问答记录（光绪三十年五月十五日,1904 年 6 月 28 日）

五月十五日中西办事总董特别会议问答

是日下午五点钟,中国总董沈敦和、任锡汾、施则敬,副总董兼总书记任凤苞,率同翻译朱礼琦,齐赴英领事公署内楼上英按察使公事房。西董到者为威金生、安德生、麦尼而、李提摩太、宝隆、葛累及副书记李治。由威金生主席开议。

先由副书记李治将上次会议问答宣读后，由威金生签字。

李提摩太开言曰：现在华人捐款踊跃，除恩帑十万两及各处官绅均慨捐巨款外，即如上海戏园四家亦各分班合演，以所得戏资之半移助本会经费，可见好善人有同情，深为可喜。新民屯、沟帮子、山海关、塘沽等处，亦经袁公保暨本会华总董遴派华董十六人前往办理分会。牛庄、旅顺等处难民业已救出四千余人。可见会事颇有进步。

李提摩太言毕，随将德男爵司肯多福来信语意宣读一遍，大旨谓：山东周抚台之意，以上海万国红十字会开办多时，虽经派员出关设立分会，然未深入战地，大约须用通晓俄国语言风俗之人前往，方可有济。现有德男爵司肯多福熟悉俄国语言文字及东三省情形，是以延请来沪，与会董商议办法。司肯多福到沪，即函商日本领事小田切、俄副将搭西努，均婉辞相谢。又面商俄领，至再至三，始允备函交司肯多福带往北京，自向俄驻使商办。

威金生沉吟良久，宣言曰：本会自开办以来，曾由中国政府商请俄、日两国承认，俄以本国红十字会敷用为词，日以战场之内不便相谢。嗣由中国总董再三商请更正，谓本会宗旨重在救护难民出险，并非欲在战场设立医院、医车，日、俄迄今未复，是并未明认本会。然本会在东三省所办各事，两国亦未掣肘，得以措置裕如。兹司肯多福男爵，熟悉俄语，承周抚台雅意，派来本会，前赴东三省帮办各事，自无不可，但请问到东三省后，有何善法办理？

司肯多福不谙英语，问答均由宝隆代述，谓现在亦无善法，只能前往战地，相机行事。

威金生曰：若司君能深入俄兵所占之地，办理救济，补魏伯诗德所不及，甚妙。本会亦可函致魏伯诗德，使其接洽。惟究竟能否深入俄兵所占之界，司君到京见俄驻使自知。

李提摩太又将华总董并吕、盛、吴三大臣须竭力赞成司肯多福前往东三省并派中国会员同往之意宣示。

李提摩太手持魏伯诗德来电宣读一遍，大致谓：开原、辽阳、盛京三处，均开设医院，嘱沪会迅购药物寄往备用。又将恩帑各半分领办法，并华董□□、徐性模①、任启人②于十五日早赴奉天之电宣示。

沈敦和操英语问曰:医院固宜分设救济,不可偏废,牛庄医院既与救济并行,该数处能否照办?

李提摩太答曰:容电致魏伯诗德,相机办理。

安德生曰:现在华款如此踊跃,洋款亦宜及时劝募。若筹洋款仅在上海一隅,至多不过数万金,无济于事,宜在英京伦敦、法京巴黎、德京柏林等处劝募,方可筹集巨款。

葛累曰:华董前拨存汇丰之二万两,三月以来仅用五千余两,尚存一万五千余两,中有洋款八百余两。若照现在情形,劝募洋款恐难踊跃。

沈敦和曰:西董经手所用五千余两,专为购药之用。本会用款,以轮船、火车、电报为重,蒙袁宫保维持,一律免费,因之格外节省。至北洋所办各事一切开支及金州赈济难民之款,均未在内。

安德生曰:若临事筹款,深恐缓不济急,且由电劝捐,情形未能详述,自宜先行函商伦敦、巴黎、柏林各善会劝募,需款时再行电达。

朱礼琦曰:近据牛庄分会董事陈君来沪面述,东三省荒歉地方,长一千里,宽六百里。会款目前似尚宽裕,将来放赈需款浩繁,必不敷用,切宜及早筹备。

威金生曰:此说当列入洋捐启内。此外尚有目前及将来情形,须函询魏伯诗德,俟复到,亦宜列入捐册,始足动人劝听。

李提摩太曰:若在外洋劝捐,须自上海倡始。

安德生曰:我当首先捐助,以为之倡。

沈敦和曰:东三省难民以金州、复州、海城、盖平四处为最多最苦。金州已由袁宫保饬拨日洋一万五千元,派张道台办理。其复州、海城、盖平三处亦应往办,请问有何善法?

威金生曰:牛庄、辽阳、盛京、开原各处,既经魏伯诗德办有成效,华董所指三处,或尚在开办,自应电嘱一并筹及。会中存款究有若干,请于下次会议时详示,俾我等可有把握办事。

---

① 即徐信谟。
② 即任锡琪。

议至此，均握手而散。

（上图档号 SD27905－1）

15. 上海万国红十字会第一批捐款清单（光绪三十年三月，1904年4月）

上海万国红十字会正、二月份第一批捐款清单

计开：

正月廿四日龚少渤英洋十元；李德甫英洋廿元；曹承桂英洋五元。

廿五日无名氏英洋十元；天水芰记英洋三元；乐安氏英洋一元。

廿六日芝兰室英洋十元。

二月初一日高春融求病愈规银一百两；退思氏英洋一百元。

初七日杭州协德善堂筹垫规元一千两。

十四日尊旧庐英洋五十元；有心无力氏英洋四元；延源庄龙洋廿元。

十五日中外日报馆经募第一批英洋六百零八元，内铜洋一元、小洋五十二角、规元一百两；崇川徐积庆堂英洋十元；崇川徐恒盛堂英洋十元；崇川徐毓萱氏英洋十元；崇川徐集成堂英洋十元。

十七日李尧仙英洋十元；顾养吾、姚夔赓筹垫英洋二百元。

十九日蛟川沙清记英洋十元，又铜洋五元；京口林辉庭龙洋廿元，长兴县署宋春伯英洋十元；两江督院魏筹垫规银一万两。

二十日金国栋协堂英洋十元；程玉花龙洋廿元；无名氏龙洋廿元；三高阳记保兄弟在韩平安英洋卅元；锦记谢病愈英洋十元；仙记保子女平安英洋十元；不求翁记英洋卅元。

廿一日四川督院锡筹垫规银一万两。

廿三日两广督院岑筹垫洋二万元，合来规元一万四千四百两；江楚臣交来宁国府崇善堂等廿二户英洋四十四元。

廿四日陈芝轩英洋十元。

廿五日永记英洋卅元；玉山博雅堂张英洋一百元。

廿七日招商北栈无名氏小洋十一角、钱二百文。

廿八日沙溪张锦园英洋二元。

廿九日杭州博济善堂筹垫规元一千两；岭南何俊芳求保平安英洋

五十元；余姚佑安氏英洋二百元。

三十日中外日报馆经募第二批英洋八百四十八元、小洋三十七角、钱舜举手卷一轴、《新庵谐铎》廿部、扇面八页、新山白玉班指一枚、《江南大学堂课艺》七十部。无名氏英洋十元；苏宝森经募林纯泉英洋一千元，合规银七百卅七两；郁屏翰规银一千两；李铭吉规银五百两；徐正钥英洋五百元，合规银三百六十八两五钱；鲍殿勋英洋五百元，合规银三百六十八两五钱；洪益三规银二百六十三两；赵馥畴规银二百两；葛蕃甫规银二百两。以上九户，共折银三千六百卅七两。

正月廿四日至二月卅日，共收规银四万零二百三十七两；英洋二千四百七十四元，〢〤〦⑪①合元一千八百一十八两三钱九分；龙洋七十元，〢〤⑫②合元五十一两一钱；小洋一百角，〢⑬③合元七两；钱二百文，合元一钱八分。

以上共收规银四万二千一百十三两六钱七分、铜洋六元。

（上图档号 SD27037）

16. 上海万国红十字会第二批捐款清单（光绪三十年四月，1904年5月）

上海万国红十字会三月份第二批捐款清单

计开：

三月初一日隐名氏保寿英洋一百元。

初二日外滩扬子行沈英洋一元；七宝知新主人英洋一元。

初四日怡盛丝栈王仲莞英洋一元；汉口施鹤屏英洋一百元；真州存心堂规银二百两。

初五日吴淞顾隐名氏求消灾延寿英洋二元；刘少峰观察规银二百两。

初六日王记龙洋三十元；陈润夫代募包蒲萍规银一千两，德生义规银五百两，平安堂规银一百两，三户合规银一千六百两；九江怡德铭心堂英洋八元；江宁永军帅奎都护龙洋六百元，又饬募江宁八旗驻防捐龙

---

① 旧式记账符号，下同。〢〤〦⑪即735，指英洋（即鹰洋）1元折合规元银0.735两。

② 〢〤⑫即73，指龙洋1元折合规元银0.73两。

③ 〢⑬即7，指小洋10角折合规元银0.7两。

洋四百元，二共洋一千元，合规元七百二十八两四钱二分。

初七日许公若英洋十元；许君美英洋四元。

初九日会稽孙子文英洋二百二十二元；宋子材龙洋三元、英洋二元；耕福氏英洋二元；常镇道郭规银五百两；耕记英洋七元、龙洋三元；陈润夫经募厚德祥各号英洋二百十元，聚福厚英洋一百元，德兴元英洋五十元，德发荣英洋四十元，德义元英洋二十五元，瑞泰和英洋十五元，张子贞英洋八元，德厚祥英洋一百元，八户共英洋五百五十八元，合规银四百十两五钱八分八厘；陆漕帅清江库平银一千两，合来元一千零八十七两，又筹垫库平银二千两，合来元二千一百七十四两。

三月初十日杭州常军帅英洋一百元；刘敏斋观察英洋一百元；药业公所龙洋十元；邵周氏龙洋十元；蒋守冬规银五百两。

十一日施宾青英洋五十元；施铭青英洋五十元。

十二日钱维丰草堂英洋五十元；黄虞记英洋五十元；黄恩记英洋二十元；钱淑记英洋三元；钱锦记英洋二元；钱贤记英洋二元。

十三日恩庆堂规元一千两。

十四日陶凤山英洋一百元；镇江祥太守英洋一百元，又筹垫英洋一百元。

十五日汤礼房英洋廿元；河南抚院陈筹垫汴平足银五千两，合来元五千三百五十两；湖广督院张、湖北抚院端筹垫估平银一万两，合来元一万零五百十九两六钱七分。

十六日春祥英洋一元；裕源英洋一元；鼎成英洋一元；恒裕英洋一元；余隆泰英洋一元；浙江学院陈英洋三百元；山西抚院张、藩台吴筹垫库平银八千两，合来元八千七百六十八两；浙江抚院聂筹垫库平银一万两，合来元一万零九百六十两；大顺和英洋一元；胡公瑜英洋二元；舒慎余英洋一元；舒云承英洋一元。

十七日福建财政局奉闽浙督院李筹垫英洋五千元，合来元三千七百十两；江苏藩台、苏州善后局、牙厘局奉苏州抚院恩饬各筹垫库平银二千五百两，共七千五百两，合来元八千二百廿两；吴华堂求妻病速愈英洋六元；福建学院秦交来补讽仁榴室英洋一百元；秦雯记龙洋二十元；积善记英洋十元；沈君莲英洋一元。

十八日端本馨英洋五百元。

十九日无名氏英洋三元；南记英洋一元、龙洋一元；西记英洋一元、龙洋一元；东记英洋一元；宏昌行英洋一元；德记英洋一元、龙洋一元；新市厘捐局王英洋四元。

二十日淞沪厘捐局奉江苏抚院恩饬筹垫库平银二千五百两，合来元二千七百四十两。

二十一日清江县赖大令英洋五十元，又代募清江绅民公捐英洋二百五十元，汲□寿宴移捐英洋三十元，共洋三百三十元；宝昌号英洋五十元，卢光庭英洋五十元，二户合规元七十四两三钱。

二十二日仪栈蒯观察规银五百两，又拨助规银五百两；温处道童英洋三百元，又筹垫英洋二百元；桂芗亭观察代募隐名氏鼻烟一瓶、雄肚一事；上虞陈姚记英洋二十元；务本堂孙蔼记英洋十元。

二十三日浙江抚院聂漕平银一千两，合来规银一千零七十三两五钱；尧仁士英洋二元。

二十四日江西抚院夏筹垫规银一万两。

二十五日留学日本山东学生何佩文等三十九户英洋三十七元四角，内有铜洋一元；太仓闻雅川英洋五元、龙洋五元。

二十六日久大庄英洋二十元。

二十七日长洲怀德堂张英洋五十元；扬州周梦莲英洋二十元；周屠记英洋十元；周宝媛小姐英洋二元；郑陶斋观察英洋一百元。

二十八日荆州倬军帅筹垫荆平银五百两，批见元四百九十九两一钱二分二厘；惠心堂邵英洋十元。

二十九日驻日长崎领事卞太守自助及代募长崎各帮商人日金一千零二十五元，合英洋一千一百零二元一角五分；吴徽亭英洋一百元；山东抚院周、藩台胡筹垫库平银一万两，合元一万零九百六十两。

三月份共收规元……①千三百六十八两五钱九分八厘；龙洋五十一元、安徽龙洋三十元、广东龙洋三元，𠀑川𠀑②合元六十一两九钱零八厘。

---

① 此处有数字字迹不清。
② 𠀑川𠀑即737,指龙洋1元折合规元银0.737两。

以上共收规元八万五千七百零五两二钱零六厘、铜洋一元、鼻烟一瓶、雄肚一事。

（上图档号 SD27037－1）

17. 上海万国红十字会第三批捐款清单（光绪三十年五月，1904年6月）

上海万国红十字会四月份第三批捐款清单

计开：

四月初一日不书名英洋二十元；安徽抚院诚筹集龙洋二千元；徐杨氏求病愈英洋二十元；无名氏求病愈英洋一百元。

初二日无锡陈逸卿求平安英洋一百元，内龙洋六元；中外日报馆经募三批英洋一千十九元，又《皇甫君帖》一本。

初三日江苏学院唐筹助龙洋一千九百四十元、小洋六百角，合来元一千四百七十三两四钱二分；苏州织造荣英洋三百元，又代募广源庄英洋一百元；湖州厘局陈英洋四十元，又代募新市厘局王龙洋二十元、英洋十元，乌镇厘局英英洋二十元，湖城厘局杜英洋十元，长兴厘局蒋英洋十二元，江夏生英洋四元，胡元楷英洋二元，李宗耀英洋二元，八户共英洋一百二十元；力不足英洋五元；大通督销局徐英洋二百元；元润庄交来仙女镇宁帮各商英洋一百四十元；前徐州道桂交来无名氏规元五百两；杨镜崖军门龙洋一百元；常壬吉龙洋二十元；宝善堂龙洋二十元。

初四日德盛义英洋三十元；协盛元英洋十元；葛友记英洋十元；再生老人英洋一百十元。

初五日湖北黄涵之太守经募第一批龙洋三百五十八元；严筱舫观察交来杨捷庆堂英洋三百元。

初六日钱鸣记求病愈英洋四元。

初七日铭生氏求家平安英洋十元；驻日钦差杨规元一百两；驻日神户领事吴交来代募三江帮众商规元五百两；三江商董吴作镇观察规元五百两；湖南抚院赵筹垫规元一万两；上海县汪交来代募木商会馆英洋一百元；补过居士规元二百两；苏宝森太守交来代募不留名氏英洋五百元，合银三百七十两七钱五分。

初八日维宽木号英洋十元；王少甫英洋五元，又求母病愈英洋五元。长沙分会会友陈理卿大令交来邬小亭经募长沙第一号册十四户市洋一百五十六元,合湘平足纹一百六两五钱五分;孟调臣经募第二号册十四户市洋一百六元,合湘平足纹七十二两四钱;赵介卿经募第八号册四十七户市洋三百元,合湘平足纹二百四两九钱;袁双侣女史经募第五十一号册二十四户市洋一百七十元,合湘平足纹一百十六两一钱一分。以上共来湘平银五百两,合规元五百二十七两。

初九日山阴力不足者英洋十元。驻日神户领事吴交来代募神户北帮各商规元二千两;神户广帮各户日金一千元,合来元八百两;神户建帮各商日金四百八十六元,合来元三百八十三两九钱四分。

初十日镇江招商局朱龙洋一百元。

十一日江阴长因子求平安英洋三十一元;晋源庄英洋一百元;闵赵氏忏资移助英洋四十元;同泰裕号英洋十元。

十二日不书名英洋十元;求平安人英洋二元;姑苏胥江钓叟求寿英洋一百元;浙湖女史英洋五十元。

十三日李仲敏龙洋十元,内广东洋三元;马江船政会办魏京堂规元五百两;江南织造存尚衣龙洋三百元;焦山六瀚和尚龙洋八元;焦山溯源和尚龙洋四元;焦山涤心和尚龙洋二元;潮州道褚英洋一百元,又交来褚王氏英洋十元,褚德勤、褚德纯英洋四元,褚小姐英洋六元,杜友文英洋十元,吕五书英洋四元,沈耆英洋二元,蒋乐三英洋二元,八户共一百三十八元。

十五日韩眉仲观察募助英洋五十元;岳州陵埠电局代募张森万英洋十元,张鸿遇英洋一元,张廷桂英洋一元,汪文彬英洋二元五角,杨瑞欣英洋五角,仇廷选英洋五角,祝纪鸿英洋一元五角,戴性杨英洋五角,洪寿山英洋五角,唐宣文英洋五角,高夔英洋五角,孙飞鹏洋二元,共十三户英洋二十一元;司徒乾天房英洋五十元,内铜洋一元;云南督府丁、云南抚院林筹垫规元五千两。

十六日义善源唐成之交来汉口义源庄周汝益代募余庆堂捐助龙洋一百元,合元七十四两;积余堂龙洋一百元,合元七十四两;培善堂龙洋一百元,合元七十四两;众姓氏龙洋一百元,合元七十四两;甘肃藩库交来陕甘督院松筹垫库平银二千两,合来元二千一百九十二两。

十七日浙江闷心氏以善邑公捐备赈项下提助规元一百两,又寿宴移助洋一百元;湖北荆宜施道余筹垫规元一千两。

十八日溧阳泰卢典龙洋一元;沈君莲洋一元;刘晴帆洋十元。

十九日孙迪甫五十寿辰谢宴移助洋五十元;许薛氏洋五元;爱英居洋十元;存本堂冯洋十一元;李汉记求病愈洋十元。

二十日省免斋规元十两;扬州毕亚奇英洋十元;刘谦益交来黄慎之银元四十元;陈润夫交来代募相羲氏规元二百两;丙辰、丁酉、己酉、甲戌求子合助元二百两,又求身体康健合助元四十二两六钱一分三厘;陈润夫交来镇远府谢规元一百两;垦务大臣绥远城将军贻捐钱二千两,合来元二千五十两。

二十一日朱拱之孙女弥月贺仪移助英洋一百十八元,又交来代募信昌隆英洋二十九元,庆昌和洋二十元,聚义丰洋二十元,德义生洋五十元,兴顺和洋四十元,无名氏洋二元,无名氏洋二元,曾虢记洋二十元,蔡鹤乔洋一百元,补过氏洋五元,不书名洋二元,不登名洋十元,十二户共洋三百元;周金箴观察交来盐城帮董事陈幼香经募四十七户洋三百五十八元;浙江宁绍台道惠洋二百元。

二十二日宜昌王季棠观察规元一百两;陈守梅洋十元;德昶慎洋货号交来苏州陈芝山六十寿宴移助洋一百元;承裕庄交来隐名氏洋一百元;苏宝森太守交来同善会规元五百两,福昌号张友云规元五十两,郑蓉初规元三十两,三户共五百八十两;金粟人洋二元;湖南学院吴宗师龙洋五百元;江苏藩署交来秦子寿龙洋一百元,吴子瑜龙洋五十元,徐悦庭龙洋二十元,敦厚堂马龙洋五十元,周春帆龙洋三十元,怀旧堂张龙洋四十元,行素堂陈龙洋五十元,振振堂汪龙洋十元,赐福寿堂汪龙洋二元,叶清钦龙洋二元,李厚记龙洋二十元,存耕堂洪龙洋十元,吴萱寿龙洋六元,吴君玉龙洋五元,陈希岳龙洋五元,十五户共龙洋四百元。

二十三日无弦琴主人捐杨二七曹宝一百两,合来元一百零七两三钱五分;朱拱之交来代募补过子吴洋五十元;汉口施宏青英洋二十元,施炜青英洋二十元。

二十四日豫兴盛洋二十元;奉天将军增、奉天府尹廷筹助规元一万两;焦山华岩真境代募各户捐助洋五十一元、龙洋四十九元、小洋三十角;焦山水晶店洋四元。

二十五日秀桐书斋凤愿剩款洋五十元。

二十六日泰州电局钱慕匡交来李抱经堂洋三元、龙洋三元;河南河北道冯自助并筹垫共库纹一千两,合来元一千零八十八两五钱。

二十七日杭州潘赤文交来第三批协德善堂经募规元一千两,又《通鉴辑览》一部、《新史揽要》一部、《五千字典》一部、《新教授学》十本、《支那通史》五本、图画器一盒、铜洋六元、铜角三十九角;钱绳祖汴平银二十两,合来元二十一两四钱;梁庚麟病愈还愿洋十元。

二十八日德生义规元五百两。

二十九日锡记求病愈英洋二十元。潮州道褚交来广东潮州府惠英洋一百元,又代募刑部主政钟倬芳英洋八元,陶子祥英洋二元,顾文、姚武合捐英洋二元,代理惠来县钟英洋二十元,潘香严英洋十元,张菊圃英洋十元,潮州府经历梁栋英洋四元,司狱裘士瀛英洋四元,上河局委员顾云英洋四元,海阳李芳兰英洋四元,胡玉菜英洋二元,潮州府学胡正英英洋二元,潮州府税书英洋十元,怡和汇兑局英洋四元,巡警局委员黄赞襄、杨国崧、陆桂元、陈崧合捐英洋八元,二十户共洋一百九十四元;又交来丰顺县万云翱英洋八元,又代募刑钱张菊臣英洋二元,徐峙山英洋二元,李席之英洋一元,吴诵芬堂英洋一元,吴永霖英洋一元,李之丹英洋一元,曹作柱英洋一元,吴世爵英洋一元,吴家晟英洋一元,吴其渊英洋一元,吴炳元英洋一元,张式钦小洋五角,张同文英洋一元,张尧勋英洋一元,李心田英洋一元五角,十六户共洋二十五元。两共洋二百十九元,除潮平汇费八元,合来元二百十一元。镇江电局交来代募江宁不留名英洋十元;照阳一介生英洋四元,内龙洋二元、铜洋一元。

三十日朱拱之交来代募瑞兴隆英洋二十元;迪记龙洋六十元;近记炉胚龙洋四十元,烊见规元合八两五钱六分;晚娱轩英洋五元;申报馆协赈所经募二月初十至四月廿日第一批英洋五百十元、龙洋五百念七元,又规元二十两、铜洋念四元;大昌英洋五十元;虞增福英洋念元。

四月份共收规元四万二千四百九十一两五钱三分三厘;英洋五千八百七元,扯七四三二五,合元四千三百十六两五分三厘;龙洋四千四百九十一元,扯七三九,合元三千三百八十两八钱四分九厘;德制龙洋四十元,扯七三,合元二十九两二钱;小洋三十角,扯七零五,合元二两一钱一分五厘。以上共收规元五万一百五十七两七钱五分、铜大洋三十二元、铜小洋三十九角、《皇甫君帖》一本、《通鉴辑览》一部、《新史揽要》一部、《五千字典》一部、《新教授学》十本、《支那通史》五本、图画器一盒。

连前共收规元十七万七千九百七十六两六钱二分六厘、铜洋四十二元九角，又钱舜举手卷一轴、《新庵谐铎》廿部、扇面八页、新山白玉班指一枚、《江南大学堂课艺》七十部、鼻烟壹瓶、雄肚一事、《皇甫君帖》一本、《通鉴辑览》一部、《新史揽要》一部、《五千字典》一部、《新教授学》十本、《支那通史》五本、图画器一盒。

（上图档号 SD27037－2）

18. 新民屯分会致上海万国红十字会函（光绪三十年九月廿二日，1904 年 10 月 30 日）

十月初五日接新民屯分会第九号信

仲礼、子英、逢辛、振采观察大人阁下：

八月廿七日新会寄呈不列号禀，想可上邀鉴察。初三日接奉朔电，当复江电。哈系俄线，官电不通，宋介眉或可商发，惟必须译成洋码，字数简明。适初四日介翁自津回沈，取道新民，因即摘叙大概，嘱其改译洋文，先行带往代寄，当又肃书，照录电稿，令其专差赍呈。兹将各事条列于左：

一、自哈至新，距伯都讷（三百余里），过曾家屯（九百余里），到新民府（二百余里），共一千四百余里，一路平阳，名为蒙古草道，虽无尖宿之处，向称平安，现虑俄人为难，胡匪又复四出，无论无人敢应，车价亦万合不来，一人到新（从前十余元）约非四十金不办。若走站道至长春（三百里），过农安、奉天（六百里）到新民府（一百廿里），较草道可近数站，一路又有尖宿，惟费用稍多，现在俄营密布，匪类充斥，更无庸议。姑俟周观察复电如何，再请酌夺。

二、哈、沪汇款，据介翁说，来如道、胜存义、公天合、东功昇、玉德昌、源和成、通义泰、会昌厚等号，均与上海往来，汇划甚便。此次难民一路费用甚繁，惟交涉局分奉天、吉林、黑龙江三处名目（周系奉天），用款作何办法，必先议定。哈来通事差弁回去川资如有不敷，均嘱宋介翁酌给。

三、殿翁营口来信:北洋前派麦道台带医生八人(冠前□球,中嵌红十字,呢褂,袖口三道金线,配刀),拟赴辽阳设立医院,行经营口,魏伯诗德告以该处已立有红十字会,足敷所用,无须诸公再去,电津袁宫保谕令阻止,麦道台等遂致中途折回。又谓魏伯诗德初三日前赴海城、辽阳一带察看被灾情形,准备开办赈务。章自到营口以后,魏伯诗德面谓,奉北洋电,知只准救护老弱残疾等人,所以廿八至初二,难民虽有一百数十名前来乞命,择其老弱者仅四十人,送之上车。至饮食一切,甚不便当,且与魏分处,相隔甚远,呼应不灵,舍己芸人,殊非所愿。俟魏回后,尚拟令其易人接替,商约回新、营口电禀均不便,嘱为转达云云。

四、殿翁初四来信云,有皮衣等件存在沈公馆,务请饬令张弁趋领带回,至诸公衣服,早已各函属家寄沪转带,未识均已来否?天寒日紧,各友均无皮衣,张弁能少耽停为妙。

五、信封、信纸,其价三倍于南,北货无一合式,附去各样,请每件代购二三百份,稿纸亦带五六百来为盼。

六、芬本拟早日赴津,以路局不肯通融,务须先呈照片,故稍缓行。关嘱诸友挈弁陆续赴新就照,芬亦继往。现经悉数照成,准于十三日附车赴津,请路局按照给票,以便往来。

七、新地火车,至沟为止,除开早车一次外,另开加车一二次不等。榆关至津开快慢车两次,难民只装慢车。惟沟至榆火车日止一次,且快车限有时刻,即欲商挂一辆,亦须视营口来车之多少,方可定夺,每日约送二三百人。昨闻榆关唐站长道及,天寒日短,营口到车太迟,车务处拟减挂一辆,倘果见诸施行,则难民运送益费周章矣。

八、昨有奉省副都统巡捕因公过沟,述悉俄兵已登城驻守。四门向有宝塔,均为截去半节,罗列大炮,近城村堡均经轰毁。日兵大队现驻离城十余里干沟子地方,即日恐不免攻夺。并闻于陵寝围墙左近,俄亦架有大炮。日来月黑风高,天半电光时相闪烁,访之土人,云皆俄、日营灯上烛霄汉云。

九、重九晨五钟,所睡砖炕忽焉动摇,板铺桌椅亦嘎嘎作声,约有二分钟始止。战局方张,地震陡作,吉凶焉在,令人满志踌躇耳。

十、芬所带之友,除何慎儒在通久病未痊外,颜、支、庄、刘四人随琪等驻新会,许道良与芬驻沟会,均有职事,亦极辛苦。将来他处如有赈务,无人可以分拨,合先声明。

十一、许道良由沪动身时,在仁济堂付洋三十元,为安家之费。兹有唐厨司(亦在新会),其子在沪习学画工,与仁济堂认识,欲付洋四十元,信去即由该堂照付。请饬送七十元于该堂,以清许、唐之借款为荷。

十二、四月中旬,芬代诸友领薪水时,即将谢榆孙四月份薪水银三十两(计洋四十元另一角),又束装洋三十元,由鸿徵号处如数领出,亲自送去,点交清楚。兹阅张丹翁报销账,有付谢榆孙束装洋三十元,想丹翁不知而重付矣。倘丹翁由东洋回沪时,乞询明。

十三、赍遣不赍遣册及存根、收条,呈送至八月中旬止,所有下旬及九月上旬应填册暨存根等,特随函呈送,仰祈鉴核外,芬等家函此次已交张弁迳送仁济堂矣。知关廑注,敬以附陈。专肃。敬请
钧安

刘芬、任锡琪、徐信谟、许正寿谨禀
廿二日

再,九号信甫寄沟会,得介翁电:哈火车尚可对付,日俄事紧,哈电无可设法,寄呈阳电,谅早鉴及。周伯贻之弟仲谦自哈尔滨来,述及哈地难民为数甚多,不有专车,咸无归念,一闻救其出险,纷至沓来,俄国火车,转运兵粮,时虞不给,头批难民,约放专车,屡约屡改,周观察十分为难,曾数次电沈、电新,均无复电,盼望甚切云云。新电无俄线不到,固无足怪,电询介翁,乃奉电局亦未得电。来电尚如此,去电更无论矣。

一、新会遇有病伤难民,送英医院请李大夫代治,前月密、魏到此,即往李寓,琪回看密、魏时,李亦在座。琪曾声明,病伤承李诊治,造福无量。密、魏从旁赞助,李甚欣然。中秋节送与礼物,近更联络。初五日同纪大夫来(向驻铁岭医院),探问近来难民人数何如,若来数骤多,一时对付不开,彼愿帮忙。初七又来问,若有土著到新,作何办法,告以土著由地方官抚养,本会专救客民出险,商请代租房屋,其意专为教民起见,租屋非易,实难应允。各处收养教民,西董亦曾议及否? 款从何筹? 闻外洋有捐助之说,确否?

一、张桐芬大令,晋系北京汉军人,准补奉天柳河县知县,试办靖安县,眷属侨寓沈垣,一官冷落,现以兵事紧急,炮声震天,凡附郭人民,

悉皆纷纷迁避,地方骚动,颇有朝不保暮之势,并有灵柩在堂,更形惊恐,点金无术,正唤奈何,因见本会章程有借资救获出险一条,始敢启行。昨日来新,由增子固太守①代为先密到会商酌,并开明坐车人数,说明彼系实缺人员,□不愿沾光善举,将来必当如数归还,新民府可作保人,借洋三百五十元。核数相符,当即照给。兹取有收条一纸、火车坐位单一张,寄请查核。张令送眷至京,设法张罗,若能如愿自□回省,道出此间,必可践约。收条自□给还张弁凤廷,回新务将收条带回为荷。

一、蔺翁十二赴津,张弁解册南下,应请轮船免票,已请蔺翁就近代办,谅可照准。该弁往来川费,已给十洋,谕令核实开支,若有不敷,即请尊处酌给。各友衣箱等件,为数不少,张弁一人照料,深恐不周,山海关稽查尤严,必须领有免验单,方无周折。此间洋烛、茶叶既昂且劣,能否饬带洋烛一两箱、红绿茶十余斤,应请随时酌夺。新郡白米每石五十二文(合南斛两石),谷草(细米籽秆)每斤十六文,米珠薪粒,信不诬也。其余各物,无一不价增十倍。会中应用,较前次开呈约数,几须加倍,然已节无可节矣。

一、七月下旬及八月份救护资遣出险难民报单四册、资遣联票存查十七本,收条粘呈,又李钧陶先后寄来禀函两书、书一包,并祈鉴察。

一、颜绍白家信一书、汇洋五十元,请专付绍翁帐。张弁凤廷到沪,拟借寄家用洋三十元,又春间曾有十洋汇湘,折回暂存总会,均请照给。

一、各国侦探往来电信,据称日兵除营口、旅顺之外,在东三省实数十八营②(每营八百人),共计十四万四千名,日需兵费六十万金,大炮百尊,每响费银七百两。俄国兵数有增无减,转运艰难,御寒无服,在沈定做华式军衣,发交女工收发过秤,乃有以沙易棉冀符分量者,被俄察出,谓华民偏向东洋,一朝退守,定将东省妇女尽行屠戮,以泄此恨。福陵松楸,亦被芟除尽净。炮台高筑,日夜震惊。日兵距沈不及廿里,俄兵据城未退,日将志在必得,一番恶战,必不能免。东民何辜,浩劫频

---

① 增韫,字子固,蒙古族,蒙古镶黄旗人,时任新民知府。
② 原文如此,似应为一百八十营。

遭,思之可惨。肃此。再颂

钧祺

锡琪、信谟、正寿谨再肃
九月廿一日附九号

（上图档号 SD58887）

19. 驻美公使梁诚致吕海寰、盛宣怀函（光绪三十年十月十六日,1904 年 11 月 22 日）

十二月十四日接驻美梁星使来函

镜翁尚书、杏翁宫保大人阁下:

敬肃者:前于六月二十四、八月初六、初八等日函送檀岛、纽约、秘鲁等处华民捐助红十字会经费三次,共计通用银一千一百元,规平银三千一百四十八两三钱七分,计已次第得登签掌。兹据驻檀领事张令作潘奉缴该埠华民续捐红十字会通用银五百元,掣取汇票一纸,恳为转呈前来。诚查檀岛华民前已捐助通用银一千一百元,兹复续捐五百元,尚属乐于为善。除函复该领事先行传语奖劝外,谨将原票函呈台座,即希转交该会,照数兑收,并给收条赐寄,俾得转发存执,不胜寅感。其余各埠缴呈到日,再当随时汇寄。专肃。敬请

钧安

梁诚谨肃
十月十六日

附呈汇票一纸,计通用银五百元。

（上图档号 SD58881‐2）

20. 驻美公使梁诚致吕海寰、盛宣怀函（光绪三十年十月十八日,1904 年 11 月 24 日）

十二月十四日接驻美星使梁来函

镜翁尚书、杏翁宫保大人阁下:

敬肃者:本月十六日肃布一缄,并解红十字会捐款通用银五百元汇单一张,计邀赐察。顷据驻秘长参赞晖等奉缴续秘鲁等处外埠募捐红十字会经费秘洋一千元,申合美洋四百八十七元八角,恳请转汇该会兑收,当经照收转汇,申得规元七百三十九两,掣取汇单寄呈,即希转交该

会,如数兑收,仍给收条,俾得发交该参赞等,转给各埠商民存阅,是为
至幸。专肃。敬请

钧安,惟祈

赐照

梁诚谨肃
十月十八日

附呈汇单一张,计规元银七百三十九两。

(上图档号 SD58881－1)

21. 魏伯诗德致李提摩太函(光绪三十年十一月四日,1904 年 12 月 10 日)

译营口分会西董魏伯诗德十一月四号致李提摩太函

敬启者:弟前赴海城东南一带查勘情形,始于顷间回来,所有查勘各节,容俟一二日内即当详细函达可也。敝处总董美总领事密勒君因病业已回国,深为可惜。缘敝会自创办以迄于今,备承密勒君竭力赞成,屈计六阅月,以前之事,无不始终扶持,遽尔他适,怅惘良深,如失良友。回忆弟凡遇为难之事,全赖密勒君忠告为幸,尤以厚道待人。此次回国,同人咸盼渠即可喜占勿药,转眴数月,仍望还我使君。

弟此次赴海,深盼与魏司华德畅叙曲衷,不意魏君临期不克赴会,诚为憾事。十月十四号,曾接魏君来函,谓该地灾苦较战时尤为难堪,四方被难之人,纷纷投奔城内,为数较前更多,推测其故,盖以东南一带,目下虽无敌兵驻扎,惟其房屋都不堪住人,天气渐寒,俄日兵丁移驻北郭,并将空屋拆毁,借木料以供柴薪之用,从前避难之人,虽则渐次回家,而新来之难民,仍复不少,是以该处一无空额;并云梧树院业已落成,当经趋晤该院绅董,查所有应修之处,已经由各业首董承办妥洽,并将房屋三十间内砌坑备用,现在住处最为洁净和暖,可供八百名居住以外,在院内居住者尚有妇孺三百名;又云昨晚传集各户家长通告,谓敝处只能周济赤贫之家,汝等仍须各自出力,互相扶助,彼此均得获益,当经众人答应,允将煮炊打扫诸凡小工之役,由众承充,现在敝处可容难民一千之谱,惟柴薪最为缺少,必须购买,务祈汇拨款项若干,以资此种需用等语。当由敝处汇银一千两,寄交魏

司华德手收矣。

又：盛京友人亦屡有信来，据云该处灾情近来更形可惨，敝处自当竭力相助等语。接克澜思惕君十月十四日来函，据称经两敌战斗一带，各处村庄受累实深。昨早闻得距此四十五里之遥，居民被戮或被伤者有百名之多，惟弟等不克亲往救视，而被伤之人又不能就弟处求治，殊为憾事。弟已发大车一辆，差遣两人前往，并嘱其寻觅受伤之人，载之而回，如该受伤之人不能行动，务须雇人抬回医院，愈多愈好。

弟处各人均愿出力，帮同分赴各处，接济受伤之人，无如日俄两军均不准他人出入其间耳。现在逃难之人，自白塔铺等处来者已见陆续入城，昨晚弟等往观南郭之院，路经大道，处处为难民所阻塞，弟当经按段添人，指引敝院之所在，庶难民不致失路。目下敝处所置七院业经挤满，每日仰恃敝处赐餐者将近一千人之数，尚见源源而来。今日已经添租北郭一戏园，可容三百人之数，今晚想可住满矣。现在敝处诸事幸尚就范，并称顺手，诚堪幸慰耳。

旋于一礼拜后复接克澜思惕来函，据云前电奉恳赐寄伤医应需之件，谅邀清鉴。（此电当经收到无误，并将所要之物如数寄去矣。魏注）惟现在敝处需款孔殷，祈速寄银五百两，以资接济。盖因受伤人来此，不但由敝处供给饭食，即衣服等亦须由敝处给予也。且收拾三义庙一事，亦有所需。难民现在该庙内居住，但敝处红十字会医院业已满足，将来该庙亦须改作医院之用。敝处受伤人中就医者十分难治，其中有数人，并有一农夫，身被枪刺十五处，目不忍睹，可惨熟甚。近一礼拜内，难民到者之多，三倍于前，目下其数已至三千有余，以外由将军留养者尚有六千人之谱，每日间必见有数百人接踵而来者。敝处各院业已挤满，目下正在添觅空屋。节近隆冬，届时如何办法，刻尚毫无把握，徒唤奈何。如尊处有款项缺乏之虞，务望速告知英美两国善士，速赐拯救，以全□举。

又接英格烈司十月念二号函，以奉天各友近日办理情形相告。查奉天东、南、北三郭现开设救济院共计十一处，其中有大戏园两处、会馆两处、客栈一处、商家余屋数处。尚有两处，前曾允为相让，大约于十日前已经移用矣。英格烈司君函中有云：此次战后，居民纷纷避难，其情形与辽阳战时迥不相同。□□日攻辽阳之时，难民均经先时预备，举凡家具、柴草、粮食等物，可以随身携带。此种难民，随地皆有。至俄军向南前进之时，该难民等渐次回家，凡田中未遭蹂躏之植物，尚堪收割。奈自十月十三号起，新来一种难民，乃系在战地左近一带及浑河旁之避难人民也，手中一无所持。前次难民，妇孺居多，及此次难民，则男人不少。浑河水深流急，驴马不能问津，职是之故难民随身所携之物，大都不能携带，只得沿途舍弃。闻俄军所造桥梁，只准妇人行走，是以被溺者乃复甚众。

英格烈司君函中亦将开销各项详细提论，谓粮食与柴薪两项需费较多，盖此时粮价较诸平日何啻三倍，又柴薪一项，价值较诸平日几及五倍。并云现在所用之屋宇，或系善士腾让，不取租金，或仅以极廉之价取租，所以该项开销尚属节省，亦承各善士从中为力所致，于创办之始，不无小补，实为幸事，况且华洋同人，均能竭力相助为理，洋友均不取资，华友亦有不取资者具多，现在有人情愿将粮食、柴薪，为数甚多，以公道价值售于英格烈司君处，英格烈【司】君业已承买，应需款项，请为接济等云。又，信尾略谓，如能将现下实在情形普告欧美，或者有人垂怜，惟俄人行为亦不足深责，自居此际，亦缺乏柴薪，不得不然之势云云。

魏伯诗德又谓，前次诸君聚议，当经奉托李亚望甫君驻扎新民府，会同上海所派来委员办理救济之事，旋接李亚望甫君十月十五号来信，谓到彼之难民中有全家同逃者，府宪曾指拨房屋几所，现下曾经装修，以备难民蹭身之所，并云闻有百余名刻在途次，不日即可到彼。

又接开原（在铁岭北六十里）漫亚君函云，现在（即十月十八号）盛京百姓逃难，已经北来，谅此间转眼又须设院接济也。查漫亚君前曾医治受伤之华人，可谓早经阅历。又，法库门阿呢尔君已与该处及铁岭官绅妥为设法，并将救济应需房屋布置妥当，一俟该处有事，该君自必竭力承办也。

此特将以上各事走笔奉告。即祈

垂鉴

魏伯诗德谨具

（上图档号 SD58886－1）

22. 福建延建邵道徐兆丰①致上海万国红十字会函(光绪三十年十二月,1905 年 1 月)

十二月十四日接福建延建邵道徐来信

敬禀者:窃职道前奉钧函,并颁发上海万国红十字会捐册,饬即设法筹募等因,当即创捐洋银二百元,一面分致延、建、绍三府,督饬所属一体筹捐,暨将遵办情形禀复宪鉴。续后闽浙督宪亦札饬捐解。经以此项捐册虽系两处饬发,而各属究难分起捐款,自应合并汇归省局转解。第□游夙称贫瘠,集款无多,杯水车薪,无裨万一,良用悚惕,合将捐数开折,禀报大人查核。再,捐册亦由省局汇缴,合并声明。肃禀。恭叩

勋安,伏维

垂鉴

职道兆丰谨禀

计禀送清折一扣。

谨将奉饬劝募上海红十字会捐数开折,恭呈宪鉴。

计开:

延建邵道捐重洋二百元。

内河福安水师全军捐重洋二百八十元。

延平府属共捐重洋八百三十八元五角。

建宁府属共捐轻重洋一千五百三十四元。

邵武府属共捐重洋九百二十四元。

以上统捐重洋二千二百七十六元五角,又七二兑番一千伍百元。

(上图档号 SD58883)

23. 上海万国红十字会复福建延建邵道徐兆丰函稿(光绪三十年十二月十五日,1905 年 1 月 20 日)

十二月十五日复延建邵道徐信

敬复者:昨奉赐书,并清折一扣,敬聆种切。承募助红会捐款重洋二千二百七十六元五角、七二兑番一千五百元,具见仁心利济,义问宏

---

① 徐兆丰,字乃秋,江苏江都人。

敷,辱在下风,同深纫佩。谨已登报奉扬德意,容俟捐款汇到,再擘收照寄奉。兹附华洋文简明章程四份,即祈察存。专此。复颂

台祺,顺贺

年禧

　　附缴谦版不戬。

名正肃
十二月十五日

（上图档号 SD58884）

24. 上海万国红十字会复驻美公使梁诚函稿（光绪三十年十二月十五日,1905 年 1 月 20 日）

　　十二月十五日复驻美梁大臣信

　　敬复者:十二月十四日接奉十月十六、十八日两次赐函,敬聆种切。承寄驻秘长参赞等经募红会捐款秘洋一千元,合美洋四百八十七元八角,申合规元七百三十九两,计汇票一纸,又驻檀张领事续募通用银五百元汇票一纸,均已照数兑收。兹分擘收照两纸,寄请察核转给。敝处并已分别登报,奉扬德意矣。

　　至八月初六、初八日两次赐书并捐款,计第二次美银一千元,合规银一千六百十两,清册一本,第三次美银九百七十五元,合规银一千五百三十八两,均已于九月廿三日收到,并于九月廿六日专函奉复,交文报局递呈,计已早缴台览。惟六月廿四日赐函,并第一次洋银一千一百元,迄未奉到,尚乞赐查示复为荷。专复。敬颂

韬祺,顺贺

岁厘

（上图档号 SD58882）

25. 上海万国红十字会致各分会电稿（光绪三十年十二月十七日,1905 年 1 月 22 日）

　　十二月十七日寄电

　　奉天筹济局,新民屯、沟帮子、营口、烟台红十字会员均鉴:南洋电传十三日电旨:奉省兵灾,地广人众,着周馥转饬上海红十字会总办,多延员绅,速拨巨款,前往奉省,会同地方官,广施赈济,以全民命。钦此。

等因。除将魏、刘、朱现已由营分赴海、盖,于奉天平粜之外,查户放赈,又由新拨运棉衣,并汇银至沈接济,各分会均已酌量留抚,一面谨遵旨即日中西特别会议,延派员绅续往。电复南洋商拨巨款,仍俟会议定见,派拨员绅、款项,再请核奏,分别知照外,特此恭录电达。并另电刘、朱,俟海、盖赈竣,即商魏展赈辽阳,请筹济局就近转达军尹帅,速赐饬行各地方官,何处最应亟赈,何处尚可妥办,就近赈粮如何购运,确切查核,分晰电沪,以便续派员绅,相机前进。至所祷盼。和、汾、敬、苞。篠。

同日寄营口电

营口红十字分会刘兰阶:真电悉。现奉电旨,已另电恭录知照。兄等俟海、盖赈竣,即商魏展赈辽阳。需款□电接济,办理情形,随时函电详示。殿卿均此。和、汾、敬、苞。霰。

(上图档号 SD58880-1)

26. 新民屯分会致上海万国红十字会函(光绪三十一年二月初十日,1905 年 3 月 15 日)

二月二十四日接新民屯分会第二号来信

仲礼、逢辛、子英、振采观察大人阁下:

新正初七日寄呈元号信,本月上朔、冬、支三电,想均先后达览。兹有应陈各事条列于后:

一、此间自二十六日起,日兵络绎而来,马步各队,共有四五千左右,均仿俄装。初至时,市肆收闭,货车停运,颇有朝不保暮之势,后经新民府以中立地面再四磋商,并电慰帅,请外部照会两国公使,始将大队移驻街东十里以外,犹占住民房不少。旋有冯麟阁①部下胡匪千余,日将两人统率,均望东而去,商客惊惶尤甚。俄人现已设备大队,隔河者计有数万,渡河者现只数千。连日常山子(离新廿里)一带,枪声不绝,据称俄兵所伤颇多。沿河所设粮台,俄已自行烧毁,惟渡河之兵迄今未退。且闻打虎山西南(离新约五六十里)驻有俄兵数百人,万一由新潜出,意图夹袭,新地势成战场,犹为可虑。日人亦思患预防,电局、车站时派弁丁巡弋,且严查俄谍,已杀毙俄通事数人。初三晚,有俄人六名,

----

① 冯麟阁(1867—1926),又名德麟,奉天海城人,其率领的土匪在日俄战争时期为日军服务。

住会所左近栈房,未及片刻,日人已派队围绕,至天明全行捆获,经增太守再四索取,始交看守衙中,未肯释放。法库门一带,日兵亦分队前往,距新较远,胜负尚无确耗。新市近虽开张,大都迫于势力,惊惶无日无之,设坏中立,蹂躏正不堪设想。谟、琪虽居危地,断不敢稍存顾虑。会务现甫起点,辽东不让前往,已为憾事,若辽西设会处所,一闻惊耗,即便他移,无论见笑外邦,有伤国体,诸公如何委任,辜负栽培,即自问身为丈夫,临机畏缩,巾帼不如,亦可耻也。谨当竭尽义务,与车站相表里,视地方官为方针,从井救人,徒贻暴虎凭河之诮,亦所不为。惟电机日守,报必日员盖戳,恐将来信函往来亦须拆阅,战地情形,无从禀报,为可恨耳。

二、蔺翁由营赴京,道经沟会,琪先一日到彼,适林蔚翁亦于是日见到,晤谈之下,言词慷慨,练达可知。寿芝翁元宵后晋京,魏颂翁暂调营口,沟正乏人。琪、寿相商,即请蔚翁驻沟办事,朔电禀陈,谅已达览。卅蔺翁到沟,殿翁由广宁相继而来,谈及购粮一节,灾区待放甚亟,去冬汇营之二万金,又在魏手,蔺翁无权支取,商魏购粮,迟延不发,蔺拟盖赈告竣,即往前进,魏乃曰:请朱老爷放海城,刘老爷放盖平,他处我有人,无须尔去。其意何居,令人不解。蔺翁着急万分。照琪去腊初议,先积一二千石,不但目下应手,即粮价亦所省不少。(去腊十元左右,现须十三元,两千石即省六千元。)此等处非有一人专主,劳怨不辞,定难集事。现请史太守来会督率,令与魏伯诗德协办。据蔺翁所言,魏伯诗德一面固不可脱空,然不宜再与合办,银钱更不可再汇营口。何则?本会借重洋员者,以其能推广前进,与战国或可通融耳。乃权力与华员无异,所办各节悉偏教会,将本会之银钱,为彼教之布施,广宁留养,不令殿翁声称十字会,其明证也。病伤无人,药物广购,无非为医院植根基。派查户口,给发米粮,均由教友经理。会款到手,吝不肯发,疑窦丛生,亦不可不先事预防。蔺翁再三切嘱,令琪速赴津门,将其中情形详告史太守,以免临时掣肘。蔺翁已另函先寄,兹再附陈。

三、前敌紧信频闻,日兵、胡匪汇聚四方,新郡留养难民现已四千余人,无论一朝有变,涂炭堪虞,鹤唳风声积聚,亦防滋扰。殿翁来言,广宁已备房屋六所,足住千人。当即晤商高朴翁,请其速拨千人,运送广宁,车站亦已说明,另备专车,一俟运竣,或拟赴广宁察看一番,以期妥洽。惟增、廷帅札内则称已饬广宁县设立粥厂等语,广宁留养,显归奉省地方官办理，会中只须运送到地，其余即可不问，与会章前议相符。现在魏令殿翁经始，根牧师接管，归本会留养，即与地方官无涉，界限不可不分。沈、新道通，即当禀明增、廷帅。既贴灯油，何必暗处坐也。

四、前因难民留养过多，拟令垦荒，俾得谋生，由新民府会同筹济、垦务两局禀明增、廷帅，已蒙批准，并拨十万两为开办经费。此事若成，难民受惠无穷。会中即拨款协助，将来仍可收还，一举两得，本可乐从，近闻垦务局所拨之未放荒地三百余方，尽系瘠土，水道疏通，亦难承领，而垦局美壤甚多，隐匿不报。高朴翁现与磋商，不妥即拟禀揭。端倪未露，先事倾轧，其能集事也鲜矣。前日朴翁过沟，谓将来难民到沟，天时已晚，曾托寿妥为照料，并恳留宿给食。琪意姑看其办有头绪，再行商议。

五、今日车站买票人多，清早票车，每形拥挤，俄运难民，即不能按时到站。洋稽查电知站长，难民改用加车。到沟仍在下午六七钟，留宿给食，次早八钟由沟车运送入关。

六、元号信曾请将各友留支最好于月初汇付，缘各友家信来云，往往过期不到，待用甚殷，寒儒家况，却有此种情形也。玉森留支改寄永豫钱庄，张祺在新照给，谅均照办。

七、上海邵善徽在沈为俄廓米萨耳翻译，因事急拟辞馆南下，先将一妻一女送到新郡，恳会中照料送沪。其妻因善徽不日即来，住新暂候，乃一守六日，杳无音信。新地偏处，日兵、胡匪混杂尤多，单身妇女，携一幼孩住店，亦颇可虑。前敌既紧，善徽一时断难出险，曾为俄译，更不易行，邵妻恐沿途乏人照料，若派弁护送，彼又年青，并无仆妇，即至天津上船之后，又将何如？琪明日赴津，拟即挈之同行，到津后令买房舱票，再为面托买办照料，电沪知照其家，到埠迎接，似较妥当。此信达览，大约邵妻业已到沪矣。

八、增、廷帅饬办垦务札文，新民府会禀两帅移垦禀稿，开办章程，慰帅饬知增太守电报附陈。专肃。敬请
钧安

任锡琪、徐信谟、许正寿谨禀
二月初八日第二号

再，前汇营口之二万金，蔺翁既未经手，闻魏亦并未收到，或者言语

不通，两有误会。此说果确，则魏之迟延不发，银未经收，过不在魏。究竟何如，谟等未经至营，事非亲历，无从臆断，有闻必告，俾诸公酌量可否，以期接洽。共事何分畛域，宁曰某等多事，缄默自安，此非素志也。

营口通用日本行军手票，买卖照数持取，现银八折或八四五不等。钱庄汇兑，凭条虚划，若付现银，亦合八折，且甚费事。关外购粮，则非现银不办，几番转易，折耗太多。此等情形，蔺翁未识已否详禀。以后似宜仍汇天津，即向该庄取现，运送出关。惟津市分厘甚呆，较沪亦大，能将津沪分厘较准，迳汇洋元，为数一多，其中出入，便宜一二千金，易如反掌。此虽迹近锱铢，行同市侩，惟念诸公筹款如何艰难，能为会中多增一文钱，即可多做一文事，会中人能多尽一分心，难民即多受一分惠。琪少不更事，才力或有不及，此心必不敢稍渝。

琪前晚初到津，寓佛照楼，往谒史縠生太守，交阅鱼电，回栈即将房间预定。安平今晨挂口，琪早间即赴塘沽，乃潮浅未能进口，划船至轮，相隔太远，且须夜潮方开，不得已派栈伙两名，函知潄六，并令随船照料，琪即回津，俟船到埠，再行前往。

此次延请一十七人，目前足敷办事，将来推广渐进，或须续添。縠公之意，南北语言音异，风俗亦殊，悉用南绅，或有不甚相宜之处，渠有历随办赈之张子芬、任子长、史家辉诸君，虽亦江苏人，在直候补多年，且有生长在北者，南北情形熟悉，能耐劳苦，结实可靠，人若不敷，即拟就近延订，嘱先禀陈。

又，史耀五孝廉纪常，縠公同族侄孙也，为人办事，克绳祖武，随侍縠公，办理笔墨，已十余年，家道清寒，向由縠公津贴，此次出关，拟令同行，津贴仍归縠公自给，不令领会中薪水。縠因谊属同支，嫌疑有碍，前来就商。琪告以量才录用，内举何妨，总会诸公，定无不允。一并附陈，即祈查照。

新、营两处，因日本转运军粮，有违中立，火车自初八日起一律停驶。琪电询信、沟两会，复亦相同。新郡现尚平安，堪纾仁廑。再请
钧安

谟等又肃
二月初十日三鼓

（上图档号 SD58885）

27. 吕海寰致盛宣怀函（光绪三十一年八月五日，1905年9月3日）

杏荪宫保大公祖仁兄大人阁下：

昨奉赐教，敬谂勋筹日楙，苍履秋高，造膝敷陈，天颜有喜，乔云在望，祝露良殷。

承示唐春卿学使询问红会捐款一节，本年春间春翁于函寄捐款时即已询及，当有公函详细复答。旋又由宋芸子兄交阅唐世兄来信，与春翁询问之意大略相同。又据芸子面称，唐世兄有捐款十余万，曾否收到等语。弟即与仲礼、逢辛、子英三君子商酌，遍查档案及收捐存根，各省以两广岑云帅之五万元为最巨，自去春收捐至今，从无一人而协济至十余万者，遍查唐世兄名号，亦均无所见，当即据实面告芸子。至其来信所询于红会源流及现在办法，局外自未能深悉，弟因循流溯源，详细专致芸子一函，嘱其转致，时将匝月，尚无续闻。兹将函稿照录，寄请台阅，即祈酌复春翁为荷。

昨晤逢辛，称据仲礼、子英之意，以各省一款两用，多于事后咨行本会，又不咨明奉省，今由本会咨查各省，措词本难，以周玉帅面谕东省捐款情由论之，将来各省之分歧错出，自在意中，本会刊刻《征信录》，只能按收支实数开列，必与各省院司饬行所属档案捐数不能符合，其如唐学使之怀疑询问者恐不止一人，拟将已收各省捐款分晰查明开单，呈恳据情奏请传旨嘉奖，即以预杜将来葛藤。

现在辽阳分会协赈完竣，据该会员函送地图两张，甚为详晰，已饬各分会及协赈员绅一律仿照，办竣一处，或办过一事，均即绘一图，详细加说。一并呈请，附折奏御，仰答慈圣宵旰廑怀，并即分咨各省，以为交代等语。弟察酌所言，均尚中肯，拟即商酌妥办。

先此奉复。敬颂

台绥，虔贺

节禧，诸惟

德鉴不备

治教弟吕海寰顿首

八月五日

附抄折一扣。

（上图档号 SD10946）

28. 盛宣怀致吕海寰函稿（光绪三十三年四月初四日，1907 年 5 月 15 日）

督办津浦铁路大臣吕

镜宇尚书大公祖亲家阁下：

揖别以来，瞬经旬日，缅维勋福，至切钦迟。奉省红十字会保案，前承尊嘱，应由敝处补咨陆军部查照。兹特备具咨文，粘抄奏片、清单各件，寄呈尊处，即请转饬投递。又，徐淮海赈捐，孟绅继笙请奖头品顶戴，昨接江督端制军①来文，已经具奏，附上照会一件，亦祈转交是荷。弟到汉后，因厂矿事小作句留，拟于日内即须返沪。回首京华，弥怀旧雨。专肃。敬请

台安

治姻愚弟

四月初四日

附陆军部咨文一件、孟绅照会一件。

（上图档号 SD35112）

〔整理者系上海图书馆研究馆员〕

---

① 端方(1861—1911)，字午桥，号匋斋，托忒克氏，满族，满洲正白旗人，时任两江总督。

英国国家档案馆藏有关布尔什维克来华、在华人员情报选译

李丹阳　编译

　　编译者按：俄国十月革命后不久，布尔什维克便派遣人员来华，并在华吸收一些左翼俄侨为其工作。而英国则利用其在华较完备的情报系统，大力收集来自苏俄的人员及在华为布尔什维克服务的人士的情报。尽管有些情报有捕风捉影之嫌，但大多数记录经与俄国发表的密档对照，有一定的可信度，有些记载甚至可弥补俄档及其他资料之不足。

　　这些有关布尔什维克来华、在华人员的情报现藏于英国国家档案馆（National Archives，原名 Public Record Office）。此次从中选译的是与中国共产党的创建有密切关系的扎尔欣（又名维经斯基、魏金斯基）和霍多洛夫的有关记载。所选文件均属英国外交部（Foreign Office）档案。除了外交系统的情报，在华租界当局、英国驻华军队和印度等英属殖民地的情报部门的有关报告也汇总于英国外交部，故与中国有关的情报比较完整。

　　这里要感谢同我一起寻找有关档案的刘建一先生。

一、扎尔欣（Zarchin）①

（1）档号 FO 405/228，第 157 号文件附件（1920 年 4 月 7 日）

俄国和中国布尔什维克分子之间的联系正在日益加强，并且毫无疑问，不久即将公开化。在最近收到的报告中有一份是关于 4 月 5 日抵沪的一名来自海参崴的布尔什维克特使②的。他的到来为上海出版的一种俄文报的主要撰稿人伯尔诺夫基（Bernofky）③和杰克·李泽洛维奇（Jack Lizerovitch）④所知。

（2）档号 FO 405/228，第 160 号文件附件（1920 年 8 月 12 日）

……在这些俄国人中至少有一位，即扎尔欣，与一些头脑发热的中国年轻人有联系。

……

从以下的事实可以看出，中国与莫斯科之间似乎可能有着直接通信联系：俄文《上海生活报》⑤编辑伯尔诺夫斯基（Bernofsky）最近要求一个印度人给他提供关于批评英国在印度的统治的文章，并且扎尔欣向这同一个印度人提到这样一个秘密：他能够将任何关于印度的消息

---

① 格里高利·纳乌莫维奇·扎尔欣（Григорий Наумович Зархин，1893－1953），后改姓为维经斯基（Войтиский），又译魏金斯基，中文名吴廷康。1920 年 4 月由俄共（布）中央委员会远东局外事处派遣来华，次年春回俄国。以后多次作为共产国际代表来华工作。1927－1929 年在苏联从事经济工作。1932－1934 年任红色工会国际太平洋书记处书记。1934 年起从事教学科研工作。

② 译者比较档案中其他记载并考虑其来华时间，认为此特使可能是吴廷康。

③ 此人及下面文件中出现的"Bernofsky"和"Baranovsky"，应为时任俄文《上海生活报》编辑的巴兰诺夫斯基（М. И. Барановский）。巴兰诺夫斯基（1898－？），1919 年末参与俄文《上海生活报》的改版，并任编辑和主要撰稿人。曾任罗斯塔－达尔塔上海分社经理。1922－1923 年任苏联外交人民委员部出版司秘书，1923－1928 年任该部远东司翻译。

④ 李泽洛维奇 1917 年从侨居地英国来沪，1919 年同布尔什维克取得联系并开始为苏俄工作。详见李丹阳：《红色俄侨李泽洛维奇与中国初期共产主义运动》，《中山大学学报》2002 年第 6 期。

⑤ 俄文《上海生活报》（Шанхайская Жизнь），于 1919 年 9 月由在沪左翼俄侨创办，初为半周刊，同年末改为日刊。1920 年 2 月，苏俄外交人民委员部远东事务全权代表西伯利亚的维廉斯基－西比利亚科夫（Виленский-Сибиряков）收买该报，使之成为布尔什维克在远东的喉舌，其报社成为布尔什维克在华工作中心。详见李丹阳、刘建一：《〈上海俄文生活报〉与布尔什维克在华早期活动》，《近代史研究》2003 年第 2 期。

送达莫斯科。

(3) 档号 FO 228/3216,第 27 号周报(截止于 1920 年 8 月 21 日的情报)

俄文《上海生活报》现在由考夫曼(Kaufman)①编辑,但该报最重要的人物据说是扎尔欣,他还与许多倾向于布尔什维主义的年轻中国人有联系。

(4) 档号 FO 228/3214,上海情报局情报摘要(1920 年 9 月)

从确切消息得知,李泽洛维奇、扎尔欣和考夫曼已经去过北京,后两个人肯定曾会见过优林(Yourin)②。他们访问北京的效果可以从他们的报纸俄文《上海生活报》看出来:自从他们返回上海后,该报抛掉了一切温和色彩,坦率地显露出布尔什维克色彩。

……

俄文《上海生活报》的扎尔欣说,西伯利亚新政府认为,印度人已经从苏维埃得到了足够的帮助。他询问来访者,印度国民党(The Indian Nationalist Party)现在是否可以使用武器对英国人作战。他声称,在上海,书面立誓支持苏维埃俄国和共产主义原则的受过教育的中国青年人数在名单上正日益增多。他补充说,李泽洛维奇"同志"在中国人中间的工作正对事业作出卓越贡献,但是他的工作侧重于反英战线,因为他特别适合于做这项工作。当被问到他是否知道关于在印度进行宣传的方法时,扎尔欣说,他对印度目前的情况知道得很少,他们的印度专家是一位新手,新近刚从俄国派来。这个人一次曾对他提起,有一个叫汉·多沃罗斯基(Han Dovorosky)的犹太人最近在旁遮普邦干得很好。

(5) 档号 FO 228/3216,第 37 号周报(截止于 1920 年 11 月 6 日的情报)

寄自上海的报告称,李泽洛维奇现已停止其宣传工作,"据说现在

---

① 考夫曼(Л. Г. Кауфман,1892—1935?),1920 年任上海"俄侨事务局"书记,1920—1921 年任俄文《上海生活报》秘书,一度负责编务,并兼任远东共和国驻华使团工作。1921 年 3 月—12 月任共产国际远东局编辑出版部秘书。1922—1924 年任共产国际执委会东方部工作人员。1924 年起从事党务和经济工作。

② 优林(И. Л. Юрин),1920—1921 年任远东共和国驻华代表团团长、远东共和国外交部长。以后从事经济工作。

他正寻求更大的攻击目标"。据扎尔欣说,他①的工作,遵照来自俄国的特别指示,要更多投入在反英战线上。自与扎尔欣和考夫曼从北京返沪后,李泽洛维奇非常繁忙,并且据说他与一批中国年轻人密切接触。这些人最近出了一份传单,煽动对英国进行抵制,因其为无产阶级的最大敌人。……

据说,扎尔欣对在上海的中国年轻人中进行工作的成果感到十分乐观,书面立誓拥护苏维埃原则和共产主义原理的中国青年人数正与日俱增。据扎尔欣说,《北京时务报》(Peking Times)和《北京导报》(Peking Leaders)两份英文报和其他一些报刊很同情布尔什维克,并为其利益发表一些其他报纸不敢刊登的对布尔什维克有帮助的报道。

(6)档号 FO 405/233,第 107 号文件附件 1(1921 年 9 月 26 日)

俄文《上海生活报》报社起着上海的不满人士和常去这里的各种代理人的聚会场所和掩蔽处的作用。这里常有赤塔、北京、天津和广州的布尔什维克工作人员不断进进出出。在这些人中,最重要的人物是霍多洛夫和扎尔欣。

……

扎尔欣和霍多洛夫两人都曾前往广州视察工作,罗斯塔－达尔塔电讯社(Rosta and Dalta News Agencies)②已经在那个城市建立起分社。

……

几名重要领导人,包括霍多洛夫和扎尔欣,已经到访广州。在那里,雷曼卡苏夫(Remankasuf),其化名为斯塔克(Stark),显然已经站稳了脚跟。

……

扎尔欣——俄文《上海生活报》的一名重要工作者。他是巴兰诺夫

---

① 指李泽洛维奇。
② 罗斯塔(Роста)是苏俄政府 1918 年成立的俄罗斯电讯社的缩写,塔斯社前身。达尔塔(Дальта)是苏俄的缓冲国——西伯利亚远东共和国(1920－1922 年)设立的远东电讯社的缩写。这两个电讯社在华分社合称"罗斯塔－达尔塔电讯社"或"华俄通信社"。其北京分社是总部,有上海、广州等分社。

斯基(Baranovsky)的亲密朋友。最近到访过广州。

二、霍多洛夫（Hodoroff）①

（7）档号 FO 228/3214，上海情报局周报摘要（1920 年 4 月 22 日）

一个自命为苏维埃俄国政府半官方代表的俄国人霍多洛夫在去了一趟上海后，最近已返回天津。他首次到上海是 1919 年 4 月，是与谢麦施科(Semeshko)②、克拉辛(Klassing)③和托尔斯托夫(Tolstoff)上校④一道来的。他曾与托尔斯托夫上校同住一处，在那里住时，前海参崴市长阿格廖夫(Agarieff)⑤时常来访。霍多洛夫后来去了天津，好像他大部分时间都在那里。据说，他已经被海参崴市法院任命为公诉人(procurator)，但是由于最近发生的一些事情，他已经推迟了到那里赴任的行期。尽管他是一个忠诚的布尔什维克，但在当地，他并不让人感到是一个危险分子。

（8）档号 FO 404/2987，英文《北京日报》（Peking Daily News）剪报（1920 年 6 月 7 日）

罗斯塔－达尔塔电讯社驻华代表和通讯员霍多洛夫先生现在已经在北京镇江(Chin Kiang)胡同 21 号建立起自己的机构。

---

① 霍多洛夫(А. Е. Ходоров，1886－1949)，俄国社会民主工党（孟什维克）党员。1919－1922 年任罗斯塔－达尔塔电讯社北京分社经理。1923 年任东方商会副会长。1924年以后从事科研与教学工作。1949 年被错杀。详见李丹阳、刘建一：《霍多洛夫与苏俄在华最早设立的电讯社》，《民国档案》2001 年第 3 期。

② 谢麦施科(Г. Ф. Семешко)，又名洪诺尔斯基，俄国社会主义者，1919 年先后创办俄文《上海新闻》和《上海生活报》，并担任主编。

③ 克拉辛(В. Ф. Классинг)是俄文《上海生活报》编辑部成员，后来兼为远东共和国使团工作。据说是俄共(布)党员。

④ 托尔斯托夫(Толстов)后来曾受苏联驻华特命全权代表越飞之命，同谢麦施科对旧俄军官进行宣传。

⑤ 阿格廖夫(А. Ф. Агарёв，1878－?)，1902 年加入俄国社会民主工党，因在大学从事革命活动而被迫离开俄国。1917 年 2 月革命后回国，8 月担任海参崴市市长。1919 年 5 月到上海从事活动。1920 年 5 月任滨海州政府驻北京代表，8 月起为远东共和国驻华使团副代表，优林离京期间代理总代表。1922 年 3 月任远东共和国外交部顾问兼国家银行董事会董事。（此注除参考有关文献外，还参阅了 H. 马马耶娃提供的资料）

（9）档号 FO 228/3214，上海情报局月报摘要（1920 年 6 月）

吕（Lyuh）①，朝鲜领导人，最近刚结束他在中国一些地方的旅行，回到上海。……吕也去了北京，在那里他曾与阿格廖夫和霍多洛夫会面。据他说，这两个人都在为布尔什维主义而努力工作。

（10）档号 FO 228/3216，第 22 号周报（截止于 1920 年 7 月 17 日的情报）

一个名叫霍多洛夫、现居住于天津的俄国人，也已经让人注意到是一名忠诚的布尔什维克分子。他毫不掩饰自己是苏维埃政府的半官方代表。他于 1919 年 4 月首次来到上海，并在一段时间里与另一名布尔什维克代理人阿格廖夫经常接触。阿格廖夫近来以活跃的宣传家而知名，在工作中与李泽洛维奇和阿德莱·艾达（Adeline Eda）②以及另一名俄国代理人尤多洛夫（Yudoroff）紧密合作。后者是一名俄国报人，近来在上海从事宣传活动。

（11）档号 FO 405/228，第 160 号文件附件 2（1920 年 8 月 12 日）

据可靠情报，霍多洛夫掌管着一个电讯社，该社经由恰克图与莫斯科保持通讯联系。在地方报纸上刊登的关于莫斯科和西伯利亚的一些报道是由该社提供的。

（12）档号 FO 228/3216，第 27 号周报（截止于 1920 年 8 月 21 日的情报）

电讯社是通过霍多洛夫维持着的，他目前仍然在北京。正是他提供了当地报纸发表的有关西伯利亚和莫斯科的报道。据说他接收的新闻来自某些无线电讯，也许是由在北京的中国人与恰克图进行电讯联系，再通过恰克图转收来自莫斯科的电讯。

霍多洛夫和阿格廖夫（在以前的报告中曾提过）二人据说现在正为布尔什维主义努力工作。然而，他们于最近在华从事活动之前，据悉曾是在西伯利亚的社会革命党主要成员，并且他们那时并不支持布尔什

---

① 吕即朝鲜人吕云亨（1885－1947）。他是基督教徒，南京金陵大学毕业。1918 年在上海发起新韩青年党，为该党首领，1919 年出任大韩民国临时政府外务委员。1920 年参加高丽共产团体和 1921 年成立的高丽共产党。1928 年曾加入中国共产党。朝鲜独立后，创立社会主义工人党，1947 年被刺身死。

② 艾达是李泽洛维奇的未婚妻。

维克的事业。

(13)档号 FO 228/3214,上海情报局月报摘要(1920 年 8 月)

李泽洛维奇最近和艾达结了婚,并以蜜月旅行的名义于 8 月 16 日去了北京,现刚刚返回上海。他声称自己(在北京)曾多次见到霍多洛夫,后者在使中国人了解苏维埃俄国的真相方面做了极为出色的工作;布尔什维克宣传正在北京非常缜密精心并卓有成效地进行着;在相当大的程度上,这个宣传工作是由苏维埃委派的可靠的人掌控着。他还说,苏维埃代理人征募到一些受到良好教育的中国人的合作,这些人正在内地传播劳动和革命的真理。

(14)档号 FO 405/233,第 107 文件附件 1(1921 年 9 月 26 日)

俄文《上海生活报》报社起着作为上海的不满人士和常去这里的各种代理人的聚会场所和掩蔽处的作用。这里常有赤塔、北京、天津和广州的布尔什维克工作人员进进出出。在这些人中,最重要的人物是霍多洛夫和扎尔欣。霍多洛夫最近去了上海和广州,在那里,他以远东共和国派遣的考察贸易机会的专家和罗斯塔—达尔塔电讯社驻华代表的身份多次会见了一些容易上当的报社记者。霍多洛夫在北京时十分繁忙,似乎是优林最得力的助手。在上海时,他曾就在上海创办一份布尔什维克的英文日报同图尔格谢夫(Turgeshief)①进行磋商。

……

扎尔欣和霍多洛夫两人都曾前往广州视察工作,罗斯塔—达尔塔电讯社已经在那个城市建立起分社。

……

霍多洛夫——一名活跃的布尔什维克代理人,曾在一个时期为俄文《上海生活报》工作。最近他被召到北京在优林手下从事活动。他一度任驻天津的首席代表。他时常去上海和广州。此人与中国人有着密切的联系。

……

---

① 图尔格谢夫是俄国社会民主工党(孟什维克派)党员。曾留学法国,为矿业工程师。1917 年在哈尔滨的道胜银行工作,二月革命后被选为当地工人苏维埃主席。后来到北京,1920 年被远东共和国驻华使团聘为商务参赞。他们打算办的英文刊物大约是于 1922 年 11 月创刊的《新俄罗斯周刊》(The New Russia)。

优林的主要工作人员看来好像是霍多洛夫、图尔格谢夫和伊万诺夫(Ivanov)①。霍多洛夫和图尔格谢夫两人都曾被委派为到外地巡视的代理人,经常到天津和上海出差。霍多洛夫曾一度在上海为俄文《上海生活报》工作,当优林一抵达,便被立即召到北京。在一个时期,霍多洛夫充当了布尔什维克在天津的主要代理人。后来他又以远东共和国商务代表和罗斯塔-达尔塔电讯社代理人的身份访问上海和广州。

······

伊万诺夫——法文《北京新闻》(Journal de Pékin)编辑,一名布尔什维克代理人。他通过其朋友霍多洛夫与俄文《上海生活报》的工作人员保持接触。

〔编译者系旅英学者、中共党史研究会工运史分会特邀研究员〕

---

① 伊万诺夫(А. А. Иванов, 1885－1943),笔名伊文。早年为无政府主义者,曾因革命活动被捕入狱。出狱后到法国学习东方语言。1917 年 9 月在俄国驻华使馆任实习译员,十月革命后拥护苏维埃政权。1918 年编辑法文日报《北京新闻》,兼任北京大学教员,先后为远东共和国和苏联驻华使团工作。1926 年到莫斯科,次年返华任《真理报》记者。后从事科研教学工作。详见李丹阳:《最早与李大钊接触的苏俄代表——伊万诺夫》,《中共党史研究》1999 年第 4 期。

上海总商会往来函电选编
（1921—1929）
——民十信交风潮

徐鼎新　整理

整理者按：上海总商会是近代中国历史上具有深远影响的一个工商业社会团体，于1912年由上海商务总会和上海商务公所合并成立，至1929年停止活动。上海总商会于1921年8月正式出版发行《上海总商会月报》，每月出版一号，每一年为一卷。作为上海总商会的喉舌，《上海总商会月报》内容备受社会各界瞩目。该刊自1928年1月第八卷第一号起改名为《商业月报》。兹从该刊自1921年至1929年之间各卷各号所载的上海总商会与政府及社会各界的往来公牍（函电）中，按专题选录其中较有史料价值的内容，供读者研究参考。

1921年中国商人在上海滥设交易所和信托公司，大肆从事证券物品投机，至年末引发"信交风潮"，大批交易所和信托公司倒闭，而上海总商会事前就已对交易所泛滥成灾、投机盛行的情况深表忧虑，曾向有关各方多次提出呼吁、建议和批评。

1. 致上海中国丝茧业交易所、上海丝茧交易所函（1921年）

致上海中国丝茧业交易所、上海丝茧交易所：请以所集资金改办他项有益事业函

……近阅报章，知茶、绸等业对于交易所渐有主张不办之人，详核

本案文件，上海厂丝茧业同业会一电主张亦复类此。如果该同业中人确已多数觉悟，似可劝王①、沈②两所一律缓办，各以所集之款，协办生丝检查所及丝业银行，以息争端，而维大业等语。并附抄电五件前来敝会。

查丝茧为农家惟一副产，又为出口重要商业，年来江河日下，对内则原料缺乏，对外则销路锐减。救敝起衰之图，惟在改良品质，增加产额，方足以投外人之嗜好，保固有之利源，似不必揣摩时尚，亦步亦趋，以争此不可必得之利益。盖凡事有本有末，交易所之作用，止于平准市价，然外销丝经，其定价向受出口洋商之操纵，未必因设一交易所遂能挽回此项局势。假使出品不良，外销益减，则市且无有，平准作用又安所施？今两方各集数百万之资金，惨淡经营，锲而不舍，执事者之毅力热忱，敝会极所钦佩，但未能高瞻远瞩，树百年之大计，而惟知分门别户，争一日之短长，此则习俗移人，贤者不免闻之而不能无慨者也。尝谓政府竭全部之岁入以豢养军队，国民聚全国之母财以争办交易所，均可谓无独有偶，遥遥相对。二者有其一，已足使经济界发生危象，况二者复兼而有之。

敝会不寒而栗，怀此欲陈久矣，兹因实业厅之函嘱，用敢一发其狂论，尚祈平心审察，加以讨论。如果所言有万一之当，请即以所集资金改办丝茧他项有益事业，非但为贵同业永远之利，即他业中亦必有感发觉悟闻而继起者，是则贵所之功为不朽矣。谨布腹心，伫候明教。此致。

（《上海总商会月报》第 1 卷第 3 号）

2. 复江苏省实业厅函（1921 年 7 月 19 日）

复江苏省实业厅：查复中国丝茧交易所、上海丝茧交易所实在情形函

迳启者：本月十九日准贵厅函开，以上海中国丝茧交易所及上海丝茧交易所具报设立，请予批准一案，奉农商部令行，查该两交易所之交易物品，其内容及范围是否纯系相同，究于当地同业中实在情形若何，

---

① 王指王正廷，字儒堂，上海丝茧交易所发起人。
② 沈指沈镛，字联芳，上海中国丝茧交易所发起人。

抄录关系各电令，即依法速查呈复等因，兹将关系各电及呈请立案文件，一并抄送，函请由会查照，令开各节，详查见复，以凭转呈等由。

准此，查物品交易所条例第三条，同种货物之交易，限定每区只设一所，寻绎此次部令，亦以交易物品其内容及范围是否纯系相同为断，是欲解决本案争端，应先就该两交易所之交易物品详为剖晰，实系一定不易办法。查上海中国丝茧交易所，系江浙皖丝厂茧业总公所应同业之请求，会议筹办。该所同业本以江浙皖三省茧行及机制厂丝、丝吐同业为限，与上海丝业会馆之白丝土经物品不同，团体亦异。其他如山东、安东之灰丝、灰经，湖北之黄丝、白丝，亦由各该省另设会馆及出口公会，以总其成，并不在总公所范围之内。王正廷等所设之上海丝茧交易所，闻即由该会馆等参加组织。如果于创办之始，各就其所辖范围划清界限，分投举办，则丝经之产地与品质既绝不相同，虽一区分设两所，于条例尚无抵触。无如上海丝茧交易所举办之始，丝吐同业暨茧商均有少数参加，而机制丝厂亦有附股。是两交易所之设立，其内容及范围间有相同之点。至茧商之列名于上海中国丝茧业交易所者，查所抄文件，虽仅有二十五人，然其中类系一县公推之代表，由阖属茧商举出者，两相比较，确占多数。此查明该两交易所现在办理之情形也。

至此案办理情形，应否许其剔除重复部分，各自分设，抑系先令协商归并，再予立案，应请转呈农商部熟权利害，妥为主持，本会未便略参末议。所有查明核议缘由，相应函请贵厅查照转呈为荷。（民国十年七月十九日）

（《上海总商会月报》第1卷第3号）

3. 致北京政府农商部电（1921年8月6日）

致农商部：请一律批令缓办交易所电

北京农商部钧鉴：上月有日①代电谅达。沪商竞以交易所为致富捷径，无一日不有发起之人，无一物不为交易之的，其至重床叠屋，改头换面。其营业地点半在法租界，扬言谓官厅如予批驳，即转向法署注册。深识之士，私忧窃叹，均谓沪市不及年底，必至全局破裂，不堪收拾。曲突徙薪，责在钧部。拟请除已呈请立案在前者依法酌予准驳外，

① 有日为二十五日。

其余无论合法与否,凡有呈部请予批准设立者,一律批令缓办,不必饬厅行查。盖审察沪市现象,非此不足以遏止投机转危为安,应请当机立断,俯准施行,并切商外交部,迅与英、法两使开诚接洽,免致查禁时发生阻力,仍候电示。(民国十年八月六日)

(《上海总商会月报》第1卷第3号)

4. 致嘉谷堂米业商会函(1921年8月8日)

致嘉谷堂米业商会:请力劝米商自行取销米谷交易所函

迳启者:本月六日接豆米业萃秀堂、仁谷堂合词函称:昨见报载,本埠南北市米店发起组织米业五谷交易所,所址勘定法界法大马路①鸿运楼后面,沿爱多亚路②地方,筹备处暂拟借法界三茅阁桥南首,阅之殊为骇愕。查交易所所营物品,总须适合时宜,米谷在交易所买卖,为近今时论所不容,故敝公所同业呈请农商部注册给照核准设立之上海杂粮油饼交易所,于章程及营业细则内特别声明,米谷一项不在本所营业范围以内。乃南北市米店竟拟组织米业五谷交易所,是与敝公所同人所设之交易所定章大相径庭,非惟敝业同人不能赞成,恐地方社会亦断不能承认等语。

敝会查近岁以来,米价高涨,而佣值不能相副,食力之民无不以生计困难,引为大戚。米谷交易所之设,在创议者未尝不可援平准市价之说,以自文其短,惟所谓平准者,其意义殊不明了。如谓嫌米价之昂而以平准者,使之渐就低廉耶?商业以营利为主,恐发起诸人未必有此反常之心理。如谓嫌米价之低而以平准者,使之逐步就涨耶?以交易所之操奇计赢,发起诸人之老谋深算,何患不能如其所愿,但放利多怨,专欲难成。为自身营业计,亦当兼为全社会利益计。迩来消费协社之设,粮食公卖之制,腾于众口,果米价因此而受巨大之影响,在社会亦未必无剧烈之抵抗。有去岁舆论之责难,斯有今日米照之颁行,分外警惕,犹惧借口,诚不解首创是议者之何以一波甫平而又欲自生荆棘也。

敝会内念同舟之雅谊,外为公义所驱策,不敢不进此逆耳之言。趁此甫在筹议,转圜尚易,拟请贵会敦劝同业,即日将此举作为罢论,以安

① 法大马路即今金陵东路。
② 爱多亚路即今延安东路。

舆情而维民食。曷胜翘企之至，并祈赐复。此致。（民国十年八月八日）

（《上海总商会月报》第1卷第3号）

5. 复上海中国丝茧交易所函（1921年8月8日）

复中国丝茧交易所函

接诵惠函，并附寄新闻一则，嘱为见复等由，具证殷殷关注之意，至为感佩。敝会鉴于投机狂热，日甚一日，长此不已，必至全市陷入破产，无可挽救，敢援良药苦口之义，冀动邦人君子之听。上月有日，本月鱼日①，致农商部两电，对于无论何种交易所，均主张一律批令缓办，足证本会态度至为鲜明，并未专指一人一事而发。至承示各节，在造谣者之居心，或因本会前函正言庄论，无可非难，遂不得不别出途径，以冀主张正论者因此可心灰意阻，减其反对之声势。语云：流言止于智者。此辈行径，谅不值高明之一哂也。此致。（民国十年八月八日）

（《上海总商会月报》第1卷第3号）

6. 致江苏省实业厅函（1921年8月9日）

致江苏实业厅：复陈劝解丝茧两交易所另办他业未得同意函

……兹接该两所先后复函，或以同业公意自身本不赞成为辞，或以股款收齐万难变更自解。来函所谓觉悟一层，似尚未有萌芽。至此次抄示电文五件，除厂丝茧商同业会一电系主不办交易所者，现在双方论调，并无赞成此电之人，碍难成为事实外，其丝厂同业一电，但称对于沈镛组织之交易所绝对不能承认，并未指出反对理由。且厂商中对于两交易所均有投资，则此电是否确由全体公意拍发，不言可喻。其余三电，均系反对上海丝茧交易所者，所指论调，不外两端。一为指斥王正廷系政客，无商业经验。查王君资望，人所共晓，似无庸敝会更赞一词。一为藐视茧商、抹煞茧商等语。查上海丝茧交易所确有正当茧商参加在内，前函业已详陈，所谓藐视抹煞等，俱系空洞之词，殊难置答。相应据实逐项奉复，函请贵厅查照转呈为荷。此致。（民国十年八月九日）

（《上海总商会月报》第1卷第3号）

---

① 鱼日为六日。

7. 复周联琪、张梦奎、杨远三君函（1921 年 8 月 12 日）

复周联琪、张梦奎、杨远三君：为解释争股倾轧函

接诵来书，祗悉一一。敝会对于来函所论列者，惟不愿为左右袒，非惧为怨府也。盖以吾国商帮团结之精神，向为外人称道，数十年来此风未泯。自交易所议起，非但此业与彼业争，此帮与彼帮争，甚至一业一帮之内，亦复分门别户，尽其波谲云诡之致，以互相排斥诋欺，俨与棼纷之政局遥相辉映。长此不已，非但经济界发生重大恐慌，而商业团结之精神亦将摧毁无遗。盱衡现象，实所痛心，颇不愿再有是丹非素之论，致来推波助澜之讥。惟既承明问，尚有一言以贡诸左右。盖投机狂热，日久必蹶，此时少购一股，即异日少受一累。塞翁失马，安知非福。谨为执事诵之，未审能不訾其为愤世嫉俗之言否？昨实业厅来函，亦有转劝商家勿轻于投资等语，所见与敝会略同，敢以附闻。此致。（民国十年八月十二日）

（《上海总商会月报》第 1 卷第 3 号）

8. 复江苏省实业厅函（1921 年 8 月 20 日）

复江苏实业厅：请查复王子舫等呈控朱光焘组织绸业交易所函

迳启者：本月十六日准贵厅函开，以据上海绸业王子舫、汪思瑛、沈汇生、于绍芳等真日①代电，呈控汪光焘等组织上海绸业丝织物交易所一案，抄录该所发起人略历及同业公会证明书，函请审核列名代电之王子舫等是否绸商，绸业公会是否呈经官厅核准有案，并请查复等由。

准此，查物品交易所条例第六条规定之行厂商号，以当地同业公会或公所证明书为限，朱光焘等组织上海绸业丝织物交易所，系由杭州改良织物公会出具证明与细则，规定以当地之公会或公所为限，已属显有不符。该公会亦知此层恐遭驳诘，是以于杭州改良丝织公会之上冠以驻沪二字。惟同业公会及其他团体之设立，均须有一定区域，而区域又以在官厅立案之后。随时加入驻沪字样，任意扩充其区域，在法令上是否可以容许？易言之，如法令不能容许，则此项证明是否发生效力？应请贵厅注意者一。

---

① 真日为十一日。

朱光焘等组织之交易所，既以上海绸业丝织物标题，是营业范围已将上海全体绸业包括在内。所谓同业公会字样，自须实际上可以代表上海全体同业，方与立法原意相符。改良丝织公会既限于杭州改良绸之一部，此项公会是否可以认为代表上海全体绸业？其证明书是否与上海绸业公会有同一之效力？应请贵厅注意者二。

以敝会此次查考所及，如申江绉业公所、绸业绪纶公所、云锦公所等，对于此举均有反对之表示，而上海绸业公所又有代电之呈控，是细则第三条之条件已属欠缺。此敝会从事审核之情形也。至王子鲂、汪思瑛、沈汇生、于绍芳四人，节据访查，确为绸业商人。绸业公会系于民国七年组织成立，据称曾在县公署备案。相应备函，据实奉复，即请贵厅查照转呈为荷。

再，敝会鉴于沪市情形，认为此项投机事业，确有遏止之必要，曾于本月六日电致农商部，请其嗣后有呈设交易所者，无论合法与否，一律批示缓办。此案事同一律，况绸业舆论多数反对，商情已见一斑。倘蒙毅然主持，据实上闻，未始非遏止投机狂热之一助。此致。（补录民国十年八月二十日）

（《上海总商会月报》第 1 卷第 5 号）

9. 呈江苏省长王瑚文（1921 年 8 月 25 日）

呈江苏省长：取缔米谷交易所办法文

呈为沪商擅设米谷交易所，妨碍民食，谨陈取缔办法，仰祈采择施行事。窃查沪上年来米价奇昂，力作小民，终岁勤勤，不得一饱，时有罢工争加佣值情事，幸地方官厅随时疏导，未酿大变。自交易所议起，一般不劳而获乘机逐利之徒，无不分门别户，各张一帜。然终以米谷攸关民食，一经操纵，影响极巨。豆米业中人虽同时设有杂粮、油饼交易所两处，均声明米谷一项不在营业范围之内。此中利害，该业中人知之最切。如果有益于商市，无害于地方，何至长虑却顾自愿除外。讵有素业米店之虞瑞清、奚赓虞、黄慎康、张念萱等，以为人弃我取，机不可失，竟敢躬冒不韪，纠合同业，组织米谷交易所，近已呈准在法领署注册，复用外国律师名义，遍登广告，谓各界如有反对理由，尽可于三日内陈述，但所言不当，应负赔偿责任等语。先经本会致电嘉谷堂，力陈利害，请其切实劝阻,继又邀集业董虞、黄、张三人,当面力劝,均无丝毫容纳诚意。本会为市面及民食起见,有未容默尔而息者,谨为钧署陈之。

查向来米谷买卖,俱系实货,即使有人囤积居奇,既须堆栈存储,又须备足现银,且行动更须出以秘密,故其害尚有限制,交易所既设以后,只有二三成之保证金,即可空盘买卖,操纵较易,流毒无穷,一也。上海非产米之区,全恃各埠贩运来沪,再由米商收买,逐什一之利,交易所成后,则一般米商均以现货交易,手续既繁,垫本又巨,人情避难就易,势必群趋于空盘一路,反致实货缺乏,人心摇动,二也。该所通告,期货买卖,以西贡、安南、暹罗三种为标准,而本产米则作为现期买卖,惟物价均有相互关系,暹米标准一经抬高,本产米亦必随之增进,三也。天灾流行,何时蔑有,幸米谷一项尚无空盘预买之制,故虽有饥荒,而米价之操纵也难,交易所既设以后,则一遇今日之风灾、水灾,俱可竞为空盘收进,以博倍蓰之利,四也。此四害者,该业中人知之,地方人民亦知之,特以其凭借外援,诡诡之声音颜色,已足使人民夺气,而不敢与抗。

钧部受国重寄,保障宣劳,除一方之豪强,即所以拯万民之疾苦。本会敢代表公意,陈述取缔办法三端。查交易所营业地点,虽在法租界以内,惟该商等既系中国人民所组织之公司,自应依据本国法律办理,此项惯例,相沿至今,国际间从未有以明文变更,自不能听本国商人因私利而借词破坏。物品交易所条例第二条规定,既须呈经农商部核准,方能设立,该所并不履行此项手续,依照公司条例第二百四十八条第一、五两款,即可严行罚办。应请密令上海地方检察厅及县知事公署密饬警探,随时注意,如果该所发起人潜入华界,立予依法拘罚,一也。该所虽设在租界,而营业区域依条例可及全县,将来此项经纪人亦必不限于法租界之米店。应请令行上海县知事,布告华界米店,以此项交易所违法干禁,将来不得充该所之经纪人,二也。依公司条例,公司非设立注册后,不得发行股票。该所既不履行此项手续,照公司条例第一百二十八条,其股票无效。应请通令全省司法官厅及各县知事,预为存案,并布告一般持有此项股票者,其股票虽属无效,但得依照该条例第一百二十八条第二项,要求损害赔偿,三也。此三策如果并行不悖,或足稍收形格势禁之效,较之空言交涉、操纵由人者,似尚稍有把握,且均依据法办理,并无贻人口实之处。尚祈当机立断,俯准施行,毋任恳切待命

之至。谨呈。（补录民国十年八月二十五日）

（《上海总商会月报》第 1 卷第 4 号）

10. 再致嘉谷堂米业商会函（1921 年 8 月 27 日）

再致嘉谷堂米业商会：函由同前

顷由贵会转到虞君等复函一通,业已奉悉。查原函大意,有店货来源向恃行家,行有存积之力,店无居奇之能,行开市价,店听涨落,以是店家处处受挤轧,事事不自由;又称同人等经营米谷有年,只缘米店力量薄弱,不能不任有力者之挟持等语。玩其通篇大意,无非谓设立米谷交易所,全为抵制米行把持起见。米行之是否有上述情事,敝会不欲有所论列,但米店既称力量薄弱,事事受制,须知近时交易所之资本多者百万,少者数十万,既有资本组织交易所,何不可即以此项资本组织米行,或迳自往采米地点,源源直接贩运?盖交易所之资本既须大倍于米行,谓米店有能力组织交易所,而无能力自设米行,斯言恐无人敢信。谓设立米谷交易所后,可以不致受制于人,而自设米行,或自行直接办米,仍不免仰行家鼻息,斯言亦恐无人敢信。米店诸君为自卫计,何以不从切实近情之自设米行或直接采购入手,而必欲就万人指摘之米谷交易所入手,正敝会所百思而不得其解者也。

又称上海交易所本年兴办者有五十余家之多,同人始亦诧为奇事,继因吾业事同一律,际此潮流,不容墨守等语。查沪上现在竞以交易所为惟一业务,与市面必至发生巨大危险。官厅既迭有警告,社会中稳健分子亦屡有论列,甚至英美各国在沪报纸亦时时发为危词,舆情已可见一斑。米谷交易所发起诸人未必绝无闻见,反以此引为盛事,津津乐道,是此项交易所之创设,确系见猎心喜,急思尝鼎一脔。其隐情已可概见,宜正言庄论者之不蒙采纳矣。

又称面粉、杂粮均有交易所,此项物品皆系民食等语。试问本埠上中下三项社会,是否以面粉、杂粮为一日三餐之主要食品耶?抑以米谷为一日三餐之主要食品耶?不解发起诸人何以竟未一权其轻重也。

又谓交易所于出洋及私囤等均一一防杜等语。查出洋及囤积各项弊端,均系米店以外诸人之所为,斯言也,米店诸君再三声明,而敝会亦深信不疑。此项弊端,以历来中外当道之力所无法防杜者,而谓设立交易所足以防止之,是交易所之能力且超出于中西官厅之上,其气魄之宏大,洵可敬佩。但交易所既有此气魄与能力,恐人民以为交易所既有此操纵之技,则何所为而不可,将愈觉惴惴不安。危险之点,即在于此。况营业地点又并不在华界,来书所诩为如何限制、如何防弊者,在社会视之,实一无制裁,一无保障,惟事前借此为避公众之讥弹而已。

尚祈查照转告为荷。此致。(民国十年八月二十七日)

(《上海总商会月报》第 1 卷第 3 号)

11. 复江苏省实业厅函(1921 年 8 月 28 日)

复江苏实业厅:查复上海煤业交易所、上海华商煤业交易所孰为相符函

迳启者:前准贵厅函开,以赵冠庆及谢天锡等均拟在上海设立煤业交易所一案,奉农商部令行,查其营业范围是否相同,于煤业事业中孰为殷实可靠,依照物品交易所条例第九条及施行细则第二条等规定,究竟孰为相符等因,函请由会查明见复等由。

准此,查谢天锡等组织之煤业交易所,以煤炭行号为主,以矿商为辅;赵冠庆等组织之华商煤业交易所,以矿商为主,以煤炭行号为辅。核其组织内容,均系全属同业,是两交易所之人数及股额,与物品交易所条例第六条均无不符之处,自应专就条例第九条所称资本额及交易额,比较两方,孰占多数,以定从违。敝会以兹事头绪甚为繁重,非业外人所能调查详晰,即请双方各自按产据实开报去后,兹据先后具报前来。查谢天锡方面之发起人及附股人,共计同业三百〇一家,资本额共八百七十三万九千八百五十元,交易额共七百二十四万三千五百五十吨;赵冠庆方面之发起人,共计四十七家,资本额共一千七百四十八万五千元,交易额共一百五十六万吨。盖一系集资采矿,故成本巨,而产额较少;一系设肆贩运,故需本轻,而销路较巨。矿商资本,在农商部均有成案可稽,无从讳饰。至交易额方面,前据赵冠庆等函致敝会,略称有每年销煤总额约达八百万吨,惟洋煤居十之七,华煤仅占十之三等语,是交易额确系谢天锡等占其多数。出诸赵冠庆等之声明,尤属信而有证。综核以上情形,是两方开报之词均尚实在,惟一系资本额占其多数,一系交易额占其多数,核与条例第九条所列情形,似双方均有未符

之处。此等情形，既为草拟条例时所未及规定，应请仍由农商部酌核办理，相应检同两方资本、交易额调查表各一份，函请贵厅察核转呈为荷。此致。（民国十年八月二十八日）

（《上海总商会月报》第1卷第3号）

12. 致本商会董事楼恂如、沈九成函（1921年9月3日）

致楼恂如①、沈九成②会董：请调查中美证券交易所函

迳启者：本月三日，准江苏交涉公所③函开：本年八月十四日，奉外交部训令，准农商部函称：顷见报纸载有中美证券物产交易所股份有限公司广告，依照条例，交易所事业，应由本国当地同业行厂商号五分之三以上组织，呈由该实业厅核转来部，并分报省长，方合法定手续，在沪他国商人，对于此种情形，深恐未悉真相，如果贸然合办，不免为人利用，将来易起纠葛，似应及早禁阻。等因到部。应由该特派员饬向美总领事声明，凡设立交易所者，以农商部曾经核准给照者为限，其余未经批准者，应请协同查禁。等因。奉此，当经函致美总领事查照办理去后，兹准复称：查此事何以函致本署，殊难索解，无非因该公司名称"中美"一字，惟前项公司，本署并不知悉，所以对于此事，无从办理，相应函复，即请查照。等由。准此，查该交易所究竟何人组织，何以率用"中美"字样，有无美国人在内，其交易所有无章程，已否成立，相应函请贵会烦为派员调查内容，迅速示复。等由。

准此，查此案据今日报载，该所广告有已向美政府领得营业执照等语，而交涉署又接美领事函称此事绝无所闻，是按其内容殊属离奇。本会既受官厅嘱托，急宜详细行查：（一）询其有无美国股东，如有美股，应请开示人数及姓名；（二）美国中央政府素不管理商业注册等事，此项营业执照，究系何州之州政府所颁发，并请将执照出示，但调查此项事件时，可由台端商定日期，通知本会派员协助；（三）该所有无制定章程，并请向索一份，以资考证。此致。（补录民国十年九月三日）

（《上海总商会月报》第1卷第5号）

---

① 楼恂如系敦余钱庄经理。
② 沈九成系三友实业社经理。
③ 江苏交涉公所即北京政府外交部特派江苏驻沪交涉员公署。

13. 复北京政府外交部特派江苏驻沪交涉员公署函（1921 年 9 月 15 日）

复交涉公署：为查复中美证券交易所内容函

迳启者：前准贵署函开，以奉农商部令行，查中美证券物产交易所，询诸美领，据复称，前项公司，本署并不知悉，究竟该所何人组织，有无美国人在内，其交易所有无章程，嘱为查明见复等因。当经函请调查委员会行查去后，兹接报告，内开：承委，当经向该所调查，据其办事华人声称，股东系美国人居多数，主任为亨思雷、德维士二君，制定章程及一切手续，聘有顾问礼明、博良二律师，章程须向主任索取等语。复问其出示营业执照，初不见许，后以私人资格索阅，始肯出示，查系台勒卫州①政府所颁发等语。敝会查此案因办事人以主任者系属美人一语借词卸责，故调查一切非常困难，惟既称亨、德二君为主任，则此事已有头绪可寻，似可函知美领，请其按照上述情形，逐一查询，再定交涉方针。是否有当，相应据实奉复。（补录民国十年九月十五日）

（《上海总商会月报》第 1 卷第 5 号）

〔整理者系上海社会科学院经济研究所研究员〕

---

① 台勒卫州今译特拉华州。

项兰生自订年谱(二)

宣　刚　整理

公元一九〇〇年,光绪廿六年,岁次庚子,廿八岁。

仍在求是助教。首任总办林太尊病故任所。

春得二伯父织云公函,从弟锡善中煤毒不治身亡,隔三日其子润官继之夭折,又四日二从弟炳善及其岳母王太夫人(即剑官之外祖母)适来视疾,亦同遭不测。先后一周间弟兄子侄与戚属四人均死于非命,闻讯骇愕,未可言喻,亦大不幸也。

六月廿九日(旧历六月初三日亥时)长女浩生,排行华。

五月后,北方因义和团事,谣传纷纷,无日不在惊涛骇浪中。九月京师陷。先是大伯父薇垣公同寿任南城兵马司使,任满,已奉明令截取同知,此时尚未交卸,十月十二日(闰八月十九日),联军①大队抵京,大伯父即于是日殉难任所。二伯父及两弟妇均临时他避,后二月,二伯父亦去世。其时南北消息不通,至年终始由同乡及同年辗转传来噩耗,双亲以太平天国后,吾家已甚式微,今又迭遭非常之厄,难堪已极。

冬葬元配叶夫人、胞妹瑞芝及麟阁于二龙山。

是年义和团入京,八国联军陷京师,慈禧挟光绪帝奔西安。

九月唐才常②在西湖起事,汤觉顿③为财政委员,唐被捕,下狱死,汤临时走避,得免于难。孙中山惠州起事失败。始铸铜元。

---

① 联军即八国联军。

② 唐才常,字伯平,号佛尘。

③ 汤叡,字觉顿。

是年美采金本位币制。

公元一九○一年，光绪廿七年，岁次辛丑，廿九岁。

二月（阴历正月），随先父及翁姨丈至沪，并访严芝楣丈。

四月（阴历三月），徐少梅师任求是监学，院内紊乱，徐师举措不合时宜，恐新旧之争难免，吾遂中途脱离。暑假时，求是发生罪辫文案（注）。冬更名浙江求是大学堂，陆辞总理，劳玉初乃宣继任，改称监督。（注：吉士谨按，有关求是书院罪辫文一案，先父曾另草一文，原件移存上海历史图书馆。）

六月（旧历五月）创办《杭州白话报》，发起者陈叔通、汪叔明、孙江东、袁文楸、林琴南、汪秋泉等。时杭州尚无活字印刷机关，决用木刻，暂在吾家举行。款由同人捐集，每月出二册，每年售一元，吾总其事。其宗旨以开通风气，宣扬中外大势，提倡新政学业为主。

十月胡趾祥乃麟自鄂回浙，欲有所嘉惠于桑梓，捐款六万元拟办学校，其子藻青①、仲均秉命而行，叔通、伯絅力主交吾总其成，遂订合同，全权由吾主持，一面由杨雪渔文莹向巡抚任筱沅道镕陈述，并请拨葵巷敷文讲庐作校基之用，任抚允之。旋即奏准开办，定名安定中学堂。冬接收敷文屋，开始计划筹备。同时南浔庞清臣②捐办浔臣中学，聘叶浩吾主其事。

是年二月立大阿哥，两宫回銮。九月七日辛丑和约订立。下诏变法废八股，命各省办学堂。李鸿章③卒。改总理各国事务衙门为外务部。梁启超④创办《新民丛报》于东京。

是年摩洛哥归法领。海牙国际法庭成立。澳大利亚联邦成立。十二月廿四日苏名作家法捷耶夫诞生。

公元一九○二年，光绪廿八年，岁次壬寅，三十岁。

春至上海一行。

---

① 胡焕，字藻青。

② 庞元澄，字清臣，后改字青城，号渊如。

③ 李鸿章，原名章桐，字渐甫，又字子黻，号少荃，又作少泉。

④ 梁启超，字卓如，又字任甫，号任公。

安定学堂建屋由李阜通营造厂承包。阜通名阿虎，工程进行中照所包尺寸有偷工减料处，议罚赔偿，阿虎不允，乃请张宁奎耶教牧师（葆庆之父）作公证。张以偷减已成事实，创办学校为当前新政，不应有此不道德行为，力主照合同认偿，李折服（李亦为耶教中人）。夏工程全部完成，延师招生，于七月廿四日正式开学，吾亦就任监督。

秋张学使亨嘉来访，并商办藏书楼事（藏书楼即今之图书馆前身）。

浙江求是大学堂改称浙江大学堂。

十二月十六日（阴历十一月十七日午时）长子仲雍生，先母命名永年。

是年清政府颁学堂章程。

是年西伯利亚铁道完成。日英同盟。古巴共和国成立。法名作家佐拉逝世。

公元一九○三年，光绪廿九年，岁次癸卯，三十一岁。

仍任安定学堂监督，新正奉母至安校参观。

二月后半月即阴历正月下浣母病，延至五月十七日（阴历四月廿一日子时）病殁。

求是又改称浙江高等学堂，劳玉初辞，由陶葆廉拙存继任。

安定中学自今年起，遵部令改为五年制。

母命仲雍继承诸氏，永以诸项氏为姓。

是年上海发生苏报案。设商部。设练兵处。

是年日俄宣战。① 巴拿马共和国成立。

公元一九○四年，光绪三十年，岁次甲辰，三十二岁。

三月偕陈叔通赴京师，谒张锡钧监督谈保送安定学生事，请其协助提倡，以安定毕业生作为预科毕业，直接升入京师大学堂（北京大学前身），即商准，五月南旋。张学使时任京师大学堂监督。遂于秋后照章办理第一届毕业生事，并保送京师大学堂肄业。本届毕业生共十人，其名单为：(1)吴孔怀友蘧；(2)孙虹顾信；(3)钱天任云鹏（原名治汉字雨

---

① 　此误，日俄系于 1904 年宣战。

耕,即安塏之兄,后留学英国,海中游泳遇巨浪被淹毙);(4)方吉甫祖成;(5)杨茂五崇英;(6)王嘘和兆鋆(为王曜夫永炅之叔,永炅平时功课最好,惜中途辍学未毕业,闽侯人);(7)高孟征维魏;(8)喻哲文实干(原名舜浚);(9)俞侃如㮣;(10)钱浩如家瀚。吴友蓬确为案首,其余先后次序已记不清,原稿校中已毁失,胡家亦不存稿,后经陆缵何代为查明各人名次如上。

高等学堂陶葆廉辞职,浙抚聂仲芳缉槼奏调陆冕师回任监督,冕师来洽,邀吾为臂助,以安定监督兼任高等学堂副理勉允之,约定明年就任,仍偏重于安定本校。

十一月十九日(旧历十月十三日戌时)次子叔翔生,遵父命继承同寿公长子锡善。

是年黄兴(原名轸)①、宋教仁②等组华兴会。

是年日俄正式开战,俄败。英订藏约。居礼③夫妇发明镭锭。

公元一九〇五年,光绪卅一年,岁次乙巳,三十三岁。

全年任安定学堂监督。春应陆冕师约兼任高等学堂副理,协议停课四月,加以整顿。至六月(阴历五月)重行开学,扩充学额,添设小学。冬吾于陆师未去前辞高校兼职,仍专力于安定。

旧历正月初一日戌时立春,为岁朝春。

是年同盟会成立。派载泽等五大臣考察各国宪政,将行,保定高校生吴樾④投炸弹于车站,伤载泽、绍英,临时中止出发。次月改派二人,仍为五大臣出国。停科举,兴学校。与日订满州〔洲〕条约。设学部及巡警部。美颁禁华工条例,东南各省抵制美货。

是年日韩协约,日置总监于韩。俄日订朴次茅斯和约。挪威脱离瑞典独立。十二月廿二日莫斯【科】工人举行十月武装起义,十二月廿五日全俄布党⑤第一次代表会议在芬兰开幕,列宁、斯大林在会上初次

---

① 黄兴,字克强。
② 宋教仁,字遯初,又作遁初。
③ 居礼,今译居里。
④ 吴樾,字孟侠,又作梦霞。
⑤ 布党即俄国社会民主工党布尔什维克派(意即多数派)。

会面。

公元一九〇六年,光绪卅二年,岁次丙午,三十四岁。

夏七月(阴历六月)辞安定职,九月(阴历八月)就汤蛰仙寿潜之聘任浙路公司工务科长,并赴各地段解决征地问题,凡涉及坟地而能避免者,尽量避免之。

八月廿七日(阴历七月初八日戌时)三儿通(小名庆)生,遵父命继承同寿公次子炳善。

吴雷川震春继陆冕师任浙江高等学堂监督。

冬上年安定应届毕业生三人改称特级生与本年毕业生十一人共十四人,同时举行第二次毕业典礼,名单为:(1)陆缵何永年;(2)赵君艾济康(后改名治);(3)蔡子良景谟(以上三人上年应届毕业并入本年同举行典礼);(4)江南长远;(5)江少夫振华(后改名华);(6)沈伟生桢;(7)冯强士祖贻;(8)龚为时俊;(9)蔡谅友经贤;(10)罗中密枢;(11)陶运夏延枢;(12)陶钦舜廷俊;(13)钟肖亭砖;(14)陈伯臧宝经。

是年预备立宪。黄兴主持萍浏革命军起事失败。加入万国邮联。

公元一九〇七年,光绪卅三年,岁次丁未,三十五岁。

春三月以汤氏言行少真诚,不可与共事,辞浙路公司,仍回安定职。

夏六月地方官绅,仰浙抚张中丞意,创设省立禁烟局,吾被推举兼任局董,求是同学汪叔明副之,驻局办公。以按察使颜筱夏钟骥及前苏抚陆春江元鼎为督办,巡警道王省三丰镐为会办。又推举就地士绅陆春江元鼎、樊介轩恭煦、濮芷泉子潼、陈兰洲豪、吴雷川震春、邵伯絅章等为议董,议订章程,限期禁戒并行。并筹办工艺,款由地方绅商筹募,赁保康巷口大厦为办公处。即于七月成立,以四个月为一期,初步期满,成立初级工场。戒烟以中西医生协议行之,成绩尚好。十月将收集之烟具,在吴山当众烧毁。吾旋辞职,仍专力办理安定校事。继吾任者为高同甫。汪叔明亦同时辞职。

五月浙路公司股东发起,酌提股款,创办浙江兴业银行,以调剂社会金融,资本总额定一百万元,分四期收集,公司认其半,余招集商股,并定为商办有限公司。十月十五日重阳节,假木场巷江宁会馆开成立大会,选举董事监察人,发行钞票,在城内各处张贴大广告(此项广告曾有留存作纪念,亦遭丁丑日劫①),并先期在保佑坊惠民巷口赁屋开业试办。吾就聘为秘书,乃于十月辞去安校校长及其它各兼职(彼时共九种职务),就浙兴之聘到任。

十二月十九日(十一月十五日亥时)四子吉士生。

是年筹办大清银行。徐锡麟②在皖革命,巡抚恩铭被刺死,徐亦就逮受戮。浙江秋瑾③亦因而被害。曲园老人俞樾④去世。改奉⑤、吉、黑为行省。革命党起事钦廉失败。南满铁道株式会社成立。

是年俄社会民主党(为联共以前之名称)第五次党代表大会。南非同盟成立。日法协约、日韩新约、日俄协约成立。

公元一九〇八年,光绪卅四年,岁次戊申,三十六岁。

浙兴董事会议决沪汉两处设立分行(时总行在杭),第二期股款亦于此时收集。三月决议以吾任汉分行内经理,专管内部各事及存款,以丁子山为外经理,专管营业及调拨拆放款项。四月赴汉,由总行内经理孙慎钦絜同会计王道平及助员朱振之、曹吉如、闻信之、蒋赓声,庶务孙泰钦同往汉口,赁屋于英租界一码头既济水电公司隔壁。五月二十日(阴历四月廿一日)开幕,总经理为汤梯云⑥,向在汉口经商。八月廿七日(八月朔日)外经理丁子山忽病殁,清查经放款项,计私人挪用洋例银二十万五千两,虽有据件,但手续均欠完备,即电总行由胡藻青、蒋抑卮⑦于九月六日(八月十一日)到汉会同清查。

十二月为先母安葬事回杭。

安定第三次毕业生十五人,其名单为:(1)朱振之趾祥;(2)严仲桢家幹;(3)汪任三绍元;(4)周伟侯成伟;(5)曹吉如钟祥;(6)吴巩伯敦本

---

① 丁丑日劫指 1937 年爆发的日本全面侵华战争。

② 徐锡麟,字伯荪。

③ 秋瑾,原名闺瑾,字璇卿,号旦吾,后改字竞雄。

④ 俞樾,字荫甫,号曲园。

⑤ 奉即奉天(今辽宁)。

⑥ 汤其濂,字梯云。

⑦ 蒋鸿林,字抑卮。

（原名大本）；(7)闻信之云韶；(8)斯叔宣骏；(9)蒋赓声世英；(10)吴乐耕达；(11)朱益能增祥；(12)仲承民侃；(13)郭荔农相宸；(14)顾仲平鼎；(15)杨子俊槐生。

是年大清银行、交通银行先后成立。冬慈禧太后、光绪帝相继崩，溥仪继位立，改元宣统，醇亲王载沣摄政。袁世凯被黜回籍养病。汉阳铁厂、大冶铁矿、萍乡煤矿三大机构由盛宣怀①奏请合并改为民营，照有限公司办法招集商股定额一千二百万元。上海英法商有轨电车开办。上海米价平均七元。

是年保加利亚独立。

公元一九〇九年，宣统元年，岁次己酉，三十七岁。

仍在汉口任浙兴事，延王赓堂（绍人）来行任外经理，王本为汉钱庄出身，人尚诚笃，不数月仍辞职去，无已，暂由吾兼任，但声明必须于最短期内觅替，否则并内经理亦将辞去，后延袁纪堂担任营业主任兼外经理。汤梯云辞汉总经理，初由胡藻青兼代，六月胡又辞，并荐举叶揆初景葵接任，叶以主川运不克兼顾辞，以吾与揆初为总角交，即以各事交吾代理。

一月十五日（阴历十二月廿四日）先母安葬于二龙山。

七月安定学堂监督叶仲裕景莱以心疾舟行赴汴，沉于江死。

冬安定第四次毕业生十四人。名单为：(1)裘翌崤倬其；(2)葛运成敬中；(3)陈叔庄拜丹；(4)唐仲彪时良；(5)章五成星五；(6)程震旦耿；(7)蒋让伯鸿；(8)汪贞夫堃苻；(9)徐宗达宏芳；(10)竹垚生颖生；(11)赵载皋观襄；(12)张志中钟巽；(13)孙立峰祺；(14)闻达夫毓璋。

是年张之洞死。万国雅片会议②开会于上海。宣示预备立宪。颁行资政院章程，各省谘议局开幕。中、日订安东③条约、间岛④条约及满州〔洲〕五案条约。英、俄订西藏条约，西藏乱起，旋为川兵讨平。沪米价平均五元六角。

----

① 盛宣怀，字杏荪，又字幼勖，号次沂，又号补楼，别号愚斋。
② 雅片即鸦片，万国雅片会议又称万国禁毒会议。
③ 安东即今丹东。
④ 间岛即今延边地区。

是年日人朝鲜监督伊藤博文被刺殒命。刺客为朝鲜爱国者安重根烈士。三八妇女节起源本年,次年集会于丹京①,确定是日为国际妇女节。

公元一九一〇年,宣统二年,岁次庚戌,三十八岁。

仍任汉浙兴职。春外舅陈公蓉曙函嘱赴京谒徐中堂菊人世昌(为外舅同年),一星期即归。年终返杭,被聘兼浙谘议局谘议。

冬安定第五次毕业生三十一人,名单为:(1)汪铁生宝珊;(2)黄筱彤启埠;(3)吴君肇兴基(原名辉,毕业时改今名);(4)潘用和延贵;(5)李虎臣光垚;(6)蒋絧裳文焕(后以字行);(7)程亚青万选(原名绍伊,毕业时改今名);(8)缪凯伯苏骏;(9)冯孟久宝恒;(10)冯剑星宝鉴;(11)陈子绥永泰;(12)裘颖艻;(13)沈槺庭维楣(后改棉庭,以字行);(14)钱安涛治澜;(15)王绥庆福赓(后改名赓);(16)徐素卿又伟;(17)唐颂元世善;(18)蒋青美鼎峙;(19)黄复旦震;(20)蒋仲雄心栽;(21)吴在璇达威;(22)徐建三延统;(23)朱尧臣鸿钧;(24)陈缵柳其璠;(25)余筱南国辉;(26)应廑夫业修;(27)张寅季照;(28)周圃成邦直;(29)方志方祖树;(30)梁君常士恒;(31)吴仲雄道培。

是年新军举义未成。清政府颁布币制条例,决定银本位,规定以银元为本位币,库平七钱二分,成色九成。召集资政院。

日灭朝鲜。英据片马。② 南京举办南洋劝业会。汪兆铭③与黄树中(得释后改名复生)、罗世勋到北京开设照相馆为掩护谋刺摄政王,事泄被捕,次年释放。广州将军恩孚为温生才刺死。

是年葡萄牙革命改共和政体。十一月二十日托尔斯太④逝世。

公元一九一一年,宣统三年,岁次辛亥,三十九岁。

二月九日吾父渭沧公岁庆,午晚小酌,并以魔术娱亲。

三月回汉任。

---

① 丹京即丹麦首都哥本哈根。
② 片马在云南西部,邻近缅甸。
③ 汪兆铭,字季新,笔名精卫,后人遂以汪精卫称之。
④ 此托尔斯太系指俄国大文豪列夫·托尔斯泰。

浙抚增子固韫以吾办学成绩年资及毕业人数合计成绩及格,奏请以通判用,经学部核准,不论单双月尽先选用,得旨依议。(注一)(注一:吉士注按,先父自编家谱载为一九一〇年宣统二年事,据黄筱彤先生记忆应为本年春季,故移入本年,家谱所载,可能为增抚上一年上奏。)

五月应叶揆初电邀去郑州商银行事。当时度支部①泽公②以张伯讷③办理大清银行不善,欲揆初接任监督,揆初乃约吾为助,先以秘书官名义去京,俟大体整理就绪,出任汉行总办。(注二)浙兴方面举盛竹书④继任汉总理。王稻坪接内经理事。议定后揆即北上,吾亦回汉。(注二:大清银行各分行总办均为道员衔。)

六月辞兴业事回杭。

七月附轮至京,寓魏冲叔家。任大清银行秘书官,月薪达库银二百两。同时发表者,顾问官汤觉顿,总务科长吴达诠⑤,营业科长陈公孟。该行原有组织为票号、衙署两种性质,无章程,无统计,一切漫无稽考,以致百弊丛生。视事后,逐步爬梳,厘订章则,并定分科任事办法。另设清理旧帐处,制表通饬填报,由吾总其事,邀王静甫师来京任钩稽,以周季纶⑥辅之。

八月十六日(闰六月廿二日),得十三日杭来家电,知吾父病脑溢血促归,海线适断,迟三日始达,津轮已无余铺,适叔通原拟南下,可缓行,乃请其庖代,并以其船位让余。廿日抵沪,火车已开出,次日返杭,吾父已于十八日(旧历闰六月廿四日)见背,溽暑即于二十日夜大殓,游子远行,道途阻隔,竟不及亲视含殓,悲哀罔极。十月出殡,正拟于十一日北上,十日晚得武昌起义之讯。踌躇间沪浙兴樊时勋⑦派人来杭,沪中行宋汉章⑧亦来电促速赴沪商大计。十三日到申,知武昌已光复。行中

---

① 度支部系由户部改称,财政部之前身。
② 泽公系指度支部尚书载泽。
③ 张允言,字伯讷,前任大清银行监督。
④ 盛炳纪,字竹书。
⑤ 吴鼎昌,字达诠,又作达铨。
⑥ 周锡经,字季纶。
⑦ 樊棻,字时勋,时任浙江兴业银行上海分行总经理。
⑧ 宋鲁,字汉章,时任大清银行上海分行经理,民国成立后始任上海中国银行经理。

兑现提存势如潮涌,柜上栏杆均被攀折。库存虽尚丰,深虑应付不及。是日洋厘八分,杭各庄咸在沪抛售现款。是晚密电揆初拨款办法,揆初适去奉天,密本未交出,原电折回,乃以秘书官名义迳电户部泽公,请由宁造币厂拨新币二百万元,迅速运沪,维持沪市。次日得部电复准,先拨一百万元即运沪。是时军事紧急,杭沪兴业亦纷纷提款挤兑,电沪求助,时洋厘每元八钱,当电杭商会王湘泉①、浙路汤蛰仙,请水陆机关禁运现洋,违者悉数充公。一面与汉章商定以部拨款内移卅万元拨杭交金润泉②,并请浙抚增子固辒及商会通告鹰龙洋③一律并用,不得贴水,市面因之渐平(杭州素以龙洋为本位,鹰洋须贴水),从此杭市鹰龙洋并用。十七日返杭,请浙抚为安定人心之布告,次日即见告示谓"小丑跳梁,何难即时扑灭"等寥寥数语,太不知事态之严重难遏也。

二十日奉总行电嘱就近代理沪行总办,勿庸回京,因聂云台④丁外艰未能即时莅任。此后各地反正之电纷至沓来,并闻浙亦布置就绪。廿一日回沪,每日到行视事。杭州有满营,难免发生战事为虑。十月廿七日即嘱阿江先归,协同家中紧急整理物件,作迁申避难计。廿九日返杭,大致均已就绪。卅一日全眷首途,同车多现任官员之眷属,车中拥挤不堪,抵申暂寓三泰客栈。仍每日到行,自此南北消息中断,部库亦不若前此得以随时协助。

十一月二日午间闸北已悬白旗。制造局⑤方面已开始动作,主持者为陈其美⑥、高子白⑦等人,下午必将解决,告汉章以电话询制造局,据一粤人答称"无此事"。闻闸北一隅,因警局附近有某家办喜事,午刻燃放炮竹,警局误以为时期已到,一律袖加白布,并树白旗,即此底定。制造局方面下午四时由高子白、叶少吾、潘月樵⑧、俞寰澄⑨等率领若干

① 王锡荣,字湘泉,时任杭州总商会会长。
② 金百顺,字润泉,时任大清银行浙江分行经理。
③ 鹰洋系墨西哥铸造的银元,龙洋系中国铸造的银元。
④ 聂其杰,字云台。
⑤ 制造局即江南机器制造局。
⑥ 陈其美,字英士。
⑦ 高尔登,字子白。
⑧ 潘宗岳,字月樵,艺名"小连生"。
⑨ 俞凤韶,字寰澄,号任庐。

人以自制炸弹跃入相投,局中以排枪击倒数十人,并拘留若干人。夜半总办张楚宝乘小轮逃遁,翌日黎明,已白旗飘飘,全局降服。租界及南市均于十三日①午刻全张白旗。是日沈缦云②来大清、交通两行要求改行名为大汉及查帐等事,交行总办原为顾晴川③,事先已离职,由卢鸿昶代理,曾相约彼此应付互为接洽,不可各自为政。至是吾与沈对付终日,谓行系官商合办,官股可以不论,易名事须待股东会解决,交行允每日录帐报告而散。一面与胡秸芗④商就股东中密商速组股东联合会,举人驻行主持,拒绝各方乱支款项,一方即可与新政府随时接洽。五日沪股东联合会成立,来行商请拨屋办公,遂允以二楼吾之住室充用。六日仍到行主持一切。七日电总行辞代总办及秘书官、稽核科长各职,汉章、秸芗纷纷商留,均婉却之。

五日晨杭光复电到,数日间南北光复之声,甚嚣尘上,满清大局已瓦解矣。时浙江临时都督为汤蛰仙寿潜,江苏程雪楼德全,上海陈英士其美。十日觅得卡德路⑤泰德里屋,二房东为魏宝贤,赁屋四间,厨房二间,月租达廿六元,翌日迁入,自此已脱然无累无事身轻矣。

此二旬中,有两事足以记乱世人心者:(一)武汉起义,杭兴业挤兑提存,十五日沪行随之,蒋某以一函致吾,谓易帜在即,何必拘拘绳墨,为公计,亦宜乘此时机,自为之计云(意欲劝吾趁火打劫,发不义财耳)。(二)孟某为赵尔巽⑥之内戚,某日告吾,谓揆初无积贮,(注三)此时公家解款可以注意搁置,为揆初留相当余地,吾笑而答拒之,孟怅然去。(注三:时赵尔巽幕中有"金珠玉叶"之称,金珠为金还字仍珠,玉叶即叶景葵字揆初,两人均以干练称于世,并先后为大清及中行监督、总裁。)

三月廿九日黄花岗起事失败,七十二烈士殉难,内有安定学生林尹民一人。

---

① 十三日似应为三日。
② 沈懋昭,字缦云。
③ 顾溶,字晴川。
④ 胡善登,字秸芗,时任大清银行上海分行协理。
⑤ 卡德路即今石门二路。
⑥ 赵尔巽,字公镶,号次珊,时任东三省总督。

六月十五日（阴历五月十九日辰时）次女养和生于杭。

武昌起事声势浩大，总督瑞澄已于十月十日夜乘兵舰脱逃。

庆王①、徐世昌荐起袁世凯为湖广总督，率冯国璋②、段祺瑞③南下督师，初以北洋军克汉阳，袁旋被任内阁总理组责任内阁。同时民军亦克南京，各省或反正或独立，清廷情急下罪己诏，罢皇族内阁，至十一月中旬，民军已收回国土三分之二，只余直④、鲁、豫及东三省等处。

上海方面由张季直⑤、程雪楼、汤蛰仙、黄克强、汪精卫、陈英士、章太炎⑥、赵竹君⑦诸人在南阳路赵竹君寓中会商组织新政府。英使朱尔典此时劝说袁世凯南北议和，并主唐绍仪⑧南下主议。袁之部将段祺瑞等四十余人联名请清帝逊位，清廷乃下诏逊位。逊位诏为张季直手笔，经袁加全权二字。

清帝逊位，革命军举孙文为临时大总统。是时唐绍仪奉袁命南下议和，民军方面则由伍廷芳代表，会议双方曾决定召开国民会议公决国体。十二月孙中山由美返，各省代表遂公推孙中山就总统任，建都南京。中山当选之日电袁声明，暂时担任，决虚位以待，并电告誓辞。

先是十月十八日（八月廿七日）汪精卫、黄复生、罗世勋等经法部尚书绍昌奏准发交两广总督张鸣岐试用，乃获释放。

安定第六次毕业生三十二人，其名单为：(1)石韫珊盘；(2)汤仲持谌；(3)吴定中方安；(4)裘愫耀锡庚；(5)孙笑湄宝清；(6)孙纶湘纶襄；(7)陈雨亭汝霖；(8)孔章民嘉彰；(9)程幽先膺；(10)葛则齐梦奎；(11)叶景若秀春；(12)裘闻乡谷春；(13)张季芳延荣；(14)蒋安甫敬恭；(15)杨公演贻孙；(16)周于德庆时；(17)李冀侯鹓；(18)葛希平敬珍；(19)吴寅生寅；(20)徐子襄鼎清；(21)张岳庭鹏翀；(22)斯凤明荣；(23)陈仲照

---

① 庆王系指庆亲王奕劻。
② 冯国璋，字华甫。
③ 段祺瑞，字芝泉。
④ 直即直隶（今河北）。
⑤ 张謇，字季直。
⑥ 章炳麟，字太炎。
⑦ 赵凤昌，字竹君。
⑧ 唐绍仪，字少川。

庆熙;(24)傅殿夫廷佐;(25)汤规心超;(26)裴卓甫亦馨;(27)韦敬丹和协;(28)张镜蓉汉臣;(29)孙泖生彝康;(30)王复周鼎年;(31)姚文升琨;(32)黄伯旋正履。吾任职安定时所招之学生,陆续毕业者,至第六次为止。

是年沪米价平均六元九角八分。英出兵片马。

是年意土交战。英日三次同盟。

公元一九一二年,民国元年,岁次壬子,四十岁。

元旦(改公历纪元),孙中山就任临时大总统,以陈锦涛①为财政部长,改大清银行为临时中国银行,设总管理处于沪行二楼。孙大总统任吴达诠为临时监督,薛某②副之。时南北军事尚未统一,故各处均设上海。达诠以事属初办,坚约吾及袁文楸同任秘书,月定夫马费八十元,并以吴延清为书记,月薪五十元,情不可却,勉允之。

四月宁行发行纸币,兑换甚繁,派谈丹崖荔孙驻宁专办其事,吴不满意,须吾担任宁行行长,却之甚坚,强而后勉去一星期即归,继之者商定金润泉百顺,电约来沪面谈,金欣然乐从,吾乃得脱,谈亦脱卸兑换之责。

汉冶萍公司自一九〇八年改组后,向由盛宣怀包办。一切行政财政事务,用人、购地、招股等,悉盛只手秘密主持,外人不得插足。此时决定由赵竹君总理其事,赵聘李一琴③、叶揆初为驻沪总公司经理,并聘吾任会计所长(先称收支所,后改称会计所),而以杨介眉静祺副之。

五月辞中行就汉冶萍任,安定学生同去汉冶萍者,朱益能、黄筱彤、沈棉庭、吴君肇四人。

七月中行总处迁还北京,吴仍约吾同去,揆初未同意,遂作罢。

七月十三日(五月廿九日)三儿通殇,年仅七龄。此儿入春后常病发热,医无确切诊断,忽忽数月,顿现肺疾,竟致夭折。

十二月回杭,仍住祖庙巷,葬先父于二龙山,并在杭度岁。

是年一月一日南京成立临时政府,并设临时议会。南北议和。二月

---

① 陈锦涛,字澜生。

② 薛某指薛颂瀛,字仙舟。

③ 李维格,字一琴。

十二日清帝逊位。公布《临时约法》,宣布改用阳历。同盟会改组为国民党。孙文辞总统职,袁世凯继任,黎元洪①当选为副总统。奠都北京。

参议会成立。英占片马。沪米价平均七元九角四分。

是年明治天皇卒,大正继位。巴尔干首次战争,土②战败。日俄、英俄订密约。五月五日《真理报》创刊。

公元一九一三年,民国二年,岁次癸丑,四十一岁。

四月辞去汉冶萍会计所长。公司内容腐败不堪,公私不分,接收将及一年,无财产目录,无职员名册、股东名册及股本数目帐目,机关林立,人类不齐,负债累累,到期但见转期,漫无稽考,百弊丛生,商业等于衙署,无所不为,无所不至,一切事宜均由盛氏掌握,股册亦存盛处,股份由盛任意填发,甚至盛家用煤,亦由公司承付,函查亦不答复,且闻盛与日人有勾结,前途茫茫,可危孰甚。因决定辞去,商之揆初,亦得同意,且揆初与一琴、竹君同时引退,甚为爽快,交卸各事均由副会计杨介眉接洽,即此分手,遂觉无事一身轻矣。

七月就聘为上海中国银行分行行长(原任丁道津),八月即往接事,宋汉章仍为副行长,旧同事如胡秸芗等均照常。

九月汤觉顿叡任中国银行总裁,国务总理熊希龄③提出以吾为副总裁,报端误载姓名为须藻鳌,一时引为笑谈。汤与吾本大清银行同事(汤为顾问官),来电征同意,为官非素志,辞不往。一再电商,以旧交关系,请专任内部事,不对外交际,视为秘书职务。得汤同意,遂发表,但仍名为副总裁。屡电敦促,以沪居一时无法搬回,家事无人料理,迟至十一月,只身北上接事。

先是汤接事后,适山西所属之运城分号负责人出缺,照例由晋行行长方燕年开单呈保二三人,申叙履历由总裁选派,方开单列举二人,汤即以第一人圈派发表。方系书生,闻该员名誉平常,自知不妥,深悔开列在前,商陈于汤设法易人。但已发表,本人亦来京准备前往接事,无

---

① 黎元洪,字宋卿。

② 土指土耳其。

③ 熊希龄,字秉三。

法撤消,迁延匝月,电促吾去解决此案。接事后方与被圈派之人均来接谈,视其人形止态度确不适宜,因商汤釜底抽薪,先将晋行长方氏调京,运城事暂缓再定办法。方续来见,甚为满意,原派之人亦知内因,遂得根本解决。运城事改派徐某接办,徐系教育界中人,原为大清银行监事,以资格论,亦属合宜,行中上下,均称满意。

原有总行各部分负责人罗雁峰鸿年、卞白眉寿孙、谢霖甫霖、严鸥客、范季美磊、谈丹崖荔孙、伍少垣等,一律留用。所有组织议定改为二处四局,即总务处、稽核处、营业局、计算局、发行局、国库局。

照彼时官制简任官须觐见总统后方能就职,吾本不愿就,更不愿觐见,汤无如之何,凡与各机关接洽,均自任之,熊亦颇知吾意,未加勉强,一切尚无问题。惟财政奇绌,国库不能供给,中交两行须负垫款之责,交行大权由梁燕孙①暗掌之,其京行经理胡笔江②更有所利用,故能一呼即应。中行伍少垣粤人,颇谨慎,不愿与胡笔江同流,垫款事只偶一为之。财部次长张岱杉弧,精明狡诈,时对汤施手段,熊颇左右为难。

二月陈夫人在杭小产。

全眷于十二月间由沪迁回杭州,仍住祖庙巷。

是年四月廿七日农林总长宋教仁,由上海附车北上,在车站忽被枪中要害,当晚钳出子弹,发现有毒,延至廿九日殒命于铁路医院。不数日凶犯武士英③及应桂馨④被获,词连国务院赵秉钧⑤及内务部秘书洪述祖⑥,舆论均集于政府,国事飘摇,人心惶恐。

五月袁与英法德俄日五国银行团借善后款英金二千五百万镑,以客卿监督盐政,未经国会通过,国事从兹不堪问矣。

八月江西都督李烈钧⑦起兵讨袁,江苏、安徽、广东、福建、湖南相继独立,不二月均为袁以武力底定。

---

① 梁士诒,字翼夫,号燕孙。
② 胡筠,字笔江。
③ 武士英真名吴福铭。
④ 应夔丞,字桂馨。
⑤ 赵秉钧,字智庵,时任内阁总理。
⑥ 洪述祖,字荫之。
⑦ 李烈钧,原名烈训,又名协和,字侠如,号侠黄。

十月六日选举总统,袁密遣军人号称公民团到会强迫投票,议员不得自由选举,忍饥终日,结果袁得票最多当选,十月十日正式就任大总统任。旋主张国会专制,复于十一月四日借口二次革命,下令解散国民党,非法取消国民党籍议员资格,追缴证书证章,被迫缴者,达四百数十人。

此后施家胡同某大厦每晚聚赌抽烟,非常热闹,以军人占最多数,丑声四布,政府乃下令查禁,其锋稍挫。

二次革命失败,孙文去日。中俄协约签订。中英西藏会议。上海举办华商电车。各国承认中华民国。

是年阿尔巴尼亚建国。

公元一九一四年,民国三年,岁次甲寅,四十二岁。

一月财部次长张岱杉约觉顿至部商挪款项,案头置有天津保商银行支单数百万元,须四日后到期,嘱先由中行暂垫现款应用,到期即由天津收到拨还。汤信而允之,电津行嘱林子有收到即拨京,林到期往询保商,该行否认有此一款,电话询张,则谓尚未到部,时已近午,结果竟为张骗去。旧历除夕将届,府中需款甚多,一月廿二日(旧历年廿七)晚熊来电话约汤谈话,去则曰"部中待款甚亟,务望多少之间援助若干"。相持许久,汤允回行查核再复。熊坚询数目,姑允至多以三百万为度,但不能作为确定而还。归后讨论,无法拒绝,乃以电话约定旧历小除夕下午解款。吾以年终假期得间回南,廿四日(年廿九)下午首途,廿五日除夕到南京,在旅馆度岁,廿七日(年初二)到沪,晤揆初、公权①畅谈,遂即返杭。在家略将北迁事部署,一星期后子身先北上,时已由叔通觅定西城鲍家街屋,两家合住,暂作半年之计。

二月袁正式下令解散各省原有议会及地方自治会,熊希龄辞职,梁启超、汪大燮②亦均先后去职(当时称人才内阁),由孙宝琦③代理内阁总理,以周自齐④任代理财政总长。时中枢主脑,袁已一手包办,梁士诒实为心腹,一时有梁财神之称。

---

① 张嘉璈,字公权,时任上海中国银行副经理。
② 汪大燮,字伯唐,又作伯棠。
③ 孙宝琦,字慕韩。
④ 周自齐,字子廙。

三月吾与叔通两家眷属同附新铭轮北行，同舟有陈达夫及其女香菊又塾师何叔平，抵津寓长发栈，次日附车到京。雍、翔两儿附馆陈家合延之师。

四月中央向五国银团提取借款，名曰裁兵款，划汉口由汇丰银行派人到鄂监视。以英镑合银，又以银合洋例银①，再合银元，价由汇丰作定，无讨论余地，层层剥削，损失不知凡几。财部无兑换帐目及折算标准，中外上下，通同一气，实则款到即汇京，供政府挥霍，无一人揭举其弊。

五月清理币制，以巨款收购旧券，兑换之权，均操诸汇丰，外人不能赞一词。财部指派鄂人王小宋任中国银行粤行行长，王以贪婪著名，利用机会，无所不至。且财部已先期派人在粤收券，上下交征，除部门口石狮外（徐曙岑②、邵裴子③、张小松、贾果伯④等寥寥数人不在内），数月之间，全功告成，财神多如过江之鲫矣。

浙省国库六月间收归中行，多年延宕，忽焉解决。浙无正式行长，此时左丞杨士琦⑤提荐金谨斋于财长周自齐，周正以中行遇事不如交行合作为不满，遂创中行改归部辖议（原制由内阁直辖），汤亦甚感不快，时袁称帝之象日显，乃商定趁此会呈袁氏解职。旋奉批准，派萨福懋桐孙为总裁，陈公孟威副之。八月交卸，还我自由，如释重负，出云雾而见青天，其快幸直不可以言语形容也。

任职以来，月入薪金四百元，交际费四百元，家中用费连房租束修，月不过一百五十元，交际每月多少不定，大约平均不过二百四五十元左右（与汤对出，每次请客，随时由庶务开帐付现，此为彼时各机关所无之事，行中上下均认为奇事），因得积贮。

时值夏令，每日向各处游览，星期日尤形热闹，决拟盘桓二三个月，再作南旋之计。

揆初北来，劝吾南旋，勿再加入政界。时浙路收归国有，与交通部订立合约，推揆初任浙路清算处主任，兴业银行组织须根本改变，约吾设计

---

① 洋例银是当时通行于汉口的一种虚银两单位。
② 徐行恭，字颙若，号曙岑。
③ 邵裴子，原名闻泰，又名长光，一说名光埔，以字行。
④ 贾士毅，字果伯。
⑤ 杨士琦，字杏城。

改组办法,暂以顾问名义由董事会函聘,其地位与他行总理相等,当即约定秋后南下。

两月之中游览各处为大成殿、雍和宫、十〔什〕刹海、三海、三贝子花园、颐和园、故宫博物展览会、各处庙会、琉璃厂等。

十月(阴历九月初)全家南旋,先托张逸才代觅沪寓房屋,赁定马霍路①德福里二层三楼底一宅,抵沪后迳行迁入。京屋由杨介眉接租,器具由杨及张冷僧分购。

十一月(阴历十月)接受兴业之聘就任顾问兼秘书。

冬长女浩在沪订婚。

是年全国商会联合会开会于上海,是为商会联合会之第一次。

孙中山在日改组国民党为中华革命党。二月政府颁布《国币条例》。四月浙路收归国有。五月一日袁公布《约法》,设参政院,特任徐世昌②为国务卿。上海开办无轨电车。日本攻下胶澳。

是年八月德俄宣战,欧洲第一次世界大战开始。巴拿马运河开通。

公元一九一五年,民国四年,岁次乙卯,四十三岁。

三月得中行上年年终花红(即年终奖金)一千八百元,乃以此款标购杭州杭县路(后改称青年路)营地三亩余,备建住屋。

兴业沪行本在大马路虹庙东南面(后为冠生园基址),仅门面二间,客室及营业间外,无回旋余地,夏间于隔壁二楼赁得一间,暂作办公之用。时浙兴总行名义尚在杭州。总理原为胡藻青,于革命时以父老多病辞职,各事由董事沈新三③兼顾,事务既简,例会常会亦久不举行。浙路既归国有,银行股份之属于浙路者,亦均全部出让,计浙路所认股份四分之一,已交两期,共为二十五万元,由旧股东分别承购。此后完全为商办之股份有限公司,与浙路关系亦完全脱离。组织变更,非先恢复董会立定大计、编定制度分期进行不可,遂决将总行移沪,重选董事,拟订大纲,议定于七八月间(阴历六七月)在沪召开股东大会,解决一切。

---

① 马霍路即今黄陂北路。
② 徐世昌,字卜五,号菊人。
③ 沈铭清,字新三。

秋间股东会议决总行移上海。董事会设办事董事若干人，互推董事长一人代表董事会主持全行。并设立总办事处，管理各行事务业务，由董事会聘请书记长一人主持之。揆初被推任董事长，会后遂以书记长名义敦聘。吾就任即着手一切制度之厘订、章则之建立，并规定全行最高薪水额不得超过二百元，揆初与吾均按此薪支给，此后虽屡议增薪，均为吾根据此项规定拒绝，终吾之任未变。而吾家则因陈夫人持家节俭，每月尚能有所积贮，吾亦搭乘三等电车进出，始终未尝乘坐包车，汽车更无论矣。

是年浙兴与中交两行订立领券合同，原有部准发行特权，自愿放弃。后以中交领券不敷支配，又具呈币制局恢复发行权。时樊时勋仍任沪行经理。

八月杨度①、孙毓筠②、严复③、刘师培④、李燮和⑤、胡瑛⑥发起筹安会鼓吹帝制，袁意兴浓厚，梁士诒、杨度迎合袁恉，袁子克定以皇太子身份从中鼓动，布置已久，此时正式露面，奸雄误国可耻可痛。

十月代行立法院召集国民会议（袁盗窃名义）解决国体。

十二月十一日决定推戴大总统为皇帝，十三日即位，改元洪宪，并拟次年登极，一般官迷称臣者如醉如痴。册封黎元洪为武义亲王，以徐世昌、赵尔巽、李经羲⑦、张謇为嵩山四友，丑态毕露。袁为民国奸雄之首，为人阴险，国内满布间谍网，暗杀盛行，开特务之端，为日后蒋氏效尤。（时志士咸化装逃避，或一日三迁，风声鹤唳，人心惶惶。）叔通、溯初（黄群，为梁启超弟子，亦国会议员）及吾辈日在危栗中。梁启超、汤觉顿等过沪去西南策动起义，均化装经香港转道。过沪仅一晤，不幸汤经此一别，便成永诀。中交挤兑，亦梁士诒一手主办。沪中行宋汉章、张公权、胡笔芗等每晚来吾家密商应付，每夜宾客不断，吾与揆初、抑卮全力支持，决定沪行不奉命，继续兑现。并由浙兴借款中行为后盾。时

① 杨度，字皙子。
② 孙毓筠，字少侯。
③ 严复，字几道。
④ 刘师培，字申叔，号左盦。
⑤ 李燮和，字柱中，号铁仙。
⑥ 胡瑛，字经武。
⑦ 李经羲，字虑生，号仲仙，李鸿章之侄。

袁间谍密布,溯初由吾弄迁法租界避危,宋亦栗栗危惧。是役也沪中行钞誉得以保持,人民损失减少,宋之声誉鹊起。

塾师改延安定学生赵君艾任教读,注重雍、翔两儿,备考清华。下半年两儿进清华后,由君艾之弟君为任塾师课吉儿等。

五月雍、翔两儿同往杭州投考清华中等科,寓城站旅馆共十余日,君艾亦同去,雍以诸疆名应试,翔用本名项谔应试,浙江应考者二百余人,叔通二子一侄(仲恕之子)偕去,五人均入选,主试者屈文六映光,翔儿卷应入正取,以年仅十二(虚年龄),且甚幼小,故改为备取。正取十名,其名单为:(一)郭立茂;(二)陈植(仲恕之子);(三)闵启杰;(四)陈选善(叔通次子);(五)沈诚(衡山子);(六)诸疆;(七)潘衡;(八)朱品栻;(九)项谔;(十)陈苹(叔通长子),时翔儿为备取第一名,陈苹为备取第三,以原第九不去,以项谔补,第十及备取第二名亦均不去,以第三名陈苹补入。九月清华开学,雍、翔二人附车同往北京,时翔儿年幼且弱小,乏人照顾,适揆初夫人北上,遂托代照料,抵京即假三内弟叔辛寓为出入栖止之所。

冬陈夫人在沪小产。

年初叔通全眷亦南返,居同里,并加入商务印书馆,兴业改组后,不久亦加入兴业。

袁世凯发行新华储蓄券,原定章不中奖者还本,后改设新华银行,主办者贺雪航氏,为中行旧同事。

是年中俄蒙协约成立。四月张季直辞农商总长,人才内阁惟张脱离最早,盖有不得已之苦衷在焉。五月日本提二十一条,以最后通谍〔牒〕强迫承认,亦利用袁氏称帝乘人之危也,五七五九国耻纪念,由此而起。

十二月耶诞节,蔡谔〔锷〕①、唐继尧②、任可澄③、戴戡④等在云南组护国军,通电宣告独立,起义反抗帝制。

是年意大利加入协约国,欧战激烈进行中。

---

① 蔡锷,字松坡。
② 唐继尧,字蓂赓。
③ 任可澄,字志清,号匏盦。
④ 戴戡,字循若。

公元一九一六年，民国五年，岁次丙辰，四十四岁。

仍住沪德福里，在兴业建立集权董事会及总办事处制。

陈其美被袁密刺于沪法租界贝勒路①，时吾适在溯初家中，黄后门对面即陈寓所，闻讯往视，已脑浆鲜血满流地上。陈固非人，袁之阴险亦足见矣。

四月兴业沪行经理樊时勋去世，调盛竹书来沪接任。

家中塾师改延何叔平从弟何伯群课读吉、养等，叔通幼子循善亦附读吾家。

七月廿八日上海台风，德福里屋二楼墙倒，前后厢同，前厢吉儿适在床上穿衣，忽闻巨声急跃出，墙已坍下，砖擦及背，幸未受伤，一刹那间，回顾床帐已裂，满堆砖石，亦云险矣。后厢因均起身，未有人在屋中，故无伤者。

三月廿二日袁撤消帝制，废洪宪年号，焚毁帝制文件八百数十件，晚矣。年初兴高采烈时，曾铸有当五元及当十元洪宪金币及银铜各币。政事堂名称又改为国务院，如此容易，恬不知耻，终于六月六日身亡名裂。黎元洪继任，恢复旧国会，冯国璋当选为副总统，仍不脱军阀范围。

广东宣布独立，四月中旬开善后会议于海珠。龙济光②为袁爪牙，踞粤佞袁，借会议为名，阴谋一网打尽广西要人作乱。汤觉顿时为陆荣廷、梁启超代表，及谭学夔（海军总司令）之弟谭学衡（亦龙济光之顾问）当场殒命。警厅长王广龄、商会会长吕仲明因受重伤不治亦去世。闻民军方面之徐勤及龙党警卫军统领颜启汉同入房内谈话，警卫军拥入向徐乱打，徐衣衫破烂，兵畏弹扑地，徐亦扑地乘乱逃出，避登楼上，匿一小时，脱去长衫，觅汽船逃逸。颜为龙系首领，事后始知均龙之阴谋。于是下令讨伐，龙督率残余部队向琼州逃去。汤终于间接死于袁手，消息传来，为之惨然。（注：吉士谨按，汤觉顿被害一节，经与陆丹林氏一九四六年所作《袁世凯盗国璅谭》一文——一九四六年十月十八日写载《茶话杂志》第六期一九四六年十一月五日出版——核对相符，据陆自

---

① 贝勒路即今黄陂南路。
② 龙济光，字子诚，又作紫宸。

述,事变发生时,本人正在海珠北岸,耳闻目见者云,当属可靠,惟日期为四月十四日。另据陶菊隐著《北洋军阀统治时期史话》第二册一九五页载开会日期为四月十二日,故日期有上落,暂按中旬记入,余均大致相符。)

黄兴、蔡松坡、盛宣怀均于同年去世。荣宗敬[1]于上海创立申新纱厂。西南各省在肇庆组军务院。各省议会开会。沪米价平均七元一角二分。

是年日俄密约共同防卫远东权利。希腊对德宣战。波兰宣布独立。葡萄牙、爱尔兰、罗马尼亚均先后加入协约国作战。美总统威尔逊斡旋和平。

公元一九一七年,民国六年,岁次丁巳,四十五岁。

仍住沪德福里,在兴业。

是年开始蓄须。六月为杭州电灯公司曾借欠兴业用款事,亲往杭商办法,寓浙路清算处,结果商定由行方派员监理财务,按照预算督视用途,公司代表为俞丹屏[2]氏。兴业购江西路北京路转角基地备建总行行屋。

三月卅一日(闰二月初九申时)怡儿生于沪寓。

雍、翔两儿暑假回南,雍儿贪阅福尔摩斯侦探小说,十二册两日阅完,忽患昏厥症,延叶蓬伯来诊,并觅推拿医生王松生一推即愈。

是年一月杨善德[3]任浙江督军,北军从此入浙,齐耀珊[4]为省长。

张勋[5]与各省代表在徐州开会,副总统冯国璋辞职。七月张勋拥溥仪在京宣告复辟,大总统黎元洪临时避地日本使馆,电令各省出师讨伐,并请副总统代行大总统职权。各省反对复辟,冯国璋、段祺瑞马厂起义率师讨逆,不数日张败,遁荷兰使馆。黎由日使馆回邸,通电去职,冯继任,黎出京还津私宅,一场傀儡戏于焉告终。

---

① 荣宗锦,字宗敬。
② 俞炜,字丹屏,号载熙,实业家。
③ 杨善德,字树棠。
④ 齐耀珊,字照岩。
⑤ 张勋,原名和,字少轩,又作绍轩,号松寿老人。

广州军政府成立，孙中山为大元帅，南北对立。我对德、奥宣战，加入协约国，派华工去欧参军。段祺瑞向日举西原借款，为数甚巨。

是年美加入协约国宣战。俄二月资产阶级革命，改帝制为共和。十一月七日（俄历十月廿五日）十月革命成功，退出欧战，与德言和。十一月八日俄苏维埃政府组成以列宁为首之人民委员会。日美蓝辛协定签订。

公元一九一八年，民国七年，岁次戊午，四十六岁。

寓沪德福里，仍在兴业。

采仿海关章则，创年资薪水制，借以作职工婚丧老病之保障，兼以鼓励持久心理（每工作满六年，多给六个月薪，十二年为一年，依此类推，每隔六年一发），订立各种待遇新章，及行员保险金章程，有备无患也。

家中塾师由施静波代理。

暑假雍、翔两儿南返，雍又病。

是年北京政府与日私订中日陆军共同防敌军事协定。九月山东善后协定成立。北京新国会成立，冯代总统表示辞职，新国会选举徐世昌为大总统，十月十日徐就任，举行选举典礼。暗杀宋教仁案由京师地方审判厅审判。广东军政府改大元帅为总裁制，孙中山去职赴沪。留日学生罢学返国，并组留日学生救国团，力争中日共同出兵交涉。北京学生示威游行，并至总统府请愿宣布中日军事协定条文并废除之。公布注音字母。

是年二月廿三日苏军诞生。八月日本发生抢米暴动。十月廿九日苏共青团成立。十一月德、奥相继革命，欧战结束（第一次世界大战）。德、奥、匈、捷四共和国及南斯拉夫王国相继成立。

公元一九一九年，民国八年，岁次己未，四十七岁。

仍寓沪德福里，在兴业。

青年路基地自绘图样，建杉木五开间楼屋暨东西平厢各三间，订约由徐有生承包开建，包价九千八百余元（后来添建小洋房，嗣又陆续增建花厅等均不在内）。

塾师改延安定学生周伟侯课读。

春二月初长女浩于归钱安涛,全家返杭,住祖庙巷三星期回沪,假清华旅馆宴客,嫁费连川资等三千元,钱亦安定第五届生也。

夏雍、翔两儿毕业于清华中等科,继续读高等科半载后,决定辍学从商,冬南返。

夏八月(旧历七月)陈外舅病,陈夫人自沪回枫省视,月余返沪。

是年三月南北代表在沪开会议和,北京派朱启钤①为总代表,吴鼎昌、王克敏②、汪有龄③、徐佛苏④等为代表,粤军政府派唐绍仪⑤为全权代表,章士钊⑥、胡汉民⑦、王伯群⑧等十人为代表。三月大理院判决宋案中之洪述祖死刑。五月四日北京学生三千余人为外交示威运动,打倒曹、章、陆⑨,赴赵家楼火烧曹宅,并痛殴章宗祥,闻毁曹宅者有蔡海观在内。十九日各校宣告罢课,首言外交紧急,次言国贼未除,末言日本逮捕我留学生,政府毫无办法,是以罢课游行。同时上海商人,因北京学生被捕亦愤而罢市响应,要求罢免曹、章、陆三人。南京、武汉、杭州、天津、九江、山东、安徽、厦门等均先后罢课、罢工、罢市。六月徐世昌向参众两院辞职。全国学生联合会在上海成立。七月廿五日,苏外长加拉罕声明废除帝俄对华一切不平等条约。八月京、津、鲁各界联合代表以山东无故戒严,戒严总司令马良⑩擅自杀人,向徐总统请愿解除马良职务,总统不见,并捕代表多人,廿六日京津各界联合会亦同样请愿,仍不见,代表等三昼一夜不去,警厅以武力解散之,全国大哗。孙中山发表建国方略及孙文学说,又改中华革命党为中国国民党。十二月前代总统冯国璋病故于北京。是年我加入国联。

---

① 朱启钤,字桂辛,又作桂莘,号蠖公,又号蠖园。
② 王克敏,字叔鲁。
③ 汪有龄,字子健。
④ 徐佛苏,字运奎,又作应奎,号佛公。
⑤ 唐绍仪,又名绍怡,字少川。
⑥ 章士钊,字行严。
⑦ 胡汉民,原名衍鸿,字展堂,号不匮室主。
⑧ 王伯群,原名文选,又名荫泰,以字行。
⑨ 曹即曹汝霖(字润田),章即章宗祥(字仲和),陆即陆徵祥(字子欣)。
⑩ 马良,字子贞。

是年巴黎开和会，凡尔赛和约签订。义法西斯帝团①成立。土耳其革命，基末尔②起执政权。朝鲜人民三一革命。三月二日列宁创设第三国际。三月廿一日匈牙利革命创立苏维埃共和国。

公元一九二零年，民国九年，岁次庚申，四十八岁。

杭屋落成，仍在兴业。三月全家迁回杭州青年路新屋，吾寄居沪兴行五福里宿舍，继移兴行三楼。陆续物色继任人选，谋退，意中拟请蔡渭生③为继，以特聘员名义聘来试之，吾亦于股东会中当选董事，会后推兼常董（兴行规定董事资格股为五千元，由揆初借作），虽非吾所愿，为逐步脱身计，亦不得不尔。

家中仍延周伟侯为塾师课读。

四月外舅陈蓉曙病，陈夫人于五月十六日归省，晤面已不能言，十七日逝世，叔辛夫妇二十日抵枫，已先一日大殓矣。

春翔儿投考浙江兴业获取充试用员，随即进行。

冬吉儿投考约翰附中一年级插班生，由周伟侯陪同去沪，获取。

雍儿因病在家休养。

是年直皖交战，皖败。广东军政府又解体。万国邮政会议通过撤废在华客邮。教部通告国民学校用语体文。

是年德批准凡尔赛和约。但泽自由市成立。土尔其革命。德国社会党成立。苏联红军解放察里津斯大林格勒。第一次国联开会，美未参与。

公元一九二一年，民国十年，岁次辛酉，四十九岁。

仍在兴业以常董兼原任。上年请蔡渭生为特聘员，试接吾事，又聘马寅初④为顾问，蔡终以力不胜任，恳切自请辞去，致未获继任人选，时翔儿亦在兴业，各居宿舍，吾则时往返杭沪。

一月（旧历十二月廿六日）为兴行领用中行券事往南京一行，到后

---

① 法西斯帝团即法西斯战斗团，系意大利国家法西斯党的前身。

② 基末尔又译基马尔、凯末尔。

③ 蔡焕文，字渭生。

④ 马寅初，原名元善，字尹初，后改寅初，以字行。

往羊皮巷王子鸿家小憩，当夜回沪，次晨到行。京沪途中遇贾果伯，知元年公债已决定整理。

二月旧历年回杭度岁。

五月八日（旧历四月初一）以外舅陈蓉曙出殡，回杭。抵家午饭后，忽忆公事皮包一只遗留人力车上，内有现钞二百余元，及王静师托带公债及其他零星函件，个人名章名图章不少。发觉已逾二小时，乃往路局商询，各车夫早已散去，无法查询。该处警局长为毛声敷，遂托濮茞生往商追查之法。定次日午前将全部列名登记之车夫一一查询，被停车夫所受半日损失全由吾补偿。查询结果有一人已去沪者，经严加追查，果系是日事后赴沪。即经茞生往沪设法托人侦查，失物确为此人拾得，现款已无法追偿，图章亦经抛弃，其余公债及文件等全部收回，即此作为了结，不事追究。损失现款及贴补停车费外，翌日复备筵一席，向警务人员道谢，总计损失在四百元以上。年来精神不继，时患头昏，尤以搭乘电车为危，思退之心遂益坚。

陈夫人偕养、怡两儿与叔辛夫妇八日先去枫，吾因失物事耽，延至十二日偕翔儿同去。十七日送殡至荐福寺，廿五日同回杭。

雍儿进上海中国银行为助员。吉儿考中约翰，春进校住读。

二月廿八日长女浩在南京产一女名宁一，产甚困难（阴历正月廿一日），此为最长之外孙女也。

九月十八日（旧历八月十七日）陈夫人五旬诞辰，送礼者甚多，午饭均备便饭吃面，晚罗友生、王利宾等合送杭滩一本，是日藻青亦自沪来杭祝贺。

十一月雍儿与余元珍结婚，即在青年路本宅举行，客甚多，三朝杭俗公馈全部却之，自备十余桌款客。

九月十八日浙江地方实业银行开股东会，为官商分股事（即地方与实业分为两行），自沪来杭股东如叶揆初、李馥孙①、钱新之②等，财厅代表为陆蔼堂③及郑岱生之侄④，对于权利问题互有争执，揆初大发火，对

---

① 李铭，字馥荪，又作馥孙，时任浙江地方实业银行上海分行经理。
② 钱永铭，字新之，时任交通银行上海分行经理。
③ 陆庆楹，字蔼堂，时任浙江财政厅长秘书。
④ 郑云鹏，字师李，时任浙江省长公署财政秘书。

于代表颇有难堪语，以致不欢而散。

四月广东旧国会举行非常会议，议决废军政府，举孙中山为总统，孙于五月五日就职。

是年外蒙古活佛①称帝，库伦事变发生。粤桂战争，桂败，陆荣廷②退出广西。湘鄂战争，鄂败，吴佩孚③援之，陷岳州。中共在沪建党，举行成立大会，七月一日中共诞生，并在沪召开第一次代表大会。红军④入蒙，外蒙古成立革命政府。沪米价平均九元六角八分。

是年华府会议，又称太平洋会议。苏联发布实施新经济政策。

公元一九二二年，民国十一年，岁次壬戌，五十岁。

仍在兴业，往返杭沪，体力难胜，谋退之意益坚，屡请辞以无继任人选未允。

四月十一日五旬岁庆，第二次巧逢两历相同，戚友称庆甚多，备面招待，揆初、叔通均有长诗叙订交以来情事，惜并留底于日寇侵杭时遭劫。

七月杭大水灾，江水陡涨，清泰门外，海塘不稳，吾曾往视，外塘已尽淹没。塘工尚系同治年间工程，条石零落，所衔铁锭，已不完备，就塘上俯视，倘不幸失事，城中实无丝毫希望，以高下相处数丈，可危孰甚，幸不久水退。

雍儿为中行助员，携眷去沪，于马霍路进益里张逸才隔壁楼上赁一室居之，以薪资仅廿二元，不敷开支，由吾按月酌贴若干。

六七月间吉儿于暑假内忽患漏底伤寒，包金琳于初诊时，即已断定。旋有举中医王香岩诊治者，诊后认为不妥，未服其药，亦有主改延某医某医者，众说纷纭，坚决不换。至第二十日时肠已出血，加延盛佩葱、厉绥之诊之，所论与包同。结果以冰块拌盐覆于腹部久之，血止始转危为安，长热至五十六天方退尽，屡濒于危，陈夫人亲自日夜看护，精神体力损耗不少。暑假期满，告假月余始上学。

---

① 即哲布尊丹巴。

② 陆荣廷，字干卿。

③ 吴佩孚，字子玉。

④ 指苏俄红军。

十二月四日(十一月十六日)浩女在宁生长子宁宁。

夏叶竹舟丈(揆初之父)以病挂冠南旋(在河南为宦多年,每年入不敷出由其子贴补,交卸时亦然),十二月患中风,旋愈,惟不能起坐(越六年谢世),同时徐夫人在杭亦同病,竟不治,当年作古。

十一月众议院正副议长吴景濂①、张伯烈②向总统府密告财长罗文幹③订立奥国借款展期合同有纳贿情事,要求拿捕,即由黎总统手谕拘押。同时库藏司长黄体濂亦拘押地方检厅。翌日原告吴、张二议长,亦由地方检厅票传。嗣王宠惠④、顾维钧⑤、孙丹林⑥、易鼎新⑦、汤尔和⑧、高恩洪⑨等各部长宣称所拟命令,乃由议员屡次包围,总统不合盖印,声明责任内阁被破坏,罗案解决,即当辞职。风波起于意外,令人无从索解,又由总统将此案经过说明,并反对另组特别法庭,府院之争暴露,政界黑幕重重。

是年中日山东问题解决,在华盛顿签字。孙中山北伐,从兵入赣。奉直首次战,奉败,徐世昌被迫去职,黎元洪复任大总统。陈炯明⑩叛变,孙中山避沪。旧国会复会于北京。中共在杭开第二次代表大会。苏联派越飞来华。伍廷芳去世。

是年印度甘地被捕入狱。墨索里尼率兵入罗马组阁。远东九国公约发表。土耳其革命告成。英承认埃及为独立国。三月廿七日联共第十一次代表大会,列宁提议选出斯大林为中委会总书记,十二月卅日正式组成苏维埃社会主义共和国。

公元一九二三年,民国十二年,岁次癸亥,五十一岁。

---

① 吴景濂,字莲伯,号述唐。
② 张伯烈,字亚农,号益三。
③ 罗文幹,字钧任。
④ 王宠惠,字亮畴,时任国务总理。
⑤ 顾维钧,字少川,前交通银行上海分行总办顾晴川之子,时任外交总长。
⑥ 孙丹林,字汉尘,时任内务总长。
⑦ 易鼎新,字修吟。
⑧ 汤槱,字调鼐,又字尔和,时任教育总长。
⑨ 高恩洪,字定安,又作定庵,时任交通总长。
⑩ 陈炯明,原名捷,字赞之,又字竞存。

仍在兴业。书记长事，辞已多次，以接替无人，频年拖延，时徐新六①颇有脱离北京政局意，由揆初一再商请，允来，遂决定辞去，迳交新六接收。计半年之内，当可交出，私心颇快。徐为仲可（珂）之子，留英学冶金，返国后经文官考试得第一名。

十一月间失眠旧疾作，曾一度晕眩，幸不多时即愈。

五月十四日（阴历三月廿九日）雍儿得一女，产于杭云英医院，因取名云英（后更名慎止）。

六月廿三日翔儿由兴业派往美国，进欧芬银行实习。

八月十九日余元珍携云英及衣饰不别而归母家（后经雍儿谈判多时，协议立据离婚）。

一月十一日京师地方检厅宣告罗文幹案证据不足，免予起诉，罗、黄（体濂）均出狱，偌大风波，即此而了，可谓笑话。一月廿六日孙文、越飞在沪发表共同宣言。加拉罕来北京。二月七日京汉路发生二七大屠杀案。

三月九日杭垣旧贡院第一师范学校全体学生及部分教职员、工友晚膳中毒，死廿四人（中有工友一人，余均学生），全城学界及沪杭医界均往救治慰问。

三月陈炯明下野。孙文返粤任大元帅，聘鲍罗廷为顾问。临城抱犊崮案发生，外人被架多名，由外交团向政府严重抗议，匪首名孙美瑶，当时并发行邮票，印有英文"土匪"字样，亦奇闻也。

六月北京清故宫大火，焚屋百卅余间，廷烧六小时，古物被毁不少，损失约在千万元以上云。中共第三次代表大会举行于广州。黎元洪被迫离京，临行将总统印信交其妾携藏法国医院，在天津车站被直隶省长王承斌②截留，勒令将印信交与北京国务院。通告日本废弃二十一条，胶济铁路及青岛均经接收。湖南发生护法战争。实行值百抽五新税则。北京国会通过新宪法，全国反对。

九月张勋病死天津。

---

① 徐新六，字振飞。
② 王承斌，字孝伯。

十月曹锟①以重贿当选总统,众议院议员浙江淳安人邵瑞彭拒贿且向北京检察厅控告高凌蔚等。

是年苏联正式成立。日本大地震,币原②长外交。洛桑条约签字。法占鲁尔。六月希特勒革命失败,判刑五年,在狱中写《我的奋斗》书,不久保释。

公元一九二四年,民国十三年,岁次甲子,五十二岁。

辞兴业常董,改任散董,终年居杭,未去沪。

二月五日旧历正月初一日己时立春,又逢岁朝春。斯为吾生第三次巧遇。

二月十二日(年初八)陈氏外姑中风逝世,陈夫人当日去枫奔丧,吾于次日去,元宵即归。

九月齐卢战事③开始。吾对于地方议办妇孺救济会,分区筹备。新市场青年会广场宽大,房屋整齐,议筹捐募款项,交青年会负责举办,购置粮食、盐、菜,约可容三千人上下。即向各银行及殷实商界分头劝募,如蒋广昌绸庄,信源银楼,中国、交通银行等及上海藻青、揆初、抑厄等均纷纷列入,汇款不少,款由青年会出具收据,直接收取,事毕列账报告。时青年会主持人员为马文绰及张登瀛二氏,一一照办,其余各地由各分区分别情形布置。

夏雍儿调港中行。翔儿由美转欧,进英伦米兰银行④实习。秋吉儿与韩延甫女树苹订婚。十一月廿四日浩女在杭生临三(阴历十月廿八日)。

是年中俄协定成立。黄埔军官学校开办。收回津俄租界。

一月国民党在广州开第一次全国代表大会,定青天白日满地红国旗,定联俄、联共、扶助农工三大政策,改组国民党。

---

① 曹锟,字仲珊。
② 币原喜重郎。
③ 指控制江苏的直系军阀齐燮元(字抚万)与控制浙江的皖系军阀卢永祥(字子嘉)之间爆发的战争,也叫江浙战争。
④ 现译米德兰银行。

九月四日江浙齐卢战争,孙传芳①于九月廿五日(旧历八月廿七日)到杭。是日下午雷峰塔忽倒,内藏有陀罗尼经卷甚多,一时购者纷纷。该经卷成小圆柱形嵌入砖洞内,似鞭爆中近挂组之大爆杖,唯倒下之近顶每砖层中有之,九百五十余年前木刻印刷物也,大部均已霉破,完整者极少,数月后市上已无所见。(按:经中印有"乙亥"字样,查系宋太祖神德皇帝开宝八年,五代末吴越将近归宋时。)

战事初起,齐败浙胜,继因孙传芳自闽入浙,浙军败,卢全部退去。孙军由闽入浙,宣告自主。

九月十八日奉直二次交战,冯玉祥②倒戈,直军败,曹锟去职,段祺瑞任临时执政。

十一月孙中山入京。四日溥仪出宫,此案为摄政会议决定,执行者警卫司令鹿钟麟③、警察总监张璧,以清室善后委员会委员长李石曾④为国民代表会同办理,清室善后委员会委员为黄膺白⑤、蔡子民⑥、吴稚晖⑦、汪精卫、张溥泉⑧等。

是年一月廿一日列宁逝世。十一月廿六日蒙古共和国成立。土耳其民主国成立。英美承认苏联。美威尔逊去世。

公元一九二五年民国十四年,岁次乙丑,五十三岁。

仍任兴业董事,在杭未去沪。

五月雍儿自港返沪,于五月卅日与吴良辉在沪慕尔堂⑨结婚。秋雍儿辞中行改入四行储蓄会。

夏翔儿经荷、比游法,十二月廿五日自欧返国。兴业派任汉行文书副主任兼在营业上办事,病足未能去。

---

① 孙传芳,字馨远。
② 冯玉祥,原名基善,字焕章。
③ 鹿钟麟,字瑞伯。
④ 李煜瀛,字石曾。
⑤ 黄郛,原名绍麟,字膺白,号昭甫。
⑥ 蔡元培,字鹤卿,又字仲申、民友、孑民,号孑农。
⑦ 吴敬恒,原名眺,字稚晖。
⑧ 张继,原名溥,字溥泉。
⑨ 慕尔堂即今沐恩堂。

是年中共在沪举行第四次全国代表会议。三月孙中山卒于京,胡汉民代理大元帅。北京政府公布解决金佛朗案。溥仪去天津。上海发生五卅惨案,六月上海罢市逾二旬。八月二十日廖仲凯〔恺〕①在粤被刺殉命。国民党西山会议。段祺瑞召开善后会议,国民党通电反对。广州成立国民政府。直奉战争,直系再攻奉,郭松龄②倒戈。蒋中正③攻克惠州,陈炯明败。

是年兴登堡就任德大总统。英恢复金本位制。

公元一九二六年,民国十五年,岁次丙寅,五十四岁。

仍任兴业董事。兴行忽通函裁去同人旅费,津行发生异议,反对此举,相持甚僵。当初提倡此举,原为同人所入微薄,借各种名义津贴,无非为加薪既有限制,其生活不足者,得此贴补,可以安心任事,一旦废除,殊失人心。持反对讨论最激者为津行,其余相率观望,颇有两不相下之势。吾适因避兵乱去申,揆初约吾对于此事在会议中加以支持。是日到会,各董咸集,揆初以往来文电交阅。吾谓关系甚细,宜加慎重,不可以琐屑,酿成恶感。通函虽经发表,可以南北军事纷乱,暂缓执行为辞,以解纠纷。会中刘澄如、周湘龄诸董事一致赞同吾议,揆初亦同意,其主议之人,至此亦别无一语,一场风波,遂告消灭。

十月董劫生来告,浙局势不稳,定侯(夏超,时任警务处长)已嘱夷初(马叙伦)赴粤商洽大计,马已去,不久可归云。旬日后,潘赤文④召开妇孺救济会报告会务,吾询会中人数,月需粮食若干,赤文报告毕,吾提议人数不少,月需米粮正多,万一发生意外事,仓卒势难急办,似宜及早多备若干,至少须储备一月之粮,随吃随补,不可脱节。赤文以新米须在旧历十月上市,迟一个月便易着手,吾未便明言局势,但说总以不拘常例早事准备为妥,潘迟疑。会员中到者颇多,陈子式、高绎求、毛声敷等多数均吾言为然。越一星期大早(为十日,旧历九月初四日)赤文来访,问何事则曰办米事,吾曰宜速购办。

---

① 廖仲恺,名思煦,又名夷白,以字行。
② 郭松龄,字茂宸。
③ 蒋中正,原名瑞元,族谱名周泰,学名志清,字介石。
④ 潘赤文系杭州鼎记钱庄执事。

又越四日,夜睡后,杭兴业经理张笃生①派工友来促去谈话,急往则路局李振之在座云,今日此间军队已全部离浙,明日刘镜孙及北方军队均一并返防,省军事交夏定侯暂接。(夏平日密练军队,置有武器。)次日知夷初已归,夏允接省长职,许昂若参加省署为秘书,署中委派职务至繁且密,一二日后,定侯与昂若已不洽,夷初乃赴粤。

十九日(旧历十三日)俞丹屏、徐青甫②、张暄初③及军界中人会议于井亭桥暄庐,讨论和战两点,青甫最主战,谓与其不战而败,毋宁战而败,遂决。翌晨出发,廿一晨夏部军队已全体开赴前线,至午后三时与孙军宋梅邨部在嘉兴接触,傍晚闻硖石告紧,七时后则前线败兵纷纷退至城站,午夜已全部到省。市上治安由第二师团长施调梅、伍崇文放哨实弹保护,分驻中交两行,微有炮声。次日孙传芳方面派陈仪(公侠,为公孟之兄)接任省长,军事则由宋梅邨主管,政务警务则由陈陆续派人接收。夏定侯败后,仍在钱江及西湖方面出面,至廿三日在昭庆寺前被俘解交军署,不数日即在军署遇害。孙军复驻省垣者为孟昭月、宋梅邨,以军人在市上不法滋事,为陈所见,拿获法办。军人因此怀恨,忽于冬至节日午后,群集省公署肆行抢劫。并将陈拘押上车,解送南京总司令部,软禁于孙传芳内室之某部分,既不讨论,亦不声辩事由,直至旧历年初,无理由无手续将陈释回,亦奇闻也。

十二月冬至后杭有挨户搜查之说,军阀行为,无所不至,恐遭骚扰,决将全眷迁避上海,眷属由吉儿夫妇陪同先去新亲家韩延甫夫人,浩女偕儿女亦同去,先住振华旅馆,托姚载楣觅屋于哈同路④民厚南里,待吾迟二三日到后进屋,因物件须借用也。

到后不久,陈夫人病喘甚剧,并有热度。由揆初介绍刁信德医生诊治,并托汤书年介绍一护士助理医药。至旧历年终尚未能起,作客他乡,种种不便,令人急煞。安壻自杭专来视疾,深感之。翌年三月始渐转机。

雍儿在四行储蓄会,六月调虹口分会主任。

———————————

① 张善裕,字笃生。
② 徐鼎年,字青甫,时任浙江政务厅长。
③ 张载阳,字暄初,时任浙江省长。
④ 哈同路即今铜仁路。

一月廿七日(旧历十二月十四日)翔儿与朱传恭结婚于清华旅馆,六月调任津行金币股主任,挈眷去津。

夏吉儿毕业于约翔高中,辍学进兴业杭行实习三个月。十二月一日(旧历九月廿六日)与韩树苹结婚于清华旅馆。

延安定生蒋滋万为怡儿课读。

浩女于六月廿七日(旧历五月十八日)在杭产一子名临四。

十一月世好王旋孙病故,其内兄蔡渭生来吊甚哀。旋孙为静甫师第三子,养正学生,留日毕业于士官学校,国学甚深,习军务而未忘诗书,为难得之人才。遗子女四人,越三年其夫人蔡氏亦病殁,惨哉。

是年国民党召开二次代表大会。孙传芳自任五省联军总司令,进驻南京。张作霖①自任安国军总司令。段祺瑞辞执政,颜惠庆②继摄政内阁。七月国民党蒋介石就国民革命军总司令,率师北伐顺利,国民政府迁武汉。三一八惨案发生,段枪杀学生。九月六日四川万县发生英舰炮击惨案。沪米价平均十五元七角七分。

是年德加入国联。苏联取消托洛斯基等共产党中委等职。

公元一九二七年,民国十六年,岁次丁卯,五十五岁。

辞浙兴董事,改任监察人。避乱在沪,寓哈同路过年。

腊底无事,偶向兴业索阅总行决算表及目录,阅后大失所望。二月一日除夕夜膳后去行闲谈,适揆初、叔通均在行,订次日元旦晚间在斜桥路③揆初家聚餐,至则各董均在,新六亦到。谈次,吾谓行中经营公债事,外间诽论甚多,又谓对于经放各种帐目,亦未予注意,闻北方股东此次南来颇多评论,须注意。揆初认为如有问题,彼可以片言折服之。吾举九六公债押款太多,董事会曾有议案议录,此项公债无息可取,万不得已,只能于可能范围内酌量应付,明白予以限度,今按目录中查阅,为数甚巨。其中京汇丰邓某即有巨额押款,且保人为黄溯初,黄无钱何

---

① 张作霖,字雨亭。

② 颜惠庆,字骏人。

③ 斜桥路即今吴江路。

以负担得起。安格联①现已撤换，倘遇安所承认之公债发生问题，我等尚有词答复股东，若九六公债发生问题，董会同人应否负其责任。至于贴现放款、各种放款，均有疏忽松滥之点，甚至非本行所在地，如常州某纱厂，亦以巨数全部作押，均与章程抵触，似不能使上下折服，还请熟思考量云云。为时已久，吾以家中尚有客在，急需返寓而散。次日书二函，一致董会，一致新六，大意指摘全帐内容，谓放款责任必须加意监督，宜特增稽核职权，凡放款逾若干（金额）者，必须稽核同意方可成交。若为事后补认同意，此则万万不可。抑厄得书后来言负此稽核之责者，何人能之，吾谓可暂时嘱沈棉庭担任。新六得信自觉不安。遂向揆初辞职，揆初颇不快。溯初午后来，吾对其为担负九六押款及常州纱厂机器押款，与兴业近年整理精神颇有妨碍，请其慎重注意，毋贻人口实，溯初皇窘，邓款居然先后偿清（不久出事），亦云幸矣。吾求退之意，遂愈为坚决。

三月经西门路②遇大丧事，白衣执绋者男女数千人，灯上书百忍堂张，有袁克文③题铭旌旗一具，询之途人，则曰天王老子张镜湖④也，此人为沪市帮会中巨魁，袁克文即其党中后进主要人物也。

四月杭沪均已暂安，陈夫人病亦痊复，即于四月下浣，附内河小轮回杭，延甫夫人及浩之子女等均同行。

八月十六日（七月十九日）晚九时，青年路正屋忽栋折，骇诧异常，幸未伤人，即嘱徐有生来查看，遣匠修理，易一栋，系另购，旧栋仍由有生携去，不偿而反得工料，亦非礼也。

二月二媳在津难产，闻属男孩，幸产妇无恙。朱亲家友渔夫人在沪病故。

三月吉儿乘轮由甬绕道去杭取铺盖行李，回沪后，搭日轮由大连乘南满路车转京奉路去津，就津中行试用员，当年九月试用期满，补助员之职，寄居翔儿寓。

二月旧历元旦后初二三沪地震数次。

---

① 英国人，曾任中国海关总税务司。
② 西门路即今自忠路。
③ 袁克文，字豹琴，又作抱岑，袁世凯之次子。
④ 张仁奎，字镜湖，又作锦湖。

八月九日(旧历七月十二日)苹媳生淳一,是为长孙,由钱云英用手术以钳子钳出。九月备汤饼筵分两日宴客。

九月在家中补祭先母八旬冥纪。

是年收回汉口、九江英租界。康有为死。国民党军三月到沪、宁,定都南京。孙传芳军由蚌埠、宿迁南窥,龙潭之役发生,旋败退。国民党当局背信弃义,发动所谓"清党运动"。北京当局搜查苏联使馆,北京政府对苏联先绝交。四月十八日李大钊在京殉难。张作霖在北京组织军政府,就任大元帅。阎锡山通电就国民军北京总司令。蒋中正、冯玉祥徐州会议。收回上海会审公廨,改组为临时法院。中共在汉召开第五次代表大会。四一二大屠杀事件。八月一日贺龙、叶挺南昌起义,人民解放军建军。十二月十四日蒋政府亦对苏绝交。

是年日本田中①内阁成立。英苏绝交。日本出兵山东。

公元一九二八年,民国十七年,岁次戊辰,五十六岁。

再辞去浙兴监察人,至此完全脱身退休。

时雍儿在沪,翔、吉两儿均在津,怡儿在杭家中攻读。

三月十九日(阴历二月廿八日)浩女在杭生咲嫩。八月六日(六月廿一日)二媳在津生淦二,此为次孙。

是年黎元洪卒。海宁王国维②卒。宁汉合并,蒋任主席。邮局发表全国人口统计为四亿八千五百万。五三济南惨案发生。张作霖通电南北停战,退出北京,车抵皇姑屯被炸死,东北易帜,北伐完成。井冈山会师,中共成立红军第四军。中共第六次代表大会,陈独秀被斥,毛泽东选任中委。彭德怀率红军第五军到井冈山会师。中央银行成立。中央研究院成立于南京,该院所出陶器等颇有成绩。

是年凯洛格非战公约在巴黎签字。苏联第一次五年计划开始。

公元一九二九年,民国十八年,岁次己巳,五十七岁。

在杭不任事。

---

① 田中义一。
② 王国维,字伯隅,又字静安,号观堂、静观、永观。

雍儿仍旧。翔儿在津，升任襄理。吉儿在津，夏调任北戴河办事处主任，九月南调沪中行外汇股。

九月陈夫人病又作，包金琳谢绝，改延厉绥之诊治。

是年梁启超病故。孙中山移葬南京。红军入闽、赣，以瑞金为根据地。蒋与桂系李、白①交战。撤消领事裁判权。二陈②组织 CC 团，后改称中统。西湖博览会成立。京、沪、津民航开始营业。阎冯战争。中日济南案解决，山东日军撤退。国民党第三次代表大会。

收回镇江租界。东北中苏之战。伯力会议。我加入非战公约。

甘末尔（美人）拟就逐渐采行金本位币制草案，定名为孙（价值为美金四角），后因金贵银贱，无法施行而搁置。

是年美胡佛当选总统。日田中内阁辞职，滨口③继任。法克里孟梭卒。杨格赔偿计划各国签字。苏英复交。四月廿一日苏第一次五年计划通过。

（未完待续）

〔整理者系上海市档案馆编研人员〕

---

① 李、白指李宗仁、白崇禧。
② 二陈指陈果夫、陈立夫。
③ 滨口雄幸。

解放初期上海脚踏车业概况报告

董婷婷　整理

整理者按：1885 年后，英商怡和、德商禅臣、法商礼康等洋行将自行车及零件列为"五金杂货类"输入上海，到 19 世纪末自行车在上海已有广泛市场。1932 年，得利车行等 17 家规模较大的车行成立上海市贩制脚踏车业同业公会。次年 4 月，修租兼零售的中小型车行组成上海市修租脚踏车业同业公会。1946 年 2 月，上海市贩制脚踏车业同业公会更名为上海市脚踏车商业同业公会。1950 年 5 月，脚踏车商业、脚踏车修租商业及橡胶车料商业三个同业公会合并成立统一的上海市脚踏车商业同业公会筹备会。本篇史料是上海市脚踏车商业同业公会筹备会起草的一份关于上海脚踏车业概况的报告书，档号 S218-3-1。

上海市脚踏车商业同业公会筹备会概况报告书

（一）沿革

脚踏车的输入，远在五十年前（按：本业同昌车行创设于一八九七年），当时使用的范围很是狭隘，不过供私人游娱之用。后来邮政电报两局，为传递电信迅捷起见，开始采用；一般学生及洋行华员，用作往返的代步，用途渐广。自一九二一年起至目前止，脚踏车业发展各阶段盛衰情况，略述如下：

　　一九二一年至一九三六年这十五年间，为本业逐渐发展的阶段。自一九二九年起，各省市县建筑公路，因驾驶轻便、价格低廉，为各界乐于采用，由本市推及各埠。不过车辆与零件，大部分是英德帝国的出品，一部分是日帝国输入，国产品仅有十数种。本市经营脚踏车业务的商行，范围较大的称批发商，所有货品来源，他们都向洋行订货外，或做特约经理，还有少数的，自己直接向外厂订购。业务方面，除了本市外，还推销到各埠去。范围较小的，是经营修理和出租业务，需要商品，向批发商采办。在这一时期，由于物价平稳，业务很是正常。至于公会的组织，以前有两个：贩制脚踏车商业同业公会，创立于一九三一年一月，会员最初仅十七家，至一九三七年增至三十余家；修租脚踏车商业同业公会，创立于一九三三年，会员最初二百四十余家，至一九三七年增至四百余家。

　　一九三七年至一九四六年这十年，是由逐年发展的阶段到达全盛时期。其原因由于一九三七年抗日战争发生后，汽油供给受到限制，汽车减少，本市交通除有少数三轮车、人力车以代替外，脚踏车顿成为轻便交通工具，为各界所重视，需求与年俱增，由战前一万六千余辆增至十三万辆，更以日寇侵入租界后，本市与郊区遭受封锁，各地单帮商贩，端赖脚踏车以运输物资。在这一个阶段内，外货来源断绝，国产品产量突飞猛进，成为轻工业之一环，商行开设者愈多，统计一九四六年两公会整组时，商业公会会员有一百十四家（内制造厂商二十三家），修租业公会会员有四百八十余家。

　　一九四七年至一九四九年上半年度，由于国民党反动派统治下，经济整个混乱，通货膨胀、物价波动的关系，业务经营上本质发生了变化，不能取得正常，形成了畸形的状态，表面上看起来，似乎极其繁荣，这个阶段是发展过程中退转到衰落的地位。无论工商都受到了投机高利贷的影响，外强中干，发现资金枯竭情形。一九四八年为抵制日货和原料统制关系，制造商会员单独成立了工业公会，同时业外人不了解本业情况，很多盲目转入本业，据不正确的统计，当时本市大小脚踏车行有千余家，后来互相竞争，基础乃趋脆弱。

　　解放后，由于要摆脱帝国主义、官僚资本主义和反动势力的桎梏，走向自由繁荣的新民主主义经济，自不免发生相当困难。因为原来的基础已经脆弱,加以战争破坏,购买力减少,农村枯落,销路非常呆滞。又因一贯作风经营认识不够,例如去年十一月物价波动,也曾受到打击。这个阶段内,店家增多,营业萎缩。本年五月十日,脚踏车商业、修租业、橡皮车料业联合组织一个公会,正在研究如何改善业务,面向生产,适合新民主主义经建政策的办法和方针。

(二)盈亏情形

一九四八年度本业遭受国民党反动政权的限价措施,被抢购风潮所波及,损失很大。

一九四九年度由于恶性通货膨胀,币值日跌,物价日涨,账面结算,明盈暗亏。

一九五〇年上半年度,同业因认识之不齐,经营方法之不同,各有消长,致资金缺绌,而陷于困难境地者颇多。

关于各年度盈亏数字,难于统计、无法说明。

(三)本业有无公营组织

公营方面,有华东区工业部上海营业所参加本业同业公会。

组织:系华东工业部管理。

分布地区:上海市。

营业数额:按该所营业数额,由于商品不仅脚踏车一类,故并不划分。

营业范围:华东区工业部各厂矿产品,次要业务:华东区轻工业产品及其他地区工业制品。

对本业私营比率如何:脚踏车及零件等与私营比率约百分之十一。

零售价格如何:未详。

一般私营商店对公营商店的反映如何:本业希望公营方面有所领导和照顾。

(四)劳资关系

本业劳资协商会议已经成立,劳资双方大部分尚称协调。惟有一二家经过协商会议时,感觉双方均有固执成见的偏向。

(五)对税收反映如何

本业一九五〇年三月至五月营业部分工商业税的民主评议,与估征的一至五月所得部分工商业税已胜利完成任务。在这次民主评议中，会员提高了税收任务的认识，同业间相互照顾，本会对于当局依照税法税率办事，表示拥护，不过这次估征本业所得税部分计算标准为千分之十七，而且奉到批复，以为经过典型调查所得资料并不太高一节，认为并不绝对合理，他们反映意见：一、脚踏车在现时代已为轻便交通工具，销售对象大部分是军警机关、工农学生，无可否认，并非奢侈品，但我们费气力经营有利国计民生的商业，而被列诸奢侈品一样纳税。二、我业利润素来微薄，就是典型调查，毛利仅为百分之〇·九强，而估征所得税部分为百分之一·七，竟达一倍，况且估征的标准，是由税务局硬性规定，于民主两字，似乎不相符合。三、这次我业为了光荣完成税收任务，勉力如期缴库外，今后希望当局以税法税率为任务的原则下，予以合理的照顾和改善。

（六）本业有无联营组织

本业无联营组织。

（七）典型店家介绍

同昌车行、得利车行、益大车行、新同兴车行、一大车行（详见附表一）。

（八）本业规模最大的三十家商店店名、地点、职工人数、营业数额（详见附表二）。

（九）目前本业有无困难，如有困难，具体表现在什么地方，准备或希望怎样克服。

本业目前困难，可分两部分来说明：

（甲）一部分经营批发业务的商号，未能改变过去因虚假购买力所造成的销路畸形发展时候的旧作风，还是盲目而无计划地做着生意。自本年二月中央为统一全国财经工作，达到收支平衡，稳定物价和币值而收缩通货，同时发行公债和加紧税收，冻结了一部分工商业资金。由于现金周转困难，便以低价售出存货来应付，再则虚假购买力全部消失，实销呆滞，同业间竞争愈烈，经过几个月的亏本，更加深了困难。

（乙）经营修理出租业务的行号，他们资力较批发商更为薄弱，由于部分批发商竞争的结果，本业商品价格，没有统一规定，批发价与零售价不分,因此他们无法获取利润,再则本市摊工众多,所有修理和补胎打气等业务受到相当影响。

基于上述困难原因,本会业务委员会现正在准备统一售价问题,并进行与各制造厂连紧起来,搞好这件基本工作,一方面加强会员学习机会,改造本业,不过依照目前情况来说,本市脚踏车批发商行和修理出租商行,已达饱和点,希望政府对于今后新创设的车行,加以严格的审核。

附表一　本业典型店家介绍

行　名	负责人	地　址	备　考
同昌车行	诸德耀	云南中路 367 号	
得利车行	黄培霖	南京西路 1695 号	
益大车行	严祖忻	凤阳路 154 号	
新同兴车行	徐忠良	凤阳路 320 号	
一大车行	周性初	广西北路 329 号	

附表二　本业规模最大的三十家商店

行　名	地　址	职工人数	一至五月份营业额
同　昌	云南中路 367 号	94	903,154,984
顺　风	西藏中路 176 号	15	721,190,430
泰　昌	延安东路 630 号	13	487,637,663
润　大	延安东路 660 号	19	376,962,679
德　昌	延安东路 730 号	12	403,492,450
一　大	广西北路 329 号	9	157,263,890
同　益	北海路 260 号	9	562,148,700
中　兴	延安东路 251 号	21	525,513,324
精　益	河南路 640 号	15	438,344,680
亨　宝	中央路 14 号	10	643,579,030
鸿　利	北京西路 9 号	8	349,858,400
元　芳	西藏中路 495 号	13	745,118,250
益　大	凤阳路 154 号	8	393,010,530
通　利	西藏中路 141 号	8	120,543,450

行 名	地 址	职工人数	一至五月份营业额
兄 弟	南京西路 1963 号	8	644,721,940
得 利	南京西路 1695 号	28	1,045,674,540
飞 达	江宁路 75 号	9	209,551,900
永 安	北京西路 1028 号	9	368,408,590
恒 利	西藏南路 288 号	10	502,739,290
恒 泰	西藏南路 247 号	8	511,429,520
顺 昌	龙门路 120 号	7	180,258,400
中 华	自忠路 2 号	11	245,092,200
新 兴	西藏南路 511 号	9	395,171,800
兴 隆	西藏南路 557 号	13	611,208,800
永 大	瑞金一路 G2 号	9	428,313,120
大 兴	天潼路 136 号	6	464,662,620
利 利	长治路 89 号	13	775,849,020
福 利	塘沽路 365 号	7	445,323,650
利 民	乍浦路 80 号	7	209,490,600
曹顺泰	海宁路 629 号	6	331,164,290

〔整理者系上海市档案馆编研人员〕

学术动态

"历史记忆与近代城市社会生活"
学术研讨会综述

吴 静 徐有威

2010 年 12 月 17 日至 19 日,由上海大学历史系主办、上海市档案馆协办的"历史记忆与近代城市社会生活"学术研讨会在上海大学举行,国内 34 所高等院校和科研机构的 90 多名专家学者参加了会议。大会共收到 64 篇论文,与会论文围绕主题,涉及近代城市社会生活史的诸多方向和层面。本文从以下几个方面对所提交的论文进行简述。

一、近现代社会经济史

复旦大学历史系戴鞍钢教授在《中国近代工业与城乡人口流动》中,揭示了近代工业化过程中,很多农村人口迫于生计进入城市谋生,而当时城市的就业机会远不敷需求,由此出现众多流动人口辗转于城乡之间、彷徨失所的局面,并分析其城乡人口流动的成因和影响。

上海海洋大学社科部陈光博士的《秩序下的冲突——论 1929—1933 年的上海劳资问题》以劳资问题为研究对象,认为劳资问题并没有得到有效解决,政府只注重秩序稳定,使劳资主体边缘化,不仅工会维权成果受到打击,劳资团体也不得不屈从行政意志,导致冲突逐渐逸出秩序藩篱,成为纠结上海社会的难题。

天津社科院历史研究所宋美云研究员的《近代天津商会与城市社会公益》分析了近代天津商会以组织性、政策性、组织间合作等方式参与近代天津社会的公益事业,及其在社会公益中的进步作用,凸显了商人社会团体在发动、引导商人参与或代表商人参与城市社会生活中不可替代的角色,成为近代城市社会中一支不可或缺的力量。

同样以天津作为研究对象,天津市档案馆于学蕴副研究馆员在《近代天津北方金融中心地位历史变迁述略》一文中指出,天津是中国金融业的发祥地,其起源可追溯到清嘉庆初年在天津创立的山西票号;天津开埠后呈现了银号、华资银行和外资银行三足鼎立的局面,最终在20世纪30年代无论在金融需求、机构、人才等方面都达到了鼎盛;抗战爆发后和民国后期,由于实行战时金融统制和官僚经济政治的腐败,天津的金融业盛极而衰,逐步失去了北方金融中心的地位。

西北师范大学文史学院李晓英副教授在《论对外贸易在近代西北中心城市兴起中的作用——以兰州、西宁为例》中指出,在皮毛等畜牧业产品输出的带动下,处于西北河湟谷地的兰州、西宁受益于外向型经济的影响,逐渐兴起、繁荣并发展成为区域经济中心,中心城市的功能日益显现。

同样是以对外贸易为切入点,厦门大学历史系水海刚博士的《被偏离的发展:海洋亚洲视角下的近代福州》从国际贸易的角度探讨近代福州的发展,认为从历史上来看,借着亚洲内部的贸易关系,琉球与台湾成为福州城市与港口发展最深刻的历史记忆;随着开埠通商,与更大的国际市场建立联系,福州的发展反而形成了一种偏离,具体表现为对内依赖单一腹地,对外以单纯农产品出口世界市场。

科学技术是促进经济发展最有效的手段和途径。上海大学文学院吴静博士的《近代上海民营企业技术内化探析》从引进技术的内化为视角,探讨近代工业技术的本土化问题,并对其内化过程中呈现的特征及成因进行了分析。

二、近现代社会政治制度史

民国时期灾祸不断,它一方面给民国政府和社会造成了严重损失,另一方面迫使人们成熟起来。上海立信会计学院社科部孔祥成副教授在《民国时期政府救灾的粮食调控政策及其措施——以1931年江淮大水为例》中认为,1931年江淮大水粮食调控,彰显出民国时期中央与地方、国家与社会、政府与市场诸多要素之间的对立与统一；透过对政府粮食政策和措施的分析，可以窥见中央政府在救灾中的"统一"取向和"合作"意识，及其对政府与社会、政府与市场关系的知与行。

中国海洋大学社科系蔡勤禹教授在《民国青岛市立救济院的管理和运营》中指出，青岛市立救济院成立于1931年，它是民国青岛最大的以官办为主、社会辅助的救济机构。此文主要对1931—1937年期间青岛市立救济院的组织结构、经费来源和活动状况进行探讨，透视青岛早期社会现代化一个侧面，以便学界对民国青岛救济事业有一较为深入的认识。

上海大学历史系张智慧博士的《"一二八事变"与上海"自由市"计划始末》重新探讨"一二八事变"爆发的历史缘由，通过对上海公共租界的统治危机及对策方案、日本外务省对上海"自由市"计划的积极推进、"自由市"计划受挫的历史原因等问题的具体分析，认为日本利用上海公共租界的统治危机，企图在上海设置"自由市"，是致使"一二八事变"在上海爆发的深层历史原因。

四川大学城市研究所邱国盛副教授在《自治名义下的治安强化：论日据时期保甲制度在上海的重构》中认为，保甲制度本为中国农业时代静态社会下的基层管理体制，抗战时期的日伪政府为了强化其殖民统治，却重新在上海建立起保甲制度，并根据上海的特殊情况对保甲制度进行了适应性的调整与改革；尽管日伪当局不遗余力地在上海建设和推行保甲制度，但得不到民众的配合与支持则使其保甲制度迟迟不能建立起来，民众的敷衍与体制性矛盾又使其保甲制度的运作效果无法令人满意。

上海市得以成为一个城市型行政区，有赖于其独特的地域格局背景、行政区划基础以及社会历史机缘。苏州科技学院历史系张笑川副教授的《租界、城市化、地方自治与近代上海行政区划的变动——民初"闸北区域问题"初探》通过对民初"闸北区域问题"的考察，指出闸北作为一个独立行政区域的形成，是租界、城市化发展和地方自治运动三种因素共同作用的结果，其中租界的存在为之提供了基础，城市化发展为之提供了条件，地方自治运动为之提供了动力。

同样以行政区划为研究对象，华东师范大学社科部杨丽萍博士在《基层社会组织化与反组织化的博弈——以建国初期上海街居制的创设为例》中指出,组织化是中国共产党革命和建政时期主要的工作方式与执政方式;建国初期,为进行国家政权建设,中国共产党对全社会开始了组织化建构;在此过程中,一些民众及组织做出了反组织化的反应,于是整个社会的组织化过程中便充斥着组织化与反组织化的博弈;最终各方不断角力,斗争妥协的结果是产生了街居制这一基层社会管理制度。

婚检问题当是近现代社会生活中不可或缺的重要一环,而真正意义上的婚检在国内出现却要迟至 1948 年。1948 年 9 月,上海成为中国最早实施法定婚检的城市。新中国成立之初,上海的婚检工作暂告一段落,1952 年底又行恢复,但半年后再次停顿。尽管这两次婚检的施行时间均十分短暂,但其实施主体与社会背景却大相径庭。上海市档案馆张姚俊馆员的《试论解放前后上海的婚检制度》以上海市档案馆馆藏档案为线索,对上海解放前后两次婚检制度的实施情况作了梳理,同时借以管窥当时上海卫生事业的发展状况及市民的婚姻心理。

20 世纪 60 年代,上海按照中共中央指示进行三线建设,对工业部门特别是军工企业进行了调整和部署。自 1965 年起,在皖南浙西(以皖南为主)开始实施上海小三线建设的战略。20 世纪 80 年代中期,随着国际局势日趋缓和以及党的工作重心转移,上海小三线企业逐渐进行军转民、军民结合的生产调整,最终上海小三线在皖南的所有企业于 1988 年无偿交接给安徽省。上海大学历史系徐有威教授和吴静博士在《小三线建设终结之初探》中,利用上海市档案馆已公布的档案资料、报刊资料和原小三线职工的口述史资料等,对上海小三线建设终结的相关因素进行了初步的分析和研究。上海大学历史系博士研究生崔海霞和徐有威教授的《从档案和口述史料看小三线职工的生活》,利用同样的资料来源,通过考察上海市政府和安徽省政府在对小三线后方职工商品供应问题上的博弈,以及后方职工与皖南当地农民双方的需求关系,展现了小三线职工的真实生活画卷。

三、近现代社会思想文化史

西方医学进入中国,为中国民众逐步接纳并形成观念,经历了一个漫长的演变过程。皖西学院政法系郝先中教授在《近代中国社会民众西医观念的演变与形成》中认为,广大市民阶层是西医的主要实施对象,而他们对西医的认识大体经历了恐惧、畏疑到信任和推崇的变化,在与西医的日常接触中慢慢形成了稳固的西医观念,西医在中国的传播方式也呈现出由中心城市向边缘地区逐渐扩散的特征。

近代湖南绅士对长沙城市近代化产生了极为重要的影响。湖南省委党校许顺富教授的《论湖南绅士对长沙城市近代化的影响》认为,清末新政和岳阳、长沙开埠的刺激,加速了长沙城市近代化发展的进程,但是绅士自身的缺陷,加之过分依赖于官府的支持,以及动荡的政局和对政治活动的狂热,使他们无法集中精力推动长沙城市近代化的发展,使长沙城市近代化的发展水平仍远远落后于沿江和沿海各省。

天后是中国重要的民间信仰之一,上海是其重要信仰圈,上海的天后崇拜在晚清至民国的历史发展进程中,出现与中国其他地方不同的现象。上海师范大学历史系高红霞教授在《闽粤商人与上海天后信仰》中指出,上海的天后祭祀活动有官方与民间两种形式,上海其他省籍会馆的祭祀天后现象不在少数,但在神偶供奉排序、仪式活动方式等方面与闽粤会馆存在诸多不同。

城市的主体是人,在一定区域内人群的集聚过程中造就了特有的人口结构、社会环境、生活形态乃至民情风俗。上海社科院历史研究所马学强研究员在《上海的法国文化记忆》中,以上海震旦大学及所在的街区为考察中心,梳理上海与法国文化渊源发展的线索与脉络,揭示出上海城市与法国文化之间的内在联系。

近代中国知识分子是中西文化交流的主要渠道之一。上海交通大学陈挥教授的《邹韬奋:为中西文化交流而努力》,从"中西文化交流的使者"、"对苏联革命文豪高尔基的研究和宣传"、"融会中西文化的极少数中国人之一"、"辩证看待中西文化的异同"和"兼容并蓄的中西文化观"等五个部分阐述了邹韬奋在中西文化交流过程中的积极作用。

近代上海是中国的经济与文化重镇,亦为拥有传统科举功名的科举人在后科举时代安身立命的重要场所,他们的身影活跃于上海的各个领域,是各个职业群体中的精英人物。淮北师范大学历史系刘佰合副教授的《科举人在后科举时代的职业走向》认为,科举人在科举制度废除之后，产生自然分化，完成了科举人职业取向的现代转换，在上海现代化进程的各个层面留下了实践印痕。

家族教育是传统社会一种特殊的教育形式。上海大学历史系陈勇教授和博士研究生李学如的《试论近代苏南义庄中的家族教育》指出，近代苏南义庄普遍重视家族教育，义庄管理庄塾的日常教学，对受助子弟实行严格的考勤及督查制度，庄规严密，奖惩分明，具有鲜明的地域和时代特色；至清末民初，义庄逐步开始了由传统向近代的转型，家族教育逐步融入到国民教育之中。

同样以近代教育为研究视角，聊城大学思政学院刘媛博士在《经济危机中的儿童节与儿童年——兼论 20 世纪二三十年代上海社会转型期对现代人才的培育》中认为，20 世纪二三十年代世界经济大萧条时期，上海城市适逢从传统社会到现代社会转型的高速期，基于对现代人才的渴求，愈加注重儿童的教养，在全国首倡并积极实施儿童节与儿童年，政府、社会和家庭采取一系列举措，以期让儿童享用到上海发展的文明成果，将儿童培养为未来城市建设的接班人，上海儿童也对之积极响应。

张寿镛的教育思想是在中国国势危机的环境中形成的，蕴涵着强烈的爱国主义情感。他秉承"育材国之本"的教育理念，倡导知行合一、学以致用，主张为社会培养"合而善世"的人材。其办学实践也颇具特点，卓著成效。上海大学社科学院李瑊副教授的《张寿镛的教育思想——以光华大学之办学实践为中心的考察》揭示了其教育思想的精神内核和理性之光。

上海市档案馆邢建榕研究馆员在《周作民与日伪交往之性质辨析》中，充分利用档案资料，分析了周作民并不是汉奸的前因后果及其原因。认为周作民在抗战期间，并未受蒋委派与日伪方面进行接触，但却得到其默许，因此既不是汉奸，亦非"潜伏"人员。通过该文的研究，能使我们更好地还原并解读抗战时期特殊人物的心态与作为。

同样是充分利用档案资料，天津市档案馆周利成副研究馆员的《天津商会档案与天津近代银钱业》介绍了天津商会档案中的银钱业档案。

建国初期，教育部提出在全国中小学评选优秀教师，并将其作为一项政治工作来推动。上海大学社科学院丰箫博士在《评优与国家理念：建国初期上海市中小学优秀教师评选研究》中指出，评选活动的原则要自下而上体现民主原则,为保证工作顺利开展,教育部有相关的详细规定,通过评优工作,上海市领导认识到社会主义教育事业一定要关注社会发展,规划与灵活相统一,避免过多的硬性规定,同时国家也意识到社会主义建设的国家理念要与地方实际发展相结合。

孙中山作为"国父"之历史记忆,自国民党在大陆时期已开始建构,在 1949 年以后又在台湾得到强化。华中师范大学中国近代史研究所魏文享教授在《孙中山"国父"形象在台湾的历史形塑与记忆解构》中认为,在两蒋时期,"国父"记忆通过节日仪式、物质空间、历史教材及事迹叙说等方式传播至民众心里,对增强国家认同、凝聚民心、维护国体有重要作用;在"解严"以后,台独势力将去中国化作为操弄选举的工具;在民进党主政时期,关于"国父"及中华民国地位问题爆发激烈争议,显现台独势力希望借助于解构民众的历史记忆来达到骗取选票、推动台独的目的。

四、近代城市之社会娱乐

中国在进入近代社会后,伴随被迫对外开放,引起资本主义生产方式发生和发展,社会生活也出现城市化的发展过程。上海社科院经济研究所陆兴龙研究员的《清末民初中国城市发展分析》考察了近代中国城市的传统城市、条约口岸城市、自开商埠城市等三种不同发展模式,并探讨了这三种不同发展模式的主要特征。

首都师范大学历史学院梁景和教授与李志成的《现代中国"娱乐城市群"述论》认为,20 世纪 20 年代以来中国"娱乐城市群"兴起,并逐渐形成了以上海、北京为重心的"两大重心,繁星点点"的层次布局,同时选取天津为个案,展现近代中国城市群体娱乐生活的一般性特征。

20 世纪初,经过半个多世纪的初步发展和磨合,上海城市娱乐形态开始酝酿着新的突破,华东师范大学旅游系楼嘉军教授的《20 世纪初上海娱乐体系转型特点及其影响分析》阐述了上海近代娱乐体系的转型及结构优化特点,并认为随着娱乐体系趋于成熟,娱乐功能不断完善,娱乐业对城市发展的重要性日益凸现,娱乐业对城市经济生活、社会生活和文化生活的影响力也日趋显著。

电影是现实社会生活的一面透视镜。上海大学历史系硕士研究生汪旭娟的《近代上海社会危机与电影转型》以 20 世纪 30 年代社会危机为背景，展现上海电影在社会危机下的转型，探讨上海电影与社会生活的关系问题。

跳舞亦是城市民众娱乐活动之一，上海社科院历史研究所马军研究员的《1927—1928 年"上海舞潮"诸面相》即以舞厅为研究对象，从出版舞蹈书籍、报刊对舞厅业的报道、诸多欧美舞蹈影片的上映、中国籍舞女的兴起、舞蹈培训机构日增、社会上以舞蹈为主题的竞技活动、舞厅的增设等方面，阐述了近代上海"舞潮"的兴盛及原因。

上海音乐学院艺术管理系王勇副教授的《上海老歌及其多媒体文化传播方式》考察了 20 世纪三四十年代上海流行歌曲的兴起与多媒体文化传播方式，及其美学内涵与历史意义。

传统相声艺术既是京津地区百姓耳熟能详的曲艺形式，又是晚清民国以来城市社会生活百态的一个个缩影，相声文本内容自然反映了当时的社会历史事实。中国社会科学院历史研究所汪润博士的《从传统相声文本看京津地区城市生活》以相声文本为视角，考察了近代京津地区岁时礼俗、人生礼节、商业民俗等。

上海大学历史系张元隆副教授和谢瑾的《孤岛时期上海广播娱乐节目初探》以上海的无线广播娱乐节目为视角，考察了这一时期广播娱乐节目的众生相，认为战争并没有造成孤岛娱乐文化的断裂，相反还在客观上刺激了娱乐节目的畸形繁荣。

上海师范大学历史系邵雍教授的《抗日战争时期的上海滑稽》指出，滑稽是流行于上海的热门剧种之一，抗日战争时期滑稽戏在上海获得空前发展，上海滑稽艺人在抗日战争时期的动向是上海都市文化乃至上海近代文化社会史的重要内容。

在晚清上海公共租界娱乐区的发展过程中，妓业直接参与了空间规则的建构。上海师范大学历史系姚霏博士在《晚清上海的妓女空间与两性关系》中认为，"妓院—里弄—娱乐空间"的空间格局，规训了娱乐人群的活动范围，制造了晚清上海公共娱乐区的长盛不衰；归根结底，晚清上海妓业的本质仍是传统男权社会对商品化的女性身体的消费。

五、近代城市之社会舆论

作为舆论空间的报刊,是近代城市社会生活的万花筒。从近代报刊中可以得知当时社会生活的方方面面,便于真实地理解当时的社会。

自古以来,中国以农立国,农为国之本,农民问题的解决关系到国家的治乱兴衰、社会稳定。上海大学历史系罗珍博士的《基于民族主义立场的中国乡村问题研究——以〈独立评论〉为考察中心》,以《独立评论》所刊发的关于乡建问题的研究讨论文章为主要依据,梳理出乡建运动在当时出现的问题,针对这些问题,考察当时人提出的因应之策。

东华大学人文学院廖大伟教授的《同一空间不同办报理念——以〈申报〉对"刺宋案"的反应为中心》,考察了近代上海的《申报》、《民立报》、《新闻报》对刺宋案反应的差别,指出同一舆论空间下的个体差异性问题,即同一时代同一区域,因自身办报理念及价值取向不同,对政治因素及自身利害考量不同,报纸之间的个体差异性同样客观存在。

上海社科院历史研究所邵建博士在《近代上海早期马车与人力车交通事故特点与舆论倾向之比较》中,以 1880 年代《申报》所刊载的有关马车、人力车交通事故的相关新闻为主要线索,通过了解当时上海交通肇事的发生特点、事故处理、租界当局的管理及有关社会议论等情况,探讨社会舆论对于两者所持有的截然不同的倾向与态度。

上海大学历史系刘长林教授和刘曼丽的《从道德谴责到法律审判——20 世纪 20 年代上海席上珍自杀案研究》通过对席上珍自杀案的考察,认为此案通过当时的妇女组织、同乡会等社会团体的舆论宣传,引起公众关注并表达观点,各种社会力量因利益不同而展开博弈,进而影响事件的法律审判结果,同时认为此案也涉及妇女走上职业岗位所遇到的种种问题,从社会舆论到法律审判,都受到了妇女解放思潮的影响。

乡下人作为城里人的相对性概念,从明清时期开始大量出现在白话小说中,指称乡村民众,对其识见浅陋的描写和自卑谦恭的刻画,表现了城乡人之间的心理差距。青岛农业大学人文学院柳敏博士在《城市人印象中的"乡下人"》中,即以青岛传媒为视角,揭示了20 世纪二三十年代在探求国家命运的文化反思中,"乡下人"成为城市流行的文学与传媒话语，并贴上弱者与愚昧的标签，出现乡村与城市、知识人与乡下人的疏离现象，以及"乡下人"群体的弱化现象，指出要关注象征系统对城乡差异的建构。

天津社科院历史研究所王静博士的《"傺"字风波与污名化》从1947年天津《益世报》一则商家促销广告引发的"傺"字风波切入，探讨该风波背后所引发的污名化现象，并分析天津（商）人与山东（商）人群体之间因文化和商业利益所引发的矛盾与妥协，以及所反映出来的文化歧视问题。

六、近代城市之社会生活

在中国，对西物东渐的研究，比起在其发明地，更添一重涵义。上海社科院副院长兼历史研究所所长熊月之研究员在《生活用具演进与城市社会变迁》中指出，近代工业革命以后，生活用具的演变、发展，呈现加速度状态，新器物层出不穷，构成了现代化、城市化的重要元素和零件，全面、广泛而深刻地改变了人们的生活方式，改变了城市的结构与规模；近代中国新的生活用具绝大多数由西方输入，由成品输入，继而仿造，广泛使用，引起日用百货、经济结构、思想观念、风俗习惯等方面的变化。

上海社科院历史研究所葛涛副研究员的《照相与清末民初身份确认》指出，由西方传入的能忠实地记录、保存影像的照相技术被运用，成为社会管理的工具之一，于司法等方面发挥了重要作用。

南开大学经济史研究中心主任王玉茹教授和赵劲松博士的《近代津、沪物价、工资、生活水平比较探析》，主要利用上海、天津两地工人的工资数据，对劳动力的价格水平、名义工资进行比较，然后计算出两地的消费价格指数，对两地工人维持生计所需的生活成本进行比较；在此基础上，编制出两地生活费用指数，对近代中国南北方主要城市生活水平的差异进行比较。

同样以工资水平和生活程度为研究视角，上海社科院经济所张忠民研究员在《近代上海工人阶层的薪资与生活》中，通过对20世纪30年代上海市政府社会局调查资料的详解分析，考察近代上海工人阶层薪资收入的差异性、多样性问题,以及工资水平、生活程度及其变动趋势等问题。

上海大学历史系忻平教授的《1930 年代上海市民两个消费特征研究》指出,近代上海人受物价、收入等基本生存条件所限而较多地表现出被动选择的一面,但在具体的生活消费中,则可以看到 20 世纪二三十年代上海人对新生活的理解、追求和新的生活方式的创造,同时也展示出自我价值的实现和个性的张扬,更多地体现了一种对现代生活方式的理解的本能性选择。该文进而探讨了当时上海人消费模式的新特征:一是新的俭奢观,一是消费层次从单纯生存所需上升到高层次的精神追求,并成为一种主导的消费潮流。

上海市档案馆陈正卿研究馆员的《老上海商业文化与近代上海城市社会生活》阐述了近代上海商业文化的概况及其多种表现形式,并分析了上海商业文化与城市社会生活之间的促进推动关系,指出近代上海是中国的摩登之都,辐射着大范围的都市生活时尚。

上海社科院历史研究所宋钻友研究员的《永安百货与上海摩登时代的生活时尚》,通过对永安百货部分商品销售的考察,探讨了永安公司与上海摩登时代的生活时尚形成之间的关系。

浙江大学教育学院连连副教授在《20 世纪 20—40 年代上海中产阶级消费特性分析》中认为,上海中产阶级的消费一方面具有对现代文明的强烈认同和诉求,贯穿着需要与表达的消费逻辑,另一方面又具有重要的社会分层特性,通过消费所具有的符号意义的使用和分享来完成对自身身份的认同和辨识,从而构成其社会地位和社会关系再生产的实践基础;与此同时,中产阶级的消费还表现出中与西、新与旧、传统与现代的交织以及民族主义抵抗行为的复杂特性。

同样以上海中产阶层为研究对象,上海大学文学院范晓丽教授的《1929—1933 年上海中产阶层·自由职业者社会生活研究》则从上海作家群体切入,研究这一时期社会中层及自由职业者的社会生活,并以此透视近代中国社会变革中知识分子的人生使命和现代转型。

上海师范大学人文与传播学院苏智良教授在《声色犬马尽浮华——近代上海黑道人物的衣食住行》中认为,没有良好教育背景的民国黑社会人物,出道前蛰伏于社会底层,其生活质量比较低下,但一旦发迹攫取了大量财富后，便声色犬马，过着享乐奢靡的生活，他们有着独特的亚文化形态，他们的穿着打扮别具一格，挥金如土，寄情烟赌娼，形成了具有黑社会鲜明特色的生活方式。

上海大学历史系博士研究生李嘉冬在《近代上海日侨的生活方式——以上海自然科学研究所为例》中，通过研究日本外务省外交档案、研究所日方研究员的各类回忆录以及对研究员后人的采访，揭示出这一特殊的日侨群体在近代上海的生活方式及其特点。

近代警察职业群体出现于市民社会里，他们在城市近代化进程中扮演了重要的社会角色，其生活状态也是近代城市社会生活的一个组成部分。首都师范大学历史系李自典博士和中国铁道博物馆馆员李海滨的《近代北京警察与上海警察之比较》，以社会生活史为研究视角，分析比较了北京、上海两大城市警察社会生活的异同。

综上所述，提交此次会议的论文涵盖了近代城市社会研究的诸多方向和层面，从多个方面和角度，对当今学界普遍关注的问题进行了更深入的挖掘和更丰富的补充，推动了相关领域的进步。与会学者一致认为，此次会议论文清晰地反映了当今史学研究的三个重要趋势：一是微观层面的研究；二是研究视角的拓展；三是跨学科研究。事实上，一个新视角的获得，往往要借助于历史学之外的多个学科，对近代城市社会生活史的关注，有助于加深对当今城市的理解和把握。

（附记：本研究受教育部人文社科规划项目"危机中的繁荣：1929—1933 上海市民社会生活研究"（09YJΛ770040）和上海大学"211 工程"第三期项目"转型期中国的民间文化生态"（A.15－A011－09－001）的资助，谨致谢意。）

〔作者吴静系上海大学文学院博士后，徐有威系上海大学历史系教授〕

上海市档案馆藏金融档案史料
获国家基金资助开发

　　近代上海自开埠以后逐渐发展成为中国的金融中心,在 20 世纪初期上海更是发展成为远东地区的国际金融中心。作为中外资银行和其他非银行金融机构汇集最多的中国城市,上海曾在近代中国经济发展过程中发挥了极其重要的作用。历史上上海的金融中心地位变迁,不仅与上海的城市发展同步进行,而且与中国的金融现代化息息相关。当前上海正在加快推进国际金融中心建设,在实现这一宏伟目标的过程中,我们有必要了解和借鉴近代上海建设成为金融中心历史过程的经验教训。

　　上海市档案馆收藏有较为系统完整的近代金融档案史料,这是馆藏的一大特色,其中不仅有为数众多的中外资银行的档案史料,而且有钱庄、储蓄会、信托公司、保险公司、交易所等不少非银行金融机构的档案史料,还有一些金融业同业公会的档案史料。这批金融档案史料大部分已经对外开放,极具研究参考价值,深受广大中外学者的关注。

　　有鉴于此,上海市档案馆与复旦大学中国金融史研究中心密切合作,开展"近代上海金融档案史料整理与研究"课题,选编出版部分馆藏金融档案史料。这一合作课题已经被全国哲学社会科学规划办公室批准列为 2010 年国家社会科学基金项目立项资助的重点项目。

　　作为这一合作课题的最终成果,上海市档案馆将与复旦大学中国金融史研究中心联合编辑出版《近代上海金融变迁档案史料选编》系列,收录自近代开埠至新中国成立初期一百多年间上海金融变迁历程中的重要内容,涉及制度、市场、事件、人物、机构团体等诸多方面。这一系列拟分为三编，即综合编、机构编和人物编，每编再分为若干卷册。综合编以时间为主线，反映近代上海各个历史时期金融业发展过程中的重大事件；机构编和人物编以机构或人物为主线，介绍近代上海一些代表性金融机构、金融同业团体和金融家。合作双方计划至 2013 年底完成 10 卷册的编辑出版工作。

2010 年 10 月 18 日，上海市档案馆与复旦大学中国金融史研究中心联合召开了国家社科重点课题"近代上海金融档案史料整理与研究"新闻发布暨学术座谈会，向沪上主要媒体和学界介绍这一合作课题的基本设想及计划大纲，并就金融档案史料的开发利用，征求专家学者的意见和建议。在合作课题开展期间，上海市档案馆和复旦大学中国金融史研究中心还计划联合召开相关的国际学术研讨会，并开发相关的衍生产品如电视专题片、展览、图册等，以推动馆藏金融档案史料的多层次开发和利用。

（边　严）

近代天津金融史暨档案史料整理出版学术研讨会召开

近代天津是中国北方地区最大的工商业城市和金融中心,在中国近代史上具有举足轻重的地位。天津市档案馆收藏有近代金融档案约5万卷,在省级国家综合档案馆中,其金融档案的馆藏量仅次于上海市档案馆,这些档案全面完整地记录了近代天津金融业的历史发展状况,真实记录了天津乃至北方金融业发展变迁的历史过程。天津市档案馆非常重视金融档案的开发利用,从2009年开始,与当地高校及出版单位共同策划启动了近代天津金融档案史料"北四行"档案、馆藏民国珍贵金融档案两大系列的编纂出版工作以及相关研究工作,目前已经公开出版了《金城银行档案史料选编》、《大陆银行档案史料选编》、《天津商会档案·银钱业》、《旧天津金融一条街》等三种32卷册近代天津金融档案史料。

2010年11月9日至10日,由天津市档案馆、天津市政协文史委、天津财经大学经济学院、南开大学经济学院和历史学院、天津社会科学院历史研究所、天津人民出版社、天津古籍出版社等单位共同主办的近代天津金融史暨档案史料整理出版学术研讨会在天津召开。来自全国多家高等院校、科研院所、档案馆以及天津历史学界、金融机构、新闻出版单位、博物馆的专家学者90余人参加了本次研讨会,其中上海方面四名与会者来自上海市档案馆、复旦大学、上海社会科学院历史研究所等三家单位。本次研讨会上共提交论文46篇,内容涉及近代天津金融业发展概况、金融组织、经营管理、金融市场、金融风潮、银行家群体等多个方面。与会代表围绕近代天津金融业与北方经济发展,多层次、多角度地对近代天津金融业和金融史进行了深入探讨,取得了多项成果。

(邢建榕)

《近代中国百货业先驱
——上海四大公司档案汇编》出版

上海四大公司,是指南京路上的先施、永安、新新、大新四大百货公司,其创始人都来自广东省香山县(今中山市全部及珠海市一部)。四大公司不仅是近代上海城市发展和都市商业化的重要标志,也是上海近现代历史文化的重要组成部分。在20世纪三四十年代的上海,"到公司去",成为上海人购物、娱乐、休闲的代名词,而这"公司"就是专指南京路上的四大公司。可以说,百货公司所促成的近代上海商业文化,以及对上海社会变迁和上海市民生活的影响,迄今余韵绵绵,影响深远。

上海市档案馆收藏的四大公司档案资料,数量有上千卷之多,内容也较为丰富,是了解和研究四大公司不可或缺的信息资源。本馆编研人员一直有志于将四大公司的原始档案整理编辑出版,为上海的城市发展留下一份独特的印记,也为广大读者提供一份具有历史价值的史料文本。广东省中山市有关方面,也一直希望对近代中山人在上海发展的历史概貌进行一次真实完整的梳理还原。有鉴于此,自2009年起,上海市档案馆与广东省中山市社会科学界联合会携手合作,深入挖掘馆藏档案资料,经过一年多时间的系统整理,编纂成书,作为"中山社会科学系列丛书"和"上海档案史料丛编"之一,于2010年11月由上海书店出版社出版。本书收录了选自馆藏多个全宗的档案资料172件,其中先施公司14件,永安公司118件,新新公司23件,大新公司11件,综合类6件。除了少量摘自报刊资料以外,绝大多数都是原始档案。

上海城市研究的不断拓展,与档案史料的开放利用有着密切的关系。以本书出版为契机,上海市档案馆愿与社会各界共同努力,进一步发掘档案史料，深入研究以四大百货公司为中心的近代上海商业历史及其商业文化。

（何　品）

"近代人物研究:社会网络与日常生活"国际学术研讨会在东华大学举行

 由东华大学人文学院与上海市历史学会共同举办的"近代人物研究:社会网络与日常生活"国际学术研讨会(International Symposium on Modern Figures: Social Network and Daily Life),于2011年4月5日至4月7日在东华大学松江校区召开,来自中国大陆、中国台湾及日本等地学术科研单位的四十多位学者出席了本次会议,提交会议的论文共有24篇。

 本次会议设大会报告、论文交流、自由发言等三个议程,提交会议的论文均由专家进行点评。会议中有观点交锋,更有独特见解。本次会议以近代人物的私领域研究为主题,表明当下历史学研究领域正不断拓展。

 与会学者对近代人物研究中的主观性要素的重要性达成共识,指出人物研究必须注重细节;人是历史的创造者,是主要的重心,目前着重研究的还是知名人物,但还有很多的小人物或人物群应该予以关注;对人物研究的新方法、新史观应予以客观的认识。学者们还对史料的发掘保护及恰当应用等问题进行了探讨。

 与会者普遍认为,本次会议学术气氛浓,学者层次高,论文质量好,为人物研究拓展了视野,将促进海峡两岸及与国外同行的进一步交流和合作。

(贾利强)

图书在版编目(CIP)数据

上海档案史料研究.第10辑/上海市档案馆编.—上海:上海
三联书店,2011.6
ISBN 978-7-5426-3556-3

Ⅰ.①上… Ⅱ.①上… Ⅲ.①上海市-地方史-史料-文集
Ⅳ.①K295.1-53

中国版本图书馆 CIP 数据核字(2011)第 065081 号

上海档案史料研究(第十辑)

编　　者 / 上海市档案馆
责任编辑 / 邱　红
装帧设计 / 樊　琳
监　　制 / 任中伟
责任校对 / 张大伟

出版发行 / 上海三联书店
　　　　(200031)中国上海市乌鲁木齐南路 396 弄 10 号
印　　刷 / 上海叶大印务发展有限公司

版　　次 / 2011 年 6 月第 1 版
印　　次 / 2011 年 6 月第 1 次印刷
开　　本 / 640×960　1/16
字　　数 / 350 千字
印　　张 / 22.5
书　　号 / ISBN 978-7-5426-3556-3/K·152
定　　价 / 45.00 元